主编 卜鉴民 王玉珏

传承人类记忆遗产
联合国教科文组织世界记忆项目研究

苏州市工商档案管理中心　编
世界记忆项目苏州学术中心

苏州大学出版社
Soochow University Press

图书在版编目(CIP)数据

传承人类记忆遗产：联合国教科文组织世界记忆项目研究／苏州市工商档案管理中心，世界记忆项目苏州学术中心编；卜鉴民，王玉珏主编. —苏州：苏州大学出版社，2021.10

ISBN 978-7-5672-3655-4

Ⅰ.①传… Ⅱ.①苏… ②世… ③卜… ④王… Ⅲ.①文献保护-研究-世界 Ⅳ.①G253.6

中国版本图书馆 CIP 数据核字(2021)第 209324 号

书　　名 :	传承人类记忆遗产
	——联合国教科文组织世界记忆项目研究
编　　者 :	苏州市工商档案管理中心、世界记忆项目苏州学术中心
责任编辑 :	王　亮
装帧设计 :	吴　钰
出版发行 :	苏州大学出版社(Soochow University Press)
社　　址 :	苏州市十梓街1号　邮编:215006
印　　刷 :	苏州工业园区美柯乐制版印务有限责任公司
邮购热线 :	0512-67480030
销售热线 :	0512-67481020
开　　本 :	700 mm×1 000 mm　1/16　印张:25.25　字数:427千
版　　次 :	2021年10月第1版
印　　次 :	2021年10月第1次印刷
书　　号 :	ISBN 978-7-5672-3655-4
定　　价 :	78.00元

若有印装错误,本社负责调换
苏州大学出版社营销部　电话:0512-67481020
苏州大学出版社网址　http://www.sudapress.com
苏州大学出版社邮箱　sdcbs@suda.edu.cn

编委会

主　编　卜鉴民　王玉珏
副主编　吴　芳　陈　鑫
参　编　周　济　杨　韫　程　骥　姜　楠
　　　　　　吴　飞　周协英　施玥馨　余文瑶
　　　　　　谢玉雪　周玉萱　王倩媛　李佳怡
　　　　　　吴一诺　朱传宇　郑晓婕　严予伶

编写说明

本书由苏州市档案馆卜鉴民、武汉大学王玉珏负责总体框架设计、编写大纲和统稿；苏州市工商档案管理中心吴芳、陈鑫负责初稿的增删修改和审核；苏州市档案馆周济，苏州市工商档案管理中心杨韫、程骥、姜楠、吴飞，武汉大学周协英、施玥馨、余文瑶、周玉萱、王倩媛、李佳怡、吴一诺、朱传宇、郑晓婕，中国人民大学谢玉雪参与编写。其中，编者按由卜鉴民、周济负责，第一章由谢玉雪、朱传宇负责，第二章由吴芳、余文瑶、吴飞负责，第三章由程骥、周协英、吴芳负责，第四章由吴飞、施玥馨、周济负责，第五章由陈鑫、施玥馨、姜楠负责，第六章由姜楠、周协英、杨韫负责，第七章由杨韫、周玉萱、陈鑫、吴一诺负责，附录由程骥、李佳怡、严予伶负责。杨韫、程骥、姜楠、王倩媛、郑晓婕、严予伶负责全书校对。2021年4月，联合国教科文组织执行局召开第211次会议，通过了2021年最新修订的《世界记忆项目总方针》（原《保护文献遗产的总方针》）《世界记忆项目国际咨询委员会章程》等文件，并启动新一轮《世界记忆名录》评选，标志着世界记忆项目综合改革的结束。本书于2021年年初编写完成，因此暂未对此内容进行更新。特此说明。

对于本书的编写工作，中国人民大学冯惠玲教授、联合国教科文组织世界记忆项目国际咨询委员会副主席帕帕·摩玛·迪奥普先生、联合国教科文组织世界记忆项目国际咨询委员会教育与研究小组委员会主席洛塔尔·乔丹先生给予了极大的关心和热情的指导。同时，也感谢国家档案局和世界记忆项目中国国家委员会对本书的大力支持，感谢入选《世界记忆名录》《世界记忆亚太地区名录》的文献遗产保管单位提供图片资料以丰富本书内容。

穿透记忆的意义

亚里士多德说，记忆是灵魂的一部分。阿莱德·阿斯曼说，我们通过共同的回忆和共同的遗忘来定义我们自己。那么如果没有记忆，我们将如何安放残缺的灵魂？我们用什么实现自我认知和群体认同？"想象一个没有记忆的世界"，澳大利亚世界记忆项目以此议题引导人们思考记忆的必要与价值，它从反向提示我们，记忆对每一个人、每一个群体乃至人类社会而言，须臾不可或缺。记忆是个体、集体对过去的理解和沉淀，也是认知当下、意象未来的基础和根脉，它的时间穿透力与连接力，对于人格和集体性格的塑造力，进而对于人类社会存在、运行、发展的支撑力，或许我们还没有充分理解和把握。

以文献遗产保存、获取和传播为基本任务的"世界记忆项目"是联合国教科文组织三大文化遗产旗舰项目之一。文献是人类记忆的重要载体，也被称为一种"记忆之场"。很多文化学者认为，以文字为主要记录符号的文献是实现人类记忆连续性和持久性愿望最优秀的媒介，经历了几番载体和记录方式的变迁，文献在记忆留存和历史传承中一直发挥着极为重要的作用。然而，一些珍贵文献在跌宕岁月中遭受损毁，或仅限于收藏者拥有而归于沉寂，其中蕴含的文化价值和记忆功能也随之降低乃至消亡。世界记忆项目正是联合国教科文组织为保护和传播珍稀文献，进而保存延续人类文化记忆所采取的有力举措。

经过近30年的努力，世界记忆项目获得长足进展，中国以极大的热情参与其中并做出重要贡献。为了让更多人了解这一项目的全貌和旨趣，苏州市工商档案管理中心（苏州中国丝绸档案馆、世界记忆项目苏州学术中心）牵头撰写了《传承人类记忆遗产——联合国教科文组织世界记忆项目研究》一书，通过广泛深入的政策与文献研究，详尽梳理了世界记忆项目的发展历程和运作机制，阐述其理论基础与价值理念，按地区分析参与现况，列举入选《世界记忆名录》的文献要目，特别讲述了中国参与该项目的姿态、贡献与收益，用大量翔实信息把读者带入世界记忆项目的深处，看到它的开阔辽远，长知识，受启发，引思考，让读者多方获益。

本书由表及里、分层递进地讲述了世界记忆项目的目标和宗旨，大致分为三个层面。最具体、现实、操作层面的目标是改善文献的保护、获取与传播交流。世界记忆项目通过申报、评审、收入名录的方式确认一批高价值文献身份，确保这批文献的生存环境和全球自由获取。通过本地区、本国以及跨地区跨文化的文献遗产传播推广，向不发达国家提供文献保护援助等活动，带动全世界特别是不发达地区，提升公共文献识别、保护和传播的意识与能力，保证全球民众无障碍、无差别地欣赏、研究收入名录的珍贵文献，为这个世界留下更多宝贵的文献遗产，让更多人得以进入这个灿烂丰饶的文献世界。

支持这个层面行动的是"共同遗产"理念。世界记忆项目强调文献遗产属于全人类的普遍价值，以及全世界共同享有、共同建设的方针，在其纲领性文件《保护文献遗产的总方针》中明确"世界文献遗产属于所有人"，把"世界意义"作为收入《世界记忆名录》文献的首要标准，强烈支持文献遗产选择、保护与传播中的多元文化表达，注重文献的独特性、文化代表性和影响力，不分主流支流、中心边缘。遵循这一理念，迄今入选名录的来自126个国家、地区及国际组织的432份文献展现了全球范围多元主体、多元文化的立体记忆，每一份文献既是本民族的历史记忆，也是全世界的记忆，表达了人类文化的多样性精彩。本雅明提出记忆需要一把能伸向新地方，并能在旧地方纵深挖掘的铁锹。陈平原希望记忆挖掘者的这把铁锹，既指向深不可测的过去，也指向遥不可及的未来；既指向宏大叙事的民族国家想象，也指向私人叙事的日常生活细节。《世界记忆名录》正是这样一把功能强大的"铁锹"，自1997年至2017年的11次评选，已经挖掘汇拢了一大批反映不同地域、不同时期、不同文化的珍贵无比的记忆文献。有来自英国首相丘吉尔、法国总统戴高乐、巴西皇帝佩德罗二世、美国罗斯福总统夫人、文学巨匠莎士比亚等显赫人物的记录，也有开凿巴拿马运河的西印度群岛劳工记录、英属加勒比地区殖民地奴隶名册、南非土著布须曼人部落手稿等平民档案；有澳大利亚联邦宪法、朝鲜王朝实录等重要政务档案，也有《共产党宣言》手稿、维特根斯坦哲学遗著、牛顿论文、歌德文学作品手稿、贝多芬第九交响曲、巴赫b小调弥撒曲乐谱、美洲殖民地时期音乐、格鲁吉亚中世纪叙事长诗、墨西哥土著语言集等多阶层多领域的文化遗产；有推倒柏林墙——东西德统一、法兰克福奥斯维辛审判、南京大屠杀、埃及开凿苏伊士运河、突尼斯废除奴隶制、英国移囚澳洲等重大事件的档案，也有澳大利亚航海日志、中世纪波斯手抄本插图、中国清代科举大金榜、清代样式雷图档、韩国高丽大藏经、德国奔驰1886年专利等经济文化生活记录；有纸质文字文献，也有甲骨、铁卷、金箔信函、羊皮纸、影片、照片、玻璃底片、磁带、蜡筒录音、丝绸、星象盘、遥感影像等多种载体形态文献，其中包括多种稀有濒危文字的记录，其珍贵厚重令人叹为观止。《世界记忆名录》蕴藏了这个世界的多元文明样本，我们相信，随着项目的持续，它所聚集的宽广、深远、丰厚的历史文化必将令世人报以深深的敬重。正如联合国教科文组织在《保护和促进文化表现形式多样性公约》中所言，世界记忆文献遗产是"历史赋予全世界的、今人和后代的共同文化资产"，这一理念引导世界各国超越时代、民族、国家、地域的界限，共同挖掘和积累人类共有的文献遗产，支撑伟大的人类文明记忆。

世界记忆项目最高层次的目标是实现联合国教科文组织的崇高理想——"于人之思想中构建和平"。这里的"和平"是指精神层面"人人享有充分而平等的教育机会，能够不受限制地追求客观真理，自由交流思想与知识"。与亨廷顿主张的文明冲突导致国际关系失序不同，联合国教科文组织倡导通过不同文明的共存、交流与相互理解打下人类和平的文化根基，而世界记忆项目正是以推动各国文献遗产的共建共享打通不同文明交流理解之路的重要途径。2011年第四届联合国教科文组织世界记忆大会发表的《华沙宣言》申明，"文献遗产是不同文明、社会和群体之间实现交流、建立尊重和相互理解的必要基础，它有助于理解和承认文化多样性的价值"，2012年联合国教科文组织颁布的《发展与促进开放获取政策准则》指出，"开放获取是于人之思想中构建和平的核心做法"，这些阐释清晰表达了世界记忆项目助力世界和平的美好宏愿。

"记忆制造意义，意义巩固记忆"，阿莱德·阿斯曼关于记忆与意义的哲思道出了世界记忆项目的深层逻辑，我想，本书作者正是被这种关系的魅力所吸引，开启了这段研究之旅。关于世界记忆项目，我国已做了不少研究，或是针对某项入选文献及入选过程，或是出于某个专门视角。本书所做的对项目整体的系统研究梳理在国内还是第一次，它所带来的意义也就有了全局性。值得称道的是，苏州档案部门对于世界记忆项目的关注、参与、理解和研究独具风采。2017年，"近现代中国苏州丝绸档案"入选《世界记忆名录》，苏州也因此成为全国唯一地市级档案部门单独申报成功《世界记忆名录》的城市。2018年，"世界记忆项目苏州学术中心"落户苏州，成为当时全球5家学术中心之一。近年来，苏州市档案部门以丝绸为媒，文化架桥，在文献记忆的保护、监管、传播、推广上书写了一篇篇有声有色、有创意、有影响的大文章，举办展览、召开国际研讨会、出版科普丛书、建设中国丝绸档案馆，不仅有效推动了中国丝绸文化的传承传播，还在"共同遗产"理念引导下将本地文献融入世界记忆项目的整体框架。从苏州丝绸档案到中国进入《世界记忆名录》的13组文献，再到世界记忆项目近30年的发展历程，视野渐渐扩展，关切层层深入，本书便是他们在这个领域攀登的新高峰，眺望的新风景。

千百年来，人类梦想着建造记忆宫殿。在世界各国的同心合力之下，"世界记忆项目"有望成为一座跨越国家、民族、时代、媒介的宏伟记忆宫殿，为之描绘蓝图、添砖加瓦、贡献珍藏是所有参与者的荣耀与担当。

冯惠玲

2021年2月16日

序二

中国——世界记忆项目的参与者、支持者和领导者

《传承人类记忆遗产——联合国教科文组织世界记忆项目研究》是由世界记忆项目苏州学术中心①（以下简称"苏州学术中心"）牵头，与武汉大学学生及其指导教授合力完成的著作。作为联合国教科文组织世界记忆项目国际咨询委员会副主席，我十分荣幸能够为本书撰写序言。

该项研究充分展示了世界记忆项目学术中心的使命：向参与项目的青年队伍提供方案经费，并在全球范围内、各地区以及国家之间开展文献遗产研究。苏州学术中心并非第一次与学生合作，中心建立伊始就与苏州本地中学的学生组织成立了一个志愿者团队。此外，澳门东南学校也有类似成果，学生们在学校领导和老师的带领下，参与了世界记忆项目，并开展了从中国澳门和内地的文献遗产中获取研究主题等活动。

苏州学术中心的创建离不开中国政府，特别是中国国家档案局的大力支持。

毫无疑问，中国是保障世界文献遗产获取最活跃的国家之一，是促进世界记忆项目发展的领导力量。中国在这一领域的诸多成就与丰富活动也充分证明了这一点。

下面，我们将回顾世界记忆项目的发展历程，然后解释中国为什么是教科文组织在促进人类文化遗产保护事业中的领导力量。最后，我们将对苏州学术中心进行简要介绍。

---

① 有关学术中心的更多内容，请参阅教育与研究小组委员会 2018 年 12 月快讯：https://en.unesco.org/sites/default/files/scearnewsletter2018.pdf。

历史剪影——世界记忆项目是什么？

鉴于文献遗产对人类集体记忆的根本价值以及其面临的威胁，时任联合国教科文组织总干事费德里科·马约尔先生于1992年在法国巴黎组织专家，讨论设立世界记忆项目的事宜，以保护和利用图书馆、档案馆收藏中不可替代的遗产。该项目于同年启动，《世界记忆名录》的随后建立则成就了项目的辉煌时刻。

教科文组织成员国于1996年5月在其执行局第149届会议期间召开会议，决议通过了《世界记忆项目国际咨询委员会章程》①，这也是《世界记忆名录》到1997年才产生首批入选遗产的原因。这个重要的项目具有三重使命：

第一，鼓励先由国家委员会和地区委员会确认相关文件，就是否将遗产纳入国家级和地区级名录达成一致意见后，再申报《世界记忆名录》。此外，该项目还呼吁推进法令的公布和行动的开展，从而更好地保护获得教科文组织"直指"奖提名的遗产，并为其提供更有效的获取渠道。

《世界记忆名录》是由符合评审标准的文献遗产所组成的清单，遗产入选前须交付世界记忆项目国际咨询委员会评估，并经由教科文组织总干事批准。《世界记忆名录》由世界记忆项目秘书处（今文献遗产处）进行管理、更新和公布。

文献遗产入选《世界记忆名录》意味着教科文组织对于其持续性价值和现实意义的肯定，这有助于提升遗产所有机构的影响力。同时，《世界记忆名录》能够提高鲜为人知的文献遗产的曝光度，从而促使人们重新全面地看待和理解世界历史。由此，该名录赋予了入选遗产较高的声誉、有力的宣传效果和更大的价值。

《世界记忆名录》同样为各国、各地区鉴定、列举、保存和完善文献遗产，并将其推选至国家名录和地区名录提供范例。中国不仅拥有《中国档案文献遗产名录》，同时也是《世界记忆亚太地区名录》建设过程的中流砥柱。

《世界记忆名录》的收录工作始于1997年，如今已有432份文献遗产入选。

第二，增强对文献遗产的保护力度，实现世界各地对文献遗产的普遍

---

① 1996年5月28日第149EX/13和149EX/46号决议，载于：http://unesdoc.unesco.org/images/0010/001029/102925f.pdf。

获取，防止人类陷入部分失忆的困境。为此，教科文组织大会于2015年11月17日通过了《关于保存和获取包括数字遗产在内的文献遗产的建议书》，该建议书与《保护文献遗产的总方针》①、《国际咨询委员会章程》以及《世界记忆名录》的配套文件共同奠定了世界记忆项目的基础。②

然而，自2017年以来，由于某些遗产是否应入选《世界记忆名录》引发了争议，大会和执行局要求教科文组织总干事对世界记忆项目进行全面审查，并将其作为新一轮《世界记忆名录》评审的准备性工作。目前，负责此项工作的成员国专家组还未完成任务。

第三，通过国家、区域和国际层级的各种媒介，使世界范围内的政府机构、文献资料专家、研究者以及民间组织认识和了解到为保存人类记忆而存在的文献遗产，并予以关注。

为了实现这些使命，世界记忆项目建立了"国际—区域—国家"管理体制。该体制不仅聚焦文献遗产，同时也是一个专门针对世界记忆项目的机构网络。这些机构由世界记忆项目国际咨询委员会、地区委员会和国家委员会组成。③ 国际咨询委员会是将附属机构和小组委员会凝聚在一起的枢纽。

文献遗产处为传播与信息部信息社会司的下设机构。

文献遗产处协助国际咨询委员会工作并筹备其会议，是国家委员会、地区委员会的联络点和信息、文件的来源。长期以来，该处以谨慎的态度积极参与世界记忆项目和世界文献遗产的各项工作。

国际咨询委员会是世界记忆项目中最主要的机构，它由14名成员组成。世界各地的候选人提交简历后，经由总干事审查，最后选定14名文献遗产保护领域的权威专家组成委员会。

国际咨询委员会设有附属机构，包括主席团及三个小组委员会：技术小组委员会（现为保护小组委员会，PSC）、名录小组委员会（RSC）和教育与研究小组委员会（SCEaR）。除了常规职能之外，教育与研究小组委员会还承担组织协调学术中心（如苏州学术中心）活动的职责。

国际咨询委员会的主要职能是同文献遗产处一道审查提交至名录小组委员会的待入选文献遗产材料。国际咨询委员会对其进行表决。如果相关

---

① 联合国教科文组织执行局已于第211次会议审议通过将《保护文献遗产的总方针》更改为《世界记忆项目总方针》——译者注。

② http://unesdoc.unesco.org/images/0012/001256/125637f.pdf。

③ 1996年5月28日第149EX/13和149EX/46号决议，载于：http://unesdoc.unesco.org/images/0010/001029/102925f.pdf。

遗产通过了表决,其世界性意义就将得到认证。这些遗产会被提交至总干事处等待审批,随后入选《世界记忆名录》。

自创立以来,国际咨询委员会已举行了13届会议:1993年9月在普乌图斯克(波兰)、1995年5月在巴黎(法国)、1997年9月在塔什干(乌兹别克斯坦)、1999年6月在维也纳(奥地利)、2001年6月在清州(韩国)、2003年8月在格但斯克(波兰)、2005年6月在丽江(中国)、2007年6月在比勒陀利亚(南非)、2009年7月在布里奇顿(巴巴多斯)、2011年5月在曼彻斯特(英国)、2013年6月在光州(韩国)、2015年10月在阿布扎比(阿拉伯联合酋长国)、2017年在巴黎(法国)。

世界记忆项目地区委员会能够为属于教科文组织同一选举小组①的国家委员会提供合作的契机。

地区委员会成立之后,将通过建立地区级记忆名录的方式,收录经评定委员会认可的、具有价值的文献遗产。入选地区级记忆名录的文献遗产项目如果具有普遍价值,则可提交至名录小组委员会,申请加入《世界记忆名录》。

地区委员会也向未设立国家委员会的国家提供援助,例如,提高其对文献遗产的保护意识,开展相关的培训工作,甚至是帮助保存于这些国家的文献遗产得以确认及提名。地区委员会必须根据其创始成员国国家委员会起草的章程制定其运作规则。

迄今为止,全球只有三个地区委员会,分别为:非洲地区委员会(ARC-MOW)、亚太地区委员会(MOWCAP)、拉丁美洲及加勒比地区委员会(MOWLAC)。

世界记忆项目国家委员会建立之初,就得到了教科文组织成员国国家委员会的大力支持。

国家委员会汇集了来自文献收藏机构(如档案馆、图书馆和博物馆)的专家以及研究人员、历史学家等专业人士和文献爱好者。

国家委员会的基本使命是鉴定、清点、宣传代表国家记忆的文献遗产,并且保障遗产可被有效获取。在此基础上,国家委员会可以建立本国的世界记忆名录。如果其中存在具有地区或世界普遍价值的遗产,则可申请加入地区级记忆名录或《世界记忆名录》。

---

① 联合国教科文组织成员国分为6个选举小组:加拿大-美国-西欧(第1组);东欧-中欧(第2组);拉丁美洲及加勒比地区(第3组);亚太地区(第4组);非洲(5a组);阿拉伯国家(5b组)。

中国——促进人类文献遗产保护和世界记忆项目发展的领导力量

在保护人类世界遗产,尤其是文献遗产方面,中国是最积极的教科文组织成员国之一。

就教科文组织常规预算的缴款而言,中国是 193① 个成员国中最大的缴款国。事实上,在教科文组织 2019 年分摊比额表和分摊会费的金额②中,世界总额为 134 231 007 美元,中国的数额为 20 796 410 美元,遥遥领先于日本(14 835 211 美元)、德国(10 550 557 美元)、英国(7 911 576 美元)、法国(7 668 617 美元)、意大利(5 728 979 美元)、巴西(5 107 490 美元)、加拿大(4 735 670 美元)、俄罗斯(4 166 531 美元)、韩国(3 927 599 美元)、西班牙(3 718 199 美元)等国。

在世界记忆项目中,中国也是评估、保护、获取、改善和宣传包括数字遗产在内的世界文献遗产的领导者之一。中国广泛实施了教科文组织在 2015 年 11 月 17 日通过的《关于保存和获取包括数字遗产在内的文献遗产的建议书》中的相关决议。除了中国在国际层面的努力之外,我们还需看到其在《世界记忆亚太地区③名录》中的遗产数量及其世界记忆学术中心的数量。

在《世界记忆名录》中,193 个成员国再加上美国,一共有 432 项入选遗产,中国拥有 13 项,在所有成员国中排名第八。

就《世界记忆亚太地区名录》而言,自 1997 年建立以来,共有 25 个国家的 56 项遗产入选。中国拥有 12 项,位居越南(6 项)、伊朗(5 项)、韩国(3 项)、澳大利亚(3 项)、缅甸(3 项)和蒙古(3 项)之前。

在世界记忆项目学术中心方面,现有的 7 家中心里中国独占 4 家,分别位于澳门(中国首家)、北京、福州、苏州。另外 3 家世界记忆项目学术中心则分别位于安东(韩国)、阿比让(科特迪瓦)和墨西哥城(墨西哥)。

研究缘起——苏州学术中心的建立

2018 年 11 月 9 日至 12 日,苏州市档案馆主办了关于创建和启动世界记忆项目学术中心的备忘录签署仪式。国际咨询委员会、教育与研究小组

---

① 美国不包括在内,因为美国不是教科文组织的成员国——译者注。
② http://www.unesco.org/new/fileadmin/MULTIMEDIA/HQ/BFM/BFM151_FR.pdf。
③ 在世界记忆项目的三个地区委员会中,亚太地区委员会最为活跃。

委员会和中国国家档案局参与其中。

苏州学术中心的成立为举办一系列精彩的活动提供了契机：一个关于丝绸之路档案的大型展览由此而生。而在苏州第十中学里，年轻的老师和学生们希望提高社会档案意识，志愿小组也因此成立。

在这些大大小小的活动上，一些文献遗产专家也分享了他们的经验，这些专家包括张斌（北京学术中心，中国）、瑞·埃德蒙森（世界记忆项目亚太地区委员会，澳大利亚）、谈隽（苏州市档案馆，中国）、卜鉴民（苏州市档案馆，中国）、武氏明香（世界记忆项目亚太地区委员会，越南）、李世超（苏州市职业大学，中国）、谭必勇（山东大学，中国）、林秀茵（北京学术中心，中国）、洛塔尔·乔丹（教育与研究小组委员会，德国）、杨开荆（澳门学术中心，中国）、帕帕·摩玛·迪奥普（国际咨询委员会，塞内加尔）等。

正如一句非洲谚语所说："如果一个人不知道自己来自哪里，或者忽略了他人，那么他就无法真正地了解自己。"这本关于世界记忆项目的著作，由苏州学术中心和武汉大学师生合作完成，其出版恰逢其时。本书聚焦保存人类记忆的遗产，对青年一代更好地了解以虚拟媒介、数字媒介和其他形式存储的遗产项目来说，实乃佳作。世界记忆项目本身和各级名录不仅吸引了世界人民的兴趣，更成为我们了解自身和他人文化的来源，是人类相互理解和维持世界和平的重要因素。

同时，本书也是未来领袖及青年学生学习鉴定、保护、利用和改善文献遗产的工具。

就此而论，本书不仅有必要广泛运用于高中、大学等各层次教育机构中，更需要在各个世界记忆项目学术中心中进行推广。

鉴于此，我们有十足的信心表示，本书落实了教科文组织在 2015 年 11 月 17 日通过的《关于保存和获取包括数字遗产在内的文献遗产的建议书》中的相关倡议。

扫码看原文

联合国教科文组织世界记忆项目国际咨询委员会副主席、
非洲地区委员会副主席
帕帕·摩玛·迪奥普
2021 年 3 月 10 日
（翻译：严予伶、施玥馨；校对：姜湘颖）

序三

在记忆机构与学术界之间构筑桥梁

世界记忆项目苏州学术中心从 2018 年 11 月开放以来，一直是世界记忆项目教育与研究小组委员会的有力合作伙伴，在共同建设新的国际文献遗产知识基础设施方面发挥着重要作用。世界记忆项目的各学术中心扮演着协调国际、国家和地方活动的角色。苏州学术中心和苏州的世界记忆项目其他参与者为此树立了良好的榜样。2019 年 8 月，苏州学术中心与中国国家档案局、北京学术中心和教育与研究小组委员会协同举办了世界记忆项目学术中心第一次工作会议，这是一次国际合作的有益探索，有助于扩大世界记忆项目网络。

2020 年 7 月，苏州市工商档案管理中心推出了"我是档案迷"丛书，旨在提高青少年对世界记忆名录和中国文献遗产的认识，增进他们对世界记忆的了解。教育与研究小组委员会在其 2020 年第 2 期快讯中报道了这套富有创新性的丛书。

本书则是另一个来自苏州的重量级项目：全书力图涵盖世界记忆项目的所有重要内容，讲述了世界记忆项目的发展历史、基本价值、建设情况和"国际—区域—国家"的管理体制。

本书富有远见地考虑到世界记忆项目所处之最重要的环境，将"共同遗产"的理念置于首位。因此，世界记忆项目被视作与世界文化和自然遗产以及非物质文化遗产具有同等地位。这也将为寻找不同形式遗产之间的协同作用提供基础。

本书还提供了许多关于世界记忆项目基础性政策文件的信息：从《保

护文献遗产的总方针》《国际咨询委员会章程》《世界记忆项目道德准则》和类似的文件，到《关于保存和获取包括数字遗产在内的文献遗产的建议书》。该建议书将在国际法的背景下施行。

世界记忆项目具有三重结构：国际、区域、国家——教科文组织赋予三者同等的重要性。这一点在本书关于《世界记忆名录》和组织结构的部分中均有明确阐述。

《世界记忆名录》因提升了世界记忆项目在全世界范围内的知名度而全球瞩目。不仅如此，地区级和国家级名录，尤其是亚太地区委员会管理的《世界记忆亚太地区名录》与《中国档案文献遗产名录》，同样也成为关注焦点。

本书对不同地区在世界记忆项目中的参与情况进行了分析，这有助于世界记忆项目在世界范围内得到公平和良好的运行。如果说用一章的篇幅阐述世界记忆项目和中国影响广泛的文献遗产工作，便足以构成一座小桥，连通记忆机构和学术界，那么本书全篇则可谓铺设了一条宏伟的交流大道。

整本书均与世界记忆项目相关的书籍在世界范围内并不多见。目前，仅有一些类似《世界记忆亚太地区名录》的收录性的书籍，收录了世界记忆项目的世界级或地区级遗产。本书对于世界记忆项目来说，具有开创性意义。这本书不仅可以激励中国和其他国家的专家去丰富世界记忆项目的相关研究，而且能够加深世界记忆机构及学术界对于世界记忆项目和文献遗产的了解。我谨代表世界记忆项目教育与研究小组委员会，祝愿本书能够获得中国乃至全世界读者的认可和欢迎！

扫码看原文

联合国教科文组织世界记忆项目国际咨询委员会
教育与研究小组委员会主席
洛塔尔·乔丹
2021年3月17日
（翻译：严予伶、施玥馨；校对：姜湘颖）

编者按

这是一本关于记忆的书。

在本书统稿之时，正是岁末年初，想起孔子说的"逝者如斯夫，不舍昼夜"，或日本诗人松尾芭蕉的俳句"耽溺风雅，一年又尽"。因时光流逝而感到人生虚无，是哲学家痴迷的话题，但这些睿智的头脑也告诉世人，留下的记录、珍藏的回忆——我们称之为"记忆"的存在，是对时间的抵抗，是获得意义的基石。所以你看，一开场就说到了记忆的核心——它关乎人生的终极问题，因为终极反而抽象至简，当你去拜访某幢安保谨严的大楼，门卫也会问，你是谁？从哪里来？到哪里去？从日用的角度，如果失去记忆，只能呆立当场，或者一脸迷茫地展示好心人备好的纸条；从形而上的角度，这几乎是大多哲学流派思考的起点。

记忆的话题实在大无边际，所以本书撷英讨论的是世界记忆遗产，以及围绕它开展的工作。我们将统一用"世界记忆项目"作为 Memory of the World Programme（MoW）的中文翻译。MoW 是联合国教科文组织（UNESCO）发起的一个世界性项目，以抢救和保护人类记忆，在不同的语境中，还有"世界记忆工程""世界文献遗产"等高频译名。

"世界记忆工程"一说，多见于 MoW 引介进入中国之初的相关宣传。将 programme 翻译成"工程"，是突出它的建设性，尤其在该项目发展较好的国家和地区，因为 MoW 的开展，连带促进了上下游一系列的工作，上游如整理、发掘、价值提炼，下游如宣传、保护、周边开发，当然，这些经常交叉融合，没有严格的先后顺序。在中国，为了在 MoW 框架下建立本国项目体系，2000年国家档案局启动"中国档案文献遗产工程"，并建立《中国档案文献遗产名录》，截至目前已入选文献4批142项，这是数千年之中国的标签和符号，涉及哲学宗教、天文地理、文学艺术、医药民俗等等，包罗万象。海上生明月，华夏文明光点闪烁，浮光跃金。如果将甲骨文以来的中国看作一位从商朝走来的智者，约3 600年的阅历，那不断扩充丰富的《中国档案文献遗产名录》就是他深邃目光之后悠远的"记忆"。在档案馆、图书馆、博物馆以及科研院所等机构的努力下，"乡村记忆""城市记忆"或围绕某一宏大主题开展的记忆工程得到重视，如澳门基金会"澳门记忆项目"、中国人民大学信息资源管理学院"数字人文项目"、中国第一历史档案馆2016年启动的"明清时期'一带一路'档案开发工程"。

称其为"文献遗产"，是为了让联合国教科文组织的三大遗产保护项目相提并论，而且看起来似乎更为工整，特别是当我们快速连读，物质文化遗产、非物质文化遗产、文献遗产，还能三押，掷地有声，虽然三者的知名度并非这般工整。可惜"文献遗产"有显而易见的局限，虽然MoW对其进行了广义定义——"文献记录以及集体记忆"，但似难完全消除大众对于文献是文书实体的认知错觉。记忆的载体不只是文书，虽然文书是最主要的载体。倒是"世界记忆遗产"，既能避免"文献"的歧义，又能让人一目了然MoW是UNESCO世界遗产工作的一部分，我国遗产界也多用"记忆遗产"。人类学家阿尔君·阿帕杜莱谈到文化遗产的关联性时说，"若无物质遗产，非物质遗产则过于抽象，若无非物质遗产，物质遗产便只是一堆难以辨认的物件或废墟"。在编撰此书的过程中，我们感到"记忆遗产"更像一个多宝盒，当要向睁大双眼、屏息静气的朋友大讲物质和非物质遗产的意义，或者只是单纯地打捞一段人类过往，难免要兴奋地搓搓手打开"记忆遗产"这个宝贝盒子，而且希望它的存储越丰富越好。

如果不能忍受"很久很久以前"的泛泛之谈，就得先建立一个坐标系，或者文明链，然后主角——某份遗产闪亮登场，强调它不是无源之水、无本之木，而是大有来头。这个坐标系、文明链的建立，就必得依托"记忆遗产"。基于此，我们认为"记忆遗产"更能讲述文明，但也由于其身居幕后，所以鲜被公众关注。这也是三大遗产的关联和现状，这种台前幕后的落差也是本书立项的动力之一。

不过，"世界记忆工程""世界记忆遗产"似乎都没能有效体现programme指代的一系列工作。从逻辑上说，MoW在保护、传播之前，须得先通过申报、评审、收入名录的方式对遗产的价值进行确认。申报、评审、收入名录，以及相关研讨、数字化、出版、展览等等，用"项目"来表述最为直接全面，较能避免歧义，因此本书选用"世界记忆项目"作为 MoW 的中文翻译。

概念先陈述至此，接下来换个频道，说一说三封信。在记忆遗产中，信件可是稀缺、独特、富含人文精神的一部分。而下文亦将基于这三封信的故事来展开。

第一封信，来自距今 1 700 多年的"粟特信札"。

1907 年，嗅觉灵敏的英国人斯坦因来到敦煌，寻找道士王圆箓以及王道士手中的"敦煌遗书"，却在敦煌西北的长城烽燧遗址中，意外发现了 8 封粟特文书写的古信札，这些信札全都放在一个邮包里，从金城（今兰州）、姑臧（今武威）、敦煌等地寄出，目的地包括楼兰和更西的中亚城市撒马尔罕。

粟特信札中写道，匈奴人攻占了洛阳和长安，在洛阳，据说最后一位天子因为饥荒而外逃，匈奴人放火烧毁了宫殿和城市，而在此经商的印度人、粟特人都死于饥荒。

史学家据此推测，这捆信件写于西晋末年"永嘉之乱"时期，大约公元 313 年。《晋书》记载，在洛阳，晋怀帝被俘，百官士庶死者 3 万余人。

介绍了"粟特信札"的写作背景，那么要说的第一封信，就是其中的 3 号文书。

这是一位名叫米薇的粟特女子写给丈夫的，并非一般闲愁几许、相思成疾的两地书。在那样兵荒马乱的岁月，她居然气急败坏地对男人说："宁嫁猪狗，不为汝妻！"那么，她为何如此生气呢？

原来，公元 4 世纪初，中国西晋晚期，米薇和丈夫那奈德带着女儿莎恩，从中亚沿着丝绸之路来到敦煌经商，后来那奈德独自回乡，一别数年，杳无音讯。留在敦煌的妻女不但花光了积蓄，还由于那奈德在敦煌的生意失利，竟被迫成了奴隶。中原战乱，幸存的名门望族飞鸟各投林，经河西走廊经商的胡人自然也是人心惶惶，认为自己"在死亡线上"。于是，米薇急切地给母亲和丈夫分别写了求助信，希望早日脱困回到故乡。在给母亲的 1 号文书中，问候不缺，字迹也算工整，而在给男人的 3 号文书中，就放飞自我了，越写越潦草，激烈的情绪跃然纸上，说不该罔顾亲朋劝阻嫁给了那奈德，更不该带女儿一起来敦煌。"宁嫁猪狗，不为汝妻！"类似今天夫妻吵架："我当初真是瞎了眼！"女儿也在信中附议，希望父亲寄钱来解燃眉之急。

很可惜,我们现在已然知晓,这些寄托焦虑、愤怒、希望的重要信件,没能西出阳关送达目的地,而是在敦煌城外的长城烽燧中,被黄沙掩埋。等到再度被人掸掉沙尘、逐字译读,已经过去了近1 600年。

粟特信札——中古时期丝绸之路上的重要文献之一,现收藏于大英图书馆。

第二封信,是距今370余年的《永历太妃肃罗马教皇笺》。由近代出版家张元济于1910年在罗马发现,归国后在《东方杂志》上公布。"永历"是南明最后一任皇帝永历帝。说来让人惊诧,南明皇室居然还给罗马教皇写过信?不但写过,还可牵引出基督教在中国的传播历史。

这里说的是广义的基督教,包括天主教、东正教、新教。那么这封《永历太妃肃罗马教皇笺》,就是写于基督教在中国的第三次传播高潮期。

据目前的史料,基督教在中国的第一次传播高潮始于7世纪唐朝初年,那时自称"景教"。从公元635年,即贞观九年,阿罗本主教带领传教团来到长安,受到太宗皇帝欢迎,到公元845年,被唐武宗"会昌灭佛"波及而迅速走向衰败,前后绵延约210年。这些在《大秦景教流行中国碑》、"敦煌遗书"等文献中各有记载。

第二次传播高潮是在13—14世纪蒙元时期。蒙古帝国席卷欧亚,缔造了空前辽阔的版图,不但从疆域、安全方面将宋、辽、金时期被阻滞的陆上丝绸之路重新连通,还非常鼓励贸易,于是在中国历史上第一次出现了陆、海丝绸之路同时繁荣的局面。学者王介南在《中外文化交流史》中称蒙古帝国开创的对外交通新局面达到了"古代中西交通史之极"。传教士们随着蒙古军队和陆海商路来到中国内陆和海港城市。

第三次传播高潮就是16—17世纪的明末清初。借助海上丝绸之路和大航海时代欧洲人开辟的新航线,还有遍布全球的殖民地网络,一批又一批传教士走上了前往东方的旅程,《马可·波罗游记》中那个奇幻、富庶的中国,成了他们重要的目的地。

1582年,著名的传教士利玛窦到达有葡萄牙人居住的澳门,并经过近20年坚韧、迂回、灵活的努力,终于在1601年见到了明帝国的统治者万历皇帝,并获准留居北京。他的成功得益于光大了"入乡随俗"的传教思想,形成了尊重本土文化、以平等的文化交流来传播信仰的"利玛窦规矩"。比如为了避开儒家垄断意识形态这一现实难题,他提出儒生拜孔祭祖并非宗教行为,使得东方儒生和西教信徒这两个身份可以在一个人身上并存。在遵从"利玛窦规矩"的教团持续努力下，基督教在中国宫廷和精英群体中受到欢迎。

其中就有一位连缀故事的重要人物庞天寿，他是侍奉崇祯帝的太监，在京城接受传教士汤若望的洗礼，成了一名教徒。李自成攻陷北京，清军入关，南明政权曾派庞天寿赴澳门求援，并借助洋枪洋炮的小股雇佣军取得了局部胜利。为得到更多外援，永历皇室多人受洗，并写下本文讲述的第二封信《永历太妃肃罗马教皇笺》，庞天寿也写了《永历太监庞天寿奉罗马教皇书》，委派传教士卜弥格和年轻官员陈安德送往罗马，希望从罗马教廷搬救兵。

从信中得知，皇太后（即信中的"永历太妃"）圣名玛利亚，皇后圣名亚纳，太子圣名当定。至于永历本人，或因不符"一夫一妻"制，或因其他原因，并未受洗。

两位送信人于1650年从澳门出发，浮天沧海远，可谓历经波折辗转，为了得到教皇的接见，在意大利就等了3年，此后又凭教皇的回信到葡萄牙首都里斯本求助于葡萄牙国王。教皇的回复是表示同情并祈祷南明能渡过难关，而国王答应给予南明政权军事援助。当他们带着喜讯返程途经印度果阿，却收到不得返回澳门的禁令，原来亚洲的葡萄牙殖民当局为了保护与清政府的贸易，拒绝再度援手。海路受阻，二人便取道陆路，经印度、泰国、越南，中途还遭遇了卜弥格的去世。1659年，陈安德终于得返云南，向流亡之中的永历朝廷复命。

《永历太妃肃罗马教皇笺》——珍稀的南明基督教汉文文献，现收藏于梵蒂冈教廷图书馆。

第三封信，是一封侨批。

福建方言称书信为"批"，只从字面来看，侨批便是海外华侨寄返故乡的信，但华侨要赡养父母、照顾妻小，常常随信一并汇款，因此又俗称"银信"。偶见银、信不合一的现象，所以广东省档案馆《侨批档案图鉴》将"侨批"定义为"银或银信"。侨批主要分布于粤、闽两省，尤为值得注意的是寄送渠道。写到这里，可发现所举的三封书信，寄送渠道都是非官方的。粟特信札是通过商人网络，肃教皇笺是委派亲信，侨批最盛之时则是依托"水客"和民间的批局。

中国东南的福建广东沿海，特别是潮汕地区，地狭人稠，易遭海盗天灾，但出海便利，自唐宋海上丝绸之路兴盛，旅居异国他乡的商人渐渐增多，南宋、南明也均有旧王朝臣民流寓海外，明清时期前往东南亚经商谋生已颇见规模。1999 年列入《世界遗产名录》的越南会安古镇，便是 15—19 世纪东南亚的一个繁华贸易港，建筑风格中西结合。由于在会安的中国人很多，这里还专门建立了华人聚居的街道。如果去到会安，看到广肇会馆、琼府会馆、中华会馆，必然分外亲切。当夜幕降临，满街的手工灯笼渐渐亮起，海风吹动星星点点的水灯，"酒醒明月下，梦逐潮声去"，数百年间，海风又曾陪伴多少天涯羁旅，吹拂几许家国之思。

鸦片战争以后，海禁大开，一方面国内时局动荡，另一方面奴隶贸易逐渐废止，加剧了全球殖民地的用工荒。种植、挖矿、筑路、码头搬运都需劳力，产生了新的社会关系和商机，于是闽粤兴起"下南洋"的热潮。由此也可看出，最初的华侨更多是劳工或小生意人。当时中华"宗主国"地位一落千丈，侨胞身处南洋异域，其中艰辛困顿可想而知，而漂洋过海去到美洲的也不在少数。

随着寄回侨乡的书信和钱款日渐增多，为克服不健全的通信和金融渠道，作为一种集跨国银行、邮政和快递服务于一体的行业，侨批业在晚清逐渐成形，至 20 世纪 70 年代归口银行管理才逐渐减少。目前收集的实物延续至 2010 年，前后绵延约 170 年。福建档案部门称其为"百年跨国两地书"，是极其精彩的概括了。

在众多侨批中，有"今日远离乡井，亦为环境所迫""见信至切赎回吾女回家"的心酸故事，有"儿虽做牛做马，也要尽力寄批""遇有暇时，则自研谙簿记之借贷法则，以应实际之需"的勤勉自强，有"如今侨民纷纷捐款回国，以赈济济南难民""自中日战争之事发生后……非常热心捐钱及捐衣……抵制日货""专心学习，将来得以成功回国"的心怀故土，当然也有在异域他邦站稳脚跟之后动员亲朋一起出海打拼，赚到利润之后高兴地汇款与人分享。

今天要说的第三封信，写于侨批业后期，1979 年 4 月，泰国华侨罗尧大给侄儿罗培衡的一封侨批，"祖国广筑公路，交通方便，大兴水利，农工发展，国家强盛，国泰民安，况施行四个现代化，国际地位高昂，威震遐迩，华侨沾光不说，引为快慰尔"。

1840 年鸦片战争，1894 年甲午海战，1911 年辛亥革命，1931 年九一八事变，1945 年抗日战争胜利，1949 年新中国建立，1978 年中国开始改革开放……从内忧外患被迫"下南洋"，一百多年忍辱负重、自强不息，终于迎来祖国复兴，16 万份侨批以个人记录、草根文献，浓缩了这段"数千年未有之大变局"、信息密度极高的历史时期。

侨批档案——中国近现代命运变迁的民间见证，2013年入选《世界记忆名录》。

一个难以避免的疑问是，人类不断克服柏拉图洞穴隐喻里的囚徒困境，逐步从蒙昧走向文明，产生的记忆遗产浩如烟海，为何要说这三封信？下面的三个观点或可解答，也将解释编者如何看待世界记忆。

第一，联结与多元。

首先它们都和"丝绸之路"有关。历史学家彼得·弗兰科潘在《丝绸之路：一部全新的世界史》中，将丝绸之路冠以多达25个名称。当你转动作者的思维万花筒，一串名词鱼贯而出：宗教之路、变革之路、和睦之路、铁蹄之路、重生之路、黄金之路、帝国之路、小麦之路……这本书沉甸甸的中文版就有600页，从体量到内容都在强调，丝绸之路的历史就是一部浓缩的世界史，塑造了今天的世界格局。

2013年，中国提出建设"新丝绸之路经济带"和"21世纪海上丝绸之路"（"一带一路"）的合作倡议。2019年第二届"一带一路"国际合作高峰论坛召开之际，多名联合国官员称赞"一带一路"是全球治理创新的典范。2017年我们申报的"近现代中国苏州丝绸档案"入选《世界记忆名录》，作为其保管机构——苏州市工商档案管理中心，及以前者为依托建立的世界记忆项目苏州学术中心，有责任就丝绸之路相关记忆遗产进行研究，更有使命不拘囿于自身保管的苏州丝绸档案，而尝试获得一种更加广阔的视角。这三封信恰好揭示了丝绸之路塑造今日世界的几种主要方式：商品交换及其产业技术流通、文化交流、人口迁移。

第一封信的背景是丝绸之路上的商品交换和技术流通。丝绸、香料、瓷器、茶叶等轮番登场，一度都贵如黄金。粟特人是地处中亚地区的古老民族，很会做生意，《旧唐书》说他们"利之所在，无所不到"，是4—7世纪，在穆斯林商人兴起之前，陆上丝绸之路贸易的主要承担者。他们将生丝运往西方，将香料贩入中国，这些异域的芳香，不只得宠于西晋贵族，也流连在杨贵妃据说为了掩盖狐臭的香囊。信札的目的地之一撒马尔罕，连接中国、波斯和印度，作为丝绸之路的中亚枢纽而繁荣兴盛。如果正在阅读的你被一道闪电击中，穿越至贞观三年的撒马尔罕，在灰头土脸给骆驼捆扎货物的时候，也许能遇到风尘仆仆、西天取经的大唐玄奘法师，但不建议舍命相随，因为丝绸之路艰险异常，"舍命"大概率一语成谶。信札的发现地敦煌，被学者季羡林称为中国、印度、希腊、伊斯兰四大文明体系的唯一交汇地，而石破天惊的"敦煌遗书"，跨越公元2—14

世纪，涉及多种古代文字，如吐蕃文、龟兹文、突厥文、回鹘文、梵文，是多元文化联结渗透、互鉴发展的证明。在粟特信札写就半个世纪之后，据唐代《李克让重修莫高窟佛龛碑》记载，公元 366 年，僧人乐尊开凿了敦煌莫高窟第一个石窟。自汉代张骞出使西域，大漠孤烟，长河落日，无数商人、僧侣、传教士、穆斯林在驼铃声中沿丝绸之路艰辛往返，商业活动和宗教传播成为两千年来中西文化交流的重要媒介。

第二封信的时期，宗教沿着海上丝绸之路作为重要触媒推动文化交流。15—17 世纪的"地理大发现"第一次实现了地理意义上的全球化，东西方两个世界还没有因为后来的工业革命而拉开明显差距，通过基督教来华的传教活动，双方以平等的姿态成就了中西文化交流的一次高峰。

在东方，利玛窦向明朝皇帝进献《万国图志》，在中国第一次刻印西洋式世界地图《坤舆万国全图》，和徐光启合作翻译《几何原本》，基于环球航行的最新地理知识，对沿袭天圆地方、天朝位于世界中心这一传统观念的明末知识界，是一次不小的震动。汤若望、南怀仁等传教士掌管清朝钦天监近两百年，在中国推行西洋新历法，传播西方在天文、历法、数学、地理等方面的最新知识。在一封奏折的朱批中，康熙皇帝吩咐，"西洋来人内，若有各样学问或行医者，必着速送至京中"，可以和他喜欢几何互为印证。需要警惕的是，这样的过程并非一帆风顺，1999 年入选《世界记忆遗产名录》的"清代内阁秘本档：有关 17 世纪在华西洋传教士活动的档案"，其核心内容便是"汤若望案"，历史上称为"历法之争"，可看成在意天命正朔的帝国保守力量对于外来新知的抵触。

在西方，继《马可·波罗游记》之后再次掀起了一场东方热。和马可·波罗这位"百万先生"笔下的遍地黄金不同，这次中国被视为一个哲学高度发达的思想国度。法国启蒙运动领袖伏尔泰等人为了论证自己的政治主张，极力推崇中国的哲学和法律，认为儒家的仁爱宽容是启蒙运动的愿景，据说他曾张挂孔子画像早晚膜拜。

在此期间，澳门作为基地和桥梁，1576 年成立远东教区，1594 年成立中国境内第一所西方大学圣保禄学院，传教士在这里开办教育，学习中国文化、语言，并将中国的哲学经典进行翻译或节译，如利玛窦就曾翻译"四书"，卜弥格曾节译《黄帝内经》，传教士们翻译的典籍主要是儒家经典、中医论著。2010 年入选《世界记忆亚太地区名录》的"天主教澳门教区档案文献（16—19 世纪）"，其中的书信、培训材料、典籍、日记等，见证了澳门在这一场文化交流中的特殊角色。"澳门记忆项目"负责人杨开荆女士曾在讲座中展示清朝时中国儿童和外国儿童、清代华人和外邦修士一起上学的留影。

第三封信背后，是海上丝绸之路见证的中国历史上最大规模的跨境人口迁移。无论是商品、技术，还是语言文字、习俗观念等，都需要以人为载体。在看到侨批中嘘寒问暖、汇款寄物的同时，更要看到这个巨量的海外人群如何在观念、资源上参与塑造了今日中国。"下南洋"多出于内忧外患，侨民群体因此显现出强烈的家国情怀，热切希望国家富强进步，从思想、经费和人力上积极推动近代民主革命。到1905年"兴中会"成员华侨占70%，1911年黄花岗72烈士中华侨达31人，海外侨胞是孙中山革命的重要思想渊源和经费来源，孙中山先生因此感慨"华侨乃革命之母"。此后的抗日战争、新中国建设、改革开放，华侨都是坚定的支持者，尤其是改革开放初期，他们更是投资的先行者和主力军。这种强韧的民族认同，既造就了"海邦剩馥"的记忆遗产，也来源于积淀千年的文化血脉。而我们所谓的"血脉"，并非真的流淌在血管和脉搏之中，而是依托于共同"记忆"。

回顾以上可以察觉，无论是敦煌、澳门，还是闽粤沿海，都处于丝绸之路的连接地带。连接地带的意义在于，它既是各大文明的边缘，又是孕育生机活力、策动文化融合进化的中心。这种孕育融合有时就是记忆遗产本身，也带来一种宝贵的互观互鉴的多元视角。《资治通鉴》说"兼听则明"，而打破导向偏见的一元论，拥抱一个多元世界，正是世界记忆项目启迪我们的价值观之一。

第二，人文与和平。

学习简化的国别史，很容易落入一个错觉陷阱，即这个国家和当时世界是平行空间，你走你的阳关道，我过我的独木桥。而简化的世界史如同《人类群星闪耀时》的走马灯论证，似乎决定历史走向的只是那些释放光芒或阴霾的名字。讲述历史难免简化，不然就得处理信息过载，但我们心中理性的小人适时要挺身而出，高举一块巨大牌子，上书：简化，只是权宜之计，而非本来面目。

东亚史专家阿尔伯特·克雷格在《哈佛极简中国史》中说："在任何社会，变化或稳定都是亿万人的情感和行为的综合结果。每个人都生活在家庭之中，通过社会关系与更广泛的社会相连，为生存工作，并受到规则的保护和制约。这类关系的总和决定着国家发展的方向。"

以手中的这本书而论，至少涉及造纸术和印刷术，在历史上并非只是由蔡伦、毕昇、约翰·古腾堡三个人来推动的，还包括无数的学者、工匠和商人。至于造纸术和印刷术如何提升人类教育、推动宗教改革、普及人文主义等等，那是另一个深广的话题了。在粟特信札的故事中，目的地之一的"楼兰"，起初大家的印象只是神秘西域古国，即便它有确切纪年的历史就长达约600年，这是中国明、清两朝的时长，其间有多少春夏秋冬、人事代谢，无人叩问，直到1980年出土的"楼兰新娘"，人们开始为她感伤共情，为她写歌作诗。与此类似，在新闻媒体看到叙利亚难民可能觉得只是一则国际新闻，直到3岁小难民艾兰在土耳其海滩溺亡的画面刺痛人心。

宏大叙事的历史概念是抽象的，有名有姓的个人则不是，就如丝绸之路胡商和米薇、叙利亚难民和艾兰。媒体人白岩松说他曾经采访一位哲学家，问为什么现在的科学技术进步这么快，这个世纪的人却依然需要好几个世纪之前的音乐来抚慰心灵。哲学家回答，"很简单，人性的进化是很慢很慢的"。因此，我们可以凭借各种形式的文明遗产和古人共情悲欢。当看到陈列在湖北省博物馆的东周曾侯乙编钟，在它的巨大阴影里，似乎还能听到当初掸尘的宫女闲聊：母亲膝盖不好，多久没回家了。试想我们今天收到一封电子邮件，比较米薇1600年前收到一封家信，其中喜悦显然逊于古人，因为"从前慢"，从前有时间和空间遥想"何当共剪西窗烛""云中谁寄锦书来"。而可堪幸运的是，我们虽然身处快速喧嚣的信息时代，还能自然而然地体会幽微的古典诗意，体会代表东方的含蓄、留白和意在言外，进而产生一种柔韧的文化和身份认同。这种"自然而然"，正是基于记忆的层垒与传承。

通过睡虎地秦简，我们知道了秦楚之战中有两位秦兵名叫黑夫和惊，这是兄弟俩，还有一个大哥在家。他们写信回家唠：母亲身体如何啊，我俩挺好啊，记得把钱和母亲做的夏衣寄来；还说：马上要攻打淮阳，是否会受伤不可知，所以希望母亲寄的钱不要太少啦。最后还把亲戚朋友问候了一遍。信既然作为大哥少数几件陪葬物品，可推测黑夫和惊在写信之后死于战场，所以大哥留个念想珍藏不弃。

通过居延汉简，我们得以窥见汉军戍边士兵的生活和情绪，家眷多寡、口粮几何，早上起来先要检查整理烽燧外的"天田"。天田是烽燧周围铺好的沙地，由于没有智能监控，每天将沙地搂平，根据足迹来判断是否有敌人入侵及其踪迹，当然每座烽隧养有军犬警戒。写家书时七七八八地抱怨昼夜温差大、缺乏瓜果蔬菜、伤寒风湿频发、叮嘱穿衣吃饭。

"秦时明月汉时关，万里长征人未还"，都是生活在家庭之中、有左邻右舍的人们。虽然相隔 2 000 年，但透过简牍浮现的喜怒哀乐，他们就像从烽烟中射出的箭镞，嘶嘶作响，穿透时间，落在眼前。掸掸鞋面的灰，清清嗓子，随时可以开始一场闲聊。

从记忆遗产中抽身，回到当今世界，新冠疫情仍在全球传播，伴生的是经济全球化受到冲击、国际单边主义抬头、意识形态偏见加深，如历史学家葛兆光说，"有人预言，新冠病毒大流行，将改变人类的历史。几百年来的全球化进程将中止，日益淡化的国别意识将卷土重来，民主自由平等的普遍价值将会受到挑战"。亨廷顿的"文明冲突论"又有了舆论空间，他曾在采访中强调，"政治很大程度上会被文化相似性与对抗性所引导"。无论是否同意"文明冲突论"的观点，他对文化关键作用的强调，从某种意义上可以看成对世界遗产工作这一人文主义事业的鼓舞。

我们看两个与记忆和身份认同有关的例子。第一个例子，2018 年第 42 届世界遗产大会，西班牙"哈里发的城市阿尔扎哈拉"得以入选。"哈里发"无疑是一个伊斯兰词汇，资料显示，此遗产展示了现已消失的"安达卢斯"西方伊斯兰文明在其鼎盛时期的风貌。和常见的印象不同，欧洲并非一直是基督教文明，至少西班牙、葡萄牙所在的伊比利亚半岛，从 8 世纪初开始，有 700 多年在穆斯林治下，且是当时欧洲大陆著名的文明中心。这 700 多年的伊比利亚半岛就是"安达卢斯"。安达卢斯被人怀念，核心原因是从史料来看，它创造了一个穆斯林、犹太人、基督徒和平共处的宽容世界。基于不同宗教的文明冲突屡见不鲜，因此安达卢斯成了人们津津乐道、念念难忘的黄金时代。以至于 19 世纪后期，信奉基督教的西班牙在殖民北非时，着力夸张这段童话般美好的"记忆"，安抚祖先来自安达卢斯的穆斯林后裔，宣扬不同宗教可以和平共存。第二个例子比较宽泛，19 世纪以来，"东亚文化圈"的一些国家逐步弃用沿用了上千年的汉字，来主张民族独立性。

可以看到，无论是宣扬一段记忆来寻求和平，还是抹除讲述记忆的语言传统来彰显独立，一体两面，都明白无误地揭示了记忆对于建立认同的重要性。诚然，有学者指出，过于美好的"安达卢斯"是服务于殖民统治的记忆建构。毫无疑问，我们参与的记忆遗产工作，自然也是一种定义历史、影响后世的记忆建构。由于没有人是全知、没有人无立场，因此排除政治干扰、立足人文主义、追求客观真实成为终身要实践的目标。或者问自己一句，作为一个心智健全的人，我希望接受怎样的记忆建构？

当一场流行病正在深刻改变世界,如同历史上发生过的那样,面临逐渐滋长、逆全球化的隔阂与偏见,除了那许多辉煌壮丽的文明创造之外,向世界警示在冲突、战争中人性之恶曾滑向何等深渊,尤其显得珍贵。因此当"南京大屠杀档案""耶路撒冷犹太大屠杀纪念馆1954—2004年收集的受害者身份证明档案""柬埔寨吐斯廉屠杀博物馆档案"等入选《世界记忆名录》,让人稍稍宽慰。毕竟这些惨痛的记忆,关乎人类如何看待自己,它们引发的对于战争、屠杀的关注和批判,对今天的哀伤警示,对清醒、理性和宽容的呼唤,是少数事后能做的事之一。

作家克莱夫·詹姆斯在《文化失忆:写在时间的边缘》中强调:"文明的存续基于对其历史做出人性的反思检验,而这正是文明一直以来真正的秘密。"

当此形势,更要高擎人文主义之旗,通过记忆遗产呈现创造和伤痛,强调尊重、宽容、无暴力、自由这些核心价值,让人们以史为师、以史为鉴,滋养弹性和丰富的心灵,从而推动"于思想中构建和平"。

第三,致敬与追忆。

思想家马克斯·韦伯提出"世界的祛魅"。随着现代科学的发展,古人眼中万物有灵、神秘难言的魅惑世界被逐一看透,道家服食丹丸,并非吸纳山川灵气,而是重金属超标,就连古人惊心动魄"天大的事"——日食,在天文学中一样被聊得明明白白,还能精准预测和验证。世界的魅惑被祛除了,人和宇宙只是物理关联,并无混沌温情的精神联结,信仰"超验"神灵而获得的生命意义也变得虚无。有趣的是,在编撰此书的过程中,编者沉浸于记忆遗产的丰富,沐浴在文明的光亮,遗产中过往的人们虽已逝去,又似乎距今未远,人类文明深幽浩瀚,我们如同远古的先民,从洞穴中走出来,坐在石板上,仰首望天,群星闪烁,万籁俱寂,似乎自己被因缘和合的使命垂顾,竟获得了一种反向祛魅的体验。世界因文明的光辉重新变得魅惑,个人因文明的联结而重回整体,在这样的光辉和使命中,星河垂地,我思我在,既悠远,又笃定。

唐朝诗人张若虚借《春江花月夜》发出千古之问:"江畔何人初见月,江月何年初照人?"他遥想的也许是三皇五帝,但后世科学揭示,江畔初见月的人或是距今四五万年前的晚期智人。然而当我们看到甲骨文上的"月"字,再通过互联网了解嫦娥五号月球取壤,科技似乎并未杜绝我们和唐人张若虚、和商代占卜师一样张口发出思古幽情。

之所以从中古时期的粟特信札说起,就是为了实践开篇所说建立坐标系和文明链的小技巧，只不过记忆遗产就是坐标系和文明链本身，区别是当我们整理传播某项具体的记忆遗产，是从宏大的体系和链条中摘取一段，但它和整体有着各种直接与间接的关联，无论我们是否用蝴蝶效应或量子纠缠等词汇来比拟与夸张，这种联结一方面在于亿万人群的交错创造，一方面创造了前文说过的互鉴互观。

基于时空坐标系和文明链，再注视"近现代中国苏州丝绸档案"，其文献虽只跨越 100 多年，但它关联的丝绸文化可上溯至 4 700 年前太湖养蚕取丝的先民、700 年前元代设置的苏州织造局，再到本组文献的起点 120 多年前苏州丝绸产业开启工业化革命。而以丝绸文献为起点，联想 20 世纪 90 年代苏州丝绸样本上的迪士尼米奇图案、藏于日本法隆寺融合唐代和波斯风格的狩狮纹锦，到"黑石号"沉船上晚唐长沙窑瓷碗的阿拉伯文彩绘、"南海一号"沉船中翻越山海来到中国人厨房的胡椒；进入更宽广的文化视野，佛教由西域进入中国，600 年间从传说"白马驮经"发展到"南朝四百八十寺，多少楼台烟雨中"，随蒙古大军西来的伊斯兰教信众到今日之回族，三大宗教都不同程度使用道家、儒家术语来解释教义，最具代表性莫过于传教士利玛窦用儒家经典的至上神"上帝"来翻译"God"；在思想领域，当罗曼·罗兰说"世上只有一种英雄主义，就是在认清生活真相之后依然热爱生活"，当孔子说"无所为而为"即不计成败、只需尽心尽力，所以"智者不惑、仁者不忧、勇者不惧"……

拨动无人机的遥控按钮，我们将视角从一份文献的字词间顺滑抬升、到一座文化之城、到丝绸之路网络、到整个蓝色星球，再到地日距离 140 多倍的 210 余亿千米之遥——这是"旅行者 1 号"空间探测器和我们的距离，探测器上有一张磁盘，收录了丰富的影像（如太阳系行星图片、人类建筑图片）、声乐（如自然界声音和传世名曲），还有用 55 种人类语言录制的问候语，表达这是一份礼物、代表人类的问候。无论是面对一个陌生路人，还是面向不可知的外星文明，除了物理自然，人类定义自身的，仍然莫过于人类创造之物，这也清晰展现了文明和"我们"相互塑造、相互定义的永恒关系。题外说一句，探测器上还有地球的坐标，但愿它呼唤的是星际文明的惺惺相惜，而非数百年后三体文明的"水滴"。

回到我们和文明的互相塑造，它让个体不再孤立，而是身负薪火相传的使命。在丝绸档案入选记忆名录之后，世界记忆项目苏州学术中心获批建立，2018 年、2019 年分别承办了"发展中的世界记忆"国际学术研讨会、"世界记忆项目在中国"国际学术研讨会，2021 年苏州中国丝绸档案馆将建成启用。尤其是在"一带一路"背景下,世界记忆项目打开了中国与国际档案合作、文献交流、文明对话的新窗口,中国通过积极推动记忆项目建设,在参与这场文化全球治理中日益承担起文明古国和大国的责任。

重回本文故事的起点敦煌,起初僧人们在鸣沙山开凿洞窟,是为了禅修。我们仍可想象,边塞大漠,僧侣走进最初狭窄阴冷的洞窟,打坐冥思,盼望参悟玄妙高深的佛理。这份远离红尘的寂寞和坚守,让人敬佩,甚至让人不禁怜悯他们的清苦。然而令人印象深刻的是,"敦煌的女儿"樊锦诗在一次讲座中,介绍莫高窟第45窟的"苦行僧第一"迦叶。她说,"他哪儿有苦啊",并说他似是大德高僧、满腹经纶、正要说点什么。境由心造,正是心智让人变得富有。樊锦诗从迦叶塑像看到的,或可说明,近60年的热爱和坚守,她达到了自己内心的圆满。当她和这位佛陀的弟子对视,安宁与永恒就在此刻,这一刻"华枝春满、天心月圆"。

因此,编撰这本书,既是为同行者提供一些参助,或是出征时打气的鼓点,更是对古往今来记忆遗产创造者和传承者的致敬,由于它相较于其他遗产类型的幕后特征,我们尤其要祝愿所有投身于此的人们,能获得精神的富足和圆满。

最后,我们想说,这本字里行间都能抖落"记忆"二字的书,也是一种对于遗忘的告诫和提醒。当编者在记忆遗产中穿梭,因为时空拼接而不知今夕何夕,突然抬起头来,揉一揉眼睛,似乎获得一种超然辽阔的视野,长空万里,山巅茶室,戴着智能眼镜看一群大雁飞过森林上空,数字技术自动识别并解读每一只的品类、年龄、族群关系、迁徙路线等等,但我们知道,从出发地起飞的伙伴中,有的已经在旅途中失散,它们去了哪里呢?"谁怜一片影,相失万重云?"粟特信札从风沙中浮现,就像一个隐喻,而烽燧之外的漫漫黄沙,则像一个更大的隐喻,留存至今的不过是沧海一粟。人类历史的拼图多数碎片已然遗失,加强抢救和保护才显得如此迫切。

而说到记忆遗产中的人,香料商人的妻子米薇、秦兵黑夫和惊、传教士利玛窦、华侨罗尧大……留下姓名者寥若晨星,而不知姓名的人们来来去去,他们的悲欢、命运、没有实现的念想都被时间吹散,等待幸运流落各处的记录让他们片刻在场,比如甲骨上的一个"月"字、敦煌写经里关于老师的涂鸦、漂洋过海的一封佚名家信……对于已失散和被遗忘的,节选诗人周梦蝶的《托钵者》作为结尾:

隔着因缘，隔着重重的
流转与流转——你可能窥见
哪一粒泡沫是你的名字？
…………
想今夜天上
有否一颗陨星为你默默堕泪？
像花雨，像伸自彼岸的圣者的手指……

卜鉴民、周济
2021 年 2 月

第一章 世界记忆项目的形成 / 001

第一节 世界记忆项目的建立 / 003
第二节 世界记忆项目的价值与理念 / 008
第三节 世界记忆项目的建设与发展 / 020
第四节 国内外研究综述 / 027

第二章 世界记忆项目的理论基础与价值理念 / 043

第一节 世界遗产概念的产生与发展 / 045
第二节 三大遗产旗舰项目的理念与价值取向 / 054
第三节 世界记忆项目的"共同遗产"理念倡导 / 072

第三章 世界记忆项目的组织机构 / 083

第一节 "国际—区域—国家"管理体制 / 085
第二节 世界记忆项目国际咨询委员会 / 089
第三节 世界记忆项目地区委员会 / 108
第四节 世界记忆项目国家委员会(含地方) / 115

第四章 世界记忆项目的政策研究 / 121

第一节 联合国教科文组织文献遗产保护政策体系总体概述 / 123

第二节　纲领性文件：《保护文献遗产的总方针》　/ 128

第三节　组织机制性文件：《国际咨询委员会章程》《国际咨询委员会议事规定》《世界记忆项目道德准则》等　/ 133

第四节　数字遗产保护性文件：《保存数字遗产宪章》《保存数字遗产方针》《长期保存的数字遗产选择方针》等　/ 136

第五节　成果性文件：《关于保存和获取包括数字遗产在内的文献遗产的建议书》　/ 139

第六节　其他文件　/ 143

第五章　《世界记忆名录》的申报与建设　/ 145

第一节　申报《世界记忆名录》的意义与价值　/ 147

第二节　《世界记忆名录》评审标准与流程　/ 151

第三节　《世界记忆名录》申报要求与流程　/ 157

第四节　《世界记忆名录》入选遗产概况　/ 163

第六章　世界记忆项目参与情况的国别研究　/ 181

第一节　欧美地区　/ 183

第二节　亚太地区　/ 201

第三节　拉美及加勒比地区　/ 221

第四节　非洲地区　/ 238

第五节　阿拉伯地区　/ 249

第七章　世界记忆项目与中国档案事业　/ 255

第一节　世界记忆项目与中国档案文献遗产　/ 257

第二节　世界记忆项目与中国档案事业　/ 264

第三节　世界记忆项目与地方档案工作　/ 269

第四节　世界记忆项目与中国档案学研究　/ 276

第五节　中国对世界记忆项目的贡献　/ 283

附录 / 287

  附录1 世界记忆项目大事记 / 287
  附录2 政策法规 / 295
  附件3 《世界记忆名录》入选文献遗产（432项） / 299
  附录4 中国入选《世界记忆名录》项目 / 336
  附录5 中国入选《世界记忆亚太地区名录》项目 / 345
  附录6 中国档案文献遗产名录 / 350

第一章

世界记忆项目的形成

　　世界记忆项目（Memory of the World Programme，MoW）是联合国教科文组织（United Nations Educational，Scientific and Cultural Organization，UNESCO）于1992年发起的一个文献遗产保护项目。文献遗产作为人类记忆的载体记录了人类历史发展、繁荣、迭代、复兴、融合的复杂进程。世界记忆项目的诞生，旨在唤起世界各地人们的文献遗产保护意识，拯救濒临消失的宝贵文献，挖掘鲜为人知的历史记忆。

　　本章讲述了世界记忆项目的形成背景、价值愿景及发展进程，勾勒出世界记忆项目的大致框架。

第一章 世界记忆项目的形成

第一节 世界记忆项目的建立

从"世界记忆"理念的产生到"世界记忆项目"的建立只用了短短几年的时间，文献遗产本身的脆弱性和各种不可预料的灾难等现实性问题是该项目诞生的根本原因。联合国教科文组织回应了世界各族人民保护文化遗产、保护人类记忆的共同诉求，并团结起各方力量将其转化为切实的行动。

一、世界记忆项目的产生背景

"世界记忆"的理念自 20 世纪 90 年代初开始出现。1990 年，联合国教科文组织设立了传播、信息和情报学部门，并指定该部门执行综合情报计划。1991 年，教科文组织举办会议共商档案问题，研究促进档案文献遗产保护和利用的方式。当时互联网还远未普及，但世界各国已开始重视濒危档案的保存问题。

文献遗产的内容及价值依赖于载体而存在，然而无论是纸张、简牍，还是丝帛、羊皮等，这些载体都极具脆弱性。一方面，因时间流逝及保存环境不佳，文献遗产易发生自然老化；另一方面，战争、社会动乱、偷盗等人为因素，以及洪水、火灾、地震等突发性自然灾害也导致附着在文献遗产上的人类记忆不断消逝。例如，日本在侵华战争期间通过公开掠夺、变相索要、强占等多种手段劫掠了我国数以万计珍贵的历史典籍与文献资料。其中有些被运回日本国内，有些在战争中被焚毁破坏。据统计，抗战时期我国图书损失总计 2 742 108 册另 45 753 部 7 195 种 579 箱 8 架，另地图 56 128 件。[①] 1966 年意大利佛罗伦萨发生巨大洪灾，国家图书馆损失惨重。洪水冲垮了图书馆的围墙，50 多万份历史记载全部丧失，包括珍藏在其中的名人手稿和 16 世纪前的古版书籍。[②] 不仅如此，世界各地的重要藏品由于抢劫、散佚、非法贸易、蓄意破坏等原因遭遇了悲惨的命运，其中许多濒临消失，一些则永远消失。人们越发意识到世界各地保存和获取文献遗产所面临的危险状况，战争、社会动荡以及资源的严重匮乏更恶化

---

① 戴雄. 抗战时期中国图书损失概况 [J]. 民国档案, 2004 (3): 113-119.
② 傅白云, 彭菊媛. 文献典籍的自然灾害之厄运 [J]. 兰台世界, 2015 (17): 164-165.

了这个长期存在的问题。经过协商，时任联合国教科文组织总干事的费德里科·马约尔·萨拉戈萨（Federico Mayor Zaragoza，1934— ）批准了世界记忆项目的预算和工作计划，重点关注档案保存问题。

二、世界记忆项目的建立过程

1992年6月22日，第一次专家会议在巴黎召开，标志世界记忆项目正式成立。会议确立了世界记忆项目的许多重要事项：以文献遗产的保存和修复为基本任务；建立世界记忆项目国际咨询委员会（International Advisory Committee，IAC）；提出基本指导方针；等等。随后，1992年8月25日，受南斯拉夫解体期间的波斯尼亚战争影响，波斯尼亚和黑塞哥维那国家及大学图书馆（National and University Library of Bosnia and Herzegovina）在萨拉热窝被围困期间遭到塞尔维亚武装部队的炮击摧毁。随着整座建筑葬身火海，馆内包括手稿、古本和其他独特藏品在内的几乎所有内容都付之一炬。虽然这次不幸事件的发生并非促使教科文组织建立世界记忆项目的催化剂，但它发生在世界记忆项目筹备过程中，因此成为证明该项目成立意义的有力象征。

1993年9月12日至14日，世界记忆项目国际咨询委员会第一次会议在波兰普乌图斯克召开，进行了以下议程。（1）大会制订了工作计划，确定了联合国教科文组织的作用：提高政府、国际组织和基金会对文献遗产的敏感度，构建合作伙伴关系。（2）大会成立了技术和宣传小组委员会。国际图书馆协会联合会（International Federation of Library Associations and Institutions，IFLA，简称"国际图联"）开始为世界记忆项目编写总方针。国际图联与世界记忆项目国际咨询委员会列出了遭受损害且无法复原的图书馆和档案馆馆藏。与此同时，11个保护试点项目启动，现代技术被用来将原始文件复制到其他媒介载体上。

1995年5月3日至5日，世界记忆项目国际咨询委员会第二次会议在法国巴黎召开，"世界记忆"的理念至此完全成形。会议通过并批准出版了第一版《保护文献遗产的总方针》（Memory of the World：General Guidelines to Safeguard Documentary Heritage），确立了《世界记忆名录》（Memory of the World Register），提出了国际—区域—国家的三层结构设想。次年6月3日至5日，65个国家派代表出席了在挪威奥斯陆举办的第一届世界记忆项目国际会议。大会宣布世界记忆项目框架已确立，号召所有国家设立自己的世界记忆项目国家委员会。随后，世界记忆项目亚太地区委员会（Memory of the World Regional Committee for Asia/Pacific，MOW-CAP，1998）、拉丁美洲及加勒比地区委员会（Memory of the World Programme Regional Committee for Latin America and the Caribbean，MOWLAC，2000）及非洲地区委员会（Memory of the World Regional Committee for Africa，ARCMOW，2007）相继成立。各个国家的世界记忆项目国家委员会也陆续成立并不断发展。

经过近30年的发展，世界记忆项目在亚太、非洲、拉美及加勒比建立起的三个地区委员会蓬勃发展，包括中国、英国、加拿大、韩国等在内的89个国家建立了世界记忆项目国家委员会以推动本国文献遗产保护进程，世界记忆项目也已成为全球最具影响力的档案文献遗产项目。截至2021年1月，根据世界记忆项目官网统计数据，全球共有432项档案文献遗产入选《世界记忆名录》。我国入选13项，居德国、英国、波兰、荷兰、韩国、澳大利亚、俄国等国之后，世界排名第八位。[1] 联合国教科文组织除了每两年一次的名录评选，还多次组织了国际合作项目及论坛。例如，2018年12月，第一次全球政策论坛（Global Policy Forum）在法国巴黎举办，探讨灾难风险防控机制在文献遗产保护中的作用[2]；2020年10月，联合国教科文组织发起线上会议，汇集国际专家和遗产保护从业人员，分析数字保存方面的政策差距和解决方案，最终确立了文献遗产数字保存的国际政策议程[3]。

三、世界记忆项目的组织与管理

世界记忆项目的组织机制为国际—区域—国家三级管理体制，各级都由委员会及其附属支持机构组成（图1-1）。不同级别的世界记忆机构单独运作，但总体组成机构网络，并始终遵循《保护文献遗产的总方针》规定，即在政府和私营部门间建立国际、区域和国家各级合作关系。截至目前，全球共建立了3个世界记忆项目地区委员会、89个国家委员会。

---

[1] 联合国教科文组织.世界记忆项目统计数据［EB/OL］.［2021-01-02］. https://en.unesco.org/sites/default/files/statistics_of_mow.pdf.

[2] UNESCO. Towards a Global Policy Framework for Sustainable Preservation of Documentary Heritage Through Disaster Risk Reduction and Management［EB/OL］.［2021-01-02］.https://en.unesco.org/sites/default/files/1st_mow_global_policy_forum_-_final_report.pdf.

[3] 联合国教科文组织.文献遗产数字保存国际政策议程［EB/OL］.［2021-01-02］. https://en.unesco.org/news/unesco-builds-international-policy-agenda-digital-preservation-documentary-heritage.

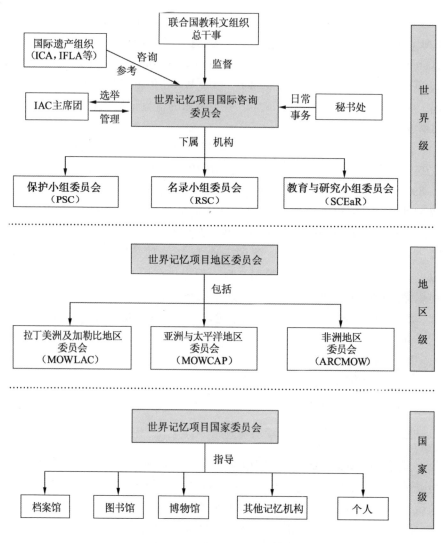

图 1-1　世界记忆项目管理架构与组织机制

（一）世界记忆项目国际咨询委员会

世界记忆项目国际咨询委员会是世界记忆项目的最高管理机构，负责世界记忆项目的全局规划与实施。国际咨询委员会由 14 名文献遗产保护领域的顶尖专家组成，专家以个人身份任职，不带任何私人利益与政治立场，仅从专业性角度出发为世界记忆项目的开展提出建议、做出决策。其附属机构包括负责日常事务的秘书处、履行管理职责的主席团，以及实现具体执行的保护小组委员会（the Preservation Sub-committee，PSC）、名录小组委员会（the Register Sub-committee，RSC）、教育与研究小组委员会（the Education and Research Sub-committee，SCEaR），分别负责定期评估方案可能使用的技术、评估登记册的提名以及在全世界推广世界记忆项目。其中，世界记忆项目国际咨询委员会教育与研究小组委员会于2013年建立，使命是制定战略和概念，以可持续的方式，在高等学府和学校，使关于世界记忆、文献遗产名录的教育与研究制度化，以跨学科、国际化和与互联网相关的方式帮助发展关于世界记忆和文献的创新课程与研究。国际咨询委员会的存在明确了世界记忆项目的"专家导向"特征，并为地区和国家两级机构提供了借鉴与参考。世界记忆项目2011年颁布《世界记忆项目道德准则》（Memory of the World Programme：Code of Ethics），用以约束国际咨询委员会及其附属机构成员在工作过程中的道德行为，规定了《世界记忆名录》评选期间需要遵循的规范，强调评选过程必须始终客观公正、公开透明，避免利益冲突，禁止行贿受贿。

（二）世界记忆项目地区委员会

世界记忆项目地区委员会是将共享地理区域或其他共同利益（如共享文化）的世界记忆项目国家委员会聚集在一起的合作机构。它们提供了一种方法来解决既不属于国际咨询委员会范围，也不属于个别国家委员会范围的问题。世界记忆项目地区委员会必须获得国际咨询委员会、主席团或秘书处的认可，才有权使用世界记忆项目的名称和标志。设立地区委员会的倡议可以来自国际咨询委员会、主席团或秘书处等机构中的任何一个，也可以来自作为最初成员的世界记忆项目国家委员会。1998年和2000年，世界记忆项目亚太地区委员会、拉丁美洲及加勒比地区委员会相继成立。2008年1月，第一届世界记忆项目非洲地区委员会会议在南非举行，标志着世界记忆项目非洲地区委员会正式启动工作。这三个委员会都基于教科文组织的官方地理区域建立。

（三）世界记忆项目国家委员会

世界记忆项目国家委员会是在国家一级运作的独立实体。为了有权使用世界记忆项目的名称和标志，它们必须得到国际咨询委员会的认可，由该委员会向秘书处建议后创建。在可行的情况下，在每个国家都成立世界记忆项目国家委员会是世界记忆项目的一个目标。世界记忆项目国家委员会的作用和活动范围有所不同，联合国准则性的文件提供了一些可能性的建议，但不主张采用僵化的组织模式。无论是高度正规化和结构化，还是更为非正式的方式，委员会的实质是一个来自该国文献遗产领域的专家集合。成员可以是个人，也可以是记忆机构或文化机构的代表，或者两者兼有。世界记忆项目国家委员会对本国图书馆、档案馆、博物馆等记忆机构有指导作用。记忆机构不仅是基础设施，而且是一个与技术性和积极性兼备的工作人员相关的集合，并形成了全球网络。记忆机构与各国政府的作用相辅相成，各国政府在实践中必须考虑到有关领域的建议、信息和专业知识，所取得的文献遗产保护成就可能是利益相关者向政府提供高质量建议的结果。尤其是在确定文献遗产风险、明确预算需求、应用国际标准、确定馆藏最佳做法以及能力建设方面，各国政府更应该听取多方专业意见，保证决策的可行性和合理性。

与各级机构对应，文献遗产名录也分为国际—区域—国家三级。在联合国教科文组织眼里，三级名录同等重要，所有的提名都具有相同的价值，最根本的区别在于各名录所登录的文献遗产的地域影响力。联合国教科文组织认可每一个提名的重要性。将某一文献遗产纳入任一级名录都意味着公开地肯定该文献的世界意义，让更多的人了解它，使人们知道这些文献对文化和社会历史产生过深远的影响，可以随着时间的推移让人们重新审视历史。① 《世界记忆名录》根据文献遗产的真实性、世界性、独特性、完整性、稀有性等标准进行提名收录，而地区和国家名录主要收集具有地区和国家意义的文献遗产，《中国档案文献遗产名录》② 就是中国的国家级名录。

第二节 世界记忆项目的价值与理念

联合国教科文组织之宗旨在于通过教育、科学及文化来促进各国之间合作，对和平与安全做出贡献，以增进对正义、法治、人权与基本自由的普遍尊重，其中，《联合国宪章》规定，"人权与自由不分种族、性别、

---

① 联合国教科文组织. 世界记忆名录指南[EB/OL]. [2020-12-02]. https://en.unesco.org/sites/default/files/memory_of_the_world_register_companion_ch.pdf.

② 注：从2019年起，《中国档案文献遗产名录》更名为《世界记忆中国国家名录》。

语言或宗教"①。如《联合国教科文组织宪章》(Constitution of the United Nations Educational, Scientific and Cultural Organization) 中所言:"战争萌芽于人类之思想,故必须要在人的思想中构筑起保卫和平的屏障。"②

1992年,教科文组织为保护文献遗产成立世界记忆项目,并将文献遗产的保护和获取定为项目的两个重要目标,以此为基础,实现全人类平等而无限制的获取和利用,充分挖掘和发挥文献遗产的深远价值,充分体现教科文组织"于人之思想中构建和平"的基本理念。

一、根本理念:于人之思想中构建和平

联合国教科文组织官方网站首页醒目处写着"Building peace in the minds of people",即"于人之思想中构建和平"。这是教科文组织成立的目的,也是其所有工作的基本理念。这一"和平"并非普遍意义上的消除战争,而是指在思想层面,"人人都享有充分而平等的教育机会,能够不受限制地追求客观真理,自由交流思想与知识"③。教科文组织将世界记忆项目、文献遗产保护作为重要工作内容,通过实现文献遗产信息的自由获取、向不发达国家提供文献保护援助、推动文明间的交流互鉴等,其最终目的也必然归于"和平"。

(一) 实现文献遗产信息的自由获取

2012年联合国教科文组织颁布的《发展与促进开放获取政策准则》(Policy Guidelines for the Development and Promotion of Open Access) 中提到,"开放获取是于人之思想中构建和平的核心做法"④。文献遗产是全人类的财富,让所有人平等地、不受限制地获取文献遗产正是和平的体现。教科文组织切实践行了这一原则,所有入选《世界记忆名录》的文献遗产

---

① UNESCO. From Ideas to Actions: 70 Years of UNESCO [EB/OL]. [2020-12-06]. https://unesdoc.unesco.org/ark:/48223/pf0000235065.locale=en.

② UNESCO. UNESCO Constitution [EB/OL]. [2020-12-06]. http://portal.unesco.org/en/ev.php-URL_ID=15244&URL_DO=DO_TOPIC&URL_SECTION=201.html.

③ UNESCO. Constitution of the United Nations Educational, Scientific and Cultural Organization [EB/OL]. [2020-12-06]. https://unesdoc.unesco.org/ark:/48223/pf0000372956/PDF/372956eng.pdf.multi.page=6.

④ UNESCO. Policy Guidelines for the Development and Promotion of Open Access [EB/OL]. [2020-12-06]. https://unesdoc.unesco.org/ark:/48223/pf0000215863?posInSet=1&queryId=6100e599-0028-4a2e-b96a-9782d0ce30b5.

及其相关信息均可在教科文组织官方网站上自由获取。这些文献资料真实记录了历史发展，反映了文化多样性，"为了解社会、政治、社群以及个人历史提供手段"①，是世界各族人民集体记忆的重要组成部分。如入选世界级名录的"南非自由斗争档案集"（Liberation Struggle Living Archive Collection），以视听资料的形式从外媒和当地电影人的视角揭示了种族隔离统治下的南非历史②，其中关于纳尔逊·曼德拉（Nelson Mandela）的视频资料详细记录了其获罪原因、获释过程以及就职典礼、演讲等活动，能够帮助南非乃至世界人民更深入和细致地了解种族隔离带给社会的危害、生命自由的可贵，弘扬了积极向上的社会风气，有利于引导世界各族人民建立正确的价值观，进而"于人之思想中构建和平"。

（二）向不发达国家提供文献保护援助

世界经济发展不平衡，某些经济落后的国家和地区没有良好的资金与技术支持，可能无力保护文献遗产。然而，文献遗产的价值不因国家的发展状况而改变，教科文组织会给予落后地区更多资金、技术、教育等方面的帮助，让这些地区的文化遗产也能拥有更加优质的保存条件。其中较为典型的案例是：联合国教科文组织将非洲文教发展作为《联合国教科文组织2014—2021年中期战略》③的优先事项，通过制订专门的管理计划，启动非洲世界文化遗产基金，为非洲文化遗产与濒危文化资源的保护提供支持④；国际档案理事会（International Councils of Archives，ICA）专门制订了非洲方案（Africa Programme）：自2012年起，将非洲作为其专业计划工作的优先领域，全力支持非洲记录保存能力的发展，满足非洲档案管理员和记录管理者的需求。⑤ 2016年，教科文组织启动了"世界记忆马来西

---

① 联合国教科文组织. 关于保存和获取包括数字遗产在内的文献遗产的建议书［EB/OL］.［2020-12-06］. https：//unesdoc.unesco.org/ark：/48223/pf0000244675.page=36.

② UNESCO. Liberation Struggle Living Archive Collection［EB/OL］.［2020-12-06］. http：//www.unesco.org/new/en/communication-and-information/memory-of-the-world/register/full-list-of-registered-heritage/registered-heritage-page-5/liberation-struggle-living-archive-collection/.

③ UNESCO. UNESCO 2014-2021 Medium-Term Strategy（document 37 C/4）［EB/OL］.［2019-12-06］. http：//www.unesco.org/new/en/bureau-of-strategic-planning/resources/medium-term-strategy-c4/.

④ UNESCO. Priority Africa［EB/OL］.［2020-12-06］. http：//www.unesco.org/new/en/culture/about-us/how-we-work/strategy/global-priority-africa/.

⑤ ICA. Africa Programme of ICA［EB/OL］.［2020-12-06］. https：//www.ica.org/en/our-professional-programme/africa-programme.

亚信托基金项目"（Memory of the World Malaysian Funds-in-Trust Project），该项目用于东南亚地区重要文献遗产的保护，尤其侧重东帝汶、缅甸等较不发达的国家。2016年和2017年，"世界记忆马来西亚信托基金项目"分别在这两个国家开展培训，以促进其文献遗产的保护与开放。① 通过这样的善举，不发达地区的人们的文化权利得到重视和保障，其本土传统文化得到开发和传播，有利于其更好地了解世界，也让世界更好地了解他们，而和平就孕育其中。另外，对于不发达国家的文献保护援助带动了非洲经济文化的一体化发展，有利于促进国家总体实力的进步和发展，为其人口膨胀、资源短缺等社会问题的解决提供了可行方案②，如南非体育、艺术和文化部（Department of Sport, Arts and Culture of Republic of South Africa）追求的目标就包括"通过保存、保护和发展南非的艺术、文化和遗产，以促进就业和经济发展，提升社会民主和凝聚力"③，其2014年设立的记忆项目南非文化观察站（South African Cultural Observatory）的目标为"拓展艺术和文化部门的价值，使真正的社会经济价值附加至南非丰富多彩的文化活动上"④。

（三）推动文明间的交流互鉴

2011年第四届教科文组织世界记忆大会上发表的《华沙宣言》（Warsaw Declaration）中表明，"文献遗产是不同文明、社会和群体之间实现交流、建立尊重和相互理解的必要基础，它有助于理解和承认文化多样性的价值"⑤。文献遗产是文明交流的手段，文献遗产保护工作也绝非孤军奋战。2017版《保护文献遗产的总方针》中对世界记忆项目第三个目标的表述为，"提高全世界对文献遗产的认知，从而促进各国人民、不同

---

① UNESCO. Kick-off Meeting for the Memory of the World Malaysian Fund-in-Trust Project Held in Kuala Lumpur[EB/OL]. [2020-12-07]. http://www.unesco.org/new/en/media-services/single-view/news/kick_off_meeting_for_the_memory_of_the_world_malaysian_funds/.

② UNESCO. World Heritage for Sustainable Development in Africa[EB/OL]. [2020-12-07]. https://unesdoc.unesco.org/ark:/48223/pf0000261283.

③ Department of Sport, Arts and Culture of Republic of South Africa. Sport, Arts & Culture in South Africa[EB/OL]. [2020-01-10]. http://www.dac.gov.za/8-2-1-vision-mission-values.

④ SACO. South African Cultural Observatory[EB/OL]. [2021-01-10]. https://www.southafricanculturalobservatory.org.za/.

⑤ UNESCO. Warsaw Declaration[EB/OL]. [2020-12-08]. http://www.unesco.org/new/fileadmin/MULTIMEDIA/HQ/CI/CI/pdf/mow/Warsaw_declaration.pdf.

文化之间的相互交流与理解"①，并列专门条款倡导交流合作。2017年，英国与巴巴多斯联合申报的"巴巴多斯非洲之歌"入选《世界记忆名录》。这是一份由英国人记录的歌曲手稿，歌曲是已知最早由美国黑奴演唱的英文歌，体现了殖民时期非洲人强大的精神力量，是巴巴多斯独特的音乐遗产。②两国因同一份文献遗产产生联系，在联合申报世界记忆遗产的过程中不断交流、相互理解。2018年12月，由中国国家档案局和中国联合国教科文组织全国委员会共同主办、中国第一历史档案馆承办的"锦瑟万里，虹贯东西——16世纪至20世纪初中外'丝绸之路'历史档案文献展"在巴黎教科文组织总部展出。展览由9个国家的档案机构联合支持，共展出"丝绸之路"沿线国家与中国开展经贸和文化交往的档案文献110余件组，展现了丝绸之路的悠久历史。③ 各国在共同举办展览期间，基于丝绸之路文献遗产这一共同主题相互沟通交流，增进了不同文明间的认同与互鉴。在教科文组织文献遗产保护政策的引导下，不同的国家、民族、文明之间通过联合申报《世界记忆名录》、合办展览、举办交流研讨会、共同参与研究项目等方式进行合作交流、相互借鉴，以文献遗产为纽带增进对其他国家文化的了解和认同，使得世界文化更加多样、繁荣。同时，充分的交流与沟通也增进了各族人民间的友谊，加固了和平的基石。毕竟，和平的基础就是互相交流，互相理解，共同促进世界昌盛繁荣。

实现文献遗产无障碍获取、为不发达地区提供援助、推动文明间的交流互鉴等措施致力于促进世界文献遗产的无差别保护与利用，构建更加多元、繁荣的世界文化。我们有理由相信，通过文化熏陶、文化交流和文明共鉴，世界记忆项目必将成为捍卫和平的重要力量，成为沟通世界各族人民的桥梁。

---

① UNESCO. Memory of the World Programme General Guidelines[EB/OL]. [2020-12-08]. https://en.unesco.org/sites/default/files/mow_draft_guidelines_approved_1217.pdf.

② UNESCO. Barbados and United Kingdom – An African Song or Chant from Barbados[EB/OL]. [2020-12-08]. http://www.unesco.org/new/en/communication-and-information/resources/multimedia/photo-galleries/preservation-of-documentary-heritage/memory-of-the-world-nominations-2016-2017/barbados-and-united-kingdom-an-african-song-or-chant-from-barbados/.

③ 中华人民共和国国家档案局. 16世纪至20世纪初中外丝绸之路历史档案文献展亮相巴黎联合国教科文组织总部[EB/OL]. [2020-12-09]. https://www.saac.gov.cn/daj/yaow/201812/fd87f7507ab0492582033f1f6de6918a.shtml.

二、基本原则：公民对人类历史与过去的知情权

文献遗产中涵盖的信息加固了保障人权和言论及信息自由的基础。联合国教科文组织在《保护文献遗产的总方针》中提道："联合国人权理事会提请注意保存档案和历史记忆的极度重要性，根据《世界人权宣言》（The Universal Declaration of Human Rights，1948）和其他文件，每个人都有不可剥夺的了解过去事件真相的权利。""知情权意味着必须保留档案（并应采取措施）防止任何档案的转移、销毁、隐藏或伪造……为了历史研究的需要，应为查阅档案提供便利，但须受到旨在保护隐私的合理限制……管理访问的正式要求不得用于审查目的。"①

（一）知情权是基本人权

知情权是当今社会的一项基本人权。《世界人权宣言》第一次系统地在国际上提出人权的具体内容和奋斗目标，其中就包括："人人有权享有通过任何媒介寻求、接受和传递消息和思想的自由。"随后，《囚徒待遇最低限度标准规则》（Standard Minimum Rules for the Treatment of Prisoners，1955）、《公民权利和政治权利国际公约》（International Covenant on Civil and Political Rights，1966）、《德黑兰宣言》（Tehran Declaration，1968）、《关于新闻工具有助于加强和平与国际了解，促进人权，反对种族主义、种族隔离及战争煽动的基本原则宣言》（Declaration on Fundamental Principles Concerning the Contribution of the Mass Media to Strengthening Peace and International Understanding, to the Promotion of Human Rights and to Countering Racialism, Apartheid and Incitement to War，1978）等一系列国际人权法文件又从不同的角度重申、强调了有关知情权的要求和主张。

作为一项基本人权，知情权从法的角度体现了文明社会对人与信息关系的一种深刻认同。它表明，依法知悉和获取信息，是人按其本质应享有并不容侵犯的一项基本权利与自由，正如马克思、恩格斯所说，"人的本质并不是单个人所固有的抽象物，在其现实性上，它是一切社会关系的总和"。在现代社会中，越来越多的社会关系是依靠个人与个人、个人与传媒、个人与社会的自觉表达和信息获知来维系与建构的，离开了对信息的

---

① UNESCO.Memory of the World: General Guidelines to Safeguard Documentary Heritage.[EB/OL].[2020-12-09]. https://en.unesco.org/sites/default/files/mow_draft_guidelines_approved_1217.pdf.

自由选择和获知，人就丧失了自身同社会联结的纽带，失去了自立于现代文明社会的起码资格。① 从文化传播的角度，知情权给予了人们充分享受人类思想成果的机会，有利于提升公众的道德文化修养，进而推动整个社会文明的进步。尤其很多公民并未深刻意识到自己的文化权利，需要文化、记忆机构主动承担起相应的义务促使其实现。

（二）文献遗产对于知情权保障意义重大

在保障公民知情权方面，文献遗产可起到重要作用。

首先，文献遗产让人们窥见真实的历史。真实性是文献遗产的重要特征，也是《世界记忆名录》的准入标准，世界记忆项目国际咨询委员会必须确认文献遗产的来源和内容真实可靠，不是伪品、复制品，没有经过篡改，而后才能够考虑遗产自身的价值。② 历史的真相可能因战乱、时间、政治等主客观因素被掩盖，但有文献遗产的存在作为证据，真实的历史就不会被抹杀。文献遗产保护政策的存在让记忆以文献遗产为载体留存，让历史拥有"为自己说话"的能力。随着文献遗产揭示出的鲜为人知的历史细节公之于世，人们了解历史真相的知情权得到保障，而历史记忆中展现出的正义、自由、和平与抗争也将成为鼓舞各族人民不断前行的动力。③ 例如，2015年，《南京大屠杀档案》被正式列入《世界记忆名录》。这些档案内容形成了完整的证据链，是对侵华日军占领南京期间对中国普通公民犯下严酷罪行的有力证明。《南京大屠杀档案》入选《世界记忆名录》体现了国际咨询委员会对其真实性和价值性的认可，使这段惨痛历史终于为世界所公认。④

其次，文献遗产让人们了解文明的进程。联合国教科文组织传播与信息部助理总干事阿卜杜勒·瓦希德·卡恩（Abdul Waheed Khan，1947— ）曾说："信息与观点的自由流动正是民主观念的核心，而且是有效地保障人权的关键。"文献遗产在最广泛的范围内记录了人类思想、创造力和事件

---

① 宋小卫. 略论我国公民的知情权 [J]. 法律科学. 西北政法学院学报，1994（5）：14-18.

② UNESCO. Memory of the World：General Guidelines to Safeguard Documentary Heritage. [EB/OL]. [2020-12-09]. https://en.unesco.org/sites/default/files/mow_draft_guidelines_approved_1217.pdf.

③ Ray Edmondson, Lothar Jordan, Anca Claudia Prodan. The UNESCO Memory of the World Programme: Key Aspects and Recent Developments [M]. Switzerland: Springer Nature Switzerland AG, 2020: 125-126.

④ 纪方超.《南京大屠杀档案》入选《世界记忆名录》[J]. 中国档案，2015（11）：14-15.

的发展，语言、文化、民族的演变，以及人类对世界和宇宙的理解，是促进跨文化教育、科技进步、人类发展的重要资源。通过各具特色的文献遗产的开发利用及其中文化记忆因素的传播，人们得以见证辉煌灿烂的历史文明的诞生、发展和演进过程。例如，埃及入选《世界记忆名录》的项目"中世纪的波斯手抄本插图——泥金装饰的波斯细密画"向世界展示了14至19世纪的皇室艺术收藏，包括71件产生于不同地域、不同时期的古老绘画、书法、装帧艺术手稿，具有非凡的艺术鉴赏、历史研究价值，在文化审美趋同的背景下彰显了非洲独有的风采，让世界人民看见一个更加具象的非洲，有利于社会文明朝着更多元化的方向发展。

三、首要目标：促进文献遗产保护获取

促进文献遗产的保护和获取是世界记忆项目成立的初心，也是其一直以来的主要任务和首要目标。《保护文献遗产的总方针》2017版中这样描述了世界记忆项目的愿景和使命：（1）世界记忆项目的愿景——世界文献遗产属于所有人，应为所有人充分保护，并在尊重不同地区文化习惯与实践方式的前提下，推动文献遗产无限制、永久可获取。（2）世界记忆项目的核心使命——提高对世界文献遗产的认识和保护，实现其普遍、永久可获取。

（一）世界记忆项目的具体目标

《保护文献遗产的总方针》中将世界记忆项目的具体目标分解为三个：用最合适的技术保护全世界过去、现在和未来的文献遗产，促进文献遗产的广泛获取，以文献传播促进文化交流。

1. 用最合适的技术保护全世界过去、现在和未来的文献遗产

此目标实现的手段有：直接的经济援助、鼓励培训、制定与实施政策、寻找赞助者、筹办记忆项目或以其他方式促进档案资源的广泛开发等。自世界记忆项目成立以来，联合国教科文组织就一直在探寻保护文献遗产的技术和方法，力图借助多方力量的支持，将文献遗产保护向更专业、更现代、更可持续化的方向推进。

2. 促使文献遗产的广泛获取

根据联合国《世界人权宣言》（1948）和《公民权利和政治权利国际公约》（1966），每个人都有权获得文献遗产，包括知晓文献遗产存在的权利，以及如何获取的权利。世界记忆项目尽力保障这一权利的实现。世

界记忆项目鼓励文献遗产保存机构以文献编纂和文献数字化等方式进行文化传播，但尊重文献保管机构设置一定访问权限以防侵权，并尽可能保护不同地域的文化敏感性和土著的文献遗产监护权、财产权等。世界记忆项目鼓励广泛、民主地获取所有文献遗产。

3. 以文献传播促进文化交流

世界记忆项目国际咨询委员会教育与研究小组委员会统筹负责世界记忆项目的宣传和推广工作，他们希望通过文献的传播和文化的交流，提高全世界对文献遗产存在和意义的认识，从而促进各国人民与不同文化之间的对话和相互理解。实现这一目标可通过建立《世界记忆名录》，利用媒体、出版物、展览、奖励、教育项目等促进相关信息的传播。这种文化交流的需求将刺激文献保护工作的开展，二者相辅相成，有利于提升公众的文化认知。

（二）实现目标的政策措施

联合国教科文组织出台的所有文献遗产保护政策法规性文件都紧密围绕文献遗产的保护与获取这两个重要目标。在这些政策法规的推动下，世界记忆项目国际咨询委员会认真履行职责，开展《世界记忆名录》评选工作，推动文献遗产研究，举办教育与培训活动。入选文献遗产得到世界记忆项目专家的认可，能够获得更多的公众关注与资金支持，从而为其后续保护与利用提供更加优越的条件。以世界记忆为主题的培训班、讲习班、研讨会常年在世界各地举办。2019年8月，"发展中的世界记忆"国际学术研讨会（International Seminar on Memory of the World Program：A Journey in Progress）在苏州举办，联合国教科文组织世界记忆项目教育与研究小组委员会主席洛塔尔·乔丹（Lothar Jordan）发表讲话，遗产保护研究学者就世界记忆文献遗产在申遗、保护、研究、利用等领域的阶段性发展，世界记忆项目在全球范围内的推广、教育和研究，以及学术中心建设等内容进行了热烈研讨。①

（三）实现目标的现实挑战

在追求这些目标时，世界记忆项目参与者认识到"历史是现在和过去之间无休止的对话"，或者换言之，历史是初始来源及其后续解释之间的

---

① 加小双. "发展中的世界记忆"国际学术研讨会、世界记忆项目学术中心首次工作会议：七夕在苏州并蒂绽开[EB/OL]. [2021-01-11]. https://www.sohu.com/a/332262295_734807.

互动。世界记忆项目关注的是原始资料的保存和获取,而不是它们的解释或历史争端的解决。教科文组织不参与任何有关历史事件的争端,也不偏袒任何一方。接受文献遗产入选《世界记忆名录》并不意味着同意遗产内容。尽管如此,由于近年来国际政治敏锐性不断提升,世界记忆项目受到了一些国际学者的质疑。例如,2015 年,《南京大屠杀档案》被正式列入《世界记忆名录》,由此引起了日本政府的不满,有学者认为世界记忆项目"有意或无意地参与了一场权力游戏,对'边缘化'声音的文件进行正面评价,默认了一种新的价值观,打破了其宣称的中立立场"[1]。但我们应该承认,中立并非视而不见和否认事实,以保护和获取文献遗产为目标的世界记忆项目不过是完成了应该完成的任务,朝着既定的目标努力。《南京大屠杀档案》能够经受住联合国教科文组织的真实性、价值性鉴定考验,就足以说明这份文献遗产的历史意义。然而,面对铁证,仍有许多人不愿承认这就是历史的真相。无论如何,尽管利益交错,时局多变,真实的历史总会冲破重围,浮出水面,展现于世人面前,不管一些群体承认与否。这也更加印证了文献保护和获取这一目标的重要性:让历史拥有自证真伪的能力并让这种能力为世界所知。

四、人文呼唤:找寻逝去的记忆

世界记忆项目的成立有着深厚的人文根基。记忆是人类宝贵的精神财富,是人类保持感性和理性的源泉,而文献是记忆留存和传承的重要载体。世界记忆项目致力于此记忆载体的保护和获取,带动了世界记忆观的形成。

(一) 记忆的人文渊源

世界记忆项目之所以命名为世界记忆项目,其中蕴含了丰富的人文理想。在古希腊神话中,记忆女神谟涅摩叙涅和众神之王宙斯生下了 9 位缪斯,分别掌管音乐、舞蹈、历史、天文等领域,给人类留下了无比宝贵的精神财富。在悠远的人类文明中,记忆关乎历史,关乎社会认同,关乎人生意义,"记忆是表明和使我们自身存在得以永恒延续的力量……记忆是我们在宇宙和理解之间建立联系的工具"。记忆不仅是过去留在人们心中的图像,它还会转化为活的文化基因,渗透和融化在一代又一代人的精神世界和文化传统中,永远伴随人类社会的延续。因此,"记忆是意义的渊

---

[1] Nakano R. The UNESCO memory of the world programme:key aspects and recent developments [J]. *International Journal of Heritage Studies*. 2020,26(7):717-718.

薮，是真善美的源泉""记忆是最宝贵的精神财富，不论是对个体还是对民族，记忆就是历史，记忆就是生命。是否具有健全的记忆，是衡量个人和群体精神状况和精神素质的一个标尺"。守护文明就要守护记忆，传承文明就要传承记忆。①

（二）文献是记忆的载体

数千年以来，历史以多种形式被记录在各种媒介或载体上：纸莎草卷轴、泥板、磁带、胶片、书籍、互联网……这些记录包含了人类文明产生以来影响人类行为的知识、思想和艺术创作，它们的集合是构建世界记忆、人类记忆不可缺少的重要部分。然而，随着时间的推移，相当一部分文献记录因自然或人为灾害而消失或正在消失，也有部分宝贵文献因历史环境恶化而散佚或受损，或因技术的迅速变革而变得难以获取。这些承载历史记忆的存在正在以惊人的速度消逝，随之而去的是人类文明的一角。

联合国教科文组织副总干事曲星在"保护濒危文献遗产政策对话会"上也提道："没有档案，就没有历史，没有现在对过去的审问。没有档案，就没有记忆，没有正义或和解。"文献遗产保护工作迫在眉睫，人类需要有组织、专业化的机构承担起找寻世界记忆的责任。其次，这些记录仅仅存在是不够的，就算某个族群完成了一些文献遗产的保护工作，如果没有完善的获取机制，这些记录散落在各地，也无法构成世界记忆。管理大师西蒙曾说："无论是自然记忆还是人文记忆，要发挥作用，都必须具备根据需要提取记忆信息的机制……人类理性极度依赖心理和人为的关联机制与检索机制。"历史和现实揭示了文献遗产保护和获取的重要意义，这正是世界记忆项目成立的初心和使命。

（三）世界记忆项目引发的世界记忆观

世界记忆项目的标志设计也体现了找寻记忆的理念。为了显示与联合国教科文组织的联系，在《世界记忆名录》中有项目在列的世界记忆项目地区和国家委员会可以遵循规范性文件《标志使用指南》（《保护文献遗产的总方针》2017版附录9）中的规定使用世界记忆项目的标志。这有助于宣传委员会在促进保护文献遗产方面的工作，也有助于突出入选《世界记忆名录》的遗产。世界记忆文献遗产的标志分为四个部分：

---

① 冯惠玲. 档案记忆观、资源观与"中国记忆"数字资源建设［J］. 档案学通讯，2012（3）：4-8.

（1）联合国教科文组织的标志。该标志包涵了三种元素，分别是殿堂标志、完整的组织机构名称和垂直虚线。

（2）世界记忆项目的标志。

（3）入选《世界记忆名录》的文献完整名字。

（4）入选时间的标准文本。

其中，世界记忆项目的标志是一种符号图形，由3个残缺的同心圆组成。几个同心圆代表各种文件格式，代表记忆的扩散和保存，而圆圈的中断表示丢失的记忆。尽管世界记忆项目的参与者们将不遗余力扩大圆的范围、减少圆的中断，但部分珍贵遗产的消失和毁损似乎不可避免，因此世界记忆项目仍旧任重道远，需要世界各方力量的汇聚和支持。

图1-2　联合国教科文组织标志及世界记忆项目标志

在世界记忆项目的号召下，各国记忆项目如雨后春笋般出现，关于记忆项目的理论研究也不断涌现。我国档案界也形成了"档案记忆观"。2012年，冯惠玲将档案记忆观的基本观点初步归纳为："档案是建构集体记忆重要且不可替代的要素；档案工作者有责任通过自身的业务活动积极主动地参与集体记忆的建构、维护与传承；档案工作者的观念、工作原则与方法对于集体记忆的真实、完整与鲜活产生正面或负面的影响。"① 后来，徐拥军等学者将此理论进行了深化和发展。徐拥军认为档案记忆观思想内涵主要包括：档案是建构社会记忆的不可替代要素；档案工作是建构社会记忆的受控选择机制；档案工作者是建构社会记忆的能动主体；档案

---

① 冯惠玲. 档案记忆观、资源观与"中国记忆"数字资源建设［J］. 档案学通讯，2012（3）：4-8.

记忆促进身份认同。① 文献与记忆、记忆与传承、记忆与文明的密切关系正在被学界、公众越来越广泛地接受。

第三节 世界记忆项目的建设与发展

风云变幻的信息时代为文献遗产保护工程带来机遇也带来挑战，世界记忆项目继往开来，在秉承初心的基础上紧跟时代步伐、回应实践需求，朝着完善法规政策、拓展活动类型、拥抱数字遗产方向不断迈进，致力于推动世界文献遗产保护的可持续发展。

一、制定世界记忆项目规范性文件

联合国教科文组织自 1992 年设立世界记忆项目以来，出台了多部政策法规文件以推动世界范围内文献遗产的保护。其中，1995 年出台的《保护文献遗产的总方针》时间最早、最具代表性，是联合国教科文组织文献遗产保护政策法规体系的核心纲领，也是世界记忆项目开展文献遗产保护工作的政策基石。此后 25 年来，联合国教科文组织共出台 11 部政策法规文件，可大体分为纲领、组织机制、数字遗产保护方法、成果性文件等，涉及文献遗产识别、保存、数字化、开放获取等多个方面，详细说明世界记忆机构的组织机制和管理要求，从文献遗产管理和组织机构管理两个层面对文献遗产保护工作做出规范。

除纲领性文件《保护文献遗产的总方针》确定了世界记忆项目的背景、目标、管理机构、具体活动等基本内容外，组织机制类文件如《世界记忆项目国际咨询委员会章程》（Statutes of the Memory of the World International Advisory Committee）、《世界记忆项目国际咨询委员会议事规定》（International Advisory Committee of the Memory of the World Programme: Rules of Procedure）《世界记忆项目道德准则》（The Memory of the World Programme: Code of Ethics）等为世界记忆项目组织机制的运行提供了行为规范，保证了记忆项目平稳运行并接受社会监督。数字遗产类文件如《保存数字遗产宪章》（Charter on the Preservation of Digital Heritage）、《保

---

① 徐拥军. 档案记忆观：21 世纪档案学理论的新范式［J］. 山西档案，2017（4）：5-12.

存数字遗产方针》（Guidelines for the Preservation of Digital Heritage）等与数字遗产相关的政策法规强调了文献遗产因为技术的快速变革而面临的机遇与挑战——多种载体的数字遗产的异彩纷呈以及数字遗产未来可获取性存疑的迫近风险，并总结了文献遗产保存和获取使用的国际最佳实践供其他国家参考。成果性文件如 2015 年出台的《关于保存和获取包括数字遗产在内的文献遗产的建议书》（The Recommendation Concerning the Preservation of, and Access to, Documentary Heritage including in Digital Form, 简称《建议书》）系统呈现了世界记忆项目二十多年来的工作精髓，是教科文组织多部文献遗产保护政策法规性文件的集大成者，是多年经验积累的结果，是最能促进世界范围内文献遗产保护的政策措施。它的出台对后续文献遗产政策法规性文件的编纂修订、世界文献遗产保护工作的开展都具有深远影响。

一方面，这些规范性文件、规章制度等的颁布明确了文献遗产的定义与范围，凸显了文献遗产保存、获取的价值和意义，为世界各地开展文献遗产保护工作提供了政策保障，各国文献记忆机构可以根据这些文件制定自己的政策和规章，用于指导本国的记忆项目。目前除非洲外的两个地区委员会都已建立《地区遗产名录》，非洲地区委员会也正在筹备当中[①]；中国、美国、英国、澳大利亚等多个国家委员会建立了国家记忆名录。中国于 2002 年建立"中国档案文献遗产工程"，由政府和国家档案局共同制订计划与措施，用以确定、保护、管理和利用入选《中国档案文献遗产名录》的档案文献遗产。[②] 此外，多个国家和地区以教科文组织文献遗产保护政策法规为参考依据，编制并颁布了自己的文献遗产保护政策。例如，《建议书》发布后，教科文组织东盟成员国制订行动计划，以确定在文献遗产鉴定、保护和获取领域可以采取的具体行动与政策措施。[③] 在文献遗产保护政策法规框架下，世界记忆地区与国家委员会开展的文献遗产保护

---

① Ray Edmondson, Lothar Jordan, Anca Claudia Prodan. *The UNESCO Memory of the World Programme: Key Aspects and Recent Developments*[M]. Switzerland: Springer Nature Switzerland AG, 2020: 44.
② 周耀林，宁优."世界记忆工程"背景下"中国档案文献遗产工程"的推进 [J]. 信息资源管理学报，2014（3）：36-44.
③ UNESCO. Documentary Heritage in the Digital Age: Symposium and Consultation to Advance Access, Preservation and Cooperation in ASEAN+3 Countries. [EB/OL]. [2020-12-09]. https://bangkok.unesco.org/content/documentary-heritage-digital-age-symposium-and-consultation-advance-access-preservation-and.

活动更具有地域针对性，能够更加细致、全面地覆盖本地区内文献遗产。

另一方面，这些文件的出台为世界记忆项目的可持续性发展指明了方向。随着社会条件的变化，部分政策法规条文逐渐落后于时代发展，教科文组织予以及时修订，增添符合时代要求的新内容，使世界记忆项目顺应社会发展、技术进步的潮流，不断为世界记忆项目注入新鲜活力。以数字遗产的发展为例：由于现代技术迅速发展，保存多媒体作品、互动超媒体、在线对话、来自复杂系统的动态数据对象、移动内容以及未来出现的新格式等复杂数字遗产面临巨大挑战，因此，联合国教科文组织通过修订《保护文献遗产的总方针》、颁布《关于保存和获取包括数字遗产在内的文献遗产的建议书》等规范性文件积极应对未知的风险，充分体现了教科文组织对数字遗产的重视，也体现了世界记忆项目紧跟时代步伐、不断完善自身的可持续发展理念。

二、举办世界记忆项目相关活动

为实现"于人之思想中构建和平""保障人们的知情权""促进文献遗产的保护和获取""找寻逝去的记忆"等愿景和目标，世界记忆项目开展了一系列与时俱进的活动，号召世界各地的记忆组织和文献遗产保护志愿者们参与到文献遗产的保护、获取和开发利用活动中来。这些活动包括举办国际范围内的讲习班、研讨会，编纂相关出版物，创立"国际日"，设置奖项，举办展览，等等。通过这些活动，世界记忆项目的知名度不断扩大，取得的成果也愈加丰硕。

（一）举办讲习班和研讨会

世界记忆项目在国家、地区和国际范围举办了各种类型的讲习班和研讨会，主办方通常为世界记忆项目各级委员会、秘书处或专业协会。这些讲习班和研讨会可能是单独的活动，也可能与其他活动一同举办，它们形式多样，包括周年纪念活动、技能培训活动、提名指导活动等。2015年，联合国教科文组织在黎巴嫩为阿拉伯法语国家举办了为期三天的世界记忆培训班，旨在促进该地区文献遗产的保护和获取，并鼓励各国积极向《世界记忆名录》提交申请。该培训班的举办促使中东和北非国家许多珍贵的文献遗产向公众开放，对该地区文献遗产的保护和获取具有重大意义。①

---

① UNESCO. Enhancing the Preservation of Documentary Heritage in Middle East and North Africa [EB/OL]. [2020-02-09]. https://es.unesco.org/node/243446.

此外，世界记忆项目还倡导各国政府鼓励本国记忆机构的交流合作、支持记忆机构工作人员参加国际会议和培训，记忆机构工作人员应通过在线课程与讲习班等方式学习文献遗产知识，在机构和个人层面鼓励非正式国际探访与网络交流等。通过这些研讨和会议，世界各地的记忆工程项目可相互借鉴、共同发展。

（二）编写出版物

世界记忆项目创立以来，联合国教科文组织和相关保管机构编写了许多出版物，记录入选《世界记忆名录》的各种文献遗产物品或藏品。这些出版物形式多样，包括书籍、CD、DVD 和电子出版物等。目前，官网可获取的电子出版物包括《基于灾害降低与风险管理的文献遗产保护可持续全球政策框架》（*Towards a Global Policy Framework for Sustainable Preservation of Documentary Heritage Through Disaster Risk Reduction and Management*，2020）、《数字文献遗产获取：残疾人可获取文献遗产的编制指南》（*Accessible Digital Documentary Heritage：Guidelines for the Preparation of Documentary Heritage in Accessible Formats for Persons with Disabilities*，2020）、《世界记忆》（*Memory of the World*，2012/2015）、《世界记忆：亚太项目》（*Memory of the World：Asia-Pacific Programme*，2014）、《视听档案：哲学与原则》（*Audiovisual Archiving：Philosophy and Principles*）等。① 这些出版物可以成为各国学者研究世界记忆项目的起点。

（三）创立"国际日"

联合国大会设立了多个"国际日"，用以纪念人类生活和历史上的重要方面，这些"国际日"中有许多都与文献遗产、世界记忆项目有关，如2月13日"世界广播日"、3月21日"世界诗歌日"、4月23日"世界图书与版权日"、5月3日"世界新闻自由日"、9月8日"国际扫盲日"、9月28日"普遍获取信息国际日"、10月5日"世界教师日"、10月27日"世界音像遗产日"、11月第3个星期四"世界哲学日"、12月10日"世界人权日"②。联合国教科文组织鼓励所有积极参与世界记忆项目的组织和个人参与这些"国际日"相关的活动。2020年10月27日"世界音像

---

① UNESCO. 世界记忆电子出版物［EB/OL］.［2020-12-09］. https://unesdoc.unesco.org/search/d2a55aea-fef7-4ad1-ba6b-2365def4f976.

② UNESCO. 联合国设立的国际日［EB/OL］.［2020-12-09］. https://en.unesco.org/commemorations/international-days.

遗产日",联合国教科文组织以在线形式召开了联合国教科文组织保护濒危遗产政策会议,讨论当前文献遗产保护中的优先事项,并制定数字保存的国际政策议程。

(四)设立奖金与奖项

世界记忆项目可以颁发奖项和其他形式的奖励以示认可,比如所有入选《世界记忆名录》的文献遗产都可以获得收录证明,出席研讨会和参加培训可以获得相关证书。2004年,韩国通过清州市政府出资设立了"联合国教科文组织'直指'世界记忆奖"(UNESCO/Jikji Memory of the World),用以纪念韩国文献遗产"白云和尚抄录《佛祖直指心体要节》(下卷)"(Baegun Hwasang Chorok Buljo Jikji Simche Yojeol (Vol.II), the Second Volume of "Anthology of Great Buddhist Priests' Zen Teachings")入选《世界记忆名录》。这个奖项由联合国教科文组织总干事每两年颁发一次,授予为文献遗产的保存和获取使用做出了巨大贡献的个人、机构或其他实体。

(五)举办展览和活动

展览通常围绕《世界记忆名录》入选文献,由世界记忆项目各级委员会提出并与机构主办方合作,由机构主办方提供展览预算、空间和设施。展览形式多样,线上展览是其中一种,即在网站或"虚拟"画廊或博物馆举办。举办展览有助于提高公众对文献遗产的认识和关注度,促进世界记忆项目目标实现。除了教科文组织外,世界记忆项目国家委员会也会举办展览展示本国入选《世界记忆名录》的文献遗产,并因此受益良多。

这些活动的举办,带动了全世界的记忆机构和文化机构工作者参与到世界记忆项目的建设和开拓中来,鼓励了为文献保护事业奉献时间和精力的记忆守护者,推动了世界记忆项目向多元化、全球化、专业化方向不断前进。

三、推动数字时代的文献遗产保护与建设

数字与信息技术的极速发展使数字文件得到大规模应用,数字载体逐渐成为文件的主流形式之一。当信息的创造与传播越来越多地采用数字形式时,数字遗产的出现也成为必然。教科文组织逐渐认识到,数字遗产的保存与利用能够为知识交流提供有利条件,但同时数字遗产也处于濒临消失的危机之中,为当代人和后代人保存这种遗产是全世界关注的紧迫问题。

（一）将"数字形式"纳入文献遗产保护的范围

1995年《保护文献遗产的总方针》的制定，成为教科文组织文献遗产保护政策建立的开端。然而，受时代的局限，该文件在制定之初并未将数字遗产容纳其中，而20世纪末数字技术的迅速发展使得数字遗产的价值及重要性不断增加，也引发文献遗产国际立法随之不断调整。为深入探讨数字信息因其价值被低估、缺乏法律和体制框架或保管人缺乏知识、技能和资金而丢失等问题并寻求解决方法，教科文组织于2003年制定并出台《保存数字遗产宪章》（Charter on the Preservation of Digital Heritage）。全文共4章12条，明确了数字遗产的范围与使用、保护措施，以及教科文组织与成员国在保护数字遗产中的职责。

2012年9月，教科文组织在加拿大温哥华召开了以"数字时代的世界记忆：数字化与保存"为主题的国际会议，并于会议上通过了《温哥华宣言》（Vancouver Declaration）。《温哥华宣言》在文献遗产数字化、数字遗产保护、制定数字遗产相关政策等方面达成一致，并对教科文组织秘书处、成员国、文化遗产专业组织、私人机构等提出了数字遗产保护相关要求，倡导各方积极开发数字保存方法、工具、系统和基础设施。2002年和2017年《保护文献遗产的总方针》进行了两次修订，修订内容中拓展了文献遗产的定义与范围，增加了诸多数字文献遗产相关内容。2017版本中提到，"筛选并保存呈指数增长的数字文件，是一项与保存历史遗产等同的挑战"。2015年出台的重要成果性文件《关于保存和获取包括数字遗产在内的文献遗产的建议书》直接将"包括数字遗产在内"列于标题，敦促会员国认识到需要在保存不同类型的模拟格式原始资料和数字基础设施与技能上进行新的长期投资，并为记忆机构提供充足的资金。

（二）建立数字文献遗产保护的国际合作平台

国际交流合作是贯穿世界记忆项目的重要主题。随着其影响力的不断扩大，世界记忆项目的国际化、网络化程度也不断加深。这种合作交流始于《世界记忆名录》的提名申请，发展于各国记忆组织的密切互动。近年来，这种合作从文献遗产申请方面转向数字文献遗产的保护和开发层面。

在《关于保存和获取包括数字遗产在内的文献遗产的建议书》中，联合国教科文组织鼓励会员国加强国家和国际合作与交流，特别是汇聚人力和物力帮助开展文献遗产的研究、保护和保存，支持研究数据、出版物和信息的交流，支持专业人员的培训及设备方面的交流；建议会员国就特定专题，如编目、风险管理、濒危文献遗产的确认和现代研究等，举办会议、研究班及工作组会议；提出会员国应鼓励记忆项目机构与跟文献遗产保存和获取相关的国际和地区性专业协会、机构和组织开展合作，以便实施双边或多边研究项目并发布准则、政策以及最佳做法模式。

2013年12月，联合国教科文组织在海牙举行了一次国际会议，信息通信技术行业、政府和遗产机构在此会议上就数字信息长期获取和保存的方针路线以及如何实现数字保存领域的最佳合作进行了探讨。这次会议由荷兰教育、文化和科学部资助。与会者认为，行业和遗产机构之间对彼此的相对关注缺乏足够的认识，因此需要一个平台来讨论数字保存。随后，联合国教科文组织成立"全球范围内增强信息社会可持续性平台"（Platform to Enhance the Sustainability of the Information Society Transglobally，以下简称UNESCO-PERSIST），旨在通过协助机构保存和提供数字遗产的途径来提高信息社会的可持续性。该项目由联合国教科文组织、国际档案理事会、国际图联、欧洲研究图书馆协会（Association of European Research Libraries，LIBER）、荷兰国家图书馆（National Library of the Netherlands）和荷兰数字遗产基金会（Digital Heritage Netherlands Foundation，DEN）合作推进，目前正着手收集和分享有关选择政策和数字策略的全球最佳实践和指南。荷兰联合国教科文组织全国委员会（The Netherlands National Commission for UNESCO）负责UNESCO-PERSIST的总体协调。此项目将政府、传统机构和信息技术行业确定为该项目的三个主要利益相关者，将支持三方之间的对话与合作，开展高级别的全球政策讨论，在可持续数字保护领域创建切实可行的解决方案，而世界记忆项目是促进该计划运行的重要平台。

（三）提供数字文献遗产获取的解决方案

联合国教科文组织设立世界记忆项目的愿景就是想让所有人有意识去充分保护文献遗产，让所有人能够永久且无障碍地获取世界遗产。数字遗产被纳入保护范围之后，探索提供数字文献遗产获取的解决方案也成为联合国教科文组织关注的重点内容。

2020年10月27日，世界记忆项目国际咨询委员会保护小组委员会与全民信息计划（Information for All Programme，IFAP）信息保存工作组以在线对话讨论的形式组织召开了主题为"文献遗产处于险境：数字保存政策空白"（Documentary Heritage at Risk：Policy Gaps in Digital Preservation）

的虚拟对话会，对数字遗产的保护和获取问题进行探讨，吸引了社会各界针对数字遗产政策围绕"风险管理""技术""可持续性""法律框架"四个重点领域建言献策，并重点关注了数字遗产长期获取的要点——技术和内容。其中，"技术"层面指出选择、保存和获取文献遗产依赖于技术，而技术过时将产生风险。同时，数字化内容和原生数字内容的形式、格式和使用要求都在不断拓展，技术是其中的关键。此外，由于疫情限制了图书馆和档案馆的线下访问，公众对提供在线公共服务技术的依赖剧增，因此需要认真考虑远程访问技术的有效性和适当性。

为纪念2020年12月3日国际残疾人日，联合国教科文组织发布了一份新出版物《数字文献遗产获取：残疾人可获取文献遗产的编制指南》（Accessible Digital Documentary Heritage: Guidelines for the Preparation of Documentary Heritage in Accessible Formats for Persons with Disabilities, 2020），旨在协助各利益攸关方为残疾人士提供可无障碍获取的文献遗产。该出版物为参与遗产文件数字化的各方（包括图书管理员、档案管理员、博物馆工作人员、策展人员和其他利益攸关方）提供了一套指导方针，使其在规划数字平台和内容时将残疾和无障碍等方面纳入其中。该出版物借鉴了2006年联合国《残疾人权利公约》和2015年教科文组织《关于保存和获取包括数字遗产在内的文献遗产的建议书》的主要特征，目的是促进文献遗产最大限度的包容性获取和使用。为了实现这一目标，各国应授权记忆机构为个人访问原始文件提供合理的服务。

通过制定与数字遗产相关的规范性规章制度、指南，开展一系列数字遗产保护项目，开展跨区域、跨学科交流论坛，联合国教科文组织及世界记忆项目确认了自己在数字遗产保护领域的地位和角色，也承担起数字时代守护世界记忆的重大责任，同时，推动了世界记忆项目与时俱进、可持续发展。

第四节　国内外研究综述

一、国外研究综述

2021年1月30日，在Web of Science、ProQuest Research Library、JSTOR

等外文期刊数据库中以"Memory of the World, Documentary Heritage"为关键词进行检索,共得到113条文献检索结果,剔除新闻报道等非研究性资源后,按照相关度进行排序,共获得26篇有效文献。通过对可获取的外文文献的阅读,可知国外对世界记忆项目的研究以时间为轴线主要集中在如下方面。

(一)世界记忆项目的整体性介绍

20世纪90年代,在世界记忆项目产生之初,国内外档案界对世界记忆项目的含义、实施进展、成就等方面进行了详细的介绍。Neal D. C. 阐述了世界记忆项目的核心工作是降低档案被毁坏和重建的风险。[①] Douglas Ross Harvey 介绍了世界记忆项目的活动,通过保存档案和历史,实现记忆的连贯性和持久性,与过去连接起来,促进对保护文献遗产重要性的理解。[②] Matthew Houdek 对联合国教科文组织世界记忆项目在培养"全球档案记忆"方面的可能性和目前存在的缺陷进行了探讨,从修辞的角度说明全球档案记忆的重要性。[③] Michael Heaney 对世界记忆项目自启动以来的历史和发展进行了全面的梳理。[④]

《南京大屠杀档案》入选《世界记忆名录》,引发了较大争议,各国学者就法律框架的重塑、专家评审等问题进行了讨论。为了确保世界记忆项目价值和理念的实现,2017年联合国教科文组织开展了对世界记忆项目的"全面审查"(Comprehensive Review)。此后,专家学者围绕世界记忆项目的发展与改革开展了思考与探讨。Ian E. Wilson 对教科文组织世界记忆项目自1992年建立以来的进展情况进行了介绍,并分析了世界记忆项目中联合国教科文组织秘书处、文献遗产领域专家及各国政府之间的角

---

① Neal D. C. Memory of the world at risk: Archives destroyed, archives reconstituted: International Council on Archives (Archivum, Vol. 42). München, Federal Republic of Germany: K. G. Saur, 1996. 359p. $75.00. ISBN 3-598-21243-7[J]. *The Journal of Academic Librarianship*, 1998, 24(8): 493-494.

② Douglas Ross Harvey. UNESCO'S Memory of the World Programme[J]. *Library Trends*, 2007, 56(1): 259-274.

③ Matthew Houdek. The rhetorical force of "global archival memory": (Re) Situating archives along the global memoryscape[J]. *Journal of International and Intercultural Communication*, 2016, 9(3): 204-221.

④ Michael Heaney. The UNESCO Memory of the World Programme[J]. *The Journal of National and International Library and Information Issues*, 2016, 26(1): 46-55.

色关系。① Ray Edmondson 等人编写专著，介绍了世界记忆项目的重要方面和最新进展。②

作为文献遗产的保护主体之一，图书馆界对世界记忆项目给予了帮助和支持。Marie-Thérèse Varlamoff 说明国际图联通过制定保存和保护核心方案的方式参与教科文组织的"世界记忆"方案的工作，通过编写业务规则，建立被销毁的图书馆藏书和档案国际清单，帮助世界记忆项目进行调查和保存工作。③ Igumnova Nataliya 探究了独立国家联合体图书馆在保护世界和国家文化遗产及古籍方面的国际合作，以欧亚图书馆为例，探究其保存文献遗产的活动，以及在独联体图书馆守则框架内制定的图书古迹保护方法。④ Atanasov 组织档案文献学专业、图书情报管理专业和信息管理专业的学生共同建立了一个门户网站，收集和管理保加利亚复兴时期的档案文献遗产。⑤

（二）入选《世界记忆名录》文献研究

各国对入选《世界记忆名录》的档案文献遗产进行了详细的介绍，相关领域的学者也从专业角度对某一文献遗产的科学、历史等方面的价值进行了分析，尝试采用现代化的技术手段对遗产进行传播和利用。在档案文献遗产的认识方面，Alice de Andrade 通过讲述古巴电影协会（ICAIC）的起源和发展，探究 20 世纪世界各地的重大事件，特别是具有革命性的事

---

① Ian E. Wilson. The UNESCO Memory of the World Program: Promise Postponed[J]. *The Journal of the Association of Canadian Archivists*, 2019, 87(87): 106-137.

② Nakano R. The UNESCO memory of the world programme: Key aspects and recent developments [J]. *International Journal of Heritage Studies*, 2020, 26(7): 717-718.

③ Marie-Thérèse Varlamoff. The involvement of the IFLA core programme for preservation and conservation (PAC) in UNESCO's 'Memory of the World' programm[J]. *Ifla Journal*, 1995, 21(3): 183-184.

④ Igumnova Nataliya. The CIS libraries' preserving cultural heritage: Regulations and documents[J]. *Nauchnye I Tekhnicheskie Biblioteki-scientific And Technical Libraries*, 2018(8): 84-91.

⑤ Atanasov H., Eftimova S., Marinova I. Motivating Through Goal Setting: Examples of Working with Students in the Specialty of Archival and Documentary Studies and Library and Information Management Under the Project "information Portal for Archival-documentary Heritage of the Bulgarian Revival" Funded by the National Science Fund[A]. Chova L.G., Martinez A.L., Torres I.C. 14TH INTERNATIONAL TECHNOLOGY, EDUCATION AND DEVELOPMENT CONFERENCE (INTED2020)[C]. Spain, 2020.

件。① Musa 对吉打苏丹阿卜杜勒·哈米德执政时期（1882—1943 年）的档案进行了介绍，从档案中探寻吉打苏丹王朝的历史。② Liu D. 等人在《东医宝鉴》这一根植于中国传统文化的医学著作入选《世界记忆名录》后，思考韩国的文化自信和文化自觉，并对中国文化主权的维护提出建议。③ Roger Tol 阐述了莱顿大学图书馆收藏的世界上最大的班基故事手稿，分析了班基故事手稿的内容和价值。④ Lysaght 对入选《世界记忆名录》的爱尔兰民俗委员会收藏的 1935—1970 年的藏品进行了分析，探究了爱尔兰民俗委员组织的建立所依据的意识形态、结构、策略、成就和遗产。⑤

（三）不同载体类型文献价值挖掘

世界记忆项目保存了多种载体类型的文献，并且有针对性地进行保护、利用和价值挖掘。Joie Springer 针对音频承载的视听档案面临的威胁，提出建立知识门户网站等方式，挖掘文献遗产在数字化层面的价值。⑥ Abdelaziz 对文本文件、CD、影像样本等载体承载的文献的价值进行分析，说明世界记忆项目在保护文献和挖掘文献价值的技术、法律和财政方面的框架以及三方面的工作结构准则。⑦ Mickaelian 等人试图使用数字化技术 DFBS（Digitized First Byurakan Survey，数字化的第一次布拉堪调查）保存

---

① Alice de Andrade. Memóriacubana do mundo [J]. *Cinémas d'Amérique Latine*, 2009(17): 159-163.

② Musa M. The Memory of the World Register: The Sultan Abdul Hamid Correspondence and Kedah History [J]. *Kajian Malaysia*, 2015, 33: 53-74.

③ Liu D., Chi G., Mao H., et al. On the Application of Dongui Bogam for the Memory of the World Register: Influences and Reflections[C]// 2018 2nd International Conference on Education, Economics and Management Research (ICEEMR 2018). 2018.

④ Roger Tol. The wonderful UNESCO collection of Panji tales in Leiden University Libraries[J]. *Wacana Journal of the Humanities of Indonesia*, 2019, 20(1): 32-55.

⑤ Lysaght P. From 'Collect the Fragments …' to 'Memory of the World'—Collecting the Folklore of Ireland 1927-70: Aims, Achievement, Legacy [J]. *FOLKLORE*, 2019, 130(1): 1-30.

⑥ Joie Springer. Preserving the Audio Memory of the World[J]. *Cuadernos de Documentación Multimedia*, 2003(14): 17-22.

⑦ Abdelaziz Abid. Preserving and sharing access to our documentary heritage[EB/OL]. [2011-05]. http://www.unesco.org/new/fileadmin/MULTIMEDIA/HQ/CI/CI/pdf/mow/Memory% 20of% 20the% 20World% 20 -% 20Preserving% 20and% 20sharing% 20access% 20to% 20our% 20documentary% 20heritage.pdf.

入选《世界记忆名录》中的文献遗产。①

（四）世界记忆项目在各国的传播

随着世界记忆项目的不断传播，各国通过创建国家记忆项目、设立奖项等措施参与世界记忆项目，推进本国文献遗产保护工作的顺利开展，并努力在世界的文献保护方面获得更多的话语权。在亚太地区，2000 年中国国家档案局启动了"中国档案文献遗产工程"，各地方发布省市级珍贵档案文献遗产保护评选方法；韩国政府在 1999 年启动"韩国档案文献遗产世界记忆工程"计划，于 2004 年与联合国教科文组织设立"直指世界记忆奖"，并积极争取世界记忆名录亚太区秘书处落户韩国。在其他地区，Harvey Ross 明确了世界记忆项目的重要意义，并在澳大利亚本国记忆名录中对遗失的文献遗产进行登记。② Lejla Kodric Zaimovic 等人研究波斯尼亚和黑塞哥维那与克罗地亚两国遗产机构的档案馆、图书馆和博物馆资料申报《世界记忆名录》的参与程度。③ Sarah Hall 说明联合国教科文组织澳大利亚世界记忆委员会编写书籍介绍世界记忆项目中澳大利亚的行动和澳大利亚的文献遗产。④

在世界记忆项目的传播、教育和宣传方面，Anne Fabienne Jackisch 对入选《世界记忆名录》的国际寻人服务局 1933—1945 年的档案进行提取工作，将档案中人员的照片进行绘画，将人像粘在盒子上在校园内进行展出，让人们了解战乱造成的家庭分离和记忆的重要性，为学校创造性参与世界记忆项目提供建议。⑤

（五）对争议遗产的探讨成为热点话题

自联合国教科文组织于 2015 年 10 月公布了《南京大屠杀档案》入选

---

① Mickaelian A.M., Sargsyan L.A., Mikayelyan G.A. Digitized First Byurakan Survey (DFBS) as UNESCO "Memory of the World" Documentary Heritage[A]. Farmanyan S.V., Mickaelian A.M., Malville J.M. ASTRONOMICAL HERITAGE OF THE MIDDLE EAST[C]. SAN FRANCISCO, 2017.

② Harvey Ross. UNESCO's Memory of the World Programme's and Australias lost and missing documentary heritage[J]. Australian Library Journal, 2003, 52(2): 135-148.

③ Lejla Kodric Zaimovic, Hrvoje Stancic. Analysis of the Participation of Bosnia and Herzegovina and Croatia in the UNESCO's Memory of the World Programme[C]//Qqml: International Conference on Qualitative & Quantitative Methods in Libraries. 2012.

④ Sarah Hall. The Australian Register: UNESCO Memory of the World Program[J]. Archives and Manuscripts, 2016, 44(1): 44-45.

⑤ Anne Fabienne Jackisch. Creative Approaches for the Use of MoW in Schools: The Example of the International Tracing Service[J]. SCEaR Newsletter 2018 (December), 2018: 13-15.

《世界记忆名录》后,"日本政府以'未经两国协商''认定困难''不知内容为何'等借口向中国提出抗议,并以拒缴会费为名迫胁联合国教科文组织对申报机制进行改革"①。日方对《南京大屠杀档案》入选的过激反应引发学术界,特别是国际关系、历史研究领域学者对世界记忆项目的关注。Matthew Houdek 提出在国家和地区背景下档案作为政治控制和社会正义的武器发挥作用,全球档案记忆的构成将档案的边界转移到国家范围之外,在现有的跨国舞台上为争论、审议和辩论创造空间。② Ryoko Nakano 以《南京大屠杀档案》入选《世界记忆名录》引发的争议为切入点,从英国学派的角度阐述了有争议的记忆遗产引发的"记忆安全"问题③,说明记忆和身份改变的重要性,以及本体安全和消除对历史叙事的威胁之间的区别。

二、国内研究综述

2021 年 1 月 30 日,在中文数据库中国知网(CNKI)中以"世界记忆 or 记忆遗产 or 记忆项目 or 文献遗产"为检索词进行检索,检索到期刊、学位和会议论文共 1 430 篇,按照相关度进行排序,排除新闻快讯等非研究性文章,选择高度相关的文献,共获得 84 篇期刊论文和 21 篇学位论文。

(一) 世界记忆项目的引介

世界记忆项目(Memory of the World Programme, MoW,旧译"世界记忆工程")是 1992 年联合国教科文组织发起的世界性文献保护项目,这一项目是世界遗产项目的延伸,致力于手稿、图书馆和档案馆馆藏文件、口述历史等档案文献的保存,旨在以最合适的技术手段推进档案文献的保存和利用,从而提高全世界对档案文献遗产保护的意识。

1992 年世界记忆项目启动后,国内档案界对世界记忆项目的含义、实施进展、成就等方面进行了详细的阐述。沈丽华介绍了世界记忆项目在

---

① 笠原十九司,芦鹏. 日本政府否定南京大屠杀的居心暴露于世——关于《南京大屠杀档案》入选世界记忆遗产名录的问题 [J]. 日本侵华史研究,2017 (1):126-133,139.

② Matthew Houdek.The rhetorical force of "global archival memory":(Re)Situating archives along the global memoryscape[J]. *Journal of International and Intercultural Communication*,2016,9(3):204-221.

③ Ryoko Nakano. A failure of global documentary heritage? UNESCO's 'memory of the world' and heritage dissonance in East Asia[J]. *Contemporary Politics*,2018,24(4):481-496.

亚太地区的工作计划。① 赵海林介绍了世界记忆项目与"中国档案文献遗产工程"的含义。② 王红敏对世界记忆项目的目标、管理结构和意义进行了介绍。③ 国家图书馆学刊通讯员介绍了世界记忆项目在中国的发展,并依照时间顺序列举入选《世界记忆名录》和《中国档案文献遗产名录》的档案文献遗产。④ 张宁对世界记忆的数字化生存、电子文件管理进行了探讨。⑤ 赵新力等人介绍了世界记忆工程、国际上代表性的记忆工程和中国记忆工程。⑥ 李圆圆认为世界记忆项目的实施加强了人们的档案文献遗产保护意识,唤醒了世界对国际档案资源共享的认知,破除地域、种族歧视等障碍,拉近了人与人之间的关系,让全世界人民都成为重要信息的掌握者和传播者。⑦ 周耀林在分析世界记忆工程现状、存在的问题的基础上提出推进策略。⑧

多位学者对世界记忆项目在全球的发展情况进行了研究。周耀林和王倩倩发现拉美及加勒比地区建立了多个国家委员会,通过开展摄影集项目、奴隶贸易档案项目等项目促进记忆工程的发展。⑨ 周耀林介绍了亚太地区世界记忆工程宣传力度较大、名录层次丰富的特点,指出亚太国家参与度有待提高、网站建设有待加强。⑩ 申晓娟等人总结了国外文化记忆项目建设的主要特点,并对比分析了我国文化记忆项目建设中存在的问题,提出关于我国国家层面系统实施文化记忆项目的构想。⑪ 王玉珏和谢玉雪

---

① 沈丽华."世界记忆工程"在亚太地区［J］.中国档案,1999（4）：3-5.
② 赵海林."世界记忆工程"与"中国档案文献遗产工程"［J］.档案,2001（6）：1.
③ 王红敏.世界记忆工程概述［J］.中国档案,2003（10）：11.
④ 通讯员.世界记忆工程及其在中国的进展［J］.国家图书馆学刊,2004（2）：86-90.
⑤ 张宁.世界记忆的数字化生存——2005年度韩国首届"直指"世界记忆遗产奖颁奖活动侧记［J］.档案学通讯,2006（1）：96.
⑥ 赵新力,李雪,杨开荆.国内外记忆工程的历史与现状［J］.江苏师范大学学报（哲学社会科学版）,2009,35（1）：135-143.
⑦ 李圆圆."世界记忆"的理论基础及实践价值［J］.档案学研究,2011（3）：16-18.
⑧ 周耀林,黄灵波,王倩倩."世界记忆工程"的发展现状及其推进策略［J］.信息资源管理学报,2014,4（2）：4-13.
⑨ 周耀林,王倩倩.拉美及加勒比海地区世界记忆工程的进展与推进［A］.国家档案局.档案与文化建设：2012年全国档案工作者年会论文集（上）［C］.北京：中国档案出版社,2012：12.
⑩ 周耀林,王倩倩.亚太地区世界记忆工程的现状与推进［J］.档案与建设,2012（1）：26-29.
⑪ 申晓娟,石鑫,王秀香.国内外文化记忆项目的实践与启示［J］.信息资源管理学报,2014,4（2）：14-21.

研究发现非洲在国际的支持、国家政府层面的推动以及公共文化机构的协助下，建立了非洲记忆工程和国家级或地区级记忆工程。①

(二) 中国入选《世界记忆名录》遗产项目的研究

截止到 2021 年 1 月 1 日，中国入选《世界记忆名录》的文献遗产共有 13 项，各地方机构和学者对文献遗产进行了详细介绍。扎西介绍了形制各异、极富特点的"元代西藏官方档案"，其记载了青藏高原人们文化、历史的发展和宗教、社会的变迁。② 陈平对南京大屠杀档案背后的沉痛历史和长达八年的艰难申报过程进行了介绍。③ 国家图书馆的白鸿叶展现了清代样式雷图档对中国建筑史和建筑学领域的重要意义。④ 吴芳等人介绍了近现代苏州丝绸档案反映的丝绸之路文明和对其进行的抢救、发掘、利用等工作。⑤ 邵晓洁对中国传统音乐录音档案的建设过程、申报始末以及数字化抢救保护等进行了全面爬梳，以促进视听类文献档案的保护。⑥

(三) 世界记忆项目影响下的中国档案文献遗产保护与利用

世界记忆项目的开展促进了中国档案文献遗产保护，相关研究主题和内容丰富，主要为档案文献遗产保护研究、文献组织机构遗产保护研究、档案文献遗产申报《世界记忆名录》的必要性和可能性分析、对"争议记忆遗产"的讨论、档案文献遗产的利用方式、少数民族档案文献遗产的保护、历史档案的保护、档案文献遗产保护策略等。

1. 档案文献遗产保护研究

马翀构建了档案文献遗产分级保护模型，并以此为基础提出濒危档案文献遗产保护策略。⑦ 周耀林梳理了世界记忆项目背景下"中国档案文献

---

① 王玉珏，谢玉雪. 非洲记忆工程建设的现状、趋势与价值 [J]. 档案学研究, 2020 (6): 142-148.

② 扎西. 唤醒七百年的档案记忆——《中国元代西藏官方档案》成功入选《世界记忆名录》[J]. 中国档案, 2013 (8): 40-41.

③ 陈平. 南京大屠杀档案申报《世界记忆遗产名录》始末 [J]. 公共外交季刊, 2015 (4): 91-95, 128.

④ 白鸿叶. 保护"样式雷"：中国国家图书馆的世界记忆工程 [J]. 美成在久, 2016 (2): 92-99.

⑤ 吴芳，吴飞，卜鉴民. 世界记忆工程背景下的苏州丝绸档案 [J]. 档案与建设, 2017 (9): 73-75.

⑥ 邵晓洁. 手捧"中国音乐文化之火"传承中华传统文化之光——写在中国传统音乐录音档案入选首批《世界记忆名录》22 周年 [J]. 中国音乐学, 2019 (1): 114-120.

⑦ 马翀. 濒危档案文献遗产保护策略研究 [D]. 北京：中国人民大学, 2008.

遗产工程"的推进情况①，并对我国档案文献遗产工程的政策进行了审视与分析②。仝艳锋通过研究云南少数民族档案文献遗产的保存现状，总结了影响档案文献遗产的环境因素，构建了保护体系，提出了各种技术性保障措施。③

2. 文献组织机构遗产保护研究

该主题主要是对某一特定国际组织或遗产机构的文献遗产政策措施进行研究，最突出的特征是图书馆界积极推动文献遗产的保护。张盼对我国档案馆、图书馆、博物馆合作开展记忆工程进行了 SWOT 分析［态势分析，SWOT 是 Strengths（优势）、Weaknesses（劣势）、Opportunities（机会）、Threats（威胁）的缩写］，确定了战略合作的策略。④ 胡心悦也进行了相同主题的研究，通过对国际图联大会、国际档案大会及国际档案圆桌会议和国际博协大会的历届会议主题的整理、分类和对比分析，总结了资源整合的发展趋势。⑤ 周耀林等研究了联合国教科文组织世界记忆项目在文献遗产保护方面的工作进展，分析了项目存在的不足，并从协调区域发展、增强宣传工作、加大国家间合作力度、提高信息化建设程度等方面提出建议。⑥ 齐佳佳研究了俄罗斯图书馆馆藏文献的保护政策，着重阐述政策的基本目标、主要内容、实施方案等，为我国文献遗产保护提供建议，包括制定保护政策、完善法律法规、培养高素质工作人员等。⑦ 程焕文和曾文分析了国际图联的文化遗产保护政策，并总结出明确职责、推进合作、建立规范、重视数字化手段四项保护策略。⑧

---

① 周耀林，宁优."世界记忆工程"背景下"中国档案文献遗产工程"的推进［J］.信息资源管理学报，2014，4（3）：36-44.

② 周耀林."世界记忆工程"背景下《中国档案文献遗产工程》的政策审视与推进［A］.国家档案局、中国档案学会.回顾与展望：2010 年全国档案工作者年会论文集（上）［C］.北京：中国档案出版社，2010：10.

③ 仝艳锋.云南少数民族档案文献遗产保护研究［J］.档案学通讯，2015（5）：80-83.

④ 张盼.我国档案馆、图书馆、博物馆合作开展记忆工程的 SWOT 分析［J］.档案管理，2014（4）：24-26.

⑤ 胡心悦.图书馆、档案馆和博物馆资源整合的发展趋势——基于 ICA、IFLA 和 ICOM 历届会议主题的研究［J］.图书情报工作，2014，58（17）：136-142+97.

⑥ 周耀林，黄灵波，王倩倩."世界记忆工程"的发展现状及其推进策略［J］.信息资源管理学报，2014，4（2）：4-13.

⑦ 齐佳佳.俄罗斯图书馆馆藏文献保护政策研究［D］.哈尔滨：黑龙江大学，2015.

⑧ 程焕文，曾文.国际图联的文化遗产保护理念与保护策略研究［J］.图书馆建设，2019（1）：47-54.

3. 档案文献遗产申报《世界记忆名录》的必要性和可能性分析

陈晓华、于沛等人对《四库全书》这一囊括清代中期以前传世的经典文献、对中国有文字记载以来所存文献的最大集结与总汇之书①申报《世界记忆名录》的重要性和必要性进行了阐述。② 李红霞对我国档案文献申遗管理的现状、档案文献申遗工作流程及案例经验和档案文献申遗管理的策略进行了系统性研究。③ 潘光、石宝珍提出将上海独特的犹太难民历史记忆申报《世界记忆名录》④，推广人类历史上相濡以沫、友好互助的精神，在各部门的配合中讲好中国故事。⑤ 侵华日军第七三一部队罪证陈列馆的金士成多次撰写侵华日军细菌战档案申报世界记忆遗产对策研究的相关论文，强调将侵华日军细菌战从个人记忆、城市记忆、民族记忆转化为世界记忆。⑥ 另外还有多个档案机构对"慰安妇"档案⑦、傣族贝叶典籍⑧和清水江文书⑨等档案文献遗产的申报策略进行了研究。

4. 对"争议记忆遗产"的讨论

在档案文献遗产申报的过程中对中日"争议记忆遗产"的讨论较多。"争议记忆遗产"主要有《南京大屠杀档案》《"慰安妇"——日军性奴隶档案》《侵华日军细菌战档案》。陈平记录了《南京大屠杀档案》申报《世界记忆名录》的始末和意义。⑩ 2016年《共同见证：1937南京大屠杀》史实展在法国展览，使民族记忆成为世界记忆。⑪ 王卫星从个人记忆、集

---

① 于沛.《四库全书》——民族的历史记忆与世界记忆遗产［J］.四库学，2019（1）：3-8.
② 陈晓华.论《四库全书》的世界记忆遗产价值［J］.图书馆杂志，2017，36（11）：24-28.
③ 李红霞.我国档案文献申遗管理研究［D］.福州：福建师范大学，2018.
④ 石宝珍.积极申报世界记忆遗产，记住救助犹太难民史实［N］.联合时报，2019-04-02（7）.
⑤ 刘迪.上海市世界史学会会长、上海犹太研究中心主任潘光：记忆遗产是人类共同的财富［N］.文汇报，2017-02-24（W02）.
⑥ 金士成.关于侵华日军细菌战档案申报世界记忆遗产对策研究［J］.档案管理，2020（1）：60-62+65.
⑦ 王卉.社会记忆视角下我国"慰安妇"档案研究［D］.南宁：广西民族大学，2018.
⑧ 杨庆，杨寿川.傣族贝叶典籍：世界珍贵的记忆遗产［J］.云南民族大学学报（哲学社会科学版），2004（6）：68-71.
⑨ 李飞跃，龙宇晓.清水江文书申报联合国《世界记忆名录》文本编制与行动方案研究［J］.原生态民族文化学刊，2012，4（3）：40.
⑩ 陈平.南京大屠杀档案申报《世界记忆遗产名录》始末［J］.公共外交季刊，2015（4）：91-95+128.
⑪ 让南京大屠杀史实真正成为世界记忆——《共同见证：1937南京大屠杀史实展》走进法国的思考和启示［J］.对外传播，2016（12）：59-61.

体记忆、城市记忆、民族记忆和人类记忆角度分析了人们对南京大屠杀历史认知的不断深化和对其本质的深层次理解。① 苏智良详细说明了中国申报"慰安妇"档案的材料构成、过程以及对谬误的反驳。② 王卉提出"慰安妇"档案在传承和构建社会记忆中的困境,并对完善"慰安妇"档案工作提出了建议。③ 金士成对改革开放40年来七三一旧址的保护历程进行了叙述④,分析了日本细菌战档案的保存、整理和申遗情况⑤,提出侵华日军细菌战档案申报世界记忆遗产的对策⑥。

5. 档案文献遗产的利用方式

目前档案文献遗产的利用途径和方式较为简单。王天泉总结出中国传播和推广世界记忆项目的特点是政府主导、媒体造势和形式多样。⑦ 随着互联网和大数据的发展,档案文献遗产的利用在技术支撑下有了更多的方式和手段。燕今伟和孟祥保基于362篇世界记忆项目新闻报道,对文献遗产推广策略进行研究,表明要继续深挖文献遗产的内涵,综合运用大众传播与社会化媒体传播媒介进行传播。⑧ 滕春娥提出采用将本体应用在知识库的构建中的方式促进档案文献遗产的数字化保护。⑨ 对于某些档案文献遗产需要制定针对性的利用方法。宫毅敏主张针对侨批档案的特点,在互联网、新媒体和地方特色文化品牌领域创新性地对其进行利用和传播。⑩ 多位学者对入选《世界记忆名录》的纳西东巴古籍文献的意义进行阐述,并尝试通过数字化的网络手段,构建世界记忆传承体系——东巴经典数字

---

① 王卫星. 八十年来南京大屠杀的历史记忆 [J]. 南京社会科学, 2017 (8): 36-42.
② 苏智良. "'慰安妇'的声音"申遗之旅 [J]. 中国档案, 2017 (11): 30-33.
③ 王卉. 社会记忆视角下我国"慰安妇"档案研究 [D]. 南宁: 广西民族大学, 2018.
④ 金士成. 从荒芜废墟到世界记忆 [N]. 中国文物报, 2019-01-15 (7).
⑤ 金士成. 七三一陈列馆: 将日本细菌战档案定位为世界记忆 [J]. 中国档案, 2019 (3): 33-35.
⑥ 金士成. 关于侵华日军细菌战档案申报世界记忆遗产对策研究 [J]. 档案管理, 2020 (1): 60-62+65.
⑦ 王天泉. 浅谈世界记忆工程的传播与推广 [J]. 中国档案, 2016 (12): 36-38.
⑧ 燕今伟, 孟祥保. 文献遗产传播特征及其推广策略研究——基于362篇世界记忆工程新闻报道的实证分析 [J]. 大学图书馆学报, 2018, 36 (3): 65-74.
⑨ 滕春娥. 社会记忆视角下非物质文化遗产建档保护研究 [D]. 长春: 吉林大学, 2019.
⑩ 宫毅敏. 传统文化创新视角下侨批档案开发利用与对策研究 [J]. 山西档案, 2019 (5): 112-119.

化国际共享平台，实现东巴古籍的编目、保存和传播。①

（四）世界记忆项目与中国档案事业的双向促进关系

1. 中国档案事业的发展促进了世界记忆项目的传播

中国在世界记忆项目建设及推动国内文献遗产保护工作方面的成果得到了国际认可。瑞·埃德蒙森（Ray Edmondson，曾任世界记忆项目亚太地区主席）曾提到，中国国家委员会的经验证实国家登记册的数量十分可观，提名者重视题词，助力了国家遗产的保护和访问。"中国档案文献遗产工程"等项目的开展，提升了世界记忆项目的知名度，并对世界记忆项目工作的开展提供了支持。

2. 世界记忆项目促进了"中国档案文献遗产工程"的发展

近年来，档案机构对于文献遗产体系的建设从中央到地方不断加深、积极实践。自2000年国家档案局启动"中国档案文献遗产工程"以来，一条世界、亚太地区和国家的连贯的记忆工程链逐渐形成。"中国档案文献遗产工程"项目旨在加强社会的档案文献保护意识，有计划、有步骤地开展抢救、保护重点档案中的珍品，把有限的抢救经费用在刀刃上，更好地抢救全国的重要档案文献。2001年，张新和赵海林对"世界记忆项目"和"中国档案文献遗产工程"的含义和机构体系进行了介绍。②③ 周耀林对"中国档案文献遗产工程"政策的优缺点进行了审视。④ 闵桃对"中国档案文献遗产工程"的时代背景、实践活动和分析与展望进行了阐述。⑤

3. "记忆工程"工作的开展

随着我国档案文献遗产工程的发展，各省级行政区域也建立了省级档案文献遗产名录，地方档案部门积极为文献遗产申报省级、国家级、区域

---

① Xu Xiaoli, Zhang Xu, Wu Guoxin, Wang Hongjun, Yang Meng. Research on memory of the world—classic Dongba culture international sharing information platform ［A］. China Instrumentation Control Society (CIS)、Beijing Information Science and Technology University. Proceedings of the Fifth International Symposium on Test Automation & Instrumentation（Vol. 1）［C］. 北京：中国仪器仪表学会，2014：6.

② 张新."世界记忆工程"和"中国档案文献遗产工程"简介［J］. 四川档案，2001(3):12.

③ 赵海林."世界记忆工程"与"中国档案文献遗产工程"［J］. 档案，2001（6）：1.

④ 周耀林."世界记忆工程"背景下《中国档案文献遗产工程》的政策审视与推进［A］. 国家档案局、中国档案学会. 回顾与展望：2010年全国档案工作者年会论文集（上）［C］. 北京：中国档案出版社，2010：10.

⑤ 闵桃. 中国档案文献遗产工程研究［D］. 上海：上海师范大学，2020.

级、世界级记忆名录。刘晓璐通过对比中韩入选世界记忆工程的档案文献遗产现状,提出了提升档案文献申遗意识、注重档案文献申遗连续性、加强档案文献准备工作并开展申遗工作的交流合作的启示。① 在档案文献遗产保护的基础上,记忆研究扩展到人类学、社会学、文化学、传播学、历史学、地理学、城市学等领域,北京②、广州③、珠海④等多个城市都在探索城市记忆工程的建设。霍艳芳和范珑瀚通过研究发现城市记忆工程注重档案资源、档案学理论和实践与城市记忆、城市记忆工程之间的相互促进关系,强调档案资源服务社会的功能。⑤

4. 中国档案事业结构性改革

在"中国档案文献遗产工程"和世界记忆项目的推动下,中国档案事业也进行了结构性改革,张新认为实施"遗产工程"是与《档案法实施办法》中所规定的对各级国家档案馆馆藏永久档案实行分级管理的规定相配套的措施,是分级管理工作的长期尝试和有益探索。⑥ 中国档案事业的主体不断扩大,不仅仅局限于档案系统,它与图书馆和信息研究所等与文献有关的部门联系更加紧密。更多文化事业单位联合起来进行文献遗产申报和保护,促进了不同地区、不同部门、不同行业、不同主体间的跨界合作。毛建军在总结了韩国"世界记忆工程"的建设情况后提出,中国应在实施文化遗产分级管理、建立保护体系的基础上更加重视档案文献遗产的文化挖掘。⑦ 周耀林等总结出系统化的档案文献遗产名录政策覆盖面较广,中国已经形成了以档案馆为主,图书馆、博物馆、文学馆、文物考古研究所、艺术研究所、文化研究所、电影资料馆等文化事业机构踊跃参加的局面。⑧ 刘敏认为要在社会层面加强宣传教育,形成全民保护的氛围,成立

---

① 刘晓璐. 中韩入选世界记忆工程档案文献遗产对比研究 [D]. 郑州:郑州大学,2017.
② 牛力,韩小汀. 基于分层资源库的"北京城市记忆"工程构建 [J]. 计算机系统应用,2016,25(1):56-62.
③ 周美兰. 广州"城市记忆工程"建设的启示 [J]. 兰台世界,2016(14):23-25.
④ 牛澍. 关于"珠海记忆工程"的思考和探索 [J]. 科技情报开发与经济,2011,21(33):129-131+143.
⑤ 霍艳芳,范珑瀚. 基于CiteSpace的我国"城市记忆"研究现状和热点分析 [J]. 山西档案,2020(6):174-183.
⑥ 张新."世界记忆工程"和"中国档案文献遗产工程"简介 [J]. 四川档案,2001(3):12.
⑦ 毛建军. 韩国"世界记忆工程"的建设与启示 [J]. 中国档案,2013(8):52-54.
⑧ 周耀林,宁优."世界记忆工程"背景下"中国档案文献遗产工程"的推进 [J]. 信息资源管理学报,2014,4(3):36-44.

民间组织，扩大保护主体。①

5. 地方档案事业快速发展

随着中国地方档案事业的不断发展，地方档案机构作为地方档案事业的领头羊，在制度改革、人才获取等方面取得了较大的进步。卜鉴民在《世界记忆工程与地方档案事业发展研究》中以苏州丝绸档案和工业文化遗产保护为例探讨地方档案事业的发展需要明确责任主体和档案馆的职责。② 档案事业对档案人才的需求不断加大，需要大量优质的档案基层工作者和建设完善的工作队伍。陈鑫等认为档案文献遗产保护工作的大范围开展使得地方档案部门更加注重人才的培养③，提升了广大基层工作者的责任感和荣誉感。档案研究和工作者在工作和学习中不断提升专业技术和能力，为档案文献遗产保护的基层工作添砖加瓦，也为档案人才智库的基层搭建夯实了基础。

(五) 世界记忆项目的传播、教育与宣传作用

全国上下对世界记忆项目和"中国档案文献遗产工程"的宣传促进了公民档案保护意识的提升。周耀林和宁优研究了中国档案事业在宣传方面的进步：在宣传中让更多人了解档案文献，进一步提升了全民族档案文献保护意识。② 燕今伟和孟祥保根据传播特点提出构建"一元为主、多元并存"的传播主体格局、深度挖掘文献遗产的内涵、综合运用大众传播与社会化媒体传播媒介、加强传播对象研究的建议。④ 王小云在分析世界记忆校园推广的现状和难题的基础上强调，应着重建立"协同合作、中心主导"的推广机制，编写"形式多样、内容有趣"的推广教材和建设"无微不至、无孔不入"的推广平台。⑤

三、总结

目前国内外围绕世界记忆项目的研究成果较为丰富，但还有较大的发

---

① 刘敏. 国家级档案文献遗产保护现状与对策研究 [D]. 沈阳：辽宁大学，2017.

② 卜鉴民. 世界记忆工程与地方档案事业发展研究 [M]. 北京：人民出版社，2018.

③ 陈鑫，吴芳，卜鉴民. 世界记忆工程对中国档案事业发展影响 [J]. 档案与建设，2017 (10)：16-19.

④ 燕今伟，孟祥保. 文献遗产传播特征及其推广策略研究——基于362篇世界记忆工程新闻报道的实证分析 [J]. 大学图书馆学报，2018，36 (3)：65-74.

⑤ 王小云，谢咏含，林君雅. 新时代我国"世界记忆"校园推广策略研究 [J]. 档案学研究，2020 (4)：97-103.

展空间。研究成果主要有以下特点。

（一）国外

（1）整体性介绍充分，多主体协作助力世界记忆项目。学者们从多个角度对不同阶段世界记忆项目的进展、成果以及面临的困境进行分析，探讨世界记忆项目的发展与改革。尤其是2015年后对争议遗产的探讨成为热点话题，对世界记忆项目的意义和实施方法进行了更加深入的讨论。学界注重研究多主体协作助力世界记忆项目相关活动和工作的开展，其中，对图书馆界的行为研究较多，从个体图书馆、国际图联和图书馆学专业的学生等多个角度分析图书馆促进档案文献遗产的保护和利用。

（2）文献遗产研究丰富，深层次的价值挖掘存在欠缺。相较于《世界记忆名录》的档案文献遗产总量，目前的研究成果数量较少。各档案机构和专家学者对档案文献遗产的介绍具有较强的专业性，对遗产的内容、发展过程以及保护的意义进行了详细介绍，但是与世界记忆项目联系较少，对其申遗过程和文献价值挖掘等方面并未进行深入研究。

（3）世界记忆项目在各国传播广泛并顺利开展。现有研究成果内容详实、系统、完善地说明了所研究地区或国家的记忆项目结构框架和成果。世界、地区和国家的记忆项目顺利开展，目前对地区和国家的记忆项目研究较少，研究成果未能覆盖各个大洲。

（二）国内

（1）概括介绍充分，对发展动态和热点问题研究较少。中国对世界记忆项目的引介开始较早，多位学者对世界记忆项目的介绍存在相同部分，介绍内容主要是项目含义、意义、取得的成就等概况，对世界记忆项目法律框架、运行机制的深入了解较少。对于世界记忆项目的发展动态关注不足，对争议遗产等热点问题未形成深入的研究成果。

（2）对入选《世界记忆名录》的遗产项目的研究不充分。13项入选的档案文献遗产中"清代内阁秘本档""清代大金榜""元代西藏官方档案""清代澳门地方衙门档案"的研究成果较少，主要是新闻报道。研究成果不充分和宣传力度较小导致人们对世界记忆项目认识不足和对申报文献遗产的材料、流程不了解，不利于档案文献遗产的保护。

（3）世界记忆项目与中国档案事业的双向促进作用。双向促进作用体现在世界记忆项目的发展完善和中国档案事业的改革创新两方面。目前对中国档案事业促进世界记忆项目发展完善的研究较少，中国主动学习和借鉴外国参与世界记忆项目、促进档案文献遗产保护的做法和经验，提出中国智慧和中国方案较少，但是中国也在探索"中国记忆"的建设模式。在世界记忆项目和中国政府的支持下，中国档案事业发展迅速，在中国档案事业和地方档案的发展方面研究成果丰富，对档案事业的发展提供了理论支持。

（4）数字化技术、社会化媒体等技术手段促进了世界记忆项目的传播、教育与宣传。中国学者用多种技术和传播渠道挖掘文献遗产的价值，加大其在社会和校园的传播力度，提升全民族的文献遗产保护意识，但是对世界记忆项目的价值深度挖掘不足，还需要开展多种工作向社会传递世界记忆项目的资源共享、破除障碍、保护人类共同记忆理念。

第二章

世界记忆项目的理论基础与价值理念

联合国教科文组织三大遗产旗舰项目，即世界遗产项目、非物质文化遗产项目和世界记忆项目，致力于保护全人类共同的文化遗产，通过建立名录、开展教育与文化活动等方式扩大文化遗产的世界影响力。随着三大遗产项目的建立与运行，世界遗产的概念范围不断扩充和细化。世界记忆遗产不仅是世界遗产保护体系的重要组成部分，且拥有独一无二的特色，它致力于保护人类共同的记忆遗产，促进世界对记忆遗产的获取和认识，它肩负教科文组织之使命，于人之思想中构建和平，突出文化遗产对构建民族国家身份认同、促进可持续发展与文化多样性的作用。本章回溯了世界遗产概念的发展轨迹，明晰三大遗产项目的价值理念，通过分析对比发现三大遗产项目间的联系与各自特色。重点关注世界记忆项目对教科文组织遗产保护体系与实践的贡献，以及其对共同遗产价值理念的延续发展。

第一节 世界遗产概念的产生与发展

世界遗产概念的发展包含两方面的内容：一是对遗产世界性的确定，即文化遗产属于全世界，由全人类共享，为全人类所共同保护；二是对世界遗产概念和范围的界定与拓展，即从最初的物质文化遗产，到非物质文化遗产，再到记忆遗产，文化遗产的概念和范围逐步扩展和定型。在世界遗产概念形成的过程中，以教科文组织为代表的国际组织对其概念、理论、规范和实践做出了巨大贡献。梳理世界遗产概念的产生背景及其发展历程，明确其内涵与范围，有利于全面理解教科文组织的世界遗产理念。

一、世界遗产概念的产生背景

（一）国际遗产保护运动浪潮

世界遗产概念的产生，与国际遗产保护运动和国际组织的遗产保护实践息息相关，这使得该理念一经提出便具有世界性，即世界遗产属于全世界，由全人类共同守护。

国际范围的遗产保护运动发端已久，由自然遗产保护运动与文化遗产保护运动双线交汇而成。20世纪初叶，工业化发展带来的诸多自然问题引起欧美发达国家的反思，各国陆续成立自然资源保护组织并举办联合会议，就景观、自然与历史遗址保护问题展开商讨。1913年，17个欧洲国家于瑞士伯尔尼通过一项决议：建立自然保护的国际咨询委员会。[①] 1919年，国际联盟于巴黎和平大会成立，开启了一系列重要的文化、智力财产保护活动。该国际组织保护文化遗产的初衷随后为联合国所继承。1959年，埃及决定在尼罗河上建造阿斯旺水坝，危及努比亚地区的古代遗址。为对该人类遗产进行抢救，教科文组织发起"国际保护运动"，强调"人类共同的遗产"和"人类分担保护这些遗产的责任"，以促进国际团结。[②] 至此，自然与文化遗产的保护运动在教科文组织的平行活动中交汇，形成一股势力强劲的国际遗产保护浪潮。

---

① 彭兆荣，等.联合国及相关国家的遗产体系[M].北京：北京大学出版社，2018：3-4.
② 史晨暄.世界遗产"突出的普遍价值"评价标准的演变[D].北京：清华大学，2008：2.

(二) 国际性会议文件与宪章基础

1931年，第一届历史古迹建筑师及技师国际会议通过了《历史性文物修复雅典宪章》(The Athens Charter for the Restoration of Historic Monuments)，首次在国际上提出了现代文物保护和修复原则。该宪章声明对具有艺术、历史与科学价值的纪念物进行保护，并且鼓励进行保护技术和相关理论研究的国际合作，为遗产保护的价值准则提供了依据，是关于文化遗产保护的第一份重要国际文献。1954年，在荷兰海牙，教科文组织通过了《关于发生武装冲突情况下保护文化财产的公约》(The Convention for the Protection of Cultural Property in the Event of Armed Conflict)，亦称《海牙公约》，它是全球第一部关注文化遗产保护的国际宪章。该公约在序言中提出："（各国）深信对任何民族文化财产的损害亦即对全人类的文化遗产的损害，因为每个民族对世界文化皆有其贡献；考虑到文化遗产的保存对世界各民族具有重大意义，该遗产获得国际保护至关重要。"《海牙公约》使用了"全人类的文化遗产"（cultural heritage of all mankind）、"世界的文化"（culture of the world）等词汇，将"遗产"的概念上升到国际层面，对"世界遗产"概念的提出影响深远。

20世纪中叶以来，世界遗产概念被不断完善、巩固与传播。为全方位保护世界各地的文化遗产，教科文组织联合其他国际组织，如国际文化财产保护与修复研究中心（International Centre for the Study of the Preservation and Restoration of Cultural Property，ICCROM）、国际古迹遗址理事会（International Council on Monuments and Sites，ICOMOS）等，通过了一系列有关文物保护的国际性规范文件，包括条约、宪章、宣言、建议和决议，并建立了专门化的世界遗产保护项目，从理论、原则规范和实践等方面建立起保护世界遗产的理念与工作框架。例如，1964年，第二届历史古迹建筑师和技师国际会议通过《国际古迹遗址保护与修复宪章》(The Venice Charter for the Conservation and Restoration of Monuments and Sites)，又称《威尼斯宪章》(The Venice Charter)，其导言强调了人类价值整体性和人类共同遗产的概念；在保护理论上，它既指出了普遍标准的重要性，也表达了对文化差异的尊重，这使它能灵活地适用于不同国家，成为包含理论基础的国际文献，也是世界遗产定义和评价标准的重要参考。[1]

---

[1] 史晨暄. 世界遗产"突出的普遍价值"评价标准的演变 [D]. 北京：清华大学，2008：14.

二、世界遗产概念的发展历程

(一)《保护世界文化和自然遗产公约》：世界遗产概念形成

1. 世界遗产概念的提出

1972年教科文组织颁布的《保护世界文化和自然遗产公约》(Convention Concerning the Protection of the World Cultural and Natural Heritage)是国际遗产保护领域全球治理的基石。① 该公约提出，"考虑到某些文化或自然遗产具有突出的重要性，因而须作为全人类的世界遗产的一部分加以保存……整个国际社会有责任通过提供集体性援助来参与保护具有突出的普遍价值的文化和自然遗产"②。《保护世界文化和自然遗产公约》发展并深化了《海牙公约》中保护全人类文化遗产的理念，明确将文化遗产与自然遗产作为全人类的"世界遗产"的一部分加以保护，奠定了世界遗产概念之基础。

《保护世界文化和自然遗产公约》定义的"文化遗产"包括以下几类。

古迹：从历史、艺术或科学角度看具有突出的普遍价值的建筑物、碑雕和碑画，具有考古性质的成分或构造物、铭文、窟洞以及景观的联合体。

建筑群：从历史、艺术或科学角度看在建筑式样、分布均匀或与环境景色结合方面具有突出的普遍价值的单立或连接的建筑群。

遗址：从历史、审美、人种学或人类学角度看具有突出的普遍价值的人类工程或自然与人的联合工程以及考古遗址等地方。

作为教科文组织正式制定的首个国际性文化遗产标准文书，《保护世界文化和自然遗产公约》旨在识别、保护和展示具有普遍价值的文化财产，并将其传给后代。该公约重视文化财产对历史、艺术、科学以及人类学和民族学的重要性。其中列入世界遗产的重要标准，即具有"突出的普遍价值"，在公约内出现了12次。也正因文化遗产对所有人（不仅是与其

---

① 吕舟. 论遗产的价值取向与遗产保护 [J]. 城市与区域规划研究，2017，9 (1)：214-226.
② 联合国教科文组织. 保护世界文化和自然遗产公约 [EB/OL]. [2021-01-02]. https://www.un.org/zh/documents/treaty/files/whc.shtml.

相近的人）都是有价值的，所以必须受到所有国家的保护。① 至此，文化遗产的世界性得以建立，世界遗产的概念随后也引起国际层面、国家层面，学界以及社会的广泛关注、讨论和肯定。

值得指出的是，从概念的广义角度来看，"世界遗产"包含了具有突出的普遍价值的物质文化遗产、非物质文化遗产以及记忆遗产，其范围是广而全面、深而具体的。② 而教科文组织的世界遗产项目中的文化遗产与自然遗产，仅是"世界遗产"的基础部分和一个重要方面。

2. 世界遗产概念的确立

为促进世界遗产理念的传播、推动世界遗产保护的相关工作，教科文组织于1992年成立了世界遗产中心（World Heritage Centre，WHC），帮助缔约国落实《保护世界文化和自然遗产公约》相关事宜，提出相关建议并执行决议。世界遗产中心的主要职责包括：确保世界遗产委员会（The World Heritage Committee）正常管理和运行，组织世界遗产委员会年度会议，为缔约国预备提名的遗产提供专业建议，实施符合世界遗产基金要求的国际援助，发布遗产保护现状报告，采取紧急行动以应对遗产受到的威胁，等等。此外，为统筹各地区工作，世界遗产中心还下设工作小组，组织技术研讨会，及时更新世界遗产名录和项目数据库，积极制作教材，并坚持向公众推广世界遗产的重要性，以提高年轻人的遗产保护意识。③

在《保护世界文化和自然遗产公约》的指导下，世界遗产委员会建立了《世界遗产名录》（World Heritage List）。被列入该名录的文化与自然遗产能充分反映各国文化遗产的精髓，具有突出的重要性（outstanding interest）、突出的普遍价值（outstanding universal value）以及独特性和无法代替性（unique and irreplaceable）。1994年，为弥补世界遗产名录的不足，建立一个更具代表性、更均衡和更可信的名录，世界遗产委员会第十八届会议通过《促进世界遗产名录代表性、均衡性和可信性总体战略》。该文件为世界遗产项目制订行动计划提供了一个总体框架，注重从地区角度审查和分析具有突出普遍价值的各类遗产，鼓励更多国家加入《保护世界文化和自然遗产公约》，并编制适当的预备清单与适合列入世界遗产名

---

① Cameron C. The UNESCO imprimatur: creating global (in)significance[J]. *International Journal of Heritage Studies*, 2020, 26(9): 845-856.

② Apaydin V. *Critical Perspectives on Cultural Memory and Heritage: Construction, Transformation and Destruction*[M]. London: UCL Press, 2020: 13-15.

③ UNESCO. World Heritage Centre [EB/OL]. [2020-12-13]. https://whc.unesco.org/.

录的遗产提名清单。①

1972 年至今,在世界遗产中心、国际文化财产保护与修复研究中心、国际古迹遗址理事会、世界自然保护联盟(International Union for Conservation of Nature,IUCN)等多家国际权威机构的专业人员,以及其他关心和支持世界文化遗产保护事业的人员的共同努力下,《保护世界文化和自然遗产公约》和世界遗产保护体系以推动世界和平与发展为宏观宗旨,成为守护人类文化遗产、维护和促进世界文化多样性发展的工作框架中最受欢迎、最具影响力的国际公约。

尽管世界遗产项目及其公约以及《世界遗产名录》已在全世界得到广泛认可与应用,并且在各国家、地区实施,但也引出诸多问题。其中最突出的是,该公约涵盖的文化遗产范围有限,其他一些形式的遗产被排除在外,导致它们突出的普遍价值不被认可。② 此外,确定将一些优秀案例列入《世界遗产名录》的基本原则,意味着世界上大多数古迹、建筑物群和遗址将被排除在外,那么这些遗产将不会从世界遗产项目、国际保护与合作中受益,也无法获得世界遗产基金会和其他合作伙伴的经济和技术支持。③ 因此,世界遗产项目亟须扩充和完善,由此衍生出世界非物质文化遗产项目。

(二)世界非物质文化遗产:世界遗产概念的扩充

随着人们对遗产的认识逐渐深入,遗产概念被不断更新充实,从原来的物质领域扩大到精神领域,从有形世界延伸到无形世界。④ 教科文组织对世界遗产理念的另一重要贡献,便来自对"无形文化遗产"(即非物质文化遗产)的关注。遗产依据存在形态分为"有形的"(tangible)与"无形的"(intangible),包含"可移动遗产"(movable heritage)与"不可移动遗产"(immovable heritage)。⑤ 无形文化遗产的概念最早出现在日本,1950 年,日本在新颁布的《文化财保护法》中,首先提出"无形文化财"

---

① UNESCO.《世界遗产公约》的未来[EB/OL].[2009-09-24]. https://unesdoc.unesco.org/ark:/48223/pf0000185166_chi? posInSet=30&queryId=2f181de8-55a5-432d-a5ae-824ea0251069.
② Cameron C. The UNESCO imprimatur:Creating global (in)significance[J]. *International Journal of Heritage Studies*,2020,26(9):845-856.
③ James L.,Winter T. Expertise and the Making of World Heritage Policy[J]. *International Journal of Cultural Policy*, 2015, 23 (1):36-51.
④ 王巨山. 非物质文化遗产概论[M]. 北京:学苑出版社,2012:14-15.
⑤ 周耀林. 可移动文化遗产保护策略研究[D]. 武汉:武汉大学,2005:18-19.

一词。此概念提出后，陆续为一些亚洲国家所认同。1977年日本代表入驻教科文组织，这一理念被提上国际社会讨论议程。① 随后，教科文组织在制订《联合国教科文组织第一个中期计划》（1977—1983）时，在理论部分增加"无形文化遗产"概念。到1984年制订第二个中期计划时，将无形文化遗产作为文化遗产两大组成部分之一纳入计划中，并于1989年颁布《保护民间创作建议案》，于1998年发布《人类口头和非物质遗产代表作条例》。

20世纪90年代至21世纪初是《保护世界文化和自然遗产公约》发展的关键十年，也是非物质遗产制度化的重要阶段。② 鉴于《保护世界文化和自然遗产公约》不适用于非物质文化遗产的事实，教科文组织开始尝试扩充世界遗产的范围。1998年《人类口头和非物质遗产代表作条例》发布，标志着在国际层面正式提出非物质文化遗产的概念，它与世界遗产项目中的物质文化遗产并列。2001年，教科文组织发布首批共19项"人类口头和非物质遗产代表作"。2002年，教科文组织召开"非物质文化遗产：文化多样性的体现"主题会议，呼吁各国积极参与非物质文化遗产保护。③

2003年10月，教科文组织第32届会议正式通过《保护非物质文化遗产公约》（Convention for the Safeguarding of the Intangible Cultural Heritage）。作为非物质文化遗产项目的权威文件，该公约将非物质文化遗产定义为："被各社区、群体或个人视为其文化遗产组成部分的各种社会实践、观念表述、表现形式、知识、技能，以及相关的工具、实物、工艺品和文化场所。"④ 2003年11月7日，第二批共28项"人类口头和非物质遗产"代表作公布。2005年11月25日，第三批共43项代表作宣布。至此，人类口头与非物质文化遗产名录项目达到90项。随着公约在诸多国家批准生效，教科文组织开始调整代表作的登记和审核工作。2009年9月，在阿布扎比召开的教科文组织保护非物质文化遗产政府间委员会第四次会议审议并批准《人类非物质文化遗产代表作名录》，同时建立审查委员会，每年

---

① 顾军，苑利. 文化遗产报告［M］. 北京：社会科学文献出版社，2005：14.
② Duedahl P. *A History of UNESCO：Global Actions and Impacts*［M］. London：Palgrave Macmillan，2016：287.
③ 王巨山. 非物质文化遗产概论［M］. 北京：学苑出版社，2012：112-113.
④ UNESCO.The Convention for the Safeguarding of the Intangible Cultural Heritage［EB/OL］.［2021-04-20］. https://ich.unesco.org/doc/src/2003_Convention_Basic_Texts-_2018_version-EN.pdf.

定期审核缔约国提名的非物质文化遗产项目。最新版本《保护非物质文化遗产公约》显示，目前非物质文化遗产项目设有《需要紧急保护的非物质文化遗产名录》《人类非物质文化遗产代表名录》《良好保护措施清单》①，由非物质文化遗产委员会处理缔约国的提名申请，根据各国候选的文化习俗和非物质遗产表现，确定是否将其纳入相应名录。

非物质文化遗产项目的实施与发展，使得更多国家开始接受和重视非物质文化遗产在民族文化和社会发展中的价值，因为非物质文化遗产具有重要意义，它包含了从祖先那里继承下来并传承给后代的传统或活态的表现形式，如口头传统、表演艺术、社会习俗、仪式、节日活动、有关自然和宇宙的知识与实践，或传统制作工艺的知识与技能等。它们代代相传，为人类所生活的社区提供了某种连续性，促进了社区的文化认同，保护了文化的多样性与人类的创造力。②

《保护非物质文化遗产公约》的诞生与应用，对人类遗产保护体系的发展具有深远影响，它进一步扩充了世界遗产体系，丰富了文化遗产的内涵，将世界遗产家族从有形的物质遗产领域扩充到无形的精神遗产领域。这既是引入非物质遗产类别的直接结果，也是重新评估总体遗产观念这一漫长而复杂的过程所激发的结果。总体而言，该公约顺应了世界非物质文化遗产的可持续发展趋势，符合国际人权文件精神，可以满足各社区、群体和个人相互尊重的需要。随着世界非物质文化遗产项目的成立和运行，教科文组织同时关注物质和非物质形式的世界遗产，特别是这些遗产所承载和体现的文化活力与持续的文化多样性、创造力。非物质文化遗产被纳入世界遗产理念之中，表明教科文组织不仅将遗产作为历史铸就的杰作加以保存，还作为象征集体生活记忆的居住社区和空间加以维护和延续。③世界遗产体系的构建和扩充是人类对遗产认识和保护不断深化的表现，这种认识的升华是世界遗产保护的阶段性成果，同时也对世界遗产保护未来发展提出了新的挑战。

---

① 教科文组织依照《保护非物质文化遗产公约》的第16、17与18条，建立非物质文化遗产的3类名录，分别是 List of Intangible Cultural Heritage in Need of Urgent Safeguarding, Representative List of the Intangible Cultural Heritage of Humanity, Register of Good Safeguarding Practices, 见 https://ich.unesco.org/en/purpose-of-the-lists-00807.

② 王巨山. 非物质文化遗产概论 [M]. 北京：学苑出版社，2012：112.

③ Bortolotto C. From Objects to Process: UNESCO's 'Intangible Cultural Heritage' [J]. *Journal of Museum Ethnography*, 2007(19):21-33.

(三) 世界记忆遗产：世界遗产概念的完善

随着全球化持续深入发展，多元文化的交织和各国社会的转型使得文化遗产作为一种载体被赋予了多重意义，也寄托了人们对多重文化价值的期盼。一方面，传统的文化遗产分类被解构，教科文组织开始以一种全新、开放和多元的视角重新构建文化遗产体系，关注不同层次和形态的遗产，非物质文化遗产、工业遗产、记忆遗产等纷纷走进人类视野，文化遗产呈现形式更为多元化。① 另一方面，文化、社会和集体记忆等领域的研究在国际范围内受到广泛探讨，诸多研究开始关注记忆与遗产的联系及其在遗产中的表现，揭示记忆遗产对塑造集体身份和凝聚民族归属感的重要价值。群体、社区乃至民族国家通过文化遗产持有和分享文化价值，开发和巩固记忆，营造归属感，建构身份认同。②

人类记录其思想、发现、知识和事件，并且将这些积累的记忆以有形的形式传承给后代。文献遗产就是传递这类记忆的重要载体，包括手稿、书籍、电影胶片、摄影照片、录音和原生数字文件等。从遗产类型与形式来看，它们属于可移动的物质文化遗产，主要被保存于档案馆、图书馆、博物馆等记忆机构和私人收藏中。文献遗产对世界文化具有重要价值，是一个民族、国家乃至世界的真实反映。对国家而言，文献遗产反映其自身的记忆和身份，从而有助于确定其在国际社会中的地位。③

充分认识到记忆遗产的突出价值和保护世界记忆的重要性后，教科文组织于1992年，即《保护世界文化和自然遗产公约》颁布20周年之际，创立了世界记忆项目，并于1995年制定第一版《保护文献遗产的总方针》作为项目实施的指导性文件。随后，国际咨询委员会在2002年和2017年对该文件进行了2次修订。2015年发布的《关于保存和获取包括数字遗产在内的文献遗产的建议书》面对数字时代发展和项目的挑战，拓展和调整了世界记忆项目的保护原则、范围，以及工作机制和发展方向。

世界记忆项目被视作"教科文组织文化遗产旗舰项目的新生同胞，属

---

① 王巨山. 非物质文化遗产概论 [M]. 北京：学苑出版社，2012：14.
② Apaydin V. *Critical Perspectives on Cultural Memory and Heritage: Construction, Transformation and Destruction* [M]. London: UCL Press, 2020: 15.
③ Edmondson R., Jordan L., Prodan A.C. *The UNESCO Memory of the World Programme: Key Aspects and Recent Developments* [M]. Cham: Springer, 2020: 1-2.

于同一个大家庭，但拥有独一无二的特色"。① 它是基于保存真实的社会发展记忆，以实现不同文明之间相互区别与认同的遗产项目，旨在通过世界范围内的推广与传播，唤起人们对世界范围内濒危、散失或正在遭受破坏的文献遗产的关注，增强公众对文献遗产的保护意识，使人类的共同记忆得到更好的传承与发扬，防止集体性遗忘。② 作为世界记忆项目中具有代表性的实践成果，《世界记忆名录》通过名录提名申请与审核机制，收录和展示各国家、地区具有突出普遍价值的文献遗产。由于文献遗产是一个相对没有定论且抽象的概念，因此将一个群体、国家和地区全部的文献遗产可视化展示出来十分困难，《世界记忆名录》的实施有效克服了这一限制。

记忆遗产概念的发展与应用，及时填补了世界遗产涵盖的文化遗产范围，完善和细化了世界遗产保护概念框架。逻辑层面，三大遗产项目致力实现协同作用。正如《保护文献遗产的总方针》指出，世界记忆项目是在教科文组织等机构的诸多战略、运动和项目背景下产生和运行的，它力求反映和完善包括世界遗产与世界非物质文化遗产在内的项目。具体而言，世界记忆项目补充了教科文组织的其他方案、建议和公约，并与之建立内在联系。例如《世界遗产名录》中的建筑物和遗址，可能在文献遗产的创作中被记录和展现出来，以文字、图像等形式，补充说明世界遗产之内涵，"样式雷"建筑与图档就是很好的例证。2007 年，"中国清代样式雷建筑图档"入选《世界记忆名录》，它内容丰富，涵盖了遗址勘测图、设计方案与做法册，对研究颐和园、故宫等世界文化遗产的历史变迁、探索重修设计的理念及方法具有重要价值。③ 理念方面，世界记忆项目更为强调世界遗产框架下文化、记忆与身份的联系。世界记忆项目第七次全体会议起草的《华沙宣言》声明，世界记忆项目将人类记忆视作遗产，扩充了世界遗产的外延与内涵，丰富了人们对文献遗产价值的认识，将文献遗产的价值从作为记录、证据、信息的工具价值层面拓展至"构建世界记忆"的深

---

① Ray Edmondson. Memory of the World: General Guidelines to Safeguard Documentary Heritage [EB/OL]. [2021-04-21]. https://en.unesco.org/programme/mow/documents.
② UNESCO.Memory of the World[EB/OL]. [2020-12-02]. https://en.unesco.org/programme/mow.
③ 张龙. 光绪朝颐和园重修与样式雷图档 [J]. 中国园林, 2008 (6): 23-31.

层内涵价值层面。①

第二节 三大遗产旗舰项目的理念与价值取向

三大遗产旗舰项目在教科文组织的框架下共同运行,其项目理念与价值取向寓于各公约、方针中,并通过具体项目活动体现出来。本节分别考察了三大遗产项目的理念与价值取向,三者各有侧重,又互为影响。世界遗产项目最突出的价值取向,是"突出的普遍价值"理念和真实性、完整性的基本评价原则。非物质文化遗产项目更为侧重文化活态与文化多样性保护,鼓励增强文化间相互认识、尊重、欣赏。世界记忆项目则基于一种开放的、共享的思想,强调文献遗产可被全人类普遍且长久地获取。另外,通过横向、纵向的项目对比方法,发现项目间存在的共同点与内在联系,三大项目理念相合、相互影响、问题共通,又相互区别、各具特点。

一、三大遗产项目的理念与价值取向

(一)世界遗产项目的理念与价值取向

世界遗产项目始终坚持遗产属于全人类的基本观点,推行普遍价值观,鼓励人类团结,展现人、文化和自然之间的关联与互动。② 关于文化和自然财产的现有国际公约、建议和决议表明,对世界各国人民来说,保护这些独特和不可替代的遗产,不论其归属何方,都十分重要。具有突出意义的文化或自然遗产分布于全球,它们应作为全人类世界遗产的一部分加以保护。③ 为实现这一理念,世界遗产中心通过识别、保护世界遗产,并向有关国家推广相关国际公约的方式,传播有关遗产保存和保护的知识,增强世界人民的遗产保护意识。

---

① UNESCO. Warsaw Declaration, Culture-memory-identities [EB/OL].(2011-05-21)[2021-04-20]. http://www.unesco.org/new/fileadmin/MULTIMEDIA/HQ/CI/CI/pdf/mow/warsaw_declaration_en.pdf.

② 史晨暄. 世界遗产四十年:文化遗产"突出普遍价值"评价标准的演变[M]. 北京:科学出版社,2015:196.

③ UNESCO.Convention Concerning the Protection of the World Cultural and Natural Heritage[EB/OL].[2020-12-23]. https://whc.unesco.org/en/conventiontext/.

1. 强调遗产突出的普遍价值

"突出的普遍价值"的理念贯穿《保护世界文化和自然遗产公约》，是世界遗产保护运动发展过程的基础，它超越了民族与国家的界限，对当代和后代人类具有共同的重要性。因此，作为一个整体的国际社会，对世界遗产的永久保护不容忽视。① 距第一批《世界遗产名录》的遗产公布至今，已有40余年。长期以来的世界遗产申报、管理和保护工作，已成为全球遗产保护运动中的一项重要活动。对于应受到国际保护的文化遗产，教科文组织一直强调普遍重要性，这也体现出对于普遍主义、人类普遍价值观的一贯追求。

世界遗产项目对文化遗产突出的普遍价值的评价标准在不断演变。《实施世界遗产公约的操作指南》自1977年首发至今，历经多次修改，"突出的普遍价值"的含义也随之不断更新。在世界遗产项目建立之初，对遗产的评价标准倾向于"最高""最大"等绝对化的判断，特别关注艺术史中的作品；1987年城镇被列入评价范围，这一转变将"文化的复合体"引入标准；1992年提出的文化景观则强调了"活的文化"；1994年的价值评价标准力求反映不同的文化视野和文化对话；1998年，文化与自然标准的合并打破了文化与自然遗产的壁垒；目前，最新修订的标准将《保护世界文化和自然遗产公约》与无形遗产联系起来。文化遗产保护范围不断扩大，城市建筑群、文化景观、遗产运河、遗产路线等特殊遗产类型被纳入标准。②

2. 尊重文化多样性背景下的遗产保护

教科文组织对"突出的普遍价值"概念的理解，经过长期积累，逐渐从一元的、绝对的认识转变为多元的、相对的认识。一方面，从国际文化遗产保护的历史看，20世纪90年代是强调文化平等和支持保护文化多样性的时代。1989年联合国教科文组织通过的《保护传统文化和民俗的建议》、1994年的《奈良真实性文件》(Nara Document on Authenticity)、国际古迹遗址理事会1999年分别通过的《乡土建筑遗产保护宪章》和《木结构文物保护标准》都反映了这样的趋势。③ 另一方面，鉴于国际经济发展

---

① UNESCO WHC. The Operational Guidelines for the Implementation of the World Heritage Convention [EB/OL].[2021-04-20]. https://whc.unesco.org/en/guidelines/.

② 史晨暄. 世界遗产四十年：文化遗产"突出普遍价值"评价标准的演变 [M]. 北京：科学出版社，2015：69-155.

③ 吕舟. 论遗产的价值取向和遗产保护 [J]. 城市与区域规划研究，2017 (1)：214-226.

不平等现象长期存在，教科文组织试图通过文化建立"国际经济新秩序"，故而世界遗产项目的评价标准逐渐偏离那些标志着一元化民族身份的遗产，转向多元的、复合的文化象征。可见，世界遗产项目格外重视多元文化的保护与表达。《保护世界文化和自然遗产公约》既是这一理念的印证，也深刻反映教科文组织促进不同文化间对话的愿望和要求。

3. 秉持真实性与完整性的保护原则

世界遗产项目已形成一个相对完善的体系，特别是形成了以价值认识、评估为核心的对真实性和完整性的保护原则。作为文化交流的一种标准，对真实性与完整性的理解不断拓展，且两者都是相对概念。

真实性主要与多元文化政策、文化身份相联系，各文化的独特性和原创性是人类文化进步和国际文化发展的基础。在文化复兴的脉络中，真实性可理解为：对文化的真实形式的表达必须在本质上来自内部；文化价值必须被真正生活在其中的人们阐释和更新。① 理解遗产价值的能力取决于有关该价值的信息来源可信度或真实度，了解这些与文化遗产的原始和后续特征有关的信息来源，以及它们随时间积累的意义，是评估真实性的必要基础。②

完整性原则用来衡量自然和/或文化遗产及其特征的整体性和无缺憾状态，它与遗产的整体价值管理及其保护方式密切联系。该原则可应用于所有类型遗产的保护，与传统保护机制相一致，也特别适用于那些活的、动态的、变化的遗产。这一原则的落实直接关系到我们如何识别、保护和维持那些体现出遗产本性的要素。对遗产完整性的审查着眼于整体性评价，包括对文化遗产各种特征的客观评定，将这些特征与其他类似文化遗产的特征进行比较后，判定其可识别性程度，确定其特征在文化遗产总体层面的重要性。③

(二) 世界非物质文化遗产项目的理念与价值取向

如《保护非物质文化遗产公约》的宗旨所言，非物质文化遗产项目致

---

① 史晨暄. 世界遗产四十年：文化遗产"突出普遍价值"评价标准的演变 [M]. 北京：科学出版社，2015：194-195.
② UNESCO.Operational Guidelines for the Implementation of the World Heritage Convention [EB/OL].[2021-04-20]. https://whc.unesco.org/en/guidelines/.
③ 张松. 历史城市保护学导论——文化遗产和历史环境保护的一种整体性方法 [M]. 上海：同济大学出版社，2008：247-248.

力于以下方面：保护非物质文化遗产；确保尊重有关社区、团体和个人的非物质文化遗产；提高地方、国家和国际各级对非物质文化遗产重要性的认识，并确保相互欣赏；提供国际合作和援助。① 随着公约广泛实施，人们逐渐意识到保护社区所珍视和认可的生活习俗、表达方式、技能和知识的重要性，这种认同感必须要在社区自身积极主动参与的过程中产生。教科文组织总干事奥黛丽·阿祖莱（Audrey Azoulay）指出，保护非物质文化遗产的最好方式就是利用人类创造力并不断适应复杂多变的环境。当拥有必要的手段和机会来表达他们的创造力时，非物质文化遗产的传承人不仅保护着他们的活态遗产，还促使他们以更可持续的方式共同生活在具有复原力和包容性的和平社会中。换句话说，《保护非物质文化遗产公约》将遗产和创造力结合起来，并且在推动遗产可持续发展方面发挥作用。②

1. 坚持文化多样性与整体性保护

教科文组织在保护非物质文化遗产上坚持文化多样性的价值立场。2001 年教科文组织通过《世界文化多样性宣言》，该宣言重申："应把文化视为某个社会或某个社会群体的特有的精神与物质、智力与情感的不同特点之综合。除文学艺术外，还应包括一个社会的生活方式、处世哲学、价值体系、传统与信仰等。"同样地，《保护非物质文化遗产公约》中也提及："在某些情况下，那些社群，特别是土著社区、群体还有个人，在生产、保护、维护和再创造非物质文化遗产方面发挥着重要作用，从而有助于丰富文化多样性和人类创造力。"该公约努力确保缔约国尊重有关社区、团体和个人的非物质文化遗产。以人类语言保护为例，教科文组织于 1998 年通过了《人类口头和非物质遗产代表作条例》，以期加强全世界对人类口头和非物质遗产的关注和认识，保护和延续世界文化特别是语言文化的多样性。③ 在保护原则方面，非物质文化遗产与世界遗产项目一样，重视整体性原则。2004 年缔约国于日本召开"保护物质和非物质文化遗产——面向整体之路"的国际会议，由教科文组织、国际文化财产保护和修复研究中心、国际古迹遗址理事会等国际组织参加，该会议强调了物质

---

① UNESCO.Text of the Convention for the Safeguarding of the Intangible Cultural Heritage [EB/OL].[2020-12-18]. https://ich.unesco.org/en/convention.

② 联合国教科文组织.保护非物质文化遗产公约[EB/OL].[2021-04-20]. https://ich.unesco.org/doc/src/2003_Convention_Basic_Texts-_2018_version-CH.pdf.

③ Nas P.J.M. Masterpieces of oral and intangible culture [J]. Current Anthropology,2002,43(1):139-148.

文化遗产与非物质文化遗产保护的结合，显然这种结合是需要建立在对文化价值认识的基础之上的。①

2. 鼓励相互尊重、理解与欣赏

非物质文化遗产项目的建立背景有其特殊性。一方面，人们对遗产的认识从物质层面发展到精神层面；另一方面，世界格局的变化带来更为多元的遗产话语和多样的实践经验。作为遗产领域东西方对话的产物，非物质文化遗产项目试图通过增进文明间的相互尊重和理解，实现一种遗产话语的平衡。

部分国际学者通过分析《保护非物质文化遗产公约》，认为该公约的制定对教科文组织遗产理念规范中盛行的欧洲中心主义造成了冲击。② 近几十年来，《威尼斯宪章》和《保护世界文化和自然遗产公约》这类文件定义了国际遗产保护哲学。而以亚洲国家为主的缔约国对西方遗产保护模式的适用性展开了辩论，为了抵制欧洲中心主义，一部分亚洲缔约国开始制定一些基础性文件。与此同时，国际社会也逐渐关注独特的"亚洲方法"在遗产保护领域的意义。这些都属于全球遗产话语体系的重要发展，它抵消了原来作为主流原则而被普遍采用的欧洲中心主义思想。③ 教科文组织试图将非物质文化遗产的重要性推及国际社会，让更多国家采纳、理解，同时促进文化间的相互尊重和欣赏。因为所有的文化与社会都根植于以有形与无形手段表现出来的特殊形式和方法，这些形式和方法构成了他们的遗产，应该受到尊重。正如《保护非物质文化遗产公约》所强调，要"提高地方、国家和国际各级对非物质文化遗产重要性的认识，并确保相互欣赏"。

（三）世界记忆项目的理念与价值取向

世界记忆项目关注世界各国人民的集体记忆，这些记忆以文献遗产的形式呈现，描绘了人类社会思想的演变、发现和成就，是过去留给当今和

---

① Lourdes Arizpe. Intangible cultural heritage, diversity and coherence[J]. *Museum International*, 2004, 56: 130-136.

② Duedahl P. *A History of UNESCO: Global Actions and Impacts*[M]. London: Palgrave Macmillan, 2016: 288.

③ Qian G., Jones S. Authenticity and heritage conservation: seeking common complexities beyond the 'eastern' and 'western' dichotomy[J]. *International Journal of Heritage Studies*, 2021, 27(1): 90-106.

未来国际社会的遗产，占世界文化遗产很大一部分。① 当代文化理论学家阿莱达·阿斯曼（Aleida Assmann）认为，记忆分为个人、社会、政治和文化四类。个人和社会记忆建立在"代际交流"的基础上，以书面文件或照片等物质形式呈现。政治和文化记忆则是在"代际交流"的基础上调解和建立的，需要长期继承。公共空间在代际交流中起着至关重要的作用，故此，政治和文化记忆可在图书馆、博物馆等公共场所转换。访问记忆机构是避免集体失忆的有效方式，此外，利用各种现代创新技术可以增强对当时社会认为重要的内容的记忆。② 鉴于此，《保护文献遗产的总方针》规划了世界记忆项目的愿景：世界文献遗产属于所有人，应由所有人充分保存和保护，并在适当承认文化习俗和实用性的情况下，被所有人无障碍地永久获取。相应地，世界记忆项目的使命在于提高公众对文献遗产的认识，加强对文献遗产的保护，实现其普遍和永久的可获取性。

1. 提高公众对文献遗产的认识

世界记忆项目致力于提高公众对文献遗产的认识，通过采取一系列相关措施和活动，推动其参与文献遗产的相关工作，发挥文献遗产在公民认同中的作用。

首先，各地相继建设世界记忆项目学术中心，通过研究和利用的方式促进文献遗产资源的挖掘与保护。目前，世界记忆项目在全球范围内一共设立了7个学术中心。2016年，中国澳门城市大学建立首家世界记忆项目学术中心——世界记忆项目澳门学术中心。该机构在澳门及其相邻地区大力推广世界记忆项目，为世界记忆项目在亚洲的传播和发展发挥了重要作用。2017年，世界记忆项目北京学术中心在北京成立；2018年，世界记忆项目学术中心陆续在韩国安东、中国福建和苏州建立。③ 非洲与拉丁美洲国家也积极响应，2020年科特迪瓦建立学术中心，2021年墨西哥设立学术中心。这些学术中心通过开展世界记忆项目进校园、建立档企合作基地、设置实践基地等活动，将保护和传承世界文化遗产融入教育，以提高

---

① Ray Edmondson. Memory of the World: General Guidelines to Safeguard Documentary Heritage [EB/OL]. [2021-04-21]. https://en.unesco.org/programme/mow/documents.

② UNESCO. How Will Covid-19 Be Remembered? Making Use of Arts & Technology to Make the Past More Accessible [EB/OL]. (2020-11-27) [2021-04-21]. https://en.unesco.org/news/how-will-covid-19-be-remembered-making-use-arts-technology-make-past-more-accessible.

③ 吴芳，卜鉴民，陈鑫. 世界记忆项目学术中心的建设 [N]. 中国档案报，2019-02-18，3336：B3.

社会公众的档案意识。例如，苏州学术中心围绕"弘扬优秀丝绸文化、保护档案文献遗产"的主题，走进苏州本地中学，向青少年介绍丝绸遗产，还编写系列丛书，向广大社会民众介绍世界记忆项目。①

其次，各记忆机构纷纷开展世界记忆的主题展览活动，通过平台传播与展示记忆遗产之魅力。例如，澳门组织了"闽澳世界记忆与海上丝绸之路"展览，呈现作为古代海上丝绸之路重要节点的福建与澳门，诉说两座城市与世界其他地区的文明相互交流的历史，从而提高了公众对澳门文献遗产的认识。② 除了传统的展览活动外，有学者提出，可将展览与不可移动文物及历史建筑的保护和利用工作结合，把一些重要文献的片段进行视觉形象化处理，在城市公共空间展示。③ 这将有效扩大世界记忆项目的传播范围与层次，强化公众对文献遗产的感知。

最后，世界记忆项目巧用活动日开展多形式的教育宣传活动，提高公众在文献遗产保护实践中的参与度，进而解决社会对文献遗产保护和利用的关注力度相对不足的问题。例如，教科文组织将每年的10月27日定为"世界音像遗产日"，以提高公众对保护视听遗产行动紧迫性的认识。视听文献作为国家记忆不可或缺的一部分，其重要性也日渐得到公众的认同。④ 在开展活动的过程中，各记忆机构还利用文献遗产开发文创产品，让文献遗产走进平常百姓生活，在最大的范围内发挥文献遗产在创造集体身份认同中的作用。

2. 重点加强文献遗产保护

文献遗产是脆弱的，全世界大部分文献都面临自然因素破坏的危险，如水灾、地震等⑤，还有战争、技术（如视听文件可能受到技术过时的影响）等多种社会因素的威胁。因为世界上许多宝贵的文献遗产正濒危甚至消失，所以教科文组织世界记忆项目的动机之一，就是保护那些濒临消失、具有珍贵价值的文献遗产。

---

① 吴芳，卜鉴民，陈鑫. 世界记忆项目苏州学术中心职能定位与实践路径[EB/OL].（2019-02-20）[2021-04-28]. https://archives.seu.edu.cn/2019/0220/c818a263317/pagem.htm.

② 叶建强，王琳婧."闽澳世界记忆与海上丝绸之路"档案图片展开展[EB/OL].（2019-12-10）[2021-04-28].http://www.zgdazxw.com.cn/news/2019/12/10/content_299641.htm.

③ 许翔，许瑞生."世界记忆"文献遗产在城市空间的展示——历史文献公共展示方式的创新[J]. 规划师，2014, 30（12）：106-110.

④ 中华人民共和国档案局. 世界记忆工程20年回顾与展望[EB/OL].（2012-04-13）[2021-04-28]. http://www.saac.gov.cn/daj/lhgjk/201204/f355256af96d47838b46449bcff6fa4e.shtml.

⑤ 黄晓宏."世界记忆项目"——文献遗产保护之舟[N]. 中国文物报，2013-04-17（3）.

对那些已消失的文献遗产，世界记忆项目曾做过一系列调查，其中20世纪被摧毁的图书馆与档案馆的调查报告显示，上百项世界文献遗产已消失，这一结果令人惋惜。该报告还记录了那些由于自身衰变和人类疏忽而鲜被记录，最后濒临消失的文献遗产。记录文献遗产的损失，不仅给予人们一个新视角，为全球人民敲响警钟，即人类正逐步失去曾经拥有的知识与文化，也为未来再发现或虚拟重建世界文献遗产提供可能。①

对于正在消失的文献遗产，世界记忆项目建立了《世界记忆名录》，通过登记和公开文献遗产，提醒人们这些文献遗产所蕴涵的精神文化价值需要被关注和保护。世界记忆项目团队在已成形的记忆名录体系框架内，加强调查登记工作，探寻和记录那些十分珍贵但面临消失的文献遗产。同时，随着评审工作过程中不断遇到新的问题，改进评选工作、完善评判标准、给予濒临消失的文献更多关注变得更为重要且紧迫。

世界记忆项目积极利用多种方法和手段保护世界文献遗产。② 其一，设置项目基金，对文献遗产的保护提供援助。世界记忆直指奖基金会就曾资助澳大利亚国家档案馆，认可其使用鞣酸铁墨水书写纸质文件的保存技术。③ 其二，积极推动数字遗产保护。随着数字时代的发展，许多数字文献同样面临着消失的风险。对此，世界记忆项目于2015年通过《关于保存和获取包括数字遗产在内的文献遗产的建议书》，将数字文献纳入文献遗产范围。同时，借助"电子系统中文件真实性永久保障国际合作研究项目"④ 为未来保存当今世界的重要数字遗产。其三，世界记忆项目鼓励跨国跨界合作，分享经验与技术，共同守护世界文献遗产。一方面，它涵盖了多元的知识与学科，集合了全球档案学、图书馆学与博物馆学等领域专业人员的智慧和技术；另一方面，项目支持各国家的世界记忆委员会与国际非政府组织合作，鼓励跨国、跨机构联合申请《世界记忆名录》提名。

---

① Edmondson R., Jordan L., Prodan A.C. The UNESCO Memory of the World Programme: Key Aspects and Recent Developments[M]. Cham:Springer,2020:27-28.

② Ray Edmondson. Recommendation Concerning the Preservation of, Access to, Documentary Heritage Including in Digital form Implementation Guidelines[EB/OL]. [2021-04-20]. https://en.unesco.org/sites/default/files/2015_mow_recommendation_implementation_guidelines_en.pdf.

③ UNESCO. Jikji Memory of the World Prize[EB/OL].[2020-12-12]. https://en.unesco.org/prizes/jikji-mow-prize/previous-laureates.

④ UNESCO. InterPARES Project International Research on Permanent Authentic Records in Electronic Systems[EB/OL].[2021-04-21]. http://www.unesco.org/new/fileadmin/MULTIMEDIA/HQ/CI/CI/pdf/mow/interpares_en.pdf.

3. 实现文献遗产普遍与永久获取

世界记忆项目鼓励在尊重文化差异与版权控制的前提下，对所有文献遗产不受人为限制的民主化与普遍获取。一方面，世界记忆项目秉持《世界人权宣言》和《公民权利和政治权利国际公约》赋予全人类的权利，即每个人都有权获得身份认同，有权获取他们的文献遗产，知道它的存在以及在哪里和如何找到它。① 因为无论是用于提供有助于发展的知识，捍卫权利，还是仅用于增进过去对现在影响的理解，它的品质都无比珍贵。故此，人们拥有接触和了解档案馆、图书馆等机构所藏文献的内容，并且无差别地运用技术手段（主要是通过网络等）获取文献遗产内容的权利。② 另一方面，世界记忆项目主动建立文献遗产数据库，分别保存了"消失的记忆""当前的活动""濒危的记忆"。③ 这些数据库既收集20世纪由于各种原因无法修复的文件，也有让人们了解世界的图书馆、档案馆等记忆机构当前展开的文献保护活动，还收藏了当前急需得到关注和保护的珍贵文献遗产等，方便了人们获取和利用这些文献遗产。

永久性获取是文献遗产保护的目标。除了对文献遗产本身及其保存场所的保护之外，数字化也是实现文献遗产永久性获取的重要手段。数字化技术本身虽然不是保护文献遗产的一种方法，但通过数字化保存文献遗产的复制件，而非遗产本身，能避免那些珍贵文献被过度处理，从而在确保尊重知识产权和其他权利的情况下，实现对文献遗产内容的多重访问。④ 就文献遗产的数字化利用而言，要运用科学合理的方式，实现文献遗产的线上或数字化资源的有效利用。例如，部分文献遗产可能需要添加大量注释，或进行多种语言翻译，如果文献内容几乎没有人能够看懂，那便无法被利用。⑤ 在文献遗产资源的利用问题上，世界记忆项目教育与研究小组

---

① Ray Edmondson. Memory of the World: General Guidelines to Safeguard Documentary Heritage [EB/OL]. [2021-04-20]. https://en.unesco.org/programme/mow/documents.

② 洛塔尔·乔丹，姜楠. 世界记忆项目和文献遗产的教育与研究[EB/OL]. (2018-12-17) [2021-04-28]. http://www.zgdazxw.com.cn/news/2018/12/17/content_258761.htm.

③ 周耀林，黄灵波，王倩倩. "世界记忆项目"的发展现状及其推进策略[J]. 信息资源管理学报，2014, 4 (2): 4-13.

④ MOW Sub-Committee on Technology. Fundamental Principles of Documentary Heritage Digitization[EB/OL]. [2021-04-28]. http://www.unesco.org/new/fileadmin/MULTIMEDIA/HQ/CI/CI/pdf/mow/digitization_guidelines_for_web.pdf.

⑤ 洛塔尔·乔丹，姜楠. 世界记忆项目和文献遗产的教育与研究[EB/OL]. (2018-12-17) [2021-04-28]. http://www.zgdazxw.com.cn/news/2018/12/17/content_258761.htm.

委员会主席洛塔尔·乔丹提倡:"在推进世界记忆项目相关材料开放和利用的同时,应不断加强与图书馆、档案馆及博物馆等记忆机构的合作,鼓励和支持更多的叙事内容和形式。"① 这也将成为世界记忆项目未来持续努力的方向。

二、三大遗产旗舰项目的联系

教科文组织的三大遗产保护旗舰项目在历史沿革、项目理念、运行机制和面临的挑战等方面存在共同点和联系,达成理念与使命的共识,又各有侧重,各具特点,互为补充。《共同的遗产方法:教科文组织曼谷办事处提议》(A Common Heritage Methodology Proposed by UNESCO Bangkok Office)指出,教科文组织通过三大项目实施文化遗产保护工作,每个项目各有侧重:世界文化遗产项目涉及遗址,世界记忆项目侧重于文献遗产,而非物质文化遗产项目则关注文化背景下人与社会的表现形式。这些项目从不同的角度讲述同一个故事,通过揭示文化和历史环境的特定方面,来充盈和丰富故事内涵与形式。因为不同的视角是独特且不可替代的,是完整叙事的必要条件,所以教科文组织在审查各项目的自主权和具体权限的同时,也鼓励项目之间进行某种形式的协调合作。②

(一)价值共同,使命相合

1. 教科文组织文化遗产保护的核心使命

从教科文组织核心使命的角度看,三大遗产项目有共同的价值基础。为践行"于人之思想中构建和平"的核心使命,教科文组织积极推动缔约国在教育、科学及文化领域展开国际协作,共筑和平,文化遗产保护便是具体工作之一。③

保护世界的文化遗产是保护人类文化多样性的一个重要方面。20世纪五六十年代以来,随着人类文化遗产受到各种自然损害和人类不当破坏,人们开始反思自身行为,大力加强文化遗产保护。《保护世界文化与

---

① 加小双."发展中的世界记忆"国际学术研讨会、世界记忆项目学术中心首次工作会议:七夕在苏州并蒂绽开[EB/OL].(2019-08-08)[2021-04-28]. https://www.sohu.com/a/332262295_734807.

② UNESCO Bangkok.Common Methodology[EB/OL].(2008-05-23)[2020-04-28]. https://en.unesco.org/sites/default/files/common_heritage_methodology.pdf.

③ Yudhishthir Raj Isar. International organizations and the culture:new horizons for policy advice?[J]. *Policy Advice and Political Consulting*,2009(4):609-624.

自然遗产公约》提倡将具有世界意义的文化遗产作为人类共同的遗产进行保护，这直观地表明世界各国在文化遗产保护方面达成共识。①《保护非物质文化遗产公约》在世界非物质文化遗产的定义中也说明："世界非物质文化遗产……为这些社区和群体提供认同感、持续感，从而增强对文化多样性及人类创造力的尊重。"②世界记忆项目则将世界的记忆锁定在文献遗产上，因为它记载了人类社会的重大变革、人类的重大发现和重大成果，是世界文化遗产的重要构成部分，是历史赋予全世界的、今人和后代的共同文化资产。③

三大遗产项目围绕文化遗产开展保护工作，保护的不仅是遗产本身，更是遗产所蕴含的全人类文化内涵。正如教科文组织在2002年到2007年的中期战略中强调："文化遗产作为身份认知的重要部分，正快速成为推动经济发展、提高社会凝聚力及促进世界各国和平共处的关键因素。"④通过保存具有世界普遍价值的文化遗产，保护人类的文化多样性，推动全球和平发展，这正是三大项目共同的价值基础。

2. 共同致力维护世界文化多样性

教科文组织保护世界遗产的核心在于保护人类共同的文化遗产，保护人与文化生态、自然生态间的关系。《世界文化多样性宣言》和《保护和促进文化表现形式多样性公约》均指出，文化多样性对人类社会可持续发展具有极大的促进作用，文化权利是人权的重要内容。义化多样性是个体、群体和社会借以表现其文化的多种不同形式，这些表现形式在他们内部传承。文化多样性不仅体现在人类通过丰富多彩的文化表现形式来表达、弘扬和传承文化遗产的多种方式上，也体现在借助各种方法和技术进行艺术创造、生产、传播、销售和消费的多种方式上。⑤文化多样性是人类的一项基本特征，是人类的共同遗产，全世界应当为了人类的利益珍惜和维护文化多样性。保护与促进文化表现形式多样性的前提是承认包括少数民族和原住民文化在内的所有文化具有同等尊严，确保所有文化受到同

---

① 吕舟. 社会变革背景下的世界遗产发展 [J]. 中国文化遗产，2018（1）：4-8.
② UNESCO.保护非物质文化遗产公约[EB/OL].[2020-01-12]. https://www.un.org/zh/documents/treaty/files/ich.shtml.
③ 刘家真. 文献遗产保护 [M]. 北京：高等教育出版社，2005：4-7.
④ 吕舟. 社会变革背景下的世界遗产发展 [J]. 中国文化遗产，2018（1）：4-8.
⑤ 联合国教科文组织. 保护和促进文化表现形式多样性公约[EB/OL].（2007-03-18）[2021-04-20]. https://www.un.org/zh/documents/treaty/files/ppdce.shtml.

等尊重，这是三大项目在保护文化遗产工作上的坚定共识。

3. 发挥遗产在可持续发展中的重要作用

一方面，世界遗产被视作推动人类可持续发展的一项有力工具。它能破除地域、种族歧视和地区优越感，从而拉近人与人之间的关系，加深不同文明、文化间的相互认识与理解。教科文组织在"文化十年"项目中提出了"发展的文化维度"后，进一步在 2002 年到 2007 年的中期战略中强调："为了巩固和平与促进人类发展，文化应当被理解为在身份认同基础上的价值观、知识和技能的传承……文化遗产是身份认知的关键部分，并正迅速成为发展经济、凝聚社会以及和平共处的关键要素。"① 此外，为系统地测量文化对经济、社会和人类发展的贡献，教科文组织在文化统计框架中将文化遗产作为重要的横向维度指标独立列出。② 2015 年 9 月，联合国大会通过了《2030 可持续性发展议程》，该议程包含 17 个全球可持续性发展目标，其中，推动世界遗产工作的发展与合作是实现议程的关键目标之一。③

另一方面，世界遗产能促进社会文化产业经济的可持续发展。教科文组织坚信，文化就是"我们是谁"，它塑造我们的身份，没有文化就没有可持续的发展。具体而言，文化在优质教育、可持续性城镇、经济增长、消费与生产、公正和谐与包容性社会、性别平等以及粮食安全等大多数可持续性发展目标（SDGs）中均有体现。文化在经济、社会与可持续性发展方面既是促成者也是驱动力，文化遗产保护与文化创意产业的融合发展很好地证明了这一点。教科文组织通过倡导和支持可持续旅游业为文化遗产保护工作创造有利环境，最新举措包括为丝绸之路古迹走廊制定可持续的旅游战略。④

（二）理念交叉，互为影响

三大遗产项目的理念有所交叉。在项目实践策略方面，三大项目不约

---

① 吕舟. 社会变革背景下的世界遗产发展 [J]. 中国文化遗产，2018（1）：4-8.

② UNESCO. UNESCO Framework for Cultural Statistics 2009 [EB/OL]. [2021-04-20]. http://uis.unesco.org/sites/default/files/documents/measuring-cultural-participation-2009-unesco-framework-for-cultural-statistics-handbook-2-2012-en.pdf.

③ 联合国教科文组织. 文化促进可持续发展 [EB/OL]. [2021-04-20]. https://zh.unesco.org/themes/culture-sustainable-development.

④ UNESCO. World Heritage and Sustainable Tourism [EB/OL]. [2021-04-20]. https://whc.unesco.org/en/tourism/.

而同地确定了"加强识别,提升意识,实施保护,促进获取"的策略,而且建立了不同的名录体系用以审查和记录世界各地具有突出普遍价值的文化遗产。在保护理念上,三大遗产项目也有重合之处。如前文所述,三大遗产项目在保护文化遗产的真实性和完整性上达成共识,在申遗审核中重视对整体性的考察。以遗产开发利用为例,世界遗产项目和非物质文化遗产项目均为世界各地的社会经济与可持续发展做出贡献。2008 年马来西亚马六甲被列入《世界遗产名录》后,当地出现了游客数量大幅上升的现象,进而推动了当地文化遗产旅游经济迅速发展。① 在韩国,政府和地方部门将世界非物质文化遗产作为可持续旅游资源进行开发,通过整合那些继承和传播国家非物质文化遗产的相关从业者,促进集体共同发展。②

三大遗产项目间也存在互补和相互影响的关系。为有效保护与管理全人类的遗产资源,教科文组织利用三大遗产项目共同构建了一个相对广泛且完整的框架,这一框架不仅突出了项目间相互协调的特点,还使得文化遗产保护更为高效。但是,协调并不意味着合并,因此三大项目保持自主管理的模式,这极大促进了项目间的积极对话。通过设计共同或互补的举措与活动,三大项目合力能比项目单独活动发挥更加强大的效能。

从世界记忆项目的角度看,它有效补充了世界遗产项目和非物质文化遗产项目所涉及的遗产类型,丰富和发展了数字化乃至数据化的遗产保护形式,使得世界文化遗产保护的手段更为全面、内容更为饱满、形式更为多样。以口头遗产为例,它属于非物质文化遗产的一种重要形式,《非物质文化遗产名录》记载了诸多口头遗产,如非洲贝宁的杰莱德口头遗产与文化形式、中非和乌干达口语传统等。这些口头语言和口述历史以文档、图片和视频的方式被记录下来,公开展示于世界非物质文化遗产的资料库中。③ 相应地,在世界记忆项目中,口述历史档案也属于记忆遗产的重要部分,如《世界记忆名录》中的"新世界土著语言词汇:翻译成西班牙语的词典类语言工具书""MPI-PL 语言档案馆的藏品"等记忆遗产,主

---

① Nur Izzati Mohd Rodzi,Saniah Ahmad Zaki,Syed Mohd Hassan Syed Subli. Between tourism and intangible cultural heritage[J]. *Procedia Social and Behavioral Sciences*,2013,85:411-420.

② Kim S., Whitford M., Arcodia C. Development of intangible cultural heritage as a sustainable tourism resource: the intangible cultural heritage practitioners' perspectives [J]. *Journal of Heritage Tourism*,2019(14):422-435.

③ UNESCO. Browse the Lists of Intangible Cultural Heritage and the Register of Good Safeguarding Practices[EB/OL]. [2021-04-28].https://ich.unesco.org/en/lists.

第二章　世界记忆项目的理论基础与价值理念

要通过原始手稿文献、录音录像文件，甚至数据集的形式保存。①

（三）问题共通，分布失衡

三大遗产项目肩负着教科文组织的共同使命，秉持共同价值理念展开活动，但其项目发展也存在一些共通的问题，主要表现为入选遗产项目分布的不均衡性。这种不均衡性首先表现为地理分布不均。在教科文组织"世界记忆计划20周年"会议中，澳大利亚世界记忆委员会成员罗斯林·拉塞尔（Roslyn Russell）根据其观察研究指出，世界记忆项目未来发展的一个长期问题在于：《世界记忆名录》约有一半的提名来自欧洲，这种情况被描述为"19世纪权力结构的记忆"。② 截至2020年年底，《世界记忆名录》共收录432项记忆遗产，这些遗产在地理分布上存在严重失衡（表2-1）。欧洲与北美地区共有274项，占总遗产数量的53.1%，亚太地区紧随其后，非洲地区虽然国家众多，但其登记的文献遗产仅24项。《世界遗产名录》中的遗产统计结果与《世界记忆名录》别无二致，如表2-2所示，欧洲与北美地区拥有529项遗产登记在册，在数量上以绝对优势领先。

表2-1　《世界记忆名录》中各地已入选文献遗产数量的地区分布③

地区	国家数量/个	遗产数量/项	占总数百分比
非洲地区	13	24	4.55%
阿拉伯地区	7	13	2.47%
亚洲与太平洋地区	25	116	22.01%
欧洲与北美地区	42	274	51.99%
拉丁美洲及加勒比地区	34	93	17.65%
其他	—	7	1.33%
总计	121	527	100%

---

① UNESCO. Memory of the World Register [EB/OL]. [2021-03-07]. https://en.unesco.org/sites/default/files/statistics_of_mow.pdf.

② Russell R. The UNESCO Memory of the World Programme Turns 20 [EB/OL]. [2021-04-20]. http://www.unesco.org/new/fileadmin/MULTIMEDIA/HQ/CI/CI/pdf/news/message_roslyn_russell_mow.pdf.

③ UNESCO. Statistics of Memory of the World [EB/OL]. [2021-04-28]. https://en.unesco.org/sites/default/files/statistics_of_mow.pdf.（注：由于联合申报和统计方法的不同，正文中入选文献遗产的数量与表格统计结果有所差异。）

表 2-2 《世界遗产名录》中遗产数量的地区分布①

(单位：项)

地区	文化遗产	自然遗产	混合遗产	总计	百分比
非洲地区	53	38	5	96	8.56%
阿拉伯地区	78	5	3	86	7.67%
亚洲与太平洋地区	189	67	12	268	23.91%
欧洲与北美地区	453	65	11	529	47.19%
拉丁美洲及加勒比地区	96	38	8	142	12.67%
总计	869	213	39	1121	100%

此外，在民族和性别的代表性方面，有学者通过数据分析发现《世界记忆名录》不仅缺乏来自女性群体的资料，也缺乏来自边缘化群体的内容。其中一种可能性是这些材料没有在提名环节中提交。这或许反映了一个事实：档案机构代表了官方的或是主流的历史，但在默认情况下，档案馆从一开始就没有收集女性以及边缘群体的档案。② 可见，教科文组织三大遗产项目在遗产的申请、审核与管理机制上，仍须针对这种内容分布失衡的问题做出合理的调整。

三、三大遗产旗舰项目的区别

（一）保护对象相互区别，互为补充

三大项目的保护对象范围相互交叉、渗透和补充。文化遗产具有共同特征，这是它区别于其他一般财产的本质属性。作为一个国家、民族或群体特定历史文化的载体，无论其表现形式上有何差别，都有如下共同特征：特定的民族性、地域性、历史性，普遍的艺术性和（或）科学性、精神性、不可再生性和稀缺性。但三者的区别并不是绝对的，它们都包含了彼此的某些因素，即非物质文化遗产包含了一些物质性的存在，物质文化遗产中也含有非物质、精神和价值的东西，只不过各自强调的重点不同。物质文化遗产内涵的发掘，也要从创造这种遗产的文化环境与创造过程出

---

① UNESCO.World Heritage List Statistics[EB/OL].[2021-03-07].https://whc.unesco.org/en/list/stat.

② Hanhikoski R. The zones of silence in documentary heritage management: on diversity on the UNESCO Memory of World International Register[D]. Jyväskylä: University of Jyväskylä, 2016: 70-72.

发，而这种环境和过程在很大程度上就是非物质文化遗产，非物质文化遗产是物质文化遗产的灵魂和血液。

世界记忆项目着重保护的文献遗产与其他类型的文化遗产有所区别。《保护文献遗产的总方针》对文献遗产进行了详细定义，它必须是有意识的记录，应包括以下要素：可移动；由符号、代码或图像组成；可保存（载体为非生命物质）；可复制和迁移；是有意识地记录所形成的产品。这些要素是判断文献遗产的必要条件，能够避免文化遗产下属概念混乱。① 此外，世界记忆项目不仅注重保存过去的文献遗产，也为未来保存当下的记忆。它囊括了从莎草纸卷轴、泥板到影像、录音乃至数字文件的所有记录历史的文献遗产，因为"没有什么东西太旧或太新而不值得考虑。特别是在 20 世纪，人类越来越意识到失去了什么，以及及时采取行动保护遗留事物的重要性"。②

各类文化遗产之间也相互联系，不可分离。如果没有文献遗产，文化遗产只限定于文物、建筑物和遗址等固定的物体结构，那些保存下来的各种形式的书籍、手稿、文件等其他含有信息的载体被忽视，人类记忆将被严重削弱。反之，若失去文化与自然遗产以及非物质文化遗产，那么人类的文化、历史和记忆将只存在于文本、纸张等单一载体中，进而失去了见证和感知人类文明的全部介质和渠道，也就极大限制了世界文化多元表达。总之，这三类保护对象，是对人类文明丰富性、多元性的完整体现，三者缺一不可，相互渗透，相互补充。

（二）项目运行机制不同，各具特点

目前三大项目都形成了相对完善的工作框架，并各自建立了名录体系。但在组织构成和运行机制上，三大项目存在些许差异。除了各自保护的遗产对象范围不同外，其运行机制的差异具体表现在项目的构成、依据、性质、审核流程等方面。

1. 执行依据不同

三大项目的不同体现在执行依据上。世界遗产项目和非物质文化遗产项目均以公约作为依据和项目实施的指导性文件，而世界记忆项目则以指导方针为项目实施依据。其一，从文件性质看，公约属于条约的一种，通

---

① 聂云霞，韩亚兰. 文献遗产保护相关概念辨析 [J]. 湖北档案，2011（12）：12-14.
② Edmondson Ray. Memory of the World: General Guidelines to Safeguard Documentary Heritage [EB/OL]. [2021-01-04]. https://unesdoc.unesco.org/ark:/48223/pf0000125637.

常指各国就政治、经济、文化、技术等重大国际问题举行国际会议后缔结的多方面条约,一般具有开放性,非缔约国可以在公约生效前或生效后的任何时候加入,是具有法律约束力的正式协定。建议、章程和声明则不具有法律效力,无须批准,但可附有签字或其他意向书,方针和指南属于其他参考性文件。① 其二,从法律效力来看,世界遗产项目和非物质文化遗产项目以公约为依据,具有法律和规范效力,而世界记忆项目的事实依据是总方针和建议类型,不具备正式的法律效力,因此其约束力相对较低。其三,从效果来看,世界记忆项目的执行依据正面临从建议上升至公约的转型困境。世界记忆项目的建议与方针性文件不如公约正式,相较其他两大项目,该项目的资源分配处于劣势。② 此外,公约的执行效率更高,使项目审核过程更透明,结果更具公信力,可以赋予世界记忆项目更好的地位,提供更多缔约成员国的支持和资源。无论争议的结果如何,世界记忆项目未来的转型势在必行,究其根本,这些举措都要服务于该项目自身的使命和目标,服务于保护全人类文献遗产的愿景。

2. 项目性质不同

三大项目运行机制最大的区别在其项目性质上,这一点也是使世界记忆项目不同于其他两个项目的根本因素。世界记忆项目是由专家主导的国际非政府项目,而另两个遗产项目均由缔约成员国(即政府)参与、协商和实施。世界记忆项目的特点在于,一方面,项目最高组织国际咨询委员会由专家组成,负责保持对该方案的总体概述,并在其附属机构的协助下,对《世界记忆名录》提名审核提出建议;另一方面,评估提名的文献遗产等一些具体工作也由国际咨询委员会提名的专家来完成。③ 同时,世界记忆项目在召开相关会议时也会邀请专家来进行讨论,寻求建议。

由于没有国家政府的直接参与,世界记忆项目的运作方式更加自由开放,但也面临诸多问题与挑战。计划的实施在很大程度上依赖志愿专业人员的无偿工作,这导致世界记忆项目资源和设施短缺,信息化建设有待加强;相对松散的结构使该项目官网的集成性不高,地区和国家参与度不

---

① 马呈元. 国际法(第五版)[M]. 北京:中国人民大学出版社,2019:109-119.
② Shyllon F. Expert Meeting on the 20th Anniversary of UNESCO's Memory of the World Programme[J]. *International Journal of Cultural Property*,2012,19:573-577.
③ Edmondson R., Jordan L., Prodan A.C. *The UNESCO Memory of the World Programme:Key Aspects and Recent Developments*[M]. Cham:Springer,2020:26-27.

均，国家间合作力度较小。① 随着越来越多的世界记忆遗产被纳入名录，世界记忆项目的评审制度也引来一些争议与质疑。研究世界记忆项目的学者伊恩·威尔森（Ian E. Wilson）曾指出："由于与相对政治化的联合国联系在一起，世界记忆项目遭受了不可避免的政治化。近些年来，某些国家企图通过经济与政治影响，将世界记忆名录申报规则政治化，这一行为造成了世界记忆项目的停摆，并引起组织内部改革"。② 目前，世界记忆项目在教科文组织的指导下，重新审核并调整其运行机制，此次改革的目的在于："第一，加强世界记忆项目的影响力，包括名录的整体重点将限制在保存、获取和提高认识方面；第二，改进与成员国协商和合作的方式，同时继续让专家团体参与进来；第三，改革和重新启动《世界记忆名录》的提名与周期运行制度，在最合适的法律框架基础上加强项目的透明度，增进对话与合作。"③

3. 保护手段各异

三大项目实现遗产保护的手段和渠道不同。由于不同类型的文化遗产性质有所不同，所以保护和实现利用的方法也不同，世界记忆项目与数字化结合得更加紧密。在官方文件中，《关于保存和获取包括数字遗产在内的文献遗产的建议书》明确将数字形式的文献遗产纳入保护范围内。在遗产保护与获取的实践中，数字技术和手段也被频繁使用，因为它能帮助实现对文献遗产内容最大限度的保护以及最大范围的获取。相较之下，世界遗产保护自然与文化遗址在保护和获取层面更强调社区协同保护、遗址本体保护。非物质文化遗产由于形式特殊，所以更关注传承式保护、社区式合作和参与式管理。

4. 影响力不同

三大项目形成的成果与影响力也各不相同，主要体现在项目覆盖范围上。世界遗产项目的缔约国数量最多，它的名录入选项目数量位居第一，覆盖范围最广，其次是非物质文化遗产项目，而世界记忆项目位于最后，

---

① 周耀林，黄灵波，王倩倩."世界记忆工程"的发展现状及其推进策略［J］.信息资源管理学报，2014，4（2）：4-13.

② Wilson I. E. The UNESCO Memory of the World Program: Promise Postponed[J]. *Archivaria*, 2019,87:106-137.

③ UNESCO Executive Board. Updated Action Plan for a Comprehensive Review of the Memory of the World Programme[EB/OL].（2018-09-07）［2021-04-20］. https://unesdoc.unesco.org/ark:/48223/pf0000265604? posInSet=1&queryId=3a19260d-328d-4cb3-86fd-ce44e21e8cbc.

参与国家和入选项目数量最少。究其原因，其一，世界遗产项目发起时间早，积淀久。其二，正如前文所述，世界遗产和非物质文化遗产因为由公约支撑，获得缔约成员国更多的政府资金和资源供给，因此能得到较多的基金维持运作。其三，世界遗产作为遗址类遗产，非物质文化遗产作为展示性的多形式遗产，能有效发挥其经济和社会效益。一方面，它们能直接推动相关的文旅和文创经济发展，为当地社区进一步保护和利用相关文化遗产提供资金。另一方面，这些经济效益助推了相关遗产的教育与宣传，提升了公众的遗产地旅游与文化服务体验，从而实现社会效益。值得注意的是，开发文献遗产价值的渠道和手段相对有限，因而仍须后续探索和开发。

第三节 世界记忆项目的"共同遗产"理念倡导

国际联盟和教科文组织都相信普遍主义能够推动世界和平，因为人们可以在不同的文化中寻找普遍性。普遍主义也是国际保护协作的基本原理。在早期，国际联盟通过保护文化遗产的方式践行国际主义，并且在"普遍遗产"的基础上发展出"共同遗产"的概念。随后，教科文组织继续推动文化遗产保护的国际外交，明确成员国对国际社会的共同责任，推广文化遗产的普遍价值和保护文化遗产的普遍原则。[①] 世界记忆项目便是延续并发扬"共同遗产"理念的最新实践。

一、"共同遗产"概念的阐释

（一）全人类共同拥有世界记忆遗产

世界记忆项目的开展理念源于教科文组织相关章程的精神与原则。正如《联合国教育、科学及文化组织组织法》（Constitution of UNESCO）的序言所述："人类自有史以来，对彼此习俗和生活缺乏了解，这始终是世界各民族相互猜疑与不信任的主要原因。此种猜疑与互不信任，又往往使彼此间产生分歧，最终走向战争……文化之广泛传播，以及为争取正义、自

---

① 史晨暄. 世界遗产四十年：文化遗产"突出普遍价值"评价标准的演变 [M]. 北京：科学出版社，2015：15.

由与和平对人类进行之教育，是维护人类尊严不可或缺之举措，亦是一切国家关切互助之精神，必须履行之神圣义务……为此，本组织法之各签约国秉人皆享有充分与平等受教育机会之信念，秉不受限制地寻求客观真理以及自由交流思想与知识之信念，特同意并决心发展及增进各国人民之间交往手段，并借此种手段之运用促成相互了解，达到对彼此之生活有一更真实、更全面认识之目的。"①

  文献遗产的记录具有客观性，但对它的解读具有相对主观性。受政治、经济、时代等因素的影响，对文献遗产内容的解读可能不尽相同。② 对此，国际咨询委员会的专家评选机制要求"完善道德规范，在评审过程中对专家提出具体要求"，这一定程度上保证了识别具有"全球价值"的遗产的客观性。尽管入选《世界记忆名录》的文献遗产有其国别之分，但其价值属于全人类。正如《保护文献遗产的总方针》所言："世界的文献遗产应属于所有人，由全人类共同保护，在尊重不同地区文化习惯与实践方式的前提下，应无障碍地被所有人长期获取。"③ 教科文组织也强调，世界遗产概念的独特之处在于它的普遍适用性。世界遗产属于世界各国人民，不论其所在的领土如何。非物质文化遗产项目文件也指出："保护非物质文化遗产关系到人类的普遍利益，因此应通过双边、次区域、区域和国际各方之间的合作进行。"④

  教科文组织坚信文化是推动社会发展的关键性因素，没有充分的文化元素就没有可持续性发展，只有采取以人为本的发展方式，以不同文化之间的相互尊重和公开对话为基础，才能"于人之思想中构建和平"。正如《关于保存和获取包括数字遗产在内的文献遗产的建议书》中所述，"强调文献遗产对于促进知识共享以利于增进了解和对话、促进和平及对自由、民主、人权和人的尊严的尊重所具有的重要意义。"

---

① 中国联合国教科文组织全国委员会秘书处. 教科文组织组织法[EB/OL]. (2005-10-21) [2021-04-28]. http://www.moe.gov.cn/srcsite/A23/jkwzz_other/200510/t20051021_81409.html.

② Edmondson R., Jordan L., Prodan A. C. *The UNESCO Memory of the World Programme: Key Aspects and Recent Developments*[M]. Cham: Springer, 2020: 34-37.

③ Edmondson Ray. Memory of the World: General Guidelines to Safeguard Documentary Heritage [EB/OL]. [2020-12-12]. https://unesdoc.unesco.org/ark:/48223/pf0000125637.

④ UNESCO. Ethical Principles for Safeguarding Intangible Cultural Heritage [EB/OL]. [2021-01-04]. https://ich.unesco.org/en/ethics-and-ich-00866.

（二）全人类共同保护世界记忆遗产

教科文组织认为世界遗产的"文化意义非常特殊，可以越过国界，对全人类今世与后代具有共同的重要性。因此永久保护世界遗产对整个国际社会十分重要"。① 世界遗产保护工作的开展，不仅是为了某个国家与地区，更是为了全人类。因此，全人类有责任和义务积极参与到世界记忆遗产的保护活动中来。

具体而言，一方面，要了解保护世界记忆遗产的方法。《关于保存和获取包括数字遗产在内的文献遗产的建议书》中将广义的"保护"分为保护（protection）和保存（preservation）。前者强调"保护或保卫不受外界的伤害或侵害"，即尽可能防止文献因为自然或人为灾害而损坏甚至消失；后者强调"保持原有的状态"或"保持完好的状态"，即在文献遗产不可逆转地损失或因为技术的快速变革而逐渐变得不可获取的情况下采取适当措施，更长时间保存文献遗产的价值。另一方面，要尽可能发挥国际合作的作用，因为文献遗产的长期保存离不开国际合作。该建议书还指出，项目需要更新与世界数字图书馆的合作关系，并积极同类似的国际项目建立联系，认识到共同的目标并探索合作的协同作用。此外，教科文组织倡议，让国际艺术协会和相关非政府组织参与到世界遗产、文化财产、版权、信息获取等相关活动中，因为这些领域的工作人员拥有专业知识和丰富的实践经验。②

（三）全人类获取和使用世界记忆遗产

让文献遗产始终被所有人无差别、无阻碍地获取是世界记忆项目设立的初衷和目标之一。实现文献遗产的普遍和长久获取，需要尽可能为所有人找到一个利益的平衡点，文献遗产的普遍获取必须尊重权利持有人的合法权益，文献遗产的保存和获取也必须尊重公众利益。若以文献遗产形式存在的历史和文化内容不便于获取，还需要为文献遗产的公开利用找寻其他适宜的方式。

《保护文献遗产的总方针》反复强调，世界记忆遗产属于全人类，要

---

① UNESCO.The Operational Guidelines for the Implementation of the World Heritage Convention [EB/OL].[2021-04-28]. https://whc.unesco.org/en/guidelines/.

② UNESCO. Final Report by the International Advisory Committee (IAC) on the Review Process of the Memory of the World Programme [EB/OL].(2017-08-09) [2021-04-28]. https://unesdoc.unesco.org/ark:/48223/pf0000257032? posInSet=1&queryId=fc182b20-3cd4-4d97-8615-591f65821a5e.

最大限度地实现文献遗产及其数字资源的获取和使用，通过制定和更新立法，以及多样化的宣传保证其目标的实现。随着信息与通信技术的发展，记忆机构及其合作伙伴逐渐形成全球合作网络，获取文献遗产的渠道与平台也不断增加，这给世界记忆项目带来新的机遇和挑战。为应对数字遗产带来的新问题，世界记忆项目也针对性地制定了建议书和指南类型文件。

二、"共同享有"价值的形成

（一）识别：识别世界记忆遗产的公共性

《保护文献遗产的总方针》在识别（identify）文献遗产部分指出："鼓励成员国发现那些处于潜在或迫在眉睫危险的具体文献遗产，并提请能够采取适当保护措施的主管机构注意它。这些主管机构应支持和加强其与相关记忆机构的合作行动，在切实可行且适当的情况下，鼓励研究团体和私人拥有者出于公共利益的目的，保护自己的文献遗产……鼓励会员国支持其记忆机构在其领土内以国际公认和界定的文献遗产标准为指导，通过研究和协商的方式制定识别、收集和保存文献遗产的相关政策。"

识别遗产的公共性，在于肯定遗产本身具有公共性，以及识别过程的开放性和参与者的公众性。在信息大爆炸时代，每个国家都会产生大量的文献，如何从这些被恰当地描述为文献遗产的大量资源中挑选具有世界意义的代表性遗产，是一个重要的问题。因此世界记忆项目在识别可入选名录的文献遗产时，"需要以政策为基础，虽然政策和标准因国家和机构而异，但可以将国际最佳实践作为基础。"

遗产的识别，需要跨知识领域，并且在多数和少数民族文化和语言之间保持中立的平衡，不忽视任何学科领域，有意识地纳入不同类型的艺术表现形式，无论是文学、音乐、图形、视听或其他形式。此外，还需要对不同的历史时代、不同的文明时期进行充分研究。时间越早，文献遗产的总体存活率就越低。这一识别过程还得益于公众咨询和与民间社会的协调，它不仅有可能优化文献遗产的评选机制，还有可能增加民众的参与度。①

---

① MoW Guidelines Review Group. UNESCO Memory of the World Programme, General Guidelines Final Draft [EB/OL]. (2017-10-27) [2020-04-28]. https://en.unesco.org/sites/default/files/iac_2017_13th_mow_general_guidelines_withcover_en.pdf.

（二）利用：确保入选世界记忆名录的遗产为公众利用

文献遗产是人类的珍宝，通过开发利用（use）让更多的人认可其价值，让静态的档案文献"活"起来是另一种形式的保护。文献遗产作为一种重要的精神遗产，可以帮助协调区域间发展，是为全世界人民共同所有的宝贵财富，各民族在开发和利用人类文献遗产方面是平等的。因此，应突破地域限制，让世界人民共同开发利用文献遗产。《保护文献遗产的总方针》指出，要"敦促成员国通过授权记忆机构提供准确和最新的目录及查找工具，促进文献遗产的最大限度的包容性获取和使用。如有必要，可使用国际最佳实践标准的互联网以及基于网络的出版物和门户网站、电子和数字化内容，实现一对一的文献遗产获取服务"。

目前利用和再创造世界文献遗产的形式日益丰富。在网络与信息技术层面，国家级世界记忆项目网站与数据库系统数量不断增加，文献遗产的开放内容不断丰富，社交媒体等技术促进了遗产资源的开发以及资源动态跟踪系统的完善。在媒体宣传层面，充分利用保存完好的、优质的馆藏文献资源，采用独自办展、联合办展、固定展、流动展、临时展等不同方式向公众宣传推介遗产价值及其世界意义。记忆机构积极面向社会、与大众进行交流，通过到各地巡展让大众近距离认识和了解文献遗产，让公众了解文献遗产的形态特征、内容价值，从而更加主动地保护文献遗产。在文化市场层面，运用市场经济手段，扶持一批重点的档案文化企业，吸引它们参与档案文化产业的开发，包括活化世界记忆遗产中的文献精华，包装和提炼这些遗产中的科学、历史和美学元素，通过展览、文化产品等外在形式，让文献遗产走入现实社会，融入国民的文化和精神生活。

（三）研究：鼓励围绕世界记忆遗产展开研究工作

所有的研究（research）都依赖于真实可靠且充足的考据资料，而文献遗产作为研究资料的重要来源之一，重要性不言而喻。为充分发挥文献遗产的价值，世界记忆项目建立了教育与研究小组委员会，其主要任务是，通过制定相关战略和方案，增强教育部门对世界记忆项目的认识、教育和研究。① 该小组委员会鼓励出版和举办活动，支持开发与文献遗产有

---

① Education and Research Sub-committee of the Memory of the World Programme. Rules of Procedure as Adopted at IAC Meeting,Gwangju ［EB/OL］.（2013-06-21）［2021-04-28］. https://en.unesco.org/sites/default/files/mow_scear_rules_of_procedure.pdf.

关的研究资源，包括建立学术中心。它发起并推进教育活动，特别是涉及中小学、大学、记忆机构及其与世界记忆项目相关联的合作项目，进而增加世界记忆项目及其标志的可见度和辨识度，通过鼓励相关讨论和广泛宣传的方式，提高人们对文献遗产保护和利用问题的认识。①

总体而言，目前已形成两大类围绕世界记忆项目的研究。一是围绕项目本身建设的研究，另一类是基于项目的具体文献遗产开展历史、文化、教育和技术等领域的探索。在国内，已有诸多学者对世界记忆项目，特别是亚太地区和中国的记忆项目的发展现况、面临的问题和挑战以及发展对策进行的初探式研究。②③ 国外也不乏相关探索，一些国家从本国的国家记忆项目出发，分析和探讨世界记忆项目所面临的国际关系问题与未来发展挑战。

（四）教育：利用世界记忆遗产助推多元文化认同与教育

多元文化教育（multicultural education）也称为跨文化教育，是基于对文化多样性的保护、对教育平等性的拥护的教育理念，经过几十年的研究发展之后，成为当今文化教育的主要模式之一。多元文化教育下的受教育者，不管国籍、年龄、性别等，都能认识和理解各种文化，包括其自身所处的文化及他国的文化。将保护和利用世界记忆遗产的思想融入多元文化教育的过程，既能促进受教育者对文化遗产资源的重新认识，也能培养保护世界记忆遗产的社会意识。

当前已有部分成员国积极主动地利用世界记忆遗产开展历史、艺术、遗产等方面的教育，并且初见成效。教科文组织基于丰富多样的文献遗产，在全球范围内促进教育方案制度化，其目的是建立一个国际化的学校合作网络，施行教育方案，促进成员国的课程创新。"向年轻人推广记忆遗产的重要性"的目标是"利用档案文献遗产激发年轻人的兴趣"，提高遗产保护实践中"倡导构建身份认同，增加全球对话和相互尊重的可能性"。

---

① UNESCO. Memory of the World Programme（MoW）Sub-Committee on Education and Research（SCEaR）：Mission Statement［EB/OL］.［2021-04-28］. https://en.unesco.org/sites/default/files/mow_scear_mission_statement.pdf.

② 周耀林，王倩倩. 亚太地区世界记忆工程的现状与推进［J］. 档案与建设，2012（1）：26-29.

③ 赵彦昌. 世界记忆工程与中国地方档案事业发展［J］. 档案与建设，2017（1）：4-7.

以记忆遗产的艺术教育价值为例,《世界记忆名录》的艺术多样性可为世界各地的学校和文化机构的艺术教育增加价值。世界记忆项目涵盖了丰富的艺术与文化历史文献资源,能够在多元化的历史背景下,提供丰富的美学主题,鼓励教师与学生探索历史和文化实践。目前中国部分地方也积极利用记忆遗产展开多元文化教育,其中"澳门记忆"项目具有代表性。中国澳门在历史上曾沦为葡萄牙殖民地,特殊的历史使得多元文化在澳门融合,东西方的传统和现代共存。从过去和当前的"介于两者之间"的政治和文化状况来看,澳门的历史和身份问题在社会意识、各级教育和各种形式的遗产中起着重要作用。① 澳门记忆项目旨在建立一个庞大的数据库,包括所有重要的澳门历史资源。从长远来看,它的目标是该数据库可在线提供澳门遗产和历史的所有重要文献。澳门记忆计划是一项长期计划,目标包括使中小学生与"澳门记忆"保持联系,该计划未来的发展方向是服务于社会,使澳门的记忆可以代代相传。②

三、"共同建设"方式的实践

(一)分级管理:建立记忆遗产分级管理体系,识别多层集体记忆

在管理层面,考虑到同一地区的公众拥有相对较为接近的文化和历史,分级开展文献遗产管理工作一方面有利于识别同一地区的共同遗产,另一方面有助于建立地区文化认同。世界记忆项目提出了"国际—区域—国家"(International-Regional-National)的管理思路,在这一框架下,该项目目前已分别在亚洲及太平洋地区、拉美及加勒比地区和非洲地区建立3个地区委员会,在全球89个国家设立了国家委员会。

在世界各地,不同级别的档案管理部门积极开展世界记忆遗产的相关活动,以此扩大档案馆和馆藏档案文献遗产的社会影响。此外,各级记忆名录的申报程序要求以机构为单位进行展开,故此,档案部门管理记忆遗产,对其馆藏进行系统的检查、梳理,使得档案文献遗产的保存管理状况、具体信息愈发系统化、多样化和丰富,这无疑有利于档案文献遗产的管理与保护。

---

① 陈金华,黄家仪. 基于公众感知与参与视角的澳门文化遗产保护研究[J]. 乐山师范学院学报,2010,25(4):88-90.

② Edmondson R., Jordan L., Prodan A. C. *The UNESCO Memory of the World Programme*:*Key Aspects and Recent Developments*[M]. Cham:Springer,2020:247-260.

高度国际化的研究队伍与各国科研机构、民间团体、私人收藏家等多方力量广泛参与记忆遗产工作，在社会和国内外学术界形成了良性互动、相互促进的大好格局。在一片良好的发展格局中，世界记忆项目不断促进各国文献遗产保护制度的规范。我国不仅形成了专门的与此接轨的"中国档案文献遗产工程"，而且带动了各层次的档案文献名录的递进式发展，基本形成了一个"国际—区域—国家—地方"的文献遗产四级保护体系，使文献遗产保护工作既能具有自上而下的统一，又在地方上更具有灵活性和施展空间，最大范围地保护了具有世界意义、地区意义、国家意义和地方特色的文献遗产。①

（二）广泛参与：确保《世界记忆名录》专家评审的广泛参与性

不同于教科文组织其他两大遗产项目采用国家投票方式，世界记忆项目采用专家评审制度，并且强调评审成员的组成应具有广泛性。《保护文献遗产的总方针》以及国际咨询委员会 2017 年会议报告均指出："国际咨询委员会是世界记忆项目最高机构，由 14 名国际专家组成，负责就整个项目的实施向联合国教科文组织总干事提供咨询意见……委员会成员的遴选应以其在保护文献遗产方面的专业知识为依据，并适当考虑地理位置、文化和性别代表性，以及在成员国和主要国际专业组织内代表这一领域流行的各种学科和思想流派。"② 世界记忆项目一方面通过确保专家在地域、文化、性别、专业领域等方面的独立性和广泛性来确保评审结果的公正性；另一方面极力避免欧洲及北美国家的文化垄断，在最大范围内尽最大可能保留世界不同文化和地域的记忆。

当前，全球各地区国家的世界记忆项目参与度和表现度存在较大差距。其中，欧洲和北美地区在世界记忆项目中的活动占主要地位，而非洲和阿拉伯地区则参与度低，且发达国家对欠发达国家的支持和帮助不多。同一区域的不同国家对世界记忆项目的参与程度也不一致。已经参与该项目的国家中，中国、澳大利亚、韩国等极少数国家的热情较高，对于各种档案文献遗产保护项目和保护会议参与度较高，但大多数国家对相关项目

---

① 周耀林，宁优."世界记忆工程"背景下"中国档案文献遗产工程"的推进［J］.信息资源管理学报，2014，4（3）：36-44.

② International Advisory Committee. Final Report on the Memory of the World Programme Review [EB/OL].(2017-08-09)［2021-04-28］. https://unesdoc.unesco.org/ark:/48223/pf0000257032?posInSet=1&queryId=fc182b20-3cd4-4d97-8615-591f65821a5e.

与会议并没有做出积极回应。若此类局面不断持续，这个差距将会越拉越大。尽管教科文组织与国际咨询委员会呼吁国际合作，但总体合作数量仍然较少。目前联合申报且入选《世界记忆名录》的成果并不多，国家间交流合作也并不频繁和突出，特别是跨地区的国际交流和合作有待加强。

（三）共同申报：鼓励联合申报，实现共同记忆遗产构建目标

长期以来，世界记忆遗产申报工作大多遵循独立申报的模式，所有的工作都由遗产涉及的相关单位与人员承担，这既给申报单位带来了繁重的工作负担，也束缚了申报工作的思路，更不利于对世界遗产的保护工作。要实现共同记忆遗产构建的目标，就要在世界范围探索遗产的各种可能性。当多国联合申报一项遗产较之一国申报更为合适时，相关国家应及时打破申报框架下的国家界限，积极参与跨国项目联合申报。

通常认为，一种文明的繁荣来源于其历史的开放性和包容性以及其形成与发展的多元性，它以本土文明为基础，对其他众多的文明（包括外国的文明成就）的结晶兼容并蓄。由此可见，许多优秀的文明成果事实上是多种文明的共同结晶，因而不能简单地归于任何一方，这些文化成果作为世界遗产，理应归相关国家共有，相关的遗产申报也应采用多国联合申报模式。跨国申报模式大大拓宽了世界遗产申报的设计思路，将那些原本不在遗产申报对象考虑范围之内的宝贵遗产引入世界遗产审查专家们的视野中。

从世界遗产申报的发展看，国与国之间、国家内部各省或区之间的联合申报越来越频繁，联合申报正在成为一种趋势。例如，"拉美及加勒比海图片收藏"项目在拉美及加勒比地区各国间合作展开；而"奴隶贸易档案"项目则由欧洲、拉美及加勒比地区和非洲地区开展跨地域联合申请。此外，"亚太地区的口述文稿""亚太地区散落胶片""亚太地区电影史"等项目同样需要以地区合作的方式开展。①

合作保护不仅能够降低珍贵文献的储存成本，节约管理成本，提高服务质量，同时能够提供技术与资金保证。只有世界上各个地区和民族的珍贵文献遗产都得到妥善保护和利用，才能使全人类的精神财富免遭损失。协调区域发展、帮助部分地区的文献保护工作是世界记忆项目和全世界所

---

① Memory of the World Committee for Asia and the Pacific.MOWCAP Regional Register [EB/OL]. [2021-04-28]. http://www.mowcapunesco.org/core-activities/regional-register/

有国家的共同责任。①

(四) 公众贡献: 联合社会力量开展记忆遗产保护工作

世界记忆遗产是具有公共属性的资源,尽管目前文化遗产保护工作应当由政府来主导,但这只是强调国家在保护世界记忆遗产中的责任,政府本身无法成为文化传承的主体。因此保护世界记忆遗产不仅是各级政府的权利和职责,还是社会公众的共同事业。② 各国政府应联合社会力量挖掘地方特色文献遗产,面向社会开展资源征集,搭建一个永久、安全、使用方便的文献保存和服务平台,发动更多群体参与到档案记忆项目的构建中来。

只有最大限度地调动社会公众的积极性,让社会公众自觉地参与到文化遗产工作中来,世界记忆遗产才能真正得到传承。在多数世界记忆遗产保护经验成熟的国家内,世界记忆遗产保护不再只是单纯的政府责任③,世界记忆遗产保护主体呈现出多样化的发展趋势,保护主体不再仅限于政府和专家学者,社会公众(包括个人、民间组织、公司等)越来越多地参与到世界记忆遗产保护中来,社会参与力度大大深化。

政府主要通过多种方式鼓励社会各方成员和力量参加世界记忆遗产保护,调动社会公众参与的积极性。例如通过组织宣传教育活动,加大世界记忆遗产保护的宣传力度,如举办学术活动、开办专题讲座、开设免费专栏等,营造保护世界记忆遗产的社会氛围,增强全民的世界记忆遗产保护参与意识。④

世界记忆项目十分重视文献遗产的文化挖掘与完整性的结合,除了档案文献所必须具有的重要影响力,在时间、地理上的信息含量,以及与重要历史人物的相关性之外,世界记忆项目更注重档案文献遗产的文化价值、社会意义及其完整性。各地区档案馆、图书馆、博物馆、文化馆、方志馆等机构应开展纵深层面的合作,主体之间通过建立合作关系,确立统

---

① 刘睿文,刘衡. 多国联合申报世界文化遗产模式的引入——以丝绸之路为例 [J]. 经济地理, 2005 (2): 236-239.

② 王运良. 共有·共保·共享—关于社会参与文物保护的思考 (下) [J]. 中国文物科学研究, 2010 (3): 12-20.

③ 张国超. 美国公众参与文化遗产保护的经验与启示 [J]. 天中学刊, 2012, 27 (4): 128-131.

④ 杨颉慧. 社会公众参与文化遗产保护的困境及路径 [J]. 殷都学刊, 2014, 35 (3): 116-118.

一标准整合相关记忆资源,拓展记忆资源开发广度与深度,为本地区特色化、立体化、多元化、全面化的记忆遗产塑造展示平台。

政府支持引导、社会力量与民间组织积极参与的文献遗产保护模式能有效促进世界记忆项目的纵深发展。一方面,政府授权建立一个民间的世界记忆遗产保护协会,能有效整合民间社团和民间个体力量,合作推进民间文化遗产保护活动。另一方面,社会公众成立各种文化遗产保护组织,能极大发挥民间组织和民众投身世界记忆遗产保护事业的积极性和参与度。"侨批档案——海外华侨银信"在 2010 年和 2012 年先后入选《中国档案文献遗产名录》和《世界记忆亚太地区名录》。2013 年成功入选《世界记忆名录》的侨批档案由广东潮汕、江门五邑、梅州及福建厦漳泉和福州等地的约 17 万份侨批构成,这些具有一百多年历史的档案真实记录了 19 世纪中期以来中国国际移民向亚洲、美洲、大洋洲等地区的迁移历程,是华侨华人记忆中不可磨灭的历史符号。侨批和银信是这种历史现象的独特证据。在中国移民史研究中,内容丰富的侨批是补充官方记录的宝贵资料。① 2009 年福建省档案局启动侨批档案收集工作时,国内外的民间华侨组织积极贡献了数量可观的侨批文献遗产,极大地充盈了侨批档案的体量。同时,在侨批档案的申遗过程中,福建省档案局在国内外大力宣传福建侨批的遗产价值和世界意义,营造了良好的社会氛围,引起社会公众的广泛共鸣和积极参与。②

---

① UNESCO.Memory of the World:Documentary Heritage in Asia and Pacific [EB/OL]. [2021-04-28]. https://unesdoc.unesco.org/ark:/48223/pf0000246237.
② 福建省档案局《福建侨批与申遗》课题组. 福建《侨批档案》的申遗之路 [J]. 中国档案,2013(8):37-39.

第三章

世界记忆项目的组织机构

世界记忆项目实施"国际—区域—国家"的三级管理体制。在国际层面,世界记忆项目国际咨询委员会主持世界记忆项目的各项事务,世界记忆项目秘书处负责协调世界记忆项目的管理。在区域层面,世界记忆项目亚太地区委员会、世界记忆项目拉美及加勒比地区委员会、世界记忆项目非洲地区委员会等世界记忆项目地区委员会负责在其区域内促进世界记忆项目的实施。在国家层面,全球有89个世界记忆项目国家委员会具体负责处理本国与世界记忆项目相关的事务。

"国际—区域—国家"的三级管理机构相互协调,在《保护文献遗产的总方针》的指导下,有力地促进了世界记忆项目的发展。

第一节 "国际—区域—国家"管理体制

在《保护文献遗产的总方针》的指导下,世界记忆项目实行"国际—区域—国家"的管理体制,每一层管理机构彼此独立,却又相互联系。在国际层面,世界记忆项目以世界记忆项目国际咨询委员会为主导,世界记忆项目秘书处协助;在区域层面,世界记忆项目主要由世界记忆项目地区委员会进行推进;在国家层面,世界记忆项目则由世界记忆项目国家委员会负责管理。在分级管理体制下,各级管理机构均受到《保护文献遗产的总方针》约束,既能目标一致地推进世界记忆项目的实施,又能结合地域特色开展文献遗产保护工作。

一、"国际—区域—国家"管理体制概述

1993年9月,国际咨询委员会在其首次会议中提出建立三级管理机构的建议,即在国家、区域、国际三个层面分别建立委员会,负责世界记忆项目的实施。1995年5月,国际咨询委员会召开第2次会议,正式确立世界记忆项目"国际—区域—国家"的管理机制。

在国际层面,世界记忆项目以国际咨询委员会为主导,同时由世界记忆项目秘书处协助,推进全球世界记忆项目的管理。其中,世界记忆项目秘书处由联合国教科文组织传播与信息部文献遗产处(Documentary Heritage Unit of the Communication and Information Sector)指派,需要参与国际咨询委员会及其下属机构的工作,但无投票权。世界记忆项目秘书处的主要职责是为国际咨询委员会及其下属机构提供支持,负责世界记忆项目的日常管理,具体包括:① 负责《世界记忆名录》的保管,包括选择标准、提名、名录相关文件的管理;② 规划并实施文献遗产项目或活动,以实现世界记忆项目的三大目标;③ 完成国际咨询委员会指派的其他任务。可以说,世界记忆项目秘书处是所有与世界记忆项目相关事务的默认前线联络点[①]。

---

① UNESCO. Programme Secretariat[EB/OL]. [2020-12-30]. https://en.unesco.org/programme/mow/secretariat.

在区域层面，世界记忆项目积极推进地区委员会的建设。在国际咨询委员会首次会议中，与会成员即指出"世界记忆项目应采用区域方案"①，并分别在 1994 年 11 月（马来西亚吉隆坡）、1995 年 3 月（匈牙利布达佩斯）召开地区会议，推进地区文献遗产工作的开展。在国际咨询委员会的推动下，世界记忆项目首个地区委员会——世界记忆项目亚洲及太平洋地区委员会（Memory of the World Regional Committee for Asia/Pacific，MOW-CAP，以下简称"亚太地区委员会"）于 1998 年 11 月在北京举行成立大会。其后，世界记忆项目拉丁美洲及加勒比地区委员会（Memory of the World Programme Committee for Latin America and the Caribbean，MOWLAC，以下简称"拉美及加勒比地区委员会"）、世界记忆项目非洲地区委员会（Memory of the World Regional Committee for Africa，ARCMOW，以下简称"非洲地区委员会"）分别于 2000 年、2007 年成立，此即世界记忆项目现有的 3 个地区委员会。地区委员会的建立，一方面为国际咨询委员会职责范围外的问题提供了解决的手段，另一方面也为地区内部各个国家之间的合作和交流提供了平台。

在国家层面，世界记忆项目倡导世界各个国家和地区建立国家委员会，但并不强制所有国家和地区均设立相应机构。目前，世界记忆项目国家层面的机构主要有三类：一是国家委员会，二是联合国教科文组织全国委员会，三是国内现有的相关机构。后两者需要承担国家委员会的职责。世界记忆项目通过在各个国家和地区设立国家委员会或等同的实体组织，一方面推进了项目的实施，不断推动各个国家和地区《世界记忆名录》的申报工作，促进各国文献遗产保护工作的开展；另一方面也扩大了世界记忆项目的覆盖面和影响力，唤起各地的文献遗产保护意识。经过近 30 年的发展，世界记忆项目现已有 89 个国家和地区成立国家委员会，其中非洲地区 16 个，阿拉伯地区 7 个，亚太地区 15 个，欧美地区 27 个，拉美及加勒比地区 24 个②。

---

① Final Report of the 1st Meeting of the International Advisory Committee［EB/OL］.［2020-12-30］. http://unesdoc.unesco.org/images/0009/000963/096365eo.pdf.

② UNESCO. National Memory of the World Committees ［EB/OL］.［2020-12-30］. https://en.unesco.org/programme/mow/national-committees.

二、"国际—区域—国家"管理体制的特点

(一)统一指导

各级机构均以《保护文献遗产的总方针》为指导,实施世界记忆项目。《保护文献遗产的总方针》是世界记忆项目的行动指南,是在联合国教科文组织框架下进行文献遗产保护的总指导。无论是国际咨询委员会,还是国家委员会、地区委员会,其日常工作的开展、记忆名录的评审、记忆项目的实施,均按照《保护文献遗产的总方针》的精神执行。

(二)开放多元

世界记忆项目是开放的。在《世界记忆名录》申报上,任何个人或组织(含政府组织、非政府组织)均可进行申报工作,只要文献遗产符合标准便可入选《世界记忆名录》。例如,《世界记忆名录》现收录了美国录音收藏协会(Association for Recorded Sound Collections,ARSC)、国际寻人服务局国际委员会(International Commission for the International Tracing Service,ITS)、红十字国际委员会(International Committee of the Red Cross,ICRC)、联合国教科文组织档案馆(UNESCO Archive)、联合国日内瓦办事处(United Nations Office at Geneva)、联合国难民救济及工程局(United Nations Relief and Works Agency)、世界卫生组织(World Health Organization)7个国际组织的文献遗产①。世界记忆项目是多元的,在各级委员会中,其成员不仅来自图书馆、档案馆等机构,更有来自政府、高校、企业、国际组织的专家;不仅有文献遗产保护及相关领域的专家,更有具备法律、计算机、工商管理等背景的专家。

(三)因地制宜

全球各地的经济、文化、政治、历史等各有不同,要推进世界记忆项目的实施,就必须结合各地区的实际情况。各级机构自主权较大,可以结合地方实际开展工作。例如,在地区层面,亚太地区委员会关注世界记忆项目中的两性平等问题,并针对亚太地区世界记忆项目展开性别平等研究②。在国

---

① UNESCO. Statistics of Memory of the World[EB/OL]. [2020-12-30]. https://en.unesco.org/sites/default/files/statistics_of_mow.pdf.

② MOWCAP. Applying the Gender Equality Lens to the Memory of the World Programme[EB/OL]. [2020-12-30]. http://www.mowcapunesco.org/applying-the-gender-equality-lens-to-the-memory-of-the-world-programme/.

家层面，中国建立专门的《中国档案文献遗产名录》，面向全国征集珍贵的文献遗产；韩国则将文献遗产保护工作纳入整个文化遗产保护体系之中，未单独建立名录。

（四）具备较强的独立性

虽然国际咨询委员会是世界记忆项目的主导机构，需要负责推进世界记忆项目在全球的实施，但国际咨询委员会较少干预国家委员会、地区委员会的具体工作。国家委员会、地区委员会除了需要定期向上一级机构汇报世界记忆项目的相关情况，并接受上一级机构的指导和建议外，其余各项事务均可自主讨论决定，包括委员会成员的选拔、规章制度的制定等，可以结合地方实际推进世界记忆项目的实施。

三、"国际—区域—国家"管理体制的优势

通过实行"国际—区域—国家"管理体制，世界记忆项目经过近30年的发展，已成为全球最具影响力的文献遗产项目。

（一）充分调动各级机构的积极性

在"国际—区域—国家"的管理体制之下，各级机构具有一定的独立性，拥有较大的自主权。因此，地区委员会、国家委员会可以自主开展世界记忆活动，这也极大地调动了各级机构的积极性。各个地区成员、国家委员会纷纷利用自身优势开展文献遗产保护活动。例如，亚太地区委员会曾出版世界记忆项目相关书籍、宣传册——《世界记忆项目在亚太地区》（Memory of the World: Asia-Pacific Programme）、《世界记忆：亚太地区的文献遗产》（Memory of the World: Documentary Heritage in Asia and the Pacific），以推广亚太地区的珍贵文献遗产。亚太地区、拉美及加勒比地区分别建立地区级记忆名录，推进本地区文献遗产的保护。不少国家，如中国、澳大利亚、巴西、英国等，纷纷建立本国的记忆名录，加强国家珍贵文献遗产的保护。

（二）构建专家主导的评选机制

联合国教科文组织三大遗产名录——《世界遗产名录》《人类非物质文化遗产代表作名录》《世界记忆名录》，分别对自然和文化遗产、非物质文化遗产、文献遗产进行保护，形成联合国教科文组织的遗产保护体系。其中，世界遗产、非物质文化遗产两项目以公约进行约束，进行名录申报的国家必须分别签署《保护世界文化和自然遗产公约》（Convention Concerning the Protection of the World Cultural and Natural Heritage)、《保护非物质文化遗产公约》(Convention for the Safeguarding of Intangible Cultural Heritage),成为缔约国后方可进行申报工作;为推进名录评审工作,两项目分别成立联合国教科文组织世界遗产委员会(World Heritage Committee)、联合国教科文组织政府间保护非物质文化遗产委员会(Intergovernmental Committee for the Safeguarding of Intangible Cultural Heritage),由部分缔约国组成,以政府为主导进行名录评审。而《世界记忆名录》的评审则有所不同,一是世界记忆项目对参与者没有公约约束,对于《世界记忆名录》的申报持开放包容的态度,允许不同组织进行申报;二是世界记忆项目以专家为主导,要求国际咨询委员会等的成员以个人身份任职,不代表任何国家,不接受政府指示。

第二节 世界记忆项目国际咨询委员会

国际咨询委员会是世界记忆项目的最高管理机构,负责世界记忆项目的整体运作,包括世界记忆项目实施战略的制定,《世界记忆名录》的评审,世界记忆项目相关制度的制定和修改,组织、监督各地区世界记忆项目的实施工作,等等。经过近30年的发展,国际咨询委员会已经是世界记忆项目不可或缺的部分,不断完善世界记忆项目的管理体系,持续扩大世界记忆项目的影响力,从而推进世界文献遗产的保护。

一、世界记忆项目国际咨询委员会的形成与发展

1992年,时任联合国教科文组织总干事的费德里科·马约尔·萨拉戈萨(Federico Mayor Zaragoza)在与国际图联(IFLA)、国际档案理事会(ICA)等非政府组织及相关专家协商后,批准世界记忆项目的预算、工作计划,并明确世界记忆项目的重点在于保存(preservation)。同年6月22日,在巴黎召开的专家会议最终确立世界记忆项目的基本形态,同时确定建立国际咨询委员会的意愿,以便于世界记忆项目的实施和管理。

1993年9月,国际咨询委员会在波兰普乌图斯克举行第一次会议,标志着国际咨询委员会的成立,从此世界记忆项目正式步入正轨。1996年5月,国际咨询委员会成为联合国教科文组织执行局(Executive Board)的

常设委员会，成为联合国教科文组织开展文献遗产保护工作、实施世界记忆项目的官方组织。

国际咨询委员会每两年召开一次会议，迄今为止已举办 13 次会议（表 3-1）。

表 3-1　国际咨询委员会历次会议基本信息

会议名称	会议地点	会议时间
第一次会议	波兰普乌图斯克	1993 年 9 月 12—14 日
第二次会议	法国巴黎	1995 年 5 月 3—5 日
第三次会议	乌兹别克斯坦共和国塔什干	1997 年 9 月 29 日—10 月 1 日
第四次会议	奥地利维也纳	1999 年 6 月 10—12 日
第五次会议	韩国清州	2001 年 6 月 27—29 日
第六次会议	波兰格但斯克	2003 年 8 月 28—30 日
第七次会议	中国丽江	2005 年 6 月 13—16 日
第八次会议	南非比勒陀利亚	2007 年 6 月 13—15 日
第九次会议	巴巴多斯布里奇顿	2009 年 7 月 29—31 日
第十次会议	英国曼彻斯特	2011 年 5 月 22—25 日
第十一次会议	韩国光州	2013 年 6 月 18—20 日
第十二次会议	阿拉伯联合酋长国阿布扎比	2015 年 10 月 4—6 日
第十三次会议	法国巴黎	2017 年 10 月 24—27 日

2015 年 11 月，联合国教科文组织通过《关于保存和获取包括数字遗产在内的文献遗产的建议书》，以加强对文献遗产的保护和管理。为推进该建议书的实施，国际咨询委员会随即启动对世界记忆项目的审查工作，于 2018 年 4 月 6 日，向联合国教科文组织提交审查成果：《保护文献遗产的总方针》、《世界记忆项目国际咨询委员会章程》（Statutes of the International Advisory Committee of the Memory of the World Programme）、《世界记忆项目道德准则》（The Memory of World Programme：Code of Ethics），而这 3 项审查文件在执行局审议前已在网上公布。随着对世界记忆项目争议的加剧，加之一些国家对此前国际咨询委员会主导的审查结果的不认可，联合国教科文组织启动对世界记忆项目的全面审查，并于 2018 年执行局

第 205 届会议通过《全面审查行动方案》（Action Plan for the Comprehensive Review），成立开放工作组（Open Ended Working Group），而后又设立限定成员名额工作组，以期尽快完成世界记忆项目的全面审查工作。

其间，为确保世界记忆项目全面审查工作的顺利推进，解决争议，联合国教科文组织于 2017 年 12 月 21 日发布公报，宣布暂停《世界记忆名录》的评审①。目前，限定成员名额工作组已于 2020 年 3 月成立，但受到新型冠状病毒肺炎疫情影响，世界记忆项目全面审查尚未得出最终结论。

二、世界记忆项目国际咨询委员会的组成

1996 年 2 月，联合国教科文组织执行局通过《国际咨询委员会章程》，明确了国际咨询委员会的主要职能和人员组成。其后，随着世界记忆项目在世界范围不断实施和推广，国际咨询委员会的人员组成和下属机构虽在不断调整，但逐步趋于稳定。

（一）人员组成

根据《国际咨询委员会章程》，国际咨询委员会由 14 名成员组成。实际上，在早期国际咨询委员会的成员人数约为 10 人至 15 人。其中，成员要求是文献遗产保护及相关领域的权威专家，来源于联合国教科文组织的成员国或专业性的主要国际组织。在程序上，国际咨询委员会成员需要在相关国家的联合国教科文组织国家委员会商议后，经联合国教科文组织总干事任命，且仅限于以个人身份任职；每位成员任期为 4 年，可连任一次。国际咨询委员会每 2 年进行一次成员更替，每次更换半数成员。历届国际咨询委员会成员如表 3-2 所示。

表 3-2　国际咨询委员会历次会议正式成员列表

届次	成员	国家	职务
1993 年第 1 届	Jean-Pierre Wallot	加拿大	主席，国际档案理事会主席，国家档案馆馆员
	Jean-Marie Arnoult	法国	报告员，国家图书馆技术部部长

---

① Edmondson R., Jordan L., Prodan A.C. *The UNESCO Memory of the World Programme: Key Aspects and Recent Developments*[M]. Cham: Springer, 2020: 103.

续表

届次	成员	国家	职务
1993年 第1届	Virginia Betancourt	委内瑞拉	国家图书馆馆长，伊比利亚美洲图书馆协会执行秘书
	Moncef Fakhfakh	突尼斯	国家档案馆馆长
	Angeline Kamba	津巴布韦	公共服务部部长
	Fathi Saleh	埃及	地区信息技术与软件工程中心
	John G. Samuel	印度	亚洲研究所研究计划处主任
	Margarita Vazquez de Parga	西班牙	文化部国家档案馆馆长
	Akio Yasue	日本	国立图书馆编辑部部长
1995年 第2届	Jean-Pierre Wallot	加拿大	主席，国际档案理事会主席，国家档案馆馆员
	George Boston	英国	报告员
	Maenmas Chavalit	泰国	教育部档案管理与保护委员会成员
	Moncef Fakhfakh	突尼斯	国家档案馆馆长
	Jean Favier	法国	国家图书馆馆长
	Lourdes Feria	墨西哥	科利马大学德萨罗图书馆馆长
	Valerii Leonov	俄罗斯	科学院图书馆馆长
	Margarita Vasquez de Parga	西班牙	文化部国家档案馆馆长
	Suzanne Richer	加拿大	当然成员①，综合情报计划政府间理事会主席
	Dietrich Schuller	奥地利	当然成员，技术小组委员会主席
1997年 第3届	Jean-Pierre Wallot	加拿大	主席，国际档案理事会主席，国家档案馆馆长
	Moncef Fakhfakh	突尼斯	副主席，国家档案馆馆长
	Edwina Peters	特立尼达和多巴哥	副主席，国家档案馆馆长
	Habibah Zon Yahaya	马来西亚	副主席，国家档案馆馆长

---

① 当然成员：可不经选举，直接为成员。

续表

届次	成员	国家	职务
1997 年第 3 届	George Boston	英国	报告员
	Zaid Al-husain	沙特阿拉伯	费萨尔国王伊斯兰学术研究中心秘书长
	Jorge Cabrera Bohorquez	墨西哥	伊达尔戈自治大学教授
	Ray Edmondson	澳大利亚	国家电影和声音档案馆副馆长
	Adolf Knoll	捷克	国家图书馆副馆长
	Evgeny Kuzmin	俄罗斯	文化部图书处主任
	Fathy Saleh	法国	埃及大使馆文化顾问
	Dietrich Schuller	奥地利	当然成员，技术小组委员会主席
1999 年第 4 届	Bendik Rugaas	挪威	主席，国家档案馆馆长
	Musila Musembi	肯尼亚	副主席，国家档案馆馆长
	Edwina Peters	特立尼达和多巴哥	副主席，国家档案馆馆长
	Dato Habibah Zon Yahaya	马来西亚	副主席，国家档案馆馆长
	Ray Edmondson	澳大利亚	报告员，国家电影和声音档案馆副馆长
	Jorge Cabrera Bohorquez	墨西哥	总统顾问
	Wojciech Falkowski	波兰	联合国教科文组织波兰全国委员会秘书长
	Adolf Knoll	捷克	国家图书馆副馆长
	Ahmed Toufiq	摩洛哥	综合图书馆保管员
	Nathalie Dusouliep	法国	当然成员，综合情报计划政府间理事会主席
	Dietrich Schuller	奥地利	当然成员，技术小组委员会主席
2001 年第 5 届	Bendik Rugaas	挪威	主席，国家档案馆馆长
	Simon Chu	中国	副主席，香港历史档案馆馆长
	Musila Musembi	肯尼亚	副主席，国家档案馆馆长

续表

届次	成员	国家	职务
2001年第5届	Celia Zaher	巴西	副主席，国家图书馆馆长
	Belina SB. Capul	菲律宾	报告员，东南亚太平洋音像档案协会秘书长
	John Aarons	西印度群岛	牙买加国家图书馆馆长
	Wojeciech Falkowski	波兰	联合国教科文组织波兰全国委员会秘书长
	Ekaterina U. Genieva	俄罗斯	外国文学图书馆馆长
	Joachim Felix Leonhard	德国	音响档案馆馆长
	Tamiko Matsumura	日本	图书情报大学教授
	Jon Bing	挪威	当然成员，市场小组委员会主席，挪威计算机与法律研究中心、奥斯陆大学法学院教授
	Nathalie Dusoulier	法国	当然成员，综合情报计划政府间理事会主席
	Dietrich Schuller	奥地利	当然成员，技术小组委员会主席
2003年第6届	Ekaterina U. Genieva	俄罗斯	主席，外国文学图书馆馆长
	Mandy Gilder	南非	副主席，国家档案馆馆长
	Rainer Hubert	奥地利	副主席，奥地利媒体负责人
	Celia Ribeiro Zaher	巴西	副主席，国家图书馆馆长
	Belina SB. Capul	菲律宾	报告员，东南亚太平洋音像档案协会秘书长
	Nasser El Ansary	法国	阿拉伯世界研究中心主任
	Simon Chu	中国	香港历史档案馆馆长
	Moncef Fakhfakh	突尼斯	国家档案馆馆长
	Joachim Felix Leonhard	德国	黑森市文化科学部副部长
	Deanna Marcum	美国	国会图书馆服务副馆长
	Ralf Regenvanu	瓦努阿图	国家文化委员会主任
	Andris Vilks	拉脱维亚	国家图书馆馆长

续表

届次	成员	国家	职务
2003 年 第 6 届	Wojeciech Falkowski	波兰	当然成员,联合国教科文组织波兰全国委员会秘书长
	Dietrich Schuller	奥地利	当然成员,技术小组委员会主席
	Martha B. Stone	加拿大	当然成员,综合情报计划政府间理事会副主席
2005 年 第 7 届	Deanna Marcum	美国	主席,国会图书馆服务副馆长
	Alissandra Cummins	巴巴多斯	副主席,博物馆和历史学会主任
	Mandy Gilder	南非	副主席,国家档案馆馆长
	Rainer Hubert	奥地利	副主席,奥地利媒体负责人
	Roslyn Russell	澳大利亚	报告员,世界记忆项目澳大利亚国家委员会成员,Roslyn Russell 博物馆服务处主任
	Jon Bing	挪威	市场小组委员会主席,挪威计算机与法律研究中心、奥斯陆大学法学院教授
	Rosa Maria Fernandez de Zamora	墨西哥	墨西哥国立自治大学图书馆研究中心调查员
	Kyung Ho Suh	韩国	首尔大学汉语言文学系教授
	Ibragimov Nematulla	乌兹别克斯坦	世界记忆项目乌兹别克斯坦国家委员会主席
	Ralf John Regenvanu	瓦努阿图	国家文化委员会主任、国家文化中心主任
	Andris Vilks	拉脱维亚	国家图书馆馆长
	Wojciech Falkowski	波兰	当然成员,名录小组委员会主席
	Dietrich Schuller	奥地利	当然成员,技术小组委员会主席
2007 年 第 8 届	Alissandra Cummins	巴巴多斯	主席,博物馆和历史学会主任
	Luciana Duranti	加拿大	副主席,英属哥伦比亚大学图书、档案与信息学院教授
	Mme Nada MoutassemItani	黎巴嫩	副主席,文化部达尔阿尔哈特信息中心主任

续表

届次	成员	国家	职务
2007年第8届	Ellen Ndeshi Namhila	纳米比亚	副主席，纳米比亚大学图书馆馆长
	Roslyn Russell	澳大利亚	报告员，世界记忆项目澳大利亚国家委员会名录小组委员会主席，Roslyn Russell博物馆服务处主任
	Jon Bing	挪威	市场小组委员会主席，挪威计算机与法律研究中心、奥斯陆大学法学院教授
	Papa Momar Diop	塞内加尔	国家档案馆馆长
	Rosa Maria Fernandez de Zamora	墨西哥	国家图书馆协调员
	Kyung Ho Suh	韩国	首尔大学汉语言文学系教授
	Ibragimov Nematulla	乌兹别克斯坦	世界记忆项目乌兹别克斯坦国家委员会主席，塔什干国立东方大学宗教系主任
	Wladyslaw Stepniak	波兰	国家档案局副馆长
	Jonas Palm	瑞典	当然成员，技术小组委员会主席，国家档案馆保存处主任
2009年第9届	Roslyn Russell	澳大利亚	主席，Roslyn Russell博物馆服务处主任
	Alissandra Cummins	巴巴多斯	副主席，博物馆和历史学会主任
	Mme Nada MoutassemItani	黎巴嫩	副主席，文化部达尔阿尔哈特信息中心主任
	Jonas Palm	瑞典	副主席，技术小组委员会主席，国家档案馆保存处主任
	Helena Asamoah-Hassan	加纳	报告员，夸梅·恩克鲁玛科技大学图书馆馆长
	Mansanori Aoyagi	日本	国立西洋美术馆馆长，东京大学人文社会学研究生院考古学教授
	Luciana Duranti	加拿大	英属哥伦比亚大学图书、档案与信息研究学院教授
	Kyung Ho Suh	韩国	首尔大学汉语言文学系教授

续表

届次	成员	国家	职务
2009 年 第 9 届	Yola de Lusenet	荷兰	
	Wladyslaw Stępniak	波兰	国家档案馆副馆长
	Andris Vilks	拉脱维亚	国家图书馆馆长
2011 年 第 10 届	Roslyn Russell	澳大利亚	主席，Roslyn Russell 博物馆服务处主任
	Alissandra Cummins	巴巴多斯	副主席，博物馆和历史学会主任
	Nada Itani	黎巴嫩	副主席，文化部达尔阿尔哈特信息中心主任
	Jonas Palm	瑞典	副主席，技术小组委员会主席，国家档案馆保存处主任
	Ellen Tise	南非	报告员
	Helena Asamoah-Hassan	加纳	夸梅·恩克鲁玛科技大学图书馆馆长
	Alla Aslitdinova	塔吉克斯坦	
	Ximena Cruzat	智利	
	Luciana Duranti	加拿大	英属哥伦比亚大学图书、档案与信息研究学院教授
	Michael Heaney	英国	
	Driss Khrouz	摩洛哥	
	Wladyslaw Stępniak	波兰	国家档案馆副馆长
	Kyung Ho Suh	韩国	首尔大学汉语言文学系教授
	Andris Vilks	拉脱维亚	国家图书馆馆长
2013 年 第 11 届	Helena Asamoah-Hassan	加纳	主席，夸梅·恩克鲁玛科技大学图书馆馆长
	Lothar Jordan	德国	副主席，教育与研究小组委员会主席，德累斯顿工业大学教授
	Vitor Manoel Marques da Fonseca	巴西	副主席，拉美及加勒比地区委员会主席
	Nada Moutassem Itani	黎巴嫩	副主席，文化部达尔阿尔哈特信息中心主任

续表

届次	成员	国家	职务
2013年第11届	Dianne Macaskill	新西兰	报告员，信息管理战略顾问
	Alla Aslitdinova	塔吉克斯坦	
	Luciana Duranti	意大利	英属哥伦比亚大学图书、档案与信息研究学院教授
	Michael Heaney	英国	
	Hédi Jallab	突尼斯	国家档案馆馆长
	Helen Jarvis	柬埔寨	柬埔寨王国政府顾问
	Adolf Knoll	捷克	国家图书馆科学、研究与国际合作部部长
	Victoria O'Flaherty	圣基茨和尼维斯	国家档案馆馆长
	Wladyslaw Stepniak	波兰	国家档案局副馆长
	Ellen Tise	南非	
2015年第12届	Abdulla El Reyes	阿联酋	主席，国家档案馆馆长
	Lothar Jordan	德国	副主席，教育与研究小组委员会主席，德累斯顿工业大学教授
	David Fricker	澳大利亚	副主席，国家档案馆馆长
	Papa Momar Diop	塞内加尔	副主席，国家档案馆前馆长，谢赫·安达·迪奥普-达喀尔大学档案学教授
	Victoria O'Flaherty	圣基茨和尼维斯	报告员，国家档案馆馆长
	Jussi Nuorteva	芬兰	国家档案馆馆长
	Dietrich Schüller	奥地利	全民信息计划信息保存工作组组长
	Adolf Knoll	捷克	国家图书馆科学、研究与国际合作部部长
	Boryana Hristova	保加利亚	圣西里尔和圣美多迪乌斯国家图书馆馆长
	Vitor Manoel Marques da Fonseca	巴西	拉美及加勒比地区委员会主席

续表

届次	成员	国家	职务
2015年 第12届	Helen Jarvis	柬埔寨	柬埔寨王国政府顾问
	Dianne Macaskill	新西兰	信息管理战略顾问
	Victoria Okojie	尼日利亚	尼日利亚图书馆员委员会主任
	Hédi Jallab	突尼斯	国家档案馆馆长
2018年 第13届①	Abdulla Alraisi	阿联酋	主席
	Jussi Nuorteva	芬兰	国家档案馆馆长
	Maria de la Luz Rodriguez Olivares	西班牙	
	Dietrich Schüller	奥地利	国家科学院音响档案馆馆长
	Boriana Hristova	保加利亚	
	Irena Kriviene	立陶宛	
	Catherine Alice Bloch Gerschel	墨西哥	世界记忆项目墨西哥国家委员会主席
	Rita Tjien Fooh	苏里南	国家档案馆馆长
	Ramesch Chandra Gaur	印度	
	David Fricker	澳大利亚	国家档案馆馆长
	Dina Youssef	埃及	
	Jamaâ Baida	摩洛哥	
	Papa Momar Diop	塞内加尔	副主席，国家档案馆前馆长，谢赫·安达·迪奥普-达喀尔大学档案学教授
	Victoria Okojie	尼日利亚	尼日利亚图书馆员委员会主任

由表3-2可知，国际咨询委员会成员选择总体具备多元化特征：其一，供职机构多元化，虽然早期的成员多来源于各国的图书馆、档案馆，但近年来多有供职于高校、企业、国际组织的专家担任成员；其二，专业背景多元化，即其成员不仅有文献遗产保护及其相关领域的专家，近年来

---

① 由于受到世界记忆项目审查工作的影响，根据联合国教科文组织总干事的决定，第12届国际咨询委员会成员任期延长至2017年年底，而第13届国际咨询委员会成员于2018年1月由总干事任命，任期至2022年。

更有具备法律、计算机、工商管理等专业背景的专家担任成员；其三，地域多元化，国际咨询委员会从最开始就较为注重成员的地域来源，历届成员均有分别来自欧美、阿拉伯、非洲、亚太、拉美及加勒比五大地区的成员，但总体而言欧美地区的成员居多。

（二）下属机构

国际咨询委员会下设多个分支机构，以确保世界记忆项目的实施和推进。其分支机构主要包括主席团、技术小组委员会、名录小组委员会、教育与研究小组委员会等。

实际上，国际咨询委员会分支机构的设置可视需求而定，在必要时可取消部分分支机构。例如，在国际咨询委员会成立初期，曾于1995年下设技术小组委员会（The Sub-Committee on Technology，SCoT），主要负责制定和修订《保护文献遗产的总方针》，为文献遗产保护提供技术支持，为世界记忆项目的实施建言献策。技术小组委员会的主席由国际咨询委员会或主席团委任，成员由相关领域的专家组成，该机构现已撤销。

目前，国际咨询委员会下设主席团（The Bureau）、保护小组委员会、名录小组委员会、教育与研究小组委员会等分支机构。

1. 主席团

主席团成员由国际咨询委员会每次选举产生的1名主席、3名副主席和1名报告员组成，一般来自不同的联合国地理区域①。主席团的职责主要包括以下几个方面：① 负责在国际咨询委员会休会期间维持世界记忆项目的运转并联合世界记忆项目秘书处做出决策；② 商讨国际咨询委员会尚未解决的问题；③ 定期检查世界记忆标志的使用情况；④ 在必要时，与国家委员会保持联系并监测其建设与运作情况。

2. 保护小组委员会

保护小组委员会由1名主席和相关专家成员组成，主席由国际咨询委员会或主席团委任。保护小组委员会源于技术小组委员会，主要履行以下职责：① 就文献遗产选择、保存、获取等问题为国际咨询委员会提供建议和技术支持；② 修订、宣传世界记忆项目《保护文献遗产的总方针》；③ 为机构或个人咨询的文献遗产保护问题提供建议；④ 为国际咨询委员会、地区委员会、国家委员会提供必要的技术支持。随着UNESCO-PER-

---

① UNESCO.International Advisory Committee［EB/OL］.［2020-12-30］. https://en.unesco.org/programme/mow/iac.

SIST 项目的推进，保护小组委员会将重点关注数字保存问题。目前，保护小组委员会共有 10 名成员，主席为 Lai Tee Phang（新加坡）。

3. 名录小组委员会

名录小组委员会于 2001 年成立，其成员构成与保护小组委员会基本一致。名录小组委员会的职责为：① 协同世界记忆项目秘书处，监督《世界记忆名录》的评审工作；② 负责《世界记忆名录》评审工作，并给予专业的评审意见；③ 解释《世界记忆项目》选择标准；④ 协调非政府组织等相关机构、个人参与《世界记忆名录》评审工作；⑤ 为地区委员会、国家委员会的名录建设提供专业建议。目前，名录小组委员会共有 9 名成员，主席为 Jan Bos（荷兰）。

4. 教育与研究小组委员会（以下简称"教研小组委员会"）

教研小组委员会于 2013 年 6 月成立，其成员构成与以上两个小组委员会基本一致[①]。教研小组委员会主要有两个任务：① 推进教育与研究制度化，即促进世界记忆、《世界记忆名录》、文献遗产等领域的教育与研究在高校、研究所的可持续发展；② 推进世界记忆课程的开发与创新，尤其注重跨学科、国际化的网络课程的开发。教研小组委员会的时任主席为 Lothar Jordan（德国）。

三、世界记忆项目国际咨询委员会的职责

国际咨询委员会负责整个世界记忆项目的组织和实施，其主要职责包括以下几个方面。

（一）规范世界记忆项目运作

为确保世界记忆项目的正常运转，国际咨询委员会制定了一系列规章制度，包括《保护文献遗产的总方针》《国际咨询委员会章程》《国际咨询委员会议事规定》《世界记忆项目道德准则》等。

《保护文献遗产的总方针》是国际咨询委员会开展工作的纲领性文件，于 1995 年制定，其后分别于 2002 年和 2017 年进行了修订。该文件主要对世界记忆项目的背景、实施基础、《世界记忆名录》、结构与管理、未来发展等几方面进行规范和阐述。

《国际咨询委员会章程》于 1996 年 2 月经联合国教科文组织执行局审议通过，共 9 条，主要对国际咨询委员会的职能、人员组成等进行规定。

《国际咨询委员会议事规定》于 1997 年审议通过，共 27 条，主要以

规章的形式将国际咨询委员会的组成、职能、会议组织、投票等进行规范。

《世界记忆项目道德准则》于2011年审议通过，共4章14条。该文件规定了《世界记忆名录》评审过程中需要遵循的准则，以确保评估过程的公平公正性，即在国际咨询委员会中，要求成员以个人身份任职，不代表任何国家和政府，不得因政府机构的游说、贿赂泄露评审信息而破坏《世界记忆名录》评审的公正性、公平性和透明度。

（二）推进《世界记忆名录》管理

《世界记忆名录》是世界记忆项目最重大的成果。《世界记忆名录》于1995年设立，1997年开启第一轮评审，迄今为止已进行了11轮评审，共计收录432项文献遗产。对推荐进入《世界记忆名录》的文献遗产进行评审可以说是历次国际咨询委员会会议的核心议题。

1. 建立《世界记忆名录》的评审标准

在国际咨询委员会建立之初，委员会就在讨论具有"世界意义"（world significance）的文献遗产项目的选择标准。最初，国际咨询委员会将选择标准分为4个部分：① 学术标准，如早期手稿或印刷书籍，对某个国家、地区有重大影响的事件文件，不可替代的文献等；② 物理标准，如特殊材料制作的文件，可作为技术范本保存的文件等；③ 内容标准，即内容本身重要或在特定环境中内容重要的文件；④ 濒危程度标准，因灾害、事故导致的文件损毁，因利用导致的文件损伤等。随着《保护文献遗产的总方针》制定和修改，《世界记忆名录》的选择标准（表3-3）逐渐得以完善和细化。其中，具备"世界意义"是所有文献遗产首先要满足的内容；其余标准满足某一项或某几项即可，并不需要一一满足。

表 3-3 　《世界记忆名录》选择标准[①]

标准类别	标准	说明
准入标准	真实性	文献遗产是真实的、未经篡改的原件，而非复制品、伪造品或篡改品
	完整性	文献遗产内容与质量的整体性

---

① MoW Guidelines Review Group. Revised General Guidelines for the Memory of the World (MoW) Programme[EB/OL].[2020-09-06]. https://en.unesco.org/sites/default/files/mow_draft_guidelines_approved_1217.pdf.

续表

标准类别	标准	说明
首要标准	历史意义	是否与以下内容相关： • 政治或经济发展，社会或精神运动 • 世界历史上的杰出人物 • 世界变化的重要事件 • 与时代、事件或人有关的特定地点 • 独特现象 • 值得注意的传统习俗 • 与其他国家或社群之间不断发展的关系 • 生活和文化模式的变化 • 历史的转折点或重大创新 • 艺术、文学、科学、技术、体育或其他生活文化领域的卓越典范
	格式和类型	即文献遗产的物理性质，例如： • 可能是某种类型的一个绝佳范例 • 可能具有杰出的美感和工艺品质 • 可能是一种崭新的或不寻常的载体类型 • 可能是一种现在已经过时或被取代的文件类型
	社会、社群或精神意义	即对于某一团体具有重要意义的事件、人物或地点相关的文献遗产
比较标准	稀有性	文献遗产现存的数量
	保存状况	文献遗产保存状态
意义声明		并非一项单独的评审标准，而是对其他标准的总结与深化： • 为什么这一文献遗产对世界记忆很重要？为什么它的丧失会使人类遗产变得贫瘠？ • 脱离国家或地区的边界，它对生活和文化有什么影响？这种影响是积极的还是消极的？

2. 规范《世界记忆名录》评审程序

为规范名录评审工作，《保护文献遗产的总方针》中明确了项目的评审标准：① 评审具有可比性和相对性，即评估是相对的，无论文献遗产是否被收入《世界记忆名录》，评审过程中需要立足于文献遗产自身的优点，并根据选择标准、《保护文献遗产的总方针》精神，结合以往的被推荐文献遗产进行综合评估。② 真实性和完整性。真实性即指文献遗产是原始的，且未受到破坏，来源可靠；完整性则是指文献遗产是完整可靠的，即需要确认是否所有的档案文件均已提交，是否是原始档案，原始档案的比例是多少，等等。在评审程序上，《保护文献遗产的总方针》也做出了明确规定（表3-4）。

表3-4 《世界记忆名录》评审程序①

流程	说明
前期准备：发布通知	① 世界记忆项目秘书处至少提前4个月在世界记忆项目官方网站（https://en.unesco.org/programme/mow）上发出通知，并说明提交的截止日期和相关标准； ② 国家、组织或个人按照规定将材料提交给世界记忆项目秘书处。
第1阶段：初审	① 世界记忆项目秘书处将提名项目交给名录小组委员会进行评审，名录小组委员会成员进行初步评审与彻底调查，形成初审报告； ② 名录小组委员会召开会议进行集体讨论与审议； ③ 世界记忆项目秘书处以书面形式向申报者正式通知初审意见，同时抄送有关机构。
第2阶段：复审	① 在国际咨询委员会会议召开前，名录小组委员会向其提交评审意见； ② 国际咨询委员会在会议中讨论提名项目，并给予是否收入《世界记忆名录》的意见； ③ 国际咨询委员会向总干事提交评审意见，提供入选《世界记忆名录》的文献遗产推荐名单。
第3阶段：决议	① 总干事决定最终评审结果； ② 通知申请者评审结果，并向媒体公布结果。

3. 推进《世界记忆名录》的监管

其一是《世界记忆名录》中文献遗产的删减或增补问题，国际咨询委员会以电影《大都会》（*Metropolis*）为案例进行商讨。《大都会》是1927年1月10日上映的经典剧情电影，是一部具有划时代意义的科幻经典，极具保存价值。然而，该电影被收入《世界记忆名录》的是2001年翻录版，而后该电影早期版本被发现。能否将更早的版本添加到名录之中成为

---

① MoW Guidelines Review Group. Revised General Guidelines for the Memory of the World（MoW）Programme[EB/OL].[2020-09-06].https://en.unesco.org/sites/default/files/mow_draft_guidelines_approved_1217.pdf.

国际咨询委员会关注的要点。在第 12 次会议中，国际咨询委员会规范了类似提名收入《世界记忆名录》的程序，即申请者须进行与原提名项目相同的申请程序，并建议删除最初的提名。其二是《世界记忆名录》中文献遗产的后续管理问题，国际咨询委员会曾经调查过相关文献遗产的情况，保管机构却未能真实反映出其保存状态，导致国际咨询委员会对这些文献遗产的实际情况一无所知。从 2013 年开始，国际咨询委员会再一次展开相关调查。然而，根据调查显示，由于资金短缺，国际咨询委员会对进入《世界记忆名录》文献遗产的实际监管受到限制。在 2015 年 11 月联合国教科文组织通过《关于保存和获取包括数字遗产在内的文献遗产的建议书》以后，国际咨询委员会积极进行世界记忆项目审查和法律框架修改，而该建议书的通过，也为《世界记忆名录》文献遗产的监测、定期报告提供了可能，为其后续管理提供了便利条件。

（三）加强世界记忆基金管理

世界记忆基金（Memory of the World Fund）主要用于文献遗产保护，并旨在建立长效机制以推进世界记忆项目逐步发展成为具有较强约束力的国际公约。该基金的资金主要来源于联合国教科文组织的常规项目预算和预算外资源。预算外资源多种多样，主要包括产品销售收入、版税，以及政府、组织等的捐赠。世界记忆项目以直接接收捐赠者的提名项目进入评审程序为桥梁，鼓励相关组织机构积极为世界记忆基金提供支持。

国际咨询委员会负责世界记忆基金资金的寻求、管理和分配，并制定详细标准以规范基金的使用。例如，濒危文献遗产可优先使用基金。

（四）促进世界记忆项目宣传

对世界记忆项目进行宣传推广，将世界记忆项目的影响力扩大到全世界，是国际咨询委员会的一项重要工作。在历次会议中，与会成员曾多次强调世界记忆项目宣传推广工作的重要性。例如，在第 9 次会议中，联合国教科文组织秘书处代表茹瓦·斯普林（Joie Springer）指出，世界记忆项目的推广工作是此次会议议程中最为重要的部分，而世界记忆项目能否持续、稳步实施便取决于项目推广工作[1]。为了进一步做好世界记忆项目的宣传推广工作，国际咨询委员会采取多项举措，包括利用 Facebook、

---

[1] International Advisory Committee. Final Report of the 9th Meeting of the International Advisory Committee[EB/OL].[2020-12-30]. http://unesdoc.unesco.org/images/0023/002340/234040e.pdf.

Twitter 等社交媒体的快速发展期，制订世界记忆项目网络宣传计划，提高"世界记忆"的网络知名度；通过与联合国教科文组织其他机构、相关非政府组织等进行合作，拓展"世界记忆"的宣传推广渠道；利用评审"直指"奖、举办培训班等方式进一步扩大世界记忆项目的影响。

（五）推进地区委员会、国家委员会建设

对世界记忆项目进行宣传推广，持续扩大世界记忆项目影响力和覆盖面，一直以来都是国际咨询委员会工作的重点。

1. 推进地区委员会建设

在国际咨询委员会的推动下，亚太地区委员会（1998）、拉美及加勒比地区委员会（2000）、非洲地区委员会（2007）先后成立，为亚非拉地区文献遗产保护工作的开展、世界记忆项目的实施奠定了基础。

2. 推进国家委员会建设

在 1993 年第 1 次会议中，国际咨询委员会就提出应利用世界记忆项目实施的契机，提高各国文献遗产保护的意识，并推进各国建立国家委员会。迄今为止，已有 89 个国家和地区成立了国家委员会。

四、世界记忆项目国际咨询委员会的成绩

迄今为止，国际咨询委员会已举行 13 次会议，在积极履行其基本职能的基础上，已取得了一定的成绩。

（一）推进《世界记忆名录》的规范管理

对《世界记忆名录》的建设、管理、监督和检查，一直以来都是国际咨询委员会工作的核心。

第一，推进《世界记忆名录》选择标准的制定和完善。国际咨询委员会在建立之初，便在商讨制定入选《世界记忆名录》的文献遗产的选择标准。其中，1993 年版选择标准分为学术、物理、内容和濒危程度四个维度；1995 年版的选择标准分为影响力、时间、地点、人物、主题、形式、社会文化价值 7 项主要标准以及完整性、稀有性 2 项次要标准；2003 年增加特殊文献的选择标准，包括视听材料、纪录片、国家领导人和政党文件、数字虚拟媒体和软件、国家宪法、档案全宗。

第二，规范《世界记忆名录》的评审程序。在评审过程上，国际咨询委员会制定了《保护文献遗产的总方针》，详细规定世界记忆项目的提名、评审步骤（表 3-4），并对《世界记忆名录》的评审过程进行记录，以有据可考；在《世界记忆项目道德准则》中规定成员以个人身份任职，不代表任何国家和政府，不得因政府机构的游说、贿赂泄露评审信息，以确保评估过程的公平、公正。在评审结果的呈现上，最初2轮评审仅给出最终的评审结果，从第3轮评审（2001）开始则会在国际咨询委员会会议报告中，以附录形式列出《世界记忆名录》的评审意见；从第5轮评审（2007）开始，国际咨询委员会会议报告将评审结果分为三类进行展示，即推荐进入《世界记忆名录》的提名、临时登记项目和不推荐进入《世界记忆名录》的项目，逐步达成形式上的规范。

（二）推进文献遗产数字保存

国际咨询委员会积极推进数字化技术在文献遗产保存中的利用，持续关注数字保存的发展。

第一，关注数字保存的前沿进展。在21世纪初，国际咨询委员会在联合国教科文组织的倡议下，发起"保护我们的数字遗产"（Preserving our Digital Heritage）项目，并参与《保存数字遗产宪章》等制定和修改工作，持续关注电子系统中文件真实性永久保障国际合作研究（International Research on Permanent Authentic Records in Electronic Systems, Inter PARES）、世界数字图书馆（The World Digital Library, WDL）、UNESCO-PERSIST等数字保存项目实施情况。

第二，开展数字保存的实践。在规划上，在2007年技术小组委员会就做了《走进开源数据库》（Towards an Open-Source Repository）的报告，提出探索基于标准化硬件构建的数字档案保存系统的需求，并提供部分开源软件资源；国际咨询委员会亦提出在发展中国家实施两个数字保存的试点项目。2013年，国际咨询委员会提出世界记忆项目的发展目标即包括制定数字保存实践的培训方案、加强世界记忆项目网络建设、制定数字保存战略等。2015年以后，国际咨询委员会全力推进《关于保存和获取包括数字遗产在内的文献遗产的建议书》的实施。在具体实践上，世界记忆项目已建立三个数据库：①"消失的记忆"数据库，保存着20世纪100多个国家的图书馆、档案馆因灾害而损毁的、无法替代的档案文献，如在两次世界大战中被毁或严重受损的档案馆和图书馆馆藏文献以及在一些国家发生的大规模销毁档案的事件；②"濒危的记忆"数据库，列出正在遭受损害的档案文献；③"目前的活动"数据库，列出当前世界各地图书馆正在进行的重大的图书保护活动。

（三）推进各地区、国家世界记忆项目建设

国际咨询委员会高度重视各地区、各国世界记忆项目的建设，积极推进全球文献遗产保护工作的开展，以尽可能地保存珍贵的"世界记忆"。

在地区层面，国际咨询委员会提出应进行地区规划，并优先在某一地区开展实践活动。国际咨询委员会曾多次参与各地区文献遗产保护会议：1993年召开的中东欧地区文献遗产保护磋商会议，探索该地区濒危文献遗产保护、世界记忆项目实施等问题；1994年12月在新加坡吉隆坡举行的世界记忆项目亚洲地区会议，探讨恶劣环境下文献遗产的保护问题，倡议各国应立即行动起来，建立相应的管理机制，接收并保护各类文献遗产；1995年3月在匈牙利首都布达佩斯召开的，由奥地利、克罗地亚、捷克、匈牙利、罗马尼亚、斯洛伐克参与的地区会议，倡导建立一个移动数字设备，实现6国之间历史文献资源的共享，以审查数字化技术在文献遗产保护领域的实际应用情况，并对可能产生的法律问题做出评估；1997年召开的中亚地区文献遗产保护磋商会议，为世界记忆项目在该地区的实施提供指导。在国际咨询委员会的推动下，世界记忆项目亚太地区、拉美及加勒比地区、非洲地区委员会相继成立，为地区内世界记忆项目的实施、文献遗产的保护奠定了良好的基础。

在国家层面，国际咨询委员会除了倡导各国建立国家委员会外，还资助了一些文献遗产保护项目，包括俄罗斯圣彼得堡的拉齐维乌家族编年史项目（The Radziwill Chronicle）、保加利亚索非亚的圣索菲亚项目（Saint Sophia）、委内瑞拉加拉加斯的拉美早期报纸保护项目（Protection of Latin America's Early Press, Chiefly Nineteenth-Century Newspapers）、捷克布拉格的国家图书馆彩绘手稿项目（Illuminated Manuscripts of the National Library）。同时，对于每一项入选《世界记忆名录》的文献遗产，国际咨询委员会都会予以一定的支持。

第三节　世界记忆项目地区委员会

"以最合适的技术促进世界文献遗产的保护"是世界记忆项目的三大主要目标之一。而要实现对世界文献遗产的保护，促进各个国家和地区参

与世界记忆项目,建立国际咨询委员会与各个国家和地区之间的联系网络不可或缺。截至2019年年底,全球共计197个国家、36个地区。面对如此庞大的地域,要国际咨询委员会直接推进世界记忆项目在各地实施基本难以实现。世界记忆项目地区委员会作为世界记忆项目实施不可或缺的部分,既是国际咨询委员会和国家委员会之间联系和沟通的桥梁,也是区域内各个国家和地区进行合作的平台。

一、世界记忆项目地区委员会简介

世界记忆项目地区委员会是指由两个或两个以上国家组成的,以实施世界记忆项目为目标的合作机构[1]。一般而言,地区委员会按照地理位置、风俗习惯等特征进行地区划分,其覆盖范围大小各异。

目前,世界记忆项目主要以联合国教科文组织《基本文件》中"本组织旨在实施地区性活动的地区划分"为准[2],将全球分为非洲地区、阿拉伯地区、欧美地区、亚太地区、拉美及加勒比地区五大地区。其中,阿拉伯地区是面积最小的地区,主要包括位于非洲北部、西亚等地区的23个国家。此外,横跨亚欧大陆的俄罗斯、阿塞拜疆、土耳其、格鲁吉亚、哈萨克斯坦,以及位于亚洲的亚美尼亚、塞浦路斯等国归属于欧美地区。因《基本文件》中存在部分国家同时属于两个地区的情形,因而尚有部分国家的地区并未明晰,例如南苏丹等。

二、世界记忆项目地区委员会的职责

地区委员会是一个合作性质的机构,并没有固定的模式,但一般须履行以下职责。

(一) 制定地区级规章制度

根据《保护文献遗产的总方针》,地区委员会在与世界记忆项目秘书处商议后,有权制定相应的规章制度,以促进本地区世界记忆项目的规范管理和有序实施。在《保护文献遗产的总方针》的框架下,现有的地区委员会均已制定相应的地区管理制度。例如,亚太地区委员会制定《世界记

---

[1] UNESCO. Regional Memory of the World Committees [EB/OL]. [2020-12-08]. https://en.unesco.org/programme/mow/regional-committees.

[2] UNESCO. Basic Texts, 2020 Edition [EB/OL]. [2020-12-08]. https://unesdoc.unesco.org/ark:/48223/pf0000372956?posInSet=1&queryId=e769f4ed-2868-40dd-b845-0ff554bda803.

忆项目亚太地区委员会指南》（MOWCAP Guidelines），以规范《世界记忆亚太地区名录》的申报评审秩序；制定《世界记忆项目亚太地区委员会章程》（Asia/Pacific Regional Committee for the Memory of the World Program Statutes）、《议事规定》（Rules of Procedure），以规范亚太地区委员会的管理和运转。拉美及加勒比地区委员会制定《地区委员会条例》（Regional Committee Regulations），对地区委员会的具体事务做出了详细的规定。

（二）建立地区级管理机构

为推进世界记忆项目在本地区内实施，地区委员会可根据实际需求设立分支机构，以维持机构的正常运转。通常，地区委员会设大会，以决定地区内与世界记忆项目相关的重大事务。例如，亚太地区委员会大会每两年举行一次，迄今为止共举行了8次大会，以对世界记忆项目在亚太地区的推进进展进行规划；拉美及加勒比地区委员会一般每年召开一次大会。

同时，地区委员会还会下设一些分支机构，以分担地区委员会的工作。例如，亚太地区委员会、拉美及加勒比地区委员会分别设主席团、执行局，负责地区委员会休会期间世界记忆项目的管理。亚太地区委员会还设有编辑小组委员会（Editorial Sub-committee）和名录小组委员会（Register Sub-committee），负责《世界记忆亚太地区名录》的评审工作。

（三）丰富地区级记忆名录

世界记忆项目鼓励各个地区设立其地区级记忆名录，以保存和记录具有地区意义的珍贵文献遗产。地区级记忆名录的建设，也是地区委员会的一项重要工作。目前，亚太地区委员会、拉美及加勒比地区委员会已分别建立《世界记忆亚太地区名录》《世界记忆拉美及加勒比地区名录》，并进行相关申报评审，现已收录众多来自两地区的珍贵档案文献。其中，《世界记忆拉美及加勒比地区名录》从2011年开始将所有入选《世界记忆名录》的文献遗产收录其中。

（四）推进地区培训和合作

为提高各个国家和地区的文献遗产保护能力，加强地区内各国的合作与交流，地区委员会应定期举办一些培训班、研讨会、学术会议，或开展一些地区级文献遗产保护项目，从而为世界记忆项目在各国实施提供支持。以亚太地区为例，在亚太地区委员会的支持下，仅2019年下半年就已在中国苏州举办"发展中的世界记忆"国际学术研讨会，在越南举办世界记忆意识提升国家研讨会，在澳大利亚阿德莱德举办防灾研讨会，在韩国举办世界记忆项目第二次区域间会议,等等。在协调多方参与合作方面,亚太地区委员会与亚洲文化中心联合发布"亚太地区委员会—亚洲文化中心资助项目"(MOWCAP-Asia Culture Center Grants Programme),从而为本地区的文献遗产保护机构提供资金支持。此外,亚太地区还启动了世界记忆亚太地区委员会在线档案馆(MOWCAP Archive)项目,收录《世界记忆亚太地区名录》中的文献遗产,为亚太地区各国提供便捷的资源获取渠道。

(五) 推进各国文献遗产保护

各个国家和地区是文献遗产保护的主体力量,而促进各国世界记忆项目建设也是地区委员会的一项重点工作。其一是要推进世界记忆项目管理,即要加强对已入选《世界记忆名录》及地区级记忆名录的文献遗产的管理,包括定期调查其保存状态、核查资金使用情况等,以确保此类文献遗产具备良好的保存条件。其二是推进国家委员会的建设,即对于有条件、有能力的国家,地区委员会应积极推进其尽快建立国家委员会,例如,可指派已建立国家委员会的国家进行一对一的指导。其三是为未建立国家委员会的国家提供支持。例如,为其申报《世界记忆名录》、地区级记忆名录进行指导,包括材料准备、表格填写等;对部分国家的濒危文献遗产给予抢救性保护的支持,包括技术指导、专项资金资助等。

三、世界记忆项目地区委员会的特征

地区委员会具有自愿性、互助性、合作性等特点。

(一) 自愿性

自愿性是指地区委员会是一个非强制的组织。一方面,地区委员会虽然鼓励各个国家委员会与其保持密切联系,积极参与相关活动,但这些都不是强制性的;在该地区举行各项活动,如培训班、研讨会等,参与与否全凭自愿。另一方面,地区委员会并不是一个单纯由各个国家委员会代表组成的机构,地区委员会的成员既有国家委员会的代表,也有联合国教科文组织全国委员会的代表、国际咨询委员会的代表,还有未建立国家委员会的国家代表,其成员结构、成员选拔均可由地区委员会自主决定。

(二) 互助性

互助性是地区委员会在推进世界记忆项目实施过程所表现出来的携手共进的状态,主要包括以下两个方面。①对地区委员会建设的支持,例如，中国国家档案局、联合国教科文组织韩国全国委员会为 2016 年 5 月在越南顺化召开的亚太地区委员会大会提供资金支持；韩国承担亚太地区委员会办公室的全部建设费用。②对地区委员会工作的支持，例如 2009 年 2 月在韩国举行的"《世界记忆名录》申报准备工作"地区培训会加强了亚太地区各国对《世界记忆名录》的了解；2009 年 9 月举办的第四届"亚太地区文献遗产保护与利用"培训研讨会、2016 年 9 月举行的世界记忆能力建设培训等促进了各国文献遗产保护能力的提升。

（三）合作性

根据《保护文献遗产的总方针》，地区委员会是一个合作机构（cooperative structures）。从实际来看，地区委员会一方面加强了国际咨询委员会与国家委员会的联系，构建起两者之间交流和沟通的桥梁；另一方面推进了地区内各国的交流和合作，例如，拉美及加勒比地区委员会基于该地区语言、人口构成的复杂性，以及其独特的历史进程，要求委员会的成员须来自不同的国家，且这些成员不仅需要关注本国世界记忆项目的实施情况，还须协助子地区其他国家实施世界记忆项目，并在大会上汇报相关工作，这一举措的实施有效地促进了该地区各个国家之间文献遗产保护的合作交流。

四、世界记忆项目地区委员会的现状

目前，世界记忆项目已建立亚太地区委员会、拉美及加勒比地区委员会、非洲地区委员会。其中，亚太地区委员会是第一个地区委员会，于 1998 年在北京成立，涵盖亚太地区的 40 多个国家；已建立《世界记忆亚太地区名录》，共收录 56 项文献遗产。拉美及加勒比地区委员会于 2000 年在墨西哥成立，将该地区划分为几个子地区进行管理；于 2002 年建立《世界记忆拉美及加勒比地区名录》，共收录 186 项文献遗产①。非洲地区委员会于 2007 年建立，相关工作进展较为缓慢。

随着地区委员会的建立，各地区文献遗产保护不断发展，极大地丰富了《世界记忆名录》的文献遗产资源。截至 2017 年年底，各地区历年入选《世界记忆名录》的文献遗产数量统计和各地区入选数量比例分别如表 3-5 和图 3-1 所示。

---

① MOWLAC. Regional Register 2002-2018[EB/OL].[2020-12-07]. https://mowlac.files.wordpress.com/2019/05/lista_inscripciones_list-of-inscriptions-mowlac-2002_2018_dic18.pdf.

表 3-5　各地区《世界记忆名录》数量统计表

地区	时间											总计
	1997年	1999年	2001年	2003年	2005年	2007年	2009年	2011年	2013年	2015年	2017年	
阿拉伯地区	1	0	0	1	3	1	0	2	1	0	4	13
非洲地区	6	0	0	2	1	3	1	2	1	4	3	23
拉美及加勒比地区	7	1	0	6	4	5	11	8	8	7	12	69
欧美地区	16	5	14	10	18	19	15	29	30	30	44	230
亚太地区	8	3	7	6	3	9	7	17	18	11	20	109
其他	0	0	0	0	0	0	2	0	1	1	2	7
总计	38	9	21	25	29	38	36	58	59	53	85	451

注：① 合作申报项目按照地区重复计算，故各地区入选遗产数量之和大于全球总量；
② 除由国家或地区申报的项目外，其他为国际组织申报的项目。

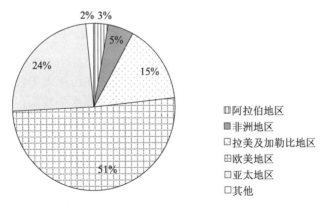

图 3-1　各地区入选《世界记忆名录》文献遗产数量比例图

由表 3-5 可知，截至 2017 年年底，《世界记忆名录》共进行了 11 轮评审，收录了来自 132 个国家和地区及国际组织的 432 项文献遗产。总体而言，各地区入选《世界记忆名录》文献遗产呈现出以下特征。

1. 入选数量总体上升

在总体入选数量上，虽然《世界记忆名录》每轮评审的入选数量波动较大，其极差值为76，但入选数量总体上呈现上升趋势，最后一轮评审的入选数量为历年最多，达85项。在各地区入选数量上，除非洲地区、阿拉伯地区因入选总量较少波动不大外，其他3个地区历年入选《世界记忆名录》的文献遗产数量总体在不断增长。

2. 地区发展不平衡

5个地区不论是在历年入选数量上，还是在入选总量上，可以分为3个梯队。

第一梯队为欧美地区。该地区历年入选数量均高于其他地区，入选总量则占《世界记忆名录》总量的50%以上。这是因为欧美地区多数国家政治稳定、经济发达，其文献遗产保护工作起步较早；在相对稳定的环境中，各国积极推进文化建设，加之国家数量多，历年参与《世界记忆名录》申报工作的国家较多，因而入选《世界记忆名录》的文献遗产数量名列首位。

第二梯队为亚太地区和拉美及加勒比地区。两地区历年入选数量和入选总量均高于非洲地区、阿拉伯地区。亚太地区和拉美及加勒比地区境况类似：一是有中国、韩国、澳大利亚和巴西、墨西哥等国家积极行动，推进本地区世界记忆项目的建设，并积极开展《世界记忆名录》的申报工作；二是地区内两极化现象明显，即极少数国家高度活跃，多数国家对世界记忆项目反应平平，参与并不积极；三是岛国较多，跨国交流成本较高，各国难以保持持续稳定的沟通交流。

第三梯队为非洲地区和阿拉伯地区。两地区在历年入选数量和入选总量上均位于末尾。非洲地区地域辽阔，但经济发展水平较低，传染病频繁爆发，且因长期殖民历史和种族隔离政策影响，各国人民饱受贫穷、饥饿、疾病困扰，政权更替频繁，即便政治稳定也以发展经济为第一要务，难以顾及基本文化建设，更遑论对于文献遗产的保护；而近年来随着总体局势趋于稳定，非洲地区逐步重视起文化遗产保护，入选《世界记忆名录》的文献遗产数量较前几年有所增加，但总量仍较少。阿拉伯地区位于三大洲交界地，历来多因宗教信仰、种族问题、部落差异而产生冲突，加之因石油资源引起各国争端，导致阿拉伯地区局势更为混乱，自叙利亚战争爆发以后，难民大量涌出，各国难以对于档案文献保护投入大量人力、物资,致使该地区文献遗产工作基本趋于停滞。

除了以上 3 个地区委员会外,一些小地区基于共同的历史、地域,形成规模较小的地区委员会。例如,世界记忆项目波罗的海地区委员会,联合波罗的海周边的立陶宛、拉脱维亚和爱沙尼亚 3 个国家,以促进本地区文献遗产保护的发展。①

第四节　世界记忆项目国家委员会(含地方)

世界记忆项目主要关注文献遗产,包括手稿、文件、口述历史等的保护和利用,即以最合适的技术保存世界文献遗产、促进文献遗产的民主获取、提高全世界文献遗产保护的意识等。推进世界文献遗产的保护,则需要各个国家、地区的协调和配合。因而,世界记忆项目鼓励各个国家在可行的情况下建立国家委员会,以推进世界记忆项目的实施和文献遗产的保护。

一、世界记忆项目国家委员会简介

为推进世界文献遗产的保护,世界记忆项目及相关活动的开展不仅仅立足于全球这个整体,也会以某一地区、国家或地方为整体组织行动。国家委员会是世界记忆项目管理机构不可或缺的部分。可以说,世界记忆项目要实现其最终目标,很大程度上依赖于国家委员会和地区委员会的推动。世界记忆项目倡导每个国家在条件允许的情况下建立国家委员会,而这也是世界记忆项目的一项战略目标。

国家委员会并没有固定的模式,即其既可以是极为正式、结构严谨的组织,也可以是非正式的组织。同时,国家委员会也是自治实体,拥有具体的职权范围,可以制定相应的规章制度,确定其成员选拔程序等。当国家委员会能够组织申报《世界记忆名录》,进行世界记忆项目宣传,与国家级的政府、专业协会、监管机构进行持续合作时,便可建立其国家级的记忆名录。

---

① Estonian,Latvian and Lithuanian National Commission for UNESCO. The Baltic Way[EB/OL]. [2020-12-30].http://www.balticway.net/index.php?page=nomination&hl=en.

国家委员会要获得世界记忆标志的使用权，必须得到联合国教科文组织全国委员会的认证，且满足以下条件：① 与联合国教科文组织全国委员会和世界记忆项目地区委员会（如有）建立联系并取得支持；② 成员具有文献遗产保护及相关领域的专业背景，能够代表该国重要的文化群体，且其成员构成能够反映该国的地理、文化特征；③ 拥有明确的职权范围和明晰的规章制度，其中必须包括委员会成员资格获取规定；④ 具备履职能力，即能够取得资金支持，与国内主要文化机构如档案馆、图书馆、博物馆建立联系，与政府保持稳定沟通；⑤ 职责明晰，包括世界记忆项目目标的实现、制定名录选择标准、建立定期汇报制度。

在未建立国家委员会的国家，一般可由联合国教科文组织全国委员会或相关组织履行相应职责。

二、世界记忆项目国家委员会的职责

国家委员会的具体职责因国家而异，一般包括以下几个方面。

（一）国家级记忆名录的建设

已成立国家委员会的国家即可建立本国的国家级记忆名录，制定名录选择标准，并启动国内文献遗产的评审工作。例如，世界记忆项目中国国家委员会于1996年成立，于2000年启动"中国档案文献遗产工程"，建立《中国档案文献遗产名录》，目前已经过4轮评审，共计142项文献遗产入选。世界记忆项目澳大利亚国家委员会于2000年成立，于2001年启动《澳大利亚世界记忆名录》的评审工作，截至2019年12月共进行了10轮评审，现《澳大利亚世界记忆名录》共收录69项文献遗产①。《墨西哥国家记忆名录》于2005年启动第1轮评审，迄今为止已进行了10余轮评审，共计64项文献遗产被收录。

（二）协调《世界记忆名录》申报工作

根据《保护文献遗产的总方针》，地区委员会和国家委员会在申报《世界记忆项目》时享有一定的优先权，而每个国家每两年单独申报的文献遗产仅限2项。而实际上，大部分国家多拥有丰富的文献遗产，在申报《世界记忆名录》时就需要国家委员会进行协调，有计划、有组织

---

① UNESCO Australian Memory of the World Committee. The AMW Register[EB/OL]. [2021-01-16]. https://www.amw.org.au/amw-register.

地进行文献遗产申报,从而确保每轮《世界记忆名录》申报工作的顺利进行。

(三) 推广世界记忆项目

国家委员会要通过各种措施提高国家文献遗产保护意识,扩大世界记忆项目在国内的影响力。例如,在韩国"白云和尚抄录《佛祖直指心体要节》(下卷)"申遗成功之后,清州市将每年9月4日定为"直指日"[1],并举办系列庆典活动,其中2018年"直指韩国国际庆典"活动3个星期累计吸引41万人参与[2],在加深韩国公众对本国文献遗产认同的同时,极大地扩大了世界记忆项目的知名度。在中国,"申遗"一词泛指《世界遗产名录》《人类非物质文化遗产代表作名录》《世界记忆名录》的申报,将联合国教科文组织的三大遗产项目——世界遗产项目、人类非物质文化遗产项目和世界记忆项目结合起来,同步宣传,极大提高了《世界记忆名录》的知名度。

(四) 与政府及国内外文献遗产保护机构建立联系

其一,获得政府支持。文献遗产是一个国家重要的文化资源,涉及政治、经济、文化、军事等多个领域,通常保存在政府机构之中。为加强本国文献遗产保护、促进国家级记忆名录建设、推进《世界记忆名录》申报工作,国家委员会就必须取得政府的支持,如政策、资金、人力等支持,从而确保世界记忆项目的顺利实施。

其二,与各类文化机构合作。档案馆、博物馆、图书馆、艺术馆等文化机构保存着大量珍贵的文献遗产,是进行国家级、地区级、世界级记忆名录建设的重要资源。与上述文化机构保持紧密合作,将极大地便利国家委员会相关工作的开展,促进本国文献遗产保护的发展。

其三,维持与相关国际机构的合作:一是加强与联合国教科文组织全国委员会的联系,每年定期向其提交年度工作报告;二是积极参与地区委员会的活动,即在设有地区委员会的亚太地区、拉美及加勒比地区、非洲地区,其国家委员会一般需要加入所属的地区委员会,定期向地区委员会汇报工作,参与地区委员会的常规活动等;三是保持与世界记忆项目秘

---

[1] 韩联社. 教科文助理总干事:"直指"可成为记忆遗产的国际平台[EB/OL]. [2020-12-30]. https://cn.yna.co.kr/view/ACK20160901001100881? section=search.

[2] 韩联社. 2018 清州直指节闭幕[EB/OL]. [2020-12-30]. https://cn.yna.co.kr/view/ACK20181022002500881? section=search.

处的联系，并定期向其提交年度工作报告，同时，国家委员会制定的规章制度、开展的世界记忆活动等需要报世界记忆项目秘书处备案。

三、世界记忆项目国家委员会的现状

为推进世界记忆项目的实施，国际咨询委员会高度重视国家委员会的建设。在1993年第1次国际咨询委员会会议后，世界记忆项目即向联合国教科文组织会员国发函，鼓励各会员国建立世界记忆项目国家委员会。根据国际咨询委员会统计，截至1995年5月，白俄罗斯、佛得角、中国、哥伦比亚、克罗地亚、古巴、芬兰、匈牙利、马拉维、毛里塔尼亚10国已建立国家委员会，加拿大、丹麦、德国、西班牙、扎伊尔5国正在筹建国家委员会。1996年6月3日至5日，世界记忆项目第一次国际大会（International MoW Conference）在挪威举行，全球共65个国家派代表参加。此次会议建立了世界记忆项目的基本框架，并呼吁全球所有国家建立国家委员会。

截至2020年12月，在国际咨询委员会、地区委员会的支持下，全球已有89个国家和地区成立国家委员会（表3-6），占国家和地区总数（233个）的37.77%：非洲地区16个，阿拉伯地区7个，亚太地区15个，欧美地区27个，拉美及加勒比地区24个。从数量上来看，欧美地区国家委员会数量最多，阿拉伯地区最少。

表3-6 世界记忆项目国家委员会统计表①

地区	数量	国家（地区）
非洲地区	16	佛得角、中非、科特迪瓦、刚果、加蓬、肯尼亚、马拉维、马里、毛里塔尼亚、纳米比亚、尼日利亚、塞内加尔、南非、塞舌尔、乌干达、津巴布韦
阿拉伯地区	7	阿尔及利亚、埃及、约旦、黎巴嫩、摩洛哥、阿曼、突尼斯
亚太地区	15	澳大利亚、中国、斐济、印度尼西亚、伊朗、日本、哈萨克斯坦、吉尔吉斯斯坦、马来西亚、蒙古、新西兰、菲律宾、斯里兰卡、泰国、东帝汶

---

① 根据教科文组织《基本文件》对地区的划分，英属维尔京群岛划分在拉美及加勒比地区。

续表

地区	数量	国家（地区）
欧美地区	27	奥地利、白俄罗斯、比利时、保加利亚、加拿大、塞浦路斯、捷克、丹麦、爱沙尼亚、芬兰、法国、德国、希腊、匈牙利、冰岛、以色列、拉脱维亚、立陶宛、荷兰、挪威、波兰、俄罗斯、塞尔维亚、斯洛伐克、瑞典、土耳其、英国
拉美及加勒比地区	24	巴巴多斯、伯利兹、玻利维亚、巴西、英属维尔京群岛、智利、哥斯达黎加、古巴、萨尔瓦多、危地马拉、海地、洪都拉斯、牙买加、墨西哥、尼加拉瓜、巴拉圭、秘鲁、圣基茨和尼维斯、圣卢西亚、荷属圣马丁、委内瑞拉、特立尼达和多巴哥、乌拉圭、多米尼加共和国

根据联合国教科文组织的地区划分，对5个地区的国家和地区进行统计，并计算出所占比例，如图3-2所示。

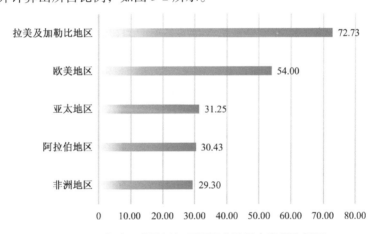

图 3-2　5 个地区世界记忆项目国家委员会数量比例图

注：① 计算国家总数时，参考联合国教科文组织《基本文件（2020 年版）》，存在重复计数；
② 计算国家总数时，将地区（未获得独立的殖民地和源属地等）数量一并计入。

由图 3-2 可知，5 个地区的国家委员会建设大致可分为两个梯队：第一梯队是欧美地区、拉美及加勒比地区，两地有近 50% 的国家和地区已建立国家委员会，覆盖率较高；第二梯队是亚太地区、阿拉伯地区、非洲地区，其建设比例在 30% 左右。

拉美及加勒比地区是国家委员会建设率最高的地区，其原因有三：

① 拉美及加勒比地区委员会成立较早，且积极推进世界记忆项目建设；② 联合国教科文组织开展了一些文献遗产保护项目，如拉美早期报纸保护项目、奴隶贸易档案项目、拉美及加勒比地区摄影集项目，促进该地区国家的参与；③ 已建立国家委员会的国家如巴西、墨西哥积极帮助其他国家建设国家委员会。

非洲地区是国家委员会建设率最低的地区，则是因为受到政治、经济等因素的影响较大。由于受到贫穷、疾病、殖民历史等的影响，非洲部分地区战乱频仍，例如，1993年至2003年，刚果（金）陷入战乱，将卢旺达等6个非洲国家卷入其中。经济基础决定上层建筑，非洲地区各国政权更替频繁、经济发展落后，即便要推进文献遗产保护，也有心无力。

总体而言，国家委员会建设呈现出地区不平衡的状态，总体覆盖率（37.77%）较低，主要有以下几个原因。其一，世界记忆项目是联合国教科文组织主导的文献遗产保护项目，虽然面向所有国家和地区开展《世界记忆名录》评审，推进世界记忆项目的各项活动，但要建立受联合国教科文组织承认的国家委员会，就必须在国内设立联合国教科文组织全国委员会。然而，并非所有国家和地区都是联合国教科文组织的会员，例如美国、以色列。其二，部分国家由联合国教科文组织全国委员会代行相应职责，并未专设国家委员会，例如韩国、伊朗。其三，受到经济发展水平、政治稳定性、地理环境等因素影响，部分国家无力设立国家委员会。例如叙利亚战争已持续近10年，该国民众的生命安全都难以保证，更何谈文化遗产保护；又如位于大洋中的部分岛国，国土面积小，人口少，致力于提高国内生产总值（GDP），难以分出精力专设国家委员会用于文献遗产保护。

可以说，国家委员会的建设虽然不是衡量世界记忆项目实施情况的一个绝对指标，但也可以从中看出，各国世界记忆项目建设、文献遗产保护仍然任重而道远。虽然世界记忆项目向全球推进的道路上艰难险阻繁多，但记载着人类文明的这些档案、承载着人类历史的这些瑰宝永不失色，值得去记录、去保护。

# 第四章

世界记忆项目的政策研究

为遏制文献遗产保护环境的恶化，使文献遗产得到妥善保存与利用，联合国教科文组织于 1992 年启动世界记忆项目，并于 1995 年颁布首部以保护文献遗产为主题的世界性政策文件《保护文献遗产的总方针》。此后联合国教科文组织陆续颁布《国际咨询委员会章程》《保存数字遗产宪章》等 10 部文献遗产保护政策法规性文件，涉及世界记忆项目组织架构、文献遗产数字化、数字遗产保护、文献遗产开放获取等多个主题，为保护世界文献遗产搭建了工作框架、奠定了政策基础。其中也不乏纲领与指南类文件，具有极高的参考价值。

鉴于此，本章基于联合国教科文组织文献遗产保护工作和世界记忆项目的进展，系统梳理了 11 部政策法规性文件的内容，并对《保护文献遗产的总方针》《关于保存和获取包括数字遗产在内的文献遗产的建议书》等重点文件的发展历程和深远影响进行了详细分析。

第一节 联合国教科文组织文献遗产保护政策体系总体概述

联合国教科文组织自 1992 年设立世界记忆项目以来，出台了多部政策法规文件以推动世界范围内文献遗产的保护。自 1995 年《保护文献遗产的总方针》颁布以来，教科文组织共出台了 11 部政策法规性文件，详细说明世界记忆项目的目标使命、组织机制、重要活动和管理要求，从文献遗产管理和组织机构管理两个层面对文献遗产保护工作做出规范（表 4-1）。在文献遗产管理层面，政策涉及鉴定、保存、数字化、开放获取等多项文献保护的具体业务活动，规范文献遗产的保护与管理全流程。在组织机构管理层面，政策阐明最高管理机构国际咨询委员会的内部组织构成和管理制度，明确委员会成员应遵循的道德准则和实际义务。

表 4-1 联合国教科文组织文献遗产保护政策概览

序号	名称	发表年份	类型	主要内容	修订情况
1	《保护文献遗产的总方针》（Memory of the World: General Guidelines to Safeguard Documentary Heritage）	1995 年	纲领性文件	系统阐述世界记忆项目的背景、目标，文献遗产保护与获取的策略方法，世界记忆项目管理机构的组织架构与工作要求，世界记忆文献遗产保护活动，《世界记忆名录》的鉴定要求与评估程序等	2002 年第一次修订，2017 年第二次修订
2	《国际咨询委员会章程》（Statutes of the Memory of the World International Advisory Committee）	1996 年	组织机制	阐述国际咨询委员会的目标、职能、成员构成、会议要求等组织架构层面的基本内容	2017 年修订

续表

序号	名称	发表年份	类型	主要内容	修订情况
3	《国际咨询委员会议事规定》（International Advisory Committee of the Memory of the World Programme：Rules of Procedure）	1997年	组织机制	是对《国际咨询委员会章程》的补充延展和详细说明，具体包括国际咨询委员会的成员构成、内部架构及其职能、工作要求、会议要求等	有修订（未明确时间）
4	《保存数字遗产宪章》（Charter on the Preservation of Digital Heritage）	2003年	保护数字遗产	明确数字遗产的范围与使用、保护措施，以及教科文组织与其成员国在保护数字遗产中的职责	
5	《保存数字遗产方针》（Guidelines for the Preservation of Digital Heritage）	2003年	保护数字遗产	《保存数字遗产宪章》的配套文件，介绍数字遗产的概念、保护要求及保护项目，从管理层面明确责任、提出建议，从技术与实践层面明确数字遗产的鉴定要求、数据保护要求和开放获取要求等	
6	《世界记忆项目道德准则》（Memory of the World Programme：Code of Ethics）	2011年	组织机制	规定国际咨询委员会及其附属机构成员在工作过程中需要遵守的行为规范和道德制度，主要涉及《世界记忆名录》评审管理中的行为准则	2017年修订，已列入《总方针》
7	《发展与促进开放获取政策准则》（Policy Guidelines for the Development and Promotion of Open Access）	2012年	其他	介绍开放获取的发展、开放获取的重要性、如何实现开放获取、开放获取政策的制定与实施，以及教科文组织在开放获取中所能发挥的作用	

续表

序号	名称	发表年份	类型	主要内容	修订情况
8	《关于保存和获取包括数字遗产在内的文献遗产的建议书》(The Recommendation Concerning the Preservation of, and Access to, Documentary Heritage Including in Digital Form)	2015年	成果性文件	从文献遗产的确认、保存、获取、政策措施及国际合作五个方面，对教科文组织成员国提出了文献遗产保护的具体要求与应对措施	
9	《长期保存的数字遗产选择方针》(Guidelines for the Selection of Digital Heritage for Long-term Preservation)	2016年	保护数字遗产	明确国家机构的职责，强调法律环境对数字遗产选择的重要作用，阐述遗产机构的数字遗产选择策略	
10	《关于保存和获取包括数字遗产在内的文献遗产的建议书实施指南》(Implementation Guidelines for the 2015 Recommendation Concerning the Preservation of, and Access to, Documentary Heritage Including in Digital Form)	2017年	成果性文件	《关于保存和获取包括数字遗产在内的文献遗产的建议书》的配套指导性文件，以政府、记忆机构以及其他机构（世界记忆项目国家委员会、专业组织等）等不同主体为区分，对其内容逐条进行详细解释说明	
11	《文献遗产数字化的基本准则》(Fundamental Principles of Digitization of Documentary Heritage)	不明	其他	明确数字化定义，强调必须制定数字化战略，介绍数字化的主要步骤及数字化中的知识产权问题	

按照主题，11部文件可大体分为纲领、组织机制、保护数字遗产、成果性文件和其他五类（图4-1）。据此分析，教科文组织文献遗产保护政策法规的分布有以下几个特点。首先，随着数字载体的发展，数字遗产逐渐成为教科文组织文献遗产保护的重点关注对象。自2003年《保

存数字遗产宪章》颁布以来，共有3部专门针对数字遗产的文件颁布，2015年出台的成果性文件《关于保存和获取包括数字遗产在内的文献遗产的建议书》也在标题中强调了数字遗产的重要性。其次，与组织机构相关的文件占比28%，说明组织机构的设置与规范是教科文组织文献遗产保护中的关键问题。最后，教科文组织所颁布的政策法规比较全面地涉及了遗产保护的大部分问题，保护、获取、数字化等环节都有专门的文件规定。

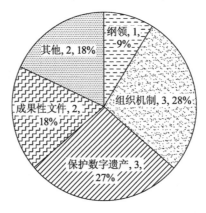

图4-1　教科文组织文献遗产保护政策文件分类饼状图

在11部文件中，1995年颁布的《保护文献遗产的总方针》时间最早、最具代表性，是教科文组织文献遗产保护政策体系的核心纲领，也是世界记忆项目开展文献遗产保护工作的政策基石。它的出台确定了世界记忆项目的技术、法律、财政框架及其工作机构，明确了文献遗产保护的意义价值和方法策略。此后多部政策文件均围绕其部分章节内容为基础展开，如《国际咨询委员会章程》是对第四章"项目的结构"的具体拓展，《世界记忆项目道德准则》是对第二章第五条"道德基础"的有力补充。不同政策之间相互影响、彼此交融，共同构成教科文组织文献遗产保护政策体系（图4-2）。

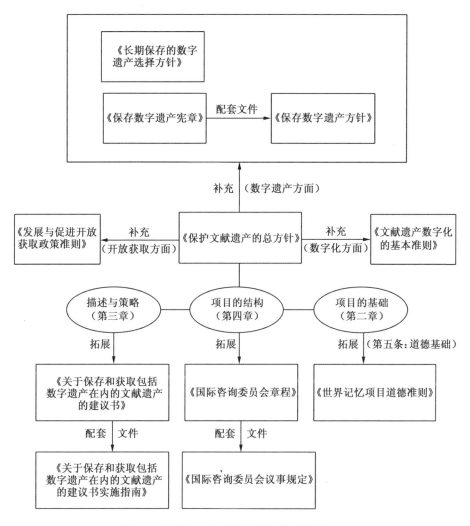

图 4-2 教科文组织文献遗产保护政策关系图

此后 20 余年，在《保护文献遗产的总方针》这一纲领性政策的指引下，文献遗产保护政策体系陆续延伸出多部针对某一特定方面的政策文件。《国际咨询委员会章程》和《国际咨询委员会议事规定》用于实现世界记忆项目的组织机构设置与管理。在规定国际咨询委员会内部结构与工作职责的同时，也为地区和国家两级世界记忆机构的建设提供参考。《世界记忆项目道德准则》提供世界记忆项目工作中的道德规范，能够最大限度约束工作人员的行为，维护项目专业特征，减少人为失范。《保存数字遗产宪章》和《保存数字遗产方针》是专门针对新兴数字载体的补充，强调数字遗产与传统遗产同样极具价值，关注数字载体保护的特殊性，弥补了《保护文献遗产的总方针》较少涉及数字遗产的缺憾。此外，《发展与促进开放获取政策准则》指导各国制定并实施开放获取政策，《长期保存的数字遗产选择方针》明确具有长期保存价值的数字遗产选择策略与标准，《文献遗产数字化的基本准则》强调文献遗产数字化的步骤与策略。

2015年出台的《关于保存和获取包括数字遗产在内的文献遗产的建议书》（以下简称《建议书》）是面向政府的文献遗产保护规则，具体涉及文献遗产确认、保存、获取、政策措施和国际合作五个方面，是所有教科文组织文献遗产保护政策中最具约束性和号召力的一项。此前的各项政策主要用于约束世界记忆项目工作人员，或向世界各国及记忆机构提供不具备强制性的文献保护参考建议。《建议书》则明确要求教科文组织成员国"在各自领土内落实其规定的原则、措施和规范"，并"按教科文组织大会确定的日期和方式，向大会报告其为落实本《建议书》所采取的措施"。这从法律层面确保了世界记忆项目的地位，提升了各国政府及记忆机构对文献遗产的重视程度，也推动《保护文献遗产的总方针》于2017年进行二次修订，以适应《建议书》的要求。

第二节　纲领性文件：《保护文献遗产的总方针》

1995年5月，世界记忆项目的最高管理机构——世界记忆项目国际咨询委员会在其第二届会议上通过了《保护文献遗产的总方针》（以下简称《总方针》）。《总方针》经过国际咨询委员会与国际图联、国际档案理事会两大文献遗产领域最具代表性的非政府间国际组织联合磋商，由国际图联起草，起草过程中联合了澳大利亚国家档案馆等多家档案馆和专业协会，是图书馆和档案馆专家的共同结晶。

一、《总方针》的发展与变革

由于《总方针》对世界记忆项目和文献遗产保护工作的方方面面都做出了规定，文献遗产保护这项艰巨而长久的任务逐渐有序化、规范化，文献遗产的重要性和濒危性也被更多人所认知。然而，随着时代的发展与科技的进步，部分条款变得过时。因此，国际咨询委员会在2002年和2017年对《总方针》进行了两次更新，主要变动有以下几个方面。

其一，更改结构与顺序。2002版本与1995版本相比，将"保护与获取"章节提前，放至基础信息之后，更加体现了对于保护、获取这两个目标的重视；2017版本则在2002版本的基础上将"组织架构"和"活动"章节提前，而把"世界记忆名录"章节放在了后面，更加明确了组织架构的重要性与多种文献遗产保护活动的探索。"名录"章节的持续后移表明，虽然《世界记忆名录》是世界记忆项目开展初期的关注重心，但随着文献遗产保护工作的开展，名录发展相对成熟，世界记忆项目也在拓展多种活动形式。名录建设只是文献遗产保护活动中的一种，而非唯一，因此不再被过度强调。《总方针》不同版本结构与顺序的变化，体现了世界记忆项目在不同时期的工作重点。

其二，增加数字遗产相关内容。就文献载体变化而言，数字文件数量激增，逐渐成为与纸质文件同等重要的文件形式，原先以纸质载体文献遗产为主的内容就需要进行更新。经修订的《总方针》重新修正了文献遗产的定义与范围，增加了诸多与数字文献遗产相关的内容。2017版本《总方针》中提到，"筛选并保存呈指数增长的数字文件，是一项与保存历史遗产等同的挑战"，在识别、保存文献遗产等条款中也明确了对数字文件的要求。其附件中甚至专门有一项"数字文件的名录提名"，为使用数字遗产申请《世界记忆名录》提供参考。

其三，细化《世界记忆名录》审查过程。《世界记忆名录》的评选是世界记忆项目的重要工作之一，其审查过程必须确保公平公正，否则可能引起国际争端。1995版本中关于审查程序的内容仅有"世界记忆国际咨询委员会根据文献遗产价值进行决定，决定过程中可向相关组织进行咨询"等简单说明，2002版本进一步说明国际咨询委员会和名录小组委员会在审查过程中的职责与功能，2017版本则列出了审查过程中的每一道程序，并申明审查过程中的具体要求。审查程序的细化让《世界记忆名录》评选更加透明，体现了《总方针》的进步性。

其四，调整小组委员会等组织架构。小组委员会是国际咨询委员会的下属机构，主要职责是协助国际咨询委员会开展世界文献遗产保护工作。其在《总方针》中的变化是对国际咨询委员会管理架构的补充、丰富和发展。1995版本仅提出国际咨询委员会可设立下属机构，2002版本则明确提出国际咨询委员会可建立小组委员会，并在"结构与管理"章节列出了技术小组委员会、营销小组委员会、名录小组委员会等几个小组委员会的具体职责。2017版本的3个小组委员会变更为保护小组委员会、名录小组委员会、教育与研究小组委员会。《总方针》的修订过程既是时代进步的缩影，也是世界记忆项目和文献遗产保护工作开展过程不断发展变迁的体现。

二、《总方针》的主要内容

《总方针》是世界记忆项目的纲领性文件，明确了世界记忆项目的整体运行规则。2017版本的《总方针》共8章50条，按照"基础信息—管理策略—组织架构—具体活动"的架构逐级展开：先明确世界记忆项目的背景、目标等基础信息；再介绍文献遗产保护与获取的策略方法；随后阐明世界记忆管理机构的组织架构与工作要求，介绍世界记忆文献遗产保护活动，并将《世界记忆名录》的鉴定要求与评估程序单列一章；最后还对已遗失遗产等前述章节未涉及问题进行补充说明，并对整部文件做出总结；附录中列出《关于保存和获取包括数字遗产在内的文献遗产的建议书》《世界记忆项目道德准则》等相关文件全文，对《总方针》的"描述与策略""项目的结构"等特定章节进行了更加完整的补充；还附有《世界记忆名录》申请表格等参考材料，为"申遗"提供便利。

第一章"介绍"说明了世界记忆项目产生的历史背景，以及该版本《总方针》修订与出台的过程。"世界记忆"的概念产生于20世纪90年代初教科文组织通信与信息部的建立。1991年，教科文组织大会就"通过提供地区视听技术实验室的咨询服务、推动四个成员国的视听档案发展计划、使用缩微胶片技术复原档案遗产等方式，促进对档案遗产的保护和利用"向总干事提出申请。次年在巴黎举行的专家会议上通过"世界记忆项目"方案，并明确了一些关于《总方针》的基本想法。最终，第一版《总方针》于1995年在第二届世界记忆项目国际咨询委员会会议上通过，并于2002年进行了第一次修订。2015年在阿布扎比召开的国际咨询委员会会议提出，"2002年版在许多地方已经严重过时，它没有充分提供数字文件的内容，而数字文件的问题已经十分突出"。因此教科文组织成立工作组再次修订《总方针》，并于2017年将最新修订版提交至国际咨询委员会会议讨论通过。

第二章"基础"是关于世界记忆项目的基础信息说明，阐明了世界记忆项目的愿景为"世界文献遗产属于所有人。世人应对文献遗产给予充分保护，并在尊重不同地区文化习惯与实践方式的前提下，推动文献遗产无限制永久可获取"，表明世界记忆项目的三个主要目标是文献遗产保护、协助广泛获取和提高世界人民对文献遗产的认知，明确了"文献遗产"等专业词汇的定义，强调文献遗产"记录人类的思想、创造力和事件发展，为未来提供资源"，对保存人类记忆意义重大，却面临着严峻的生存危机。此外，还表明世界记忆项目在文献遗产保护中承担着领导性角色，记忆机构管理文献遗产应遵循职业道德与最佳实践。

第三章"描述与策略"按照《关于保存和获取包括数字遗产在内的文献遗产的建议书》的章节顺序进行阐述，提供了文献遗产确认、保存与获取的参考做法，以及各国应采取的政策措施与国际合作的相关建议，与《建议书》内容存在一定重合。其中提到"世界记忆项目鼓励各国广泛获取文献遗产，并向公众提供开放获取的途径"，同时各国应采取"翻译教科文组织文件，采用国际标准和最佳实践，确定文献遗产风险并提请主管机构注意；政府为记忆机构提供立法框架，以确保其在保存和获取文献遗产方面具有必要的独立性；记忆机构人员应具有专业知识"等政策措施，以保障文献遗产的保存和获取。

第四章"项目的结构"介绍了世界记忆项目的组织架构，并规定了各机构的职能，具体包括国际咨询委员会、小组委员会、国家与地区委员会等。本章表明，世界记忆项目采取"国际—区域—国家"三级委员会管理机制，不同层级委员会单独运作，彼此之间无上下级关系，但都须遵循《总方针》规定。其中国际咨询委员会是世界记忆项目最高管理机构，由14名文献遗产领域专家组成，负责就整个项目的实施向教科文组织总干事提供建议。国际咨询委员会下设三个小组委员会开展文献遗产保护的具体工作：保护小组委员会（the Preservation Sub-committee，PSC）负责审查保护方面的进展，开展与保护相关的研究、出版和组织培训活动；名录小组委员会（the Register Sub-committee，RSC）负责对《世界记忆名录》提名进行深入评估，向国际咨询委员会提供关于提名的建议，并为提名准备工作提供一般性咨询；教育与研究小组委员会（the Education and Research Sub-committee，SCEaR）负责推广世界记忆项目，鼓励出版和教育活动，发起并促进教育倡议，举办文献遗产相关展览，等等。世界记忆地区及国家委员会没有严格的组织模式，但应积极与其他层级委员会保持联系。

第五章"世界记忆活动"介绍了世界记忆项目组织的研讨会、设立的奖项、编纂的出版物、举办的展览、开展的教育与研究、建立的各级文献遗产名录等所有文献遗产相关活动。研讨会遍及世界各个地区，包括周年纪念活动、推动能力建设的培训、对名录申请者的指导等多种形式，展览也有线上展览、多媒体体验等新型途径，足见世界记忆活动并不只局限于"名录"一种类型，而是种类丰富、形式多样。文献遗产名录具有国际、区域、国家三级，各级名录按自身框架运行，三级制度并不代表名录具有高下之分，对教科文组织而言所有的名录都同等重要。

第六章"世界记忆名录"则具体阐述了《世界记忆名录》相关事宜，包括名录评选标准与要求、入选的好处、提名程序、审查程序、监测程序等，是对《世界记忆名录》最为完整详细的说明。对于文献遗产而言，入选《世界记忆名录》能够提升其公众认知度，并吸引赞助资金以促进保护。本章中明确表明，在确保完整性和真实性的条件下，文献遗产入选最重要的评判标准为其是否具有"世界意义"。具体的评选程序为申请人提交申请后，世界记忆项目秘书处记录并核查提名，提交给名录小组委员会对提名进行初步评估。随后由名录小组委员会向国际咨询委员会提交初步评估建议和支撑材料，国际咨询委员会依据材料向总干事提交建议，由总干事最终决定入选结果并公布。

第七章"更多信息"对前一章节中未提到的问题进行了补充说明，表明《世界记忆名录》是实现世界记忆项目目标的可见手段，有助于明确已经散失的文献遗产。《世界记忆名录》的评选必须基于相同标准，以确保公正性。此外本章还对丢失和正受到威胁的文献遗产进行了说明，并表示不会为其建立名录。

第八章"总结"肯定了世界记忆项目文献保护工作中的重要贡献，认为世界记忆项目已经成为广泛认可的方案，提高了人类文献遗产的知名度，促进了其保护与利用。本章还表明，保护文献遗产还有很多工作要完成，希望《总方针》能为下一阶段工作的开展提供便利。

三、《总方针》的作用及价值

《总方针》在教科文组织所有文献遗产保护政策法规中占据着绝对核心地位，起着提纲挈领的作用。其内容基础性强、涵盖面广，是文献遗产保护领域最有代表性、最具价值的政策法规性文件。具体而言，《总方针》的作用与价值有以下几个方面。

首先，为世界记忆项目奠定政策基础。联合国教科文组织在世界记忆项目设立之初就提出了制定《总方针》的设想，并于三年后制定出台，这是世界记忆项目通过的首部文件。其内容对世界记忆项目做出了全方位的规定,涉及世界记忆项目的目标愿景、组织架构、实施策略与具体活动。《总方针》的颁布"确定了世界记忆项目的技术、法律、财政框架及其工作机构"①,为世界记忆项目提供了良好的实施保障,也使世界文献遗产保护工作的开展有据可凭。

其次,为其他政策法规性文件提供参照。《总方针》是基础性文件,内容全面但并不具体,为其他政策法规提供了补充的空间。许多文件都是依据《总方针》的部分内容进行延展扩充而得,如从"组织机构"章节拓展的《国际咨询委员会章程》《国际咨询委员会议事规定》、对数字遗产进行专门性说明的《保存数字遗产宪章》《保存数字遗产方针》等。这些政策法规性文件必须遵循《总方针》的基本内容与要求。

最后,对教科文组织其他文化遗产项目进行补充。文献遗产是文化遗产的重要组成部分,教科文组织的各项文化遗产公约和建议虽然适用于世界记忆项目,但这些现有文件并没有详细介绍与保存和查阅档案、记忆机构、数字记录等文献遗产有关的具体问题。《总方针》的出台提高了文献遗产的关注度,拓展了文化遗产保护的边界与范围,完善了文化遗产保护框架。《总方针》与教科文组织其他文化遗产方案与法规,特别是《保护世界文化和自然遗产公约》和《保护非物质文化遗产公约》相互补充,共同构成教科文组织遗产保护法律体系的核心内容。

第三节 组织机制性文件:《国际咨询委员会章程》《国际咨询委员会议事规定》《世界记忆项目道德准则》等

世界记忆项目承担着全球文献遗产保护的重任,其运行势必需要专门机构进行管理与推进。作为世界记忆项目的组织前提,机构的组织架构、运行模式、管理要求等都必须得到政策法规文件的明确规定。一方面确保世界记忆项目在机构管理下平稳运行,另一方面公开透明的体制机制也便

---

① 联合国教科文组织. 世界的记忆:保护文献遗产的总方针[EB/OL]. (1995-05). https://unesdoc.unesco.org/ark:/48223/pf0000105132_chi? posInSet = 3&queryId = 4a360e65-bc7e-4b08-9ad7-b1b074a08f47.

于社会各界对世界记忆机构的监督。目前已经出台的世界记忆项目管理与组织相关政策文件共计三部,以下将分别进行详细说明。

一、《国际咨询委员会章程》

1996年出台的《国际咨询委员会章程》(以下简称《委员会章程》)是国际咨询委员会在组织架构层面的基础文件,规定了委员会的基本组成和职能要求。由于是基础性章程,内容较少,相对而言并不详细。该章程于1996年出台,2017年修订,修订版更新职能、增加目标,强调了国际咨询委员会在《世界记忆名录》提名审查中的作用。

《委员会章程》全文共9条,阐述了与国际咨询委员会组织架构相关的目标、职能、成员构成、会议要求等基本内容。其中规定委员会的目标为"通过强调文献遗产作为知识创造、表达和交流的主要手段的重要性,为教科文组织的使命做出贡献。促进知识共享,增进理解和对话,同时始终努力促进和平",职能为推动世界记忆项目的总体规划与实施。也对国际咨询委员会的成员构成与会议召开要求进行了说明,如国际咨询委员会会议每两年召开一次,应在会议上选出主席团,可有观察员旁听,结束后应向教科文组织总干事提交工作报告等。第七条明确了国际咨询委员会可以建立附属机构协助其工作。关于名录,"国际咨询委员会应对提名文献遗产进行专业评估,并基于既定标准就文献遗产是否列入《世界记忆名录》提供建议,但最终是否列入由总干事决定"。

作为世界记忆项目组织架构层面出台的第一部文件,《委员会章程》从宏观角度对世界记忆项目最高管理机构的基本组成与职能要求做出规定,是确保国际咨询委员会顺利建立与合理运行的基础性规范。

二、《国际咨询委员会议事规定》

《国际咨询委员会议事规定》(以下简称《议事规定》)颁布于1997年,原为23条,经修订后(暂未明确修订时间)增为27条。该规定有数条直接引用自《委员会章程》,但内容更为具体,是对《委员会章程》的补充延展和详细说明。

《议事规定》中直接引用了《委员会章程》中的国际咨询委员会职能、成员构成和会议要求等内容,在此基础上还详细阐明了主席团等委员会内部机构的组织架构和职能,以及委员会会议开展的各项规定、投票要求等。例如,除规定国际咨询委员会主席团在会议上完成选举外,还说明了委员会主席的职能，包括宣布会议开闭幕、指导讨论、确保委员会遵守本规则、给予发言权、宣布决定等。而当主席无法继续任职时，则由副主席接替。《议事规定》中关于国际咨询委员会会议的规定也更为详细，明确了会议召开的法定人数为至少7人，会议上的演讲顺序主要依照演讲者意愿，任何委员会成员或会议观察员经主席授权可以在会议期间发言，会议召开期间委员会成员可以随时提议休会，等等。此外，涉及公平性的投票要求也是《议事规定》的重要内容，具体规定包括：国际咨询委员会成员每人一票，除本《议事规定》的修订与废止需要三分之二以上成员同意通过外，其余均为出席并投票者半数通过有效。投票表决方式为举手表决，也可应成员要求改为点名表决或无记名投票。《世界记忆名录》和世界记忆"直指"奖的评选投票过程应非公开进行，投票过程拒绝媒体与游说团体出席。

与《委员会章程》的粗略相比，《议事规定》是站在微观角度的说明性文件，细致入微地规定了国际咨询委员会开展工作的要求。其中国际咨询委员会会议的开展是重中之重，对于投票、列席人员等细节规定，有效避免了程序上的争议，确保了国际咨询委员会各项工作的顺利开展。

三、《世界记忆项目道德准则》

颁布于2011年的《世界记忆项目道德准则》（以下简称《道德准则》）是对世界记忆项目全体工作人员的道德约束。该准则规定了国际咨询委员会及其附属机构成员在工作过程中需要遵守的行为规定和道德制度，以确保世界记忆项目运行，尤其是《世界记忆名录》评估工作中的公平公正性。2017年该准则进行修订并被列入《总方针》中。

《道德准则》共4章14条，明确了世界记忆项目工作开展过程中所须遵守的基本原则，以及《世界记忆名录》评选过程中的约束与要求。第一章"介绍"表明《道德准则》适用于国际咨询委员会及其附属机构，各地区与国家委员会由于情况不同，遵循自身规范即可，但必须符合《道德准则》核心要求。第二章"基本原则"规定国际咨询委员会专家仅以个人身份任职，不代表任何政治立场，明确了世界记忆项目是以专家导向而非政府导向为基础开展的项目。此外，专家还应严格约束自己，避免影响其履职的利益冲突，如与提名组织有密切联系、承担政府或私人责任、对提名结果有偏见、为本国提名投票等。第三章"名录提名管理"规定了《世界记忆名录》评选期间所须遵循的规范，强调评选过程必须始终客观公正,严格依照标准。在此期间国际咨询委员会成员不得直接与提名申请者联系,而应由秘书处与其进行沟通,但委员会成员可向提名申请者提供一定的指导与技术性咨询。第四章"游说、礼物和引诱"规定申请者可以采取游说活动,以增加文献遗产入选名录的可能性,但必须避免利益冲突,游说者也不能因此获取额外优势。所有的游说活动必须公开透明,被秘书处记录并在国际咨询委员会会议上说明。因此,游说活动是为了让委员会成员更加了解文献遗产的内容和价值,而非进行贿赂。

《道德准则》是维护公平正义的重要文件,进一步强调世界记忆的专业导向性,去除政治、经济、私人情感等外部因素影响。该准则对世界记忆项目工作人员产生道德约束,最大程度上保障其在工作中遵守职业道德,对文献遗产保护"一视同仁",不因私心而有失偏颇。

第四节　数字遗产保护性文件:《保存数字遗产宪章》《保存数字遗产方针》《长期保存的数字遗产选择方针》等

在数字时代下,"以数字方式生成或从现有模拟资源转换成数字形式的文化、科学、技术、法律、医学及其他领域有长久保存价值的信息",即数字遗产应运而生。然而,数字遗产数量多、鉴别难、稳定性差,比纸质等传统载体文献遗产更易破坏损毁。数字文件出现时间短,保护与管理要求尚不完善,旧政策尚未涉及数字内容,亟须出台新政策进行引导与规范。于是教科文组织紧随时代变化,针对数字遗产这种新型文献遗产及时出台三部专门性政策,为世界数字遗产保护做出规范,推动了数字遗产保护工作有序开展。

一、《保存数字遗产宪章》

2003年,教科文组织因意识到数字遗产濒临消失,为保存数字遗产而设立了《保存数字遗产宪章》。全文共4章12条,明确了数字遗产的范围与使用、保护措施,以及教科文组织与成员国在保护数字遗产中的职责。

第一章"数字遗产是共同遗产"明确了数字遗产的定义、形式与使用规则。"公有数字遗产资料的使用不应受到不合理的限制",成员国应创造切实可行的法律环境，以利于公众最大限度地使用数字遗产。第二章"防止数字遗产的消失"阐明了数字遗产所面临的威胁，这些威胁产生的原因包括软硬件的更替、资金与方法不确定、缺乏立法等。在数字遗产丢失的危险面前，采取保护行动刻不容缓，最为当务之急的行动是开展宣传，让更多人认识到数字遗产的重要价值与生存现状。要确保数字遗产长期持久保存，必须在全生命周期采取措施，并制定出可靠的系统与程序。第三章"必要的措施"为成员国提供了数字遗产保护的措施路径，要求其依据实际情况制定保护策略，明确数字遗产的选择标准并尽快开展相关立法。此外，数字遗产应得到妥善保存与合理开放利用。第四章"职责"规定了成员国在数字遗产保护中的职责，包括鼓励合作、开展培训与研究等；还明确了教科文组织在其中的作用，如推动本宪章实施、提供合作论坛、提出指导原则、制定相关法规文件等。

《保存数字遗产宪章》是数字遗产保护政策法规的开端，初步体现了教科文组织对于数字遗产的重视，拓展了文献遗产保护的视野与范围。该宪章虽然内容相对宽泛，但充分强调了数字遗产的重要性，明确了教科文组织在数字遗产保护中的职责，为后续多项数字遗产相关政策法规的颁布奠定了基础。

二、《保存数字遗产方针》

同年出台的《保存数字遗产方针》是《保存数字遗产宪章》的配套文件，由澳大利亚国家档案馆拟定，介绍了保护并获取世界数字遗产的技术要求与通用准则，技术与实践方面的内容更加丰富翔实。

《保存数字遗产方针》是参考指南式的"工具书"类文件，因此篇幅长、内容细，共4章21节。第一章"介绍性材料"阐述了数字遗产面临的现状、文件产生的背景，引用了《保存数字遗产宪章》的全文，明确专业术语定义，归纳方针主要原则，并对本方针的具体使用方法做出说明。第二章"管理观点"表明了应该如何理解数字遗产与数字遗产保护，具体包括数字遗产的定义、类型、持续性及数字遗产保护策略等。此外，本章还涉及数字遗产保护项目及其管理、数字遗产保护责任、共同合作。第三章"技术与实践观点"是具体的技术性准则，包括数字遗产的选择、与生产者合作、元数据与迁移控制、管理权限、数据保护、持续可获取等实践层面的重要步骤。第四章"更多信息"列出了术语表和参考文献等辅助性内容。《保存数字遗产方针》每章最末还会附上相关参考资料，以便读者获取更多信息。

由于内容具体、可操作性强，《保存数字遗产方针》能够协助管理者解决数字遗产保护的复杂技术问题。在数字遗产刚刚引起重视的2003年，这一保护方针的及时出台为世界各国提供了先进、详细、规范的技术参照与实践指南，提升了各国的数字遗产的保护能力与水平。

三、《长期保存的数字遗产选择方针》

与传统遗产相比，数字遗产的可靠性较低，因此确定重要的数字遗产和早期干预对确保其长期保存至关重要。2016年，《长期保存的数字遗产选择方针》（以下简称《选择方针》）由教科文组织与"增强全球信息社会可持续平台"项目联合颁布，明确了数字遗产的选择策略与标准，为全世界图书馆、档案馆、博物馆等遗产机构制定自身数字遗产长期保存的选择政策提供参考与指导。

《选择方针》共7章，第一章介绍了该文件出台的背景与过程。第二章强调了国家机构在数字遗产保护中的重要地位，国家机构应在数字遗产选择和保护方面领导其遗产社群，在现行立法中加入数字材料相关内容。第三章"法律环境对选择的影响"突出了法律在数字遗产选择与保护中的意义，政府有关保护知识产权、个人隐私、国家机密以及公众获取信息的法律法规都会影响到数字遗产保护和开放的内容与方式。第四章讲述了图书馆、档案馆、博物馆等遗产机构的数字选择问题，其中档案馆面临着软硬件迅速过时、移交困难、真实性鉴定等诸多困境。第五章为"收集数字遗产的策略"，包括综合性收集、抽样性收集和筛选性收集三种。第六章要求为单一机构制定遴选标准，其中最为重要的标准是有价值、可持续、可获取。进行数字选择决策的具体步骤如下：第一步，识别并评估材料；第二步，判断是否符合法律框架要求；第三步，应用选择标准；第四步，做出决定。最后一章对当前数字遗产面临的巨大挑战进行了总结。

第五节 成果性文件:《关于保存和获取包括数字遗产在内的文献遗产的建议书》

一、《建议书》的发展过程

为了确保世界记忆项目的可持续性并强调该项目的重要性,2012年在华沙召开的世界记忆专家会议敦促教科文组织制定一项规范性文件,以指导信息保存和文献遗产的获取。文件的形式为"建议"(Recommendation),仍由文献遗产领域专家参与制定。① 2014年,教科文组织拟定该文件草案。2015年11月,考虑到文献遗产的价值、重要性及其当前面临的挑战,教科文组织在其第38届大会上通过了《关于保存和获取包括数字遗产在内的文献遗产的建议书》。

《建议书》是教科文组织首个全面涉及文献遗产领域的规范性文件,规定成员国须定期报告执行情况,为世界记忆项目提供了立法基础。②《建议书》能够提高教科文组织成员国对世界记忆项目的认知度,并协助各国在推动国家文献遗产的保护与获取方面实现最佳实践。其中多处对数字遗产的关注体现了《保存数字遗产宪章》等数字遗产保护政策的影响。2017年修订版《总方针》也与《建议书》关系密切,不仅将其放入附录,还在正文中数次提及,足见《建议书》的重要地位。然而与《总方针》等文件不同的是,《建议书》的实施对象是教科文组织的全体成员国,该文件是对各国政府发出的建议与倡导,具有更强的号召性和执行力。

《建议书》是世界记忆项目开展的重要成果性文件,是教科文组织多部文献遗产保护政策法规型文件的精华,系统呈现了世界记忆项目20多年来的工作精髓。《建议书》对成员国的倡导,是多年经验积累的结果,是最能促进世界范围内文献遗产保护的政策措施。它的出台对后续文献遗

---

① Ray Edmondson,Lothar Jordan,Anca Claudia Prodan. *The UNESCO Memory of the World Programme:Key Aspects and Recent Developments*[M]. Switzerland:Springer Nature Switzerland AG,2020:63.
② 联合国教科文组织.关于保存和获取包括数字遗产在内的文献遗产的建议书[EB/OL]. (2015-11-17)[2021-02-01]. https://unesdoc.unesco.org/ark:/48223/pf0000244675.page=36.

产政策法规文件的编纂修订、世界文献遗产保护工作的开展都具有深远影响。

二、《建议书》及其《指南》的主要内容

《建议书》内容共5章37条，从文献遗产的确认、保存、获取、政策措施及国际合作五个方面对教科文组织成员国提出了文献遗产保护的具体要求与规定。《建议书》按照逻辑顺序展开，遵循教科文组织文化遗产管理的"确定、保护和传播"三步方法论框架。每一章节的具体内容如下。

第一章"文献遗产的确认"要求成员国支持记忆机构制定遴选、收集和保存方面的政策，而记忆机构在制定时应与民间社会协商，以保障选择标准的中立性。成员国还应寻找濒危遗产，并推动所有者对文献遗产加以保护。此外，《建议书》鼓励积极申报各级名录，以提高文献遗产认知度。

第二章"文献遗产的保存"强调文献遗产保护是一个持续的过程，数字文献更应在创建之前即采取干预措施以优化管理、降低风险。成员国开展保护工作应以确保真实、完整为基础，遵循世界记忆项目认可的标准与做法，并通过倡导研究、开展培训等方式提升公众对文献遗产的认知，增强遗产保护能力；还应在全国范围进行协调，使记忆机构在最佳做法和保存标准方面保持一致。同时，《建议书》鼓励成员国分享保护措施、加强国际交流，倡导记忆机构参与国际标准制定。

第三章"文献遗产的获取"要求成员国为记忆机构提供妥善的立法框架，确保其在文献遗产保存获取上的独立性，同时增强记忆机构权能，提供各类工具、服务和内容，最大程度为遗产获取提供便利，也可通过各类宣传渠道和出版物增强文献遗产的知名度与可获取性。若出于保护隐私等合理原因须对文献遗产的获取予以限制，应在法规中进行明确界定。制定涉及文献遗产开放获取的新法规时，应在保障遗产所有人合法权益的前提下最大限度促进文献遗产的获取。

第四章"政策措施"强调成员国应在政策与法律中体现对文献遗产的重视，并为记忆机构、拥有珍贵文献遗产的私营机构与个人提供资金支持；同时大力开发促进保护的新形式新工具，使用国际化标准与软件，以最大限度促进数据交流；定期审查版权法和法定交存制度，确保其在保存和获取各种形式的文献遗产方面具有充分的效力；此外还应监测列入《世界记忆名录》的文献遗产的状况，促进世界记忆项目和其他遗产项目之间的协同合作。

第五章"国家与国际合作"凸显了合作对文献遗产保护的重要性，具体要求包括：支持人员、研究数据、出版物和信息的交流；推动共同研究，举办研讨会与专业培训；鼓励专业协会、组织机构开展合作，并发布准则、政策以及最佳做法模式；为相关国家提供遗产副本，在国际合作中保护濒危文献遗产；设立世界记忆项目国家委员会和国家名录等。

《建议书》出台后，教科文组织又编制了《关于保存和获取包括数字遗产在内的文献遗产的建议书实施指南》（以下简称《实施指南》），作为《建议书》的配套指导性文件，便于成员国理解并实施《建议书》内容。《实施指南》仅有三章，首章介绍了文件产生的背景，第二章对专业术语进行了阐释与定义，第三章"实施"分条列点地对《建议书》进行了说明，并附相关段落编号以便参照。

三、《建议书》的核心问题

世界记忆项目发展到2012年，已经有20年的实施经验，取得了一定的成果和影响力，但始终缺乏一部强有力的法律文件。已有法规政策体系已经长时间未更新，随着数字载体的发展，"应该在多大程度上强调数字遗产的保存"也成为亟待解决的问题。2012年的世界记忆专家会议对诸多问题进行了广泛讨论，并最终决定制定一部建议书。其中关于建议书的争论主要围绕以下三个核心问题：

其一，是否应该出台"公约"性文件。教科文组织的法律体系大体分为公约（Convention）、建议（Recommendation）和宣言（Declaration）三个级别，具有不同的法律效力。其中公约的政治性和约束力最强，建议和宣言依次减弱。在2012年世界记忆专家会议上，与会者就"世界记忆项目是否应该建立公约"产生分歧。以瑞·埃德蒙森（Ray Edmondson）为代表的专家认为，世界记忆项目长期处于边缘地位，对文献遗产的保护优先级较低。与建筑遗产、自然遗产或非物质遗产等文化遗产相比，文献遗产对人类社会同等重要，但在地位上远低于前三者。在世界记忆项目拓展广度与深度时，法律等资源基础应该与其发展速度相匹配。因此，应该完善文献遗产保护法律框架，建立世界记忆公约以强调文献遗产的重要地位，保障世界记忆项目的进一步发展。而以林德尔·普洛特（Lyndell Prott）为代表的反对派认为，公约必然会带来沉重的外交和政治负担，尤其对部分小国而言。此外，公约也会使世界记忆项目的专家导向机制受到冲击，为文献遗产活动带来更多政治牵制。与公约相比，出台建议似乎更为适当。建议具有迅速调整的灵活性，能够快速适应现代文献遗产载体的技术演变，也同样能提高成员国对世界记忆项目的认知。① 就当时的结果而言，反对建立公约的意见占据上风，因此会议做出了出台建议书的决定。但建立公约的声音并没有因此而绝迹，2022年世界记忆项目建立30周年将会是又一个关键讨论时期，届时《建议书》是否会升级为公约，还有待继续关注。

其二，应在多大程度上强调与保存数字文件有关的问题。在2012年的专家会议上，所有与会者都承认了保存数字遗产的重要性，但大多数人倾向于在建议书中强调文献遗产整体，而非"数字"或传统载体形式，他们认为数字遗产已经被文献遗产所包含，因此无须在标题中单独列出。然而在2013年起草的建议书草案中，标题包含了"数字遗产"。2014年，第二次世界记忆专家会议在波兰召开，并被特别命名为"编写关于保护和获取文献遗产的建议书草案的专家会议"。部分专家坚持2012年会议上的多数意见，且认为"数字"一词可能很快会被一个新词取代，从而使这项建议书显得过时。另一部分专家则认为随着技术的飞速发展，数字保存是最紧迫的挑战，应该在标题中强调"数字"。会议采取了第一种观点，但教科文组织总干事倾向于后者，审阅了在标题中加入"数字时代"的草案。澳大利亚世界记忆项目国家委员会强烈反对"数字时代"的用法，认为这一称呼已经过时，且可能孤立因数字鸿沟而处于不利地位的发展中国家。经过反复讨论，这一问题最终形成定论。《建议书》在2015年第38届教科文组织大会上通过，并确定在标题中加入"数字遗产"。② 由数字遗产的强调性问题可以看出，《建议书》致力于解决文献遗产保护面临的新问题。

其三，《建议书》的适用范围。主要争议在于《建议书》的关注重点应该仅停留在世界记忆项目内部，还是扩展到教科文组织其他机构、非政府组织、记忆机构、教科文组织成员国等更广阔的文献遗产保护主体范围。经过讨论，与会者一致认为《建议书》涉及的活动范围应涵盖所有与文献遗产有关的机构和个人。《建议书》发布的主体是教科文组织，而不

---

① Ray Edmondson, Lothar Jordan, Anca Claudia Prodan. *The UNESCO Memory of the World Programme: Key Aspects and Recent Developments*[M]. Switzerland: Springer Nature Switzerland AG, 2020: 61-66.

② Ray Edmondson, Lothar Jordan, Anca Claudia Prodan. *The UNESCO Memory of the World Programme: Key Aspects and Recent Developments*[M]. Switzerland: Springer Nature Switzerland AG, 2020: 63-70.

仅仅是世界记忆项目。2014年第二次专家会议上的初版建议书草案包含了一个关于世界记忆项目的具体章节，但与会者认为这种做法非但不能强调世界记忆项目，反而会使其更加边缘化，因此必须对初版草案进行重新制定，使世界记忆项目融入其中并贯穿始终。《建议书》在使世界记忆项目成为"国际合作"核心的同时，也阐明了许多其他文献遗产保护主体，特别是成员国政府和记忆机构采取行动的可能性与义务。2015年教科文组织大会通过《建议书》，并提议"成员国采取适当措施，使这项新文件适应具体国情，同时通过制定政策、战略和立法促进其执行，并监测其影响"[1]。可见《建议书》突破了世界记忆项目内部范畴，将适用范围扩展到所有文献遗产保护主体。

第六节 其他文件

在上述类别之外，还有两部政策法规性文件难以分类，但也在文献遗产保护中发挥着巨大作用，分别为推动开放获取的《发展与促进开放获取政策准则》与关注数字化的《文献遗产数字化的基本准则》。以下对这两部文件进行详细说明。

一、《发展与促进开放获取政策准则》

"保护的目的是为了实现开放获取"，若文献遗产得到良好保护却不提供开放利用，也难以发挥其蕴含的巨大价值。2012年教科文组织颁布《发展与促进开放获取政策准则》（以下简称《开放获取准则》），介绍了开放获取的发展、开放获取的重要性、如何实现开放获取、政策的制定与实施，以及教科文组织在开放获取中所能发挥的作用，为全世界的记忆机构提供了开放获取的政策参考。

《开放获取准则》共9章28条，第一章介绍了开放获取科学信息和研究内容，明确了开放获取的定义与目标。第二章具体阐释了开放获取的两

---

[1] Ray Edmondson, Lothar Jordan, Anca Claudia Prodan. *The UNESCO Memory of the World Programme:Key Aspects and Recent Developments*[M]. Switzerland:Springer Nature Switzerland AG,2020:63-70.

种方法，其中"绿色方法"（green route）用于开放获取知识库，"金色方法"（gold route）用于开放获取期刊。第三章申明了开放获取的重要性，也探究了目前开放获取面临的问题。第四章表明开放获取具有诸多积极意义，如推动研究发展、提高工作效率、扩大研究影响力等。第五章介绍了开放获取的商业模式。第六章强调了版权问题，"版权是开放获取的核心"。第七章为开放获取战略，包括制定开放获取政策、建设基础设施、与专业组织合作等。第八章和第九章为开放获取的政策框架与政策指南摘要，是本文件的核心内容，为各成员国提供了制定开放获取政策的标准规范。附件中还收录了政策示例以供参考。

实现开放获取是文献遗产保护的必然要求。《发展与促进开放获取政策准则》的出台为世界各国制定开放获取政策建立了统一标准，并提供模板以作参照。这一准则的出台不仅更加强调了开放获取的重要性，也推动了各国信息政策的发展与完善。

二、《文献遗产数字化的基本准则》

《文献遗产数字化的基本准则》中包含了解数字化所需的基本信息，为世界各国，特别是为发展中国家提供了有关数字化的指导。它列出了在开始文献遗产数字化进程之前需要考虑的最基本的因素，是实现文献遗产数字化之前必看的"入门书"。

《文献遗产数字化的基本准则》共13条。该准则首先表明了文件出台的目标和数字化的定义。第三条"基础"中说明数字化并非文献遗产保护的手段，但对于音视频这类载体不稳定的文件而言，数字化是唯一的长久保存方法。在对重要项目进行数字化时，应首先考虑信息的可获取性和可追溯性，并尽可能同步数字迁移和元数据创建。第四条强调开展数字化工作前必须制定数字化战略，以明确数字化的范围、目标、方法与手段。第五条介绍了数字化的主要步骤，包括数字化规划、数字化前处理、数字化转换、数字化后处理。此外，在数字化过程中还要强调对知识产权的尊重，尽量遵循国际标准与最佳实践，重视元数据的作用。转化后的数字文件也必须进行良好保存，并确保最大限度开放获取。

数字化是文献遗产保护的重要方法之一，能够在一定程度上规避文献遗产的载体风险。尽管许多国家数字化已经相当成熟，但对于文献遗产保护相对发展落后的国家而言，这份明确了文献遗产数字化基本要求的《文献遗产数字化的基本准则》仍具有较大的价值。

第五章

《世界记忆名录》的申报与建设

1995年5月,世界记忆项目最高管理机构——国际咨询委员会于法国巴黎召开第二届会议,并于会议上决定启动《世界记忆名录》。1997年,首批38项入选文献遗产名单公布,标志着《世界记忆名录》的正式建立。自1997年首次评选至2017年(截至目前最后一次评选),共有125个国家(或地区)的432项文献遗产入选《世界记忆名录》。其中,中国有13项文献遗产入选,位居世界第八。①

《世界记忆名录》收录了符合评审标准,并经由国际咨询委员会通过、联合国教科文组织总干事签字认可的文献遗产。其建立使入选的文献遗产的国际知名度大幅提升,是践

---

① UNESCO. STATISTICS OF Memory of the World [EB/OL]. (2018-12) [2020-12-09]. https://en.unesco.org/sites/default/files/statistics_of_mow.pdf. 注:《世界记忆名录》入选遗产数量前八位的国家分别为:德国(23项),英国(23项),波兰(17项),荷兰(16项),韩国(16项),澳大利亚(15项),俄罗斯(14项),中国(13项)。

行世界记忆项目目标的重要手段。① 世界记忆澳大利亚国家委员会主席、前世界记忆项目国际咨询委员会主席罗斯林·拉塞尔（Roslyn Russell）认为，"《世界记忆名录》始终是世界记忆项目的关键要素……它并非对'伟大文献'的权威汇编，而应被视为捕捉于文献之中的人类经验多样性的表达"。② 作为世界记忆项目的品牌活动与核心成果之一，《世界记忆名录》不仅使项目本身更具影响力，也提升了入选遗产的知名度，能够为文献遗产争取更多社会关注与资金支持。

除《世界记忆名录》外，世界记忆项目地区委员会和国家委员会还分别开展区域级、国家级的记忆名录评选，如区域级的《世界记忆亚太地区名录》，国家级的《中国档案文献遗产名录》《澳大利亚世界记忆名录》等。"国际—区域—国家"三级名录相互独立，无上下等级关系，重要性也无主次之分，共同构成世界记忆名录体系。其区别仅在于地理范围，以及入选遗产的影响是否具有世界、区域或国家意义。

本章将目光主要投向《世界记忆名录》的申报与建设，依据世界记忆官方政策性文件《保护文献遗产的总方针》、《世界记忆名录》申报表模板（Memory of the World Register Nomination form）、《世界记忆名录指南》（Memory of the World Register Companion）等政策及要求，系统阐述《世界记忆名录》建设的价值与意义、评审的标准与流程、申报《世界记忆名录》的要求与注意事项，以及已入选《世界记忆名录》的文献遗产项目情况，以期为有意申遗的各类文献保管、文化服务机构以及政府相关部门等提供参考。

---

① 卜鉴民. 世界记忆项目在中国［M］. 苏州：苏州大学出版社，2019：13.
② Ray Edmondson, Lothar Jordan, Anca Claudia Prodan. *The UNESCO Memory of the World Programme：Key Aspects and Recent Developments*［M］. Switzerland：Springer Nature Switzerland AG，2020：42.

第五章　《世界记忆名录》的申报与建设

第一节　申报《世界记忆名录》的意义与价值

《世界记忆名录》自设立以来引发了全世界的广泛关注。据国际咨询委员会历次会议报告统计，近 20 年（1997—2017）共有 100 多个国家（或地区）的 716 项文献申请进入《世界记忆名录》。① 89 个国家专门成立世界记忆项目国家级委员会，推动国家范围的文献遗产保护工作，而促进该国文献遗产申报《世界记忆名录》正是其重要工作目标和任务之一。

在申报热情的背后，我们首先应当明确《世界记忆名录》的价值。对于各个国家、记忆机构和文献遗产本身而言，为什么要申报《世界记忆名录》？入选《世界记忆名录》有什么意义？作为世界记忆项目的重要组成部分，名录终归服务于世界记忆项目"保护和获取文献遗产、提高公众认知"的目标。具体而言，这一问题可以从价值认定、公众认知、社会支持、文明互鉴几个方面来阐释。

一、彰显入选文献的知名度及其"世界意义"

"世界价值"是《世界记忆名录》评审的重要标准之一，入选《世界记忆名录》意味着教科文组织对文献遗产世界价值的认可与肯定。作为世界级遗产名录，《世界记忆名录》公开肯定了文献遗产的重要性，承载着联合国教科文组织认证的象征意义，并拥有使用世界记忆标志的权利。

尽管教科文组织在《保护文献遗产的总方针》中明确提出"世界记忆项目关注的是原始资料的保存和获取，而不是它们的解释或历史争端的解决，这些应是历史学家、研究人员和其他利益相关者的职责。联合国教科文组织不参与任何历史事件的争端，也不偏袒任何一方，且不一定赞同正在接受评审或已经列入《世界记忆名录》的任何文献遗产项目中表达的想法。此外，也不一定赞同入选遗产本身的内容。联合国教科文组织接受文献遗产入选《世界记忆名录》，并不意味着自动同意遗产内容"，但入

---

① 2017 年共有 125 项文献遗产申报，2015 年 88 项，2013 年 84 项，2011 年 84 项，2009 年 55 项，2007 年 54 项，2005 年 52 项。2003 年 41 项，2001 年 42 项，1999 年 20 项，1997 年 71 项。部分年份的来源国家数量未公布，因此无法进行准确统计。

选名录仍是教科文组织认可文献遗产价值的证明。

此外，由于世界记忆项目的"专家导向"特性，文献遗产能否入选《世界记忆名录》也由文献遗产专家完全依据专业性进行评判。去政治化的评选过程使名录免遭政治纠纷影响，确保了遗产价值的纯粹性。教科文组织官方与文献遗产专家的双重认证，从权威与学术两个角度有力肯定了入选遗产的世界价值与长久保存价值。文献遗产及其保管机构的地位因入选名录而得到提升，证明了政府对机构保护文献遗产给予支出的正当性。

在中国申报的"甲骨文档案"于 2017 年成功入选《世界记忆名录》后，申报主要参与者、甲骨文研究专家宋镇豪表示："甲骨文成功入选《世界记忆名录》，标志着联合国教科文组织公开肯定了甲骨文遗产的世界意义与国际地位，肯定了其对世界文化和社会历史产生的深远影响，这是一份骄傲和荣誉……甲骨文的古典精髓在公众层面的认知度将持续扩大，有助于凝聚国民的自豪感与自信心，为弘扬中华古老文明的影响力和国家文化软实力发挥其应有的作用。"①

二、提升公众对入选文献遗产的了解与认知

《世界记忆名录》是实现世界记忆目标的可见手段，使"文献遗产保护"这一抽象理想变得更易接近且具体。在名录评选过程中，世界记忆项目国际咨询委员会通过逐步发现（identify）、承认（recognize）和突出（highlight）重要的文献遗产，推动世界记忆项目"保护、获取和提高公众认知"目标的实现。

鉴于《世界记忆名录》的全球影响力，文献遗产的参评与入选必然受到诸多媒体的关注与报道，使原本可能寂寂无闻的文献遗产更具知名度。例如，2013 年"元代西藏官方档案"入选《世界记忆名录》后，国务院新闻办公室网站发布新闻，人民网、新华网、央广网等官方媒体及时报道，澎湃新闻、网易新闻等社会媒体也广泛刊载，使"元代西藏官方档案"具有了前所未有的曝光度。即便不专门查找档案原文，公众也能从新闻报道中大致了解档案内容。

公众能够以入选遗产为切口，了解不同国家的历史文化，认识到这些文献对文化和社会历史产生过深远的影响，从而提升对文献遗产重要性的

---

① 中国社会科学网. 甲骨文申报《世界记忆名录》始末 [EB/OL].（2018-01-10）[2021-01-06]. http://www.cssn.cn/kgx/kgdt/201801/t20180110_3809479.shtml.

认知。例如，我国"侨批档案——海外华侨银信"于2013年申遗成功后，福建省档案馆举办了"世界记忆遗产——侨批档案图片展"，并在菲律宾、日本、美国等多个国家进行展出。展览反响热烈，取得了很好的宣传效果，让世界更加了解中国侨批及其蕴含的精神财富。① 此外，《世界记忆名录》还提供了一种"历时性视角"（diachronic perspective），使人能够跳脱日常经验，从一个更宏大的角度、更遥远的距离，重新认识自身和所处社会对人类的贡献，重新审视历史的发展进程。

三、吸引政府、社会的更多关注与支持

《世界记忆名录》旨在作为一个"意识提升机制"（awareness-raising mechanism），沿袭具有普遍意义的《世界遗产名录》路线，激发社会各界对保护文献遗产的兴趣与支持。② 它不仅能提升文献遗产保护意识，还是鼓励保存和获取文献遗产的工具。

入选《世界记忆名录》能为文献遗产带来更多关注，吸引资金资助来保护濒危遗产，为遗产提供更加优越的保存环境。部分机构甚至因文献遗产入选名录而避免被关闭和撤销的命运。例如，澳大利亚国立大学的诺埃尔·布特林商业与劳工档案馆（Noel Butlin Archives of Business and Labour）曾面临关闭危机，其馆藏"澳大利亚农业公司档案"被列入《澳大利亚世界记忆名录》，最终档案馆得以留存，教科文组织的认可是该大学决定保留档案馆的一个关键因素。③

在政府支持方面，韩国对"白云和尚抄录《佛祖直指心体要节》（下卷）"（以下简称"直指"）的重视是一项绝佳案例。"直指"是世界现存最古老的金属活字印刷书籍，于2001年成功入选《世界记忆名录》。为纪念"直指"入选，2004年，韩国与世界记忆项目联合设立"'直指'世界记忆奖"（UNESCO/Jikji Memory of the World Prize）。韩国每两年出资3

---

① 福州档案信息网."侨批档案图片展"在菲律宾巡展反响热烈[EB/OL].（2018-12-29）[2020-01-06].http://daj.fuzhou.gov.cn/zz/daxw/yjdt/201812/t20181229_2728974.htm.

② Ray Edmondson,Lothar Jordan,Anca Claudia Prodan. *The UNESCO Memory of the World Programme:Key Aspects and Recent Developments*[M]. Switzerland:Springer Nature Switzerland AG,2020:43.

③ Ray Edmondson,Lothar Jordan,Anca Claudia Prodan. *The UNESCO Memory of the World Programme:Key Aspects and Recent Developments*[M]. Switzerland:Springer Nature Switzerland AG,2020:45.

万美元,用以奖励为保护和获取文献遗产做出重大贡献的个人或机构。①此外,韩国政府还加大投入,将"直指"作为城市发展的重要拉动因素;同时,大力支持教科文组织主办的与文献遗产相关的会议和活动,建立国际文献遗产中心(International Centre for Documentary Heritage,ICDH)和世界记忆项目韩国学术中心,以推动文献遗产的保护与利用。

四、寻找"共同记忆",实现文明互鉴与交流

入选《世界记忆名录》是对文献遗产世界价值的权威认定。对群体内部而言,"将某项国家文献遗产列入《世界记忆名录》是一项重大新闻,也是事关民族自豪感的重要事件"②。更多文献遗产参与申请并入选名录说明我国文献遗产的价值得到了世界认可,从而增强了公众的文化认同感与民族自豪感,提升了我国的文化自信。文献遗产是一个国家历史文化与集体记忆的结晶。入选《世界记忆名录》是将文献遗产推向世界舞台的良好契机,能够增进世界对我国历史文化的关注、了解与认同,在文献遗产的传播过程中扩大我国文化影响力,提升文化软实力。

在经济全球化与网络信息化的时代背景下,不同国家、种族、文化的人群被紧密联系起来,全人类都是共生的"命运共同体"。因此,我们需要从文献遗产中寻找共性,探求"共同历史",寻求"共同价值",而世界记忆项目正是国际社会致力于构筑全球记忆的体现。③ 对全球整体而言,《世界记忆名录》汇集具有世界意义的文献遗产,承载着具有世界价值的人类记忆。申报主体可能局限于某一国家,但遗产承载的意义是全球性的。此外,数量越来越多的联合申报、国际组织或机构申报也体现了不同国家甚至全人类对共同记忆的追寻。例如,世界卫生组织 2017 年申报入选的"根除天花病的档案"中记载了人类根除天花的决定和行动,以及为

---

① UNESCO.UNESCO/Jikji Memory of the World Prize[EB/OL].[2020-01-06].https://en.unesco.org/prizes/jikji-mow-prize.

② Memory of the World Programme:A Debate about Its Future:a paper for discussion in Lijiang by the International Advisory Committee[EB/OL].(2005-05)[2021-02-01].https://unesdoc.unesco.org/ark:/48223/pf0000234097.

③ 张俊华.社会记忆和全球交流[M].北京:中国社会科学出版社,2010:151.

抑制其他疾病所采取的类似措施。① 这项文献并不隶属于某个国家，而是属于全世界共同的遗产，也承载着人类共同抗击天花的集体记忆。在寻找"共同记忆"的过程中，不同国家与民族之间相互了解、相互交融，也实现了文明的互鉴与交流。

第二节 《世界记忆名录》评审标准与流程

申报《世界记忆名录》前首先必须了解其评审规则，才能"对症下药"，依据评审标准选择符合条件的文献遗产进行申报，从而提升入选概率。本节主要基于《保护文献遗产的总方针》等官方文件中对遗产申报的相关要求，总结、归纳并梳理《世界记忆名录》的评审标准与流程。

一、评审标准

世界记忆项目各级名录采用的评审标准基本相同，区别主要在于文献遗产的地域影响力。在评审过程中采用一致标准有助于准确分析、客观判断，阐明每项文献遗产的特征与意义。名录评审从不同侧面，依据多项标准进行考量。评审时会参考所有标准，但在现实情况中，某项遗产可能只在其中一项标准下极为重要、表现突出。因此不必强求文献遗产必须满足所有标准，或强行为某项遗产寻找其满足所有标准的证据。依据遗产价值进行匹配，为文献遗产选择相关标准即可。

需要特别强调的是，文化没有优劣之分。名录的评审并非要为文献遗产分出"高下"，而是意在明确遗产价值、促进遗产保护。文献遗产的价值难以进行量化评估，评审本身也是一个相对的过程，其结果必然具有比较性和相对性，没有绝对的文化意义。申请提名的文献遗产之间不存在竞争关系，每项提名的申请结果都基于遗产自身价值，依据其是否符合标准来决定。

《世界记忆名录》的评审标准有以下几项。

---

① Turning the threat of COVID-19 into an opportunity for greater support to documentary heritage [EB/OL]. (2020-04-30). https://en.unesco.org/sites/default/files/dhe-covid-19-unesco_statement_en.pdf.

（一）准入标准：真实性（authenticity）与完整性（integrity）

文献遗产的价值正在于其真实记录了历史文化发展轨迹，是对社会变迁的真实反映。因此，"文献遗产必须保持原貌"是对文献遗产最基本的要求，是《世界记忆名录》的准入门槛，具体包括真实性与完整性两项评判标准。

真实性指文献遗产必须是真实的、未经篡改的原件，而非复制品、伪造品或篡改品。其来源和内容必须具备可靠的历史考证与保管链，如记载于重要历史文献、由文献遗产专家鉴定证实或保存在官方文献机构中。真实性的确认并非易事。假文件和伪造文献的例子不胜枚举，如用复制件冒充原件，"真正"的文献被篡改内容，等等。尤其当前居于数字时代，数字技术可以不留痕迹地操作文本、图像和声音，也使文献遗产的真实性更难甄别。

完整性主要强调文献遗产内容与质量的整体性。首先，要明确文献遗产是否为原始文件（若不是，是否是已知的最早版本）；其次，要明确遗产的完整度，包括遗产保留在原始状态的比例，是否缺失页面或章节，缺失部分是已经丢失还是在其他地方保存，等等。对完整性的检验并不意味着有缺失的文献就丧失了申报资格，只要符合要求，支离破碎的文献遗产仍能参与《世界记忆名录》提名。

（二）首要标准：世界意义（world significance）

世界意义是入选《世界记忆名录》的首要标准，也是世界级名录与其他名录之间最显著的区别。这一标准主要强调文献遗产价值的影响程度与辐射的地理范围。这些影响可以是直接的、短暂的，也可以是间接的、长久的，有时可以据其引发的后续事件而定。

在判断文献遗产的价值和影响时，可依据如下问题考虑：如果此份文献丢失会怎么样？它会给全世界的遗产造成损失吗？它对历史的进程有多大的影响？它所包含的信息（如已灭绝物种的电影胶片或录像）如果丢失，真的是世界记忆的损失吗？需要注意，文献遗产的世界意义可以从不同方面体现，某一特定文献遗产无须适用于所有标准，选择相关标准即可，具体可参考以下几点。

1. 历史意义（historic significance）

历史的长河奔流不息，时代始终处于变迁之中。政治、文化或社会变革，思想和信念的演变，革命和倒退，不同文化背景的人民之间的接触等事件在历史中不断重演。文献遗产在生成之初就刻下深厚的时代烙印，帮助人类了解某段特殊的历史。然而，文献遗产并非越古老越重要。对于不同国家而言，古老的概念是相对的。对某项重要事件或运动有影响的近期文件也同样极具价值。在"世界价值"层面，评审者关注的核心问题是：关于世界历史，文献遗产能够告诉我们什么？例如，它是否涉及：

- 政治或经济发展，社会或精神运动。
- 世界历史上的杰出人物。
- 世界变化的重要事件。
- 与时代、事件或人有关的特定地点。
- 独特现象。
- 值得注意的传统习俗。
- 与其他国家或社群之间不断发展的关系。
- 生活和文化模式的变化。
- 历史的转折点或重大创新。
- 艺术、文学、科学、技术、体育或其他生活文化领域的卓越典范。

2. 格式和类型意义（form and style significance）

这一标准与文献遗产的物理性质有关，强调遗产在风格与形式上的"与众不同"。有些文件在载体方面并不突出，如手写手稿或打印记录，但可能具有引人注目的风格特征或个人联想。其他形式的文献遗产可能表现出创新的品质、高度的艺术性或其他显著的特点。例如：

- 文献遗产可能是某种类型的一个绝佳范例。
- 它可能具有杰出的美感和工艺品质。
- 它可能是一种崭新的或不寻常的载体类型。
- 它可能是一种现在已经过时或被取代的文件类型。

3. 社会、社群或精神意义（social, community or spiritual significance）

这一标准用于表达某项文献遗产的精神或宗教价值。某个社群对该文献怀有深厚的感情，或该文献关乎该社群的认同感和社会凝聚力。例如，一个社群可能强烈依恋一位受人爱戴或憎恨的领导人的文献遗产，或者尊崇精神领袖或圣人相关的文献遗产。该标准的应用必须反映现实意义，即该文献遗产必须对今天的人们在情感上有影响。一旦那些在社会和精神情感上非常珍视这份文献的人改变了看法，或这些人都已经不存在，那么这份文献就失去了意义，也就不具备历史重要性。

（三）比较标准：稀有性和保存状况

国际咨询委员会在评审时需要进一步了解文献遗产的特征，因此额外设置了稀有性和保存状况两项比较标准。与首要标准相同，某项特定文献遗产不一定要符合全部比较标准。

1. 稀有性（uniqueness or rarity）

稀有性主要强调文献遗产价值上的独特与珍稀，而不是形式上的"仅此一份"。独一无二并不一定代表稀有。藏品、手稿或其他物品可能是"孤品"，但不一定罕见，可能还有其他类似但不完全相同的文献遗产。同时，具备稀有性特征的遗产也并非独一无二，如可能是一小部分曾经广泛传播的某类文献的幸存物。典型的例子是"善本"（rare book）：某本书的印数可能有上万，但留存下来的仅有几本。它们有共性，但每一本也有自己的特性。

2. 保存状况（condition）

文献遗产所处的保存状况可能不是对其重要性的检验，但与其是否有资格入选《世界记忆名录》有关。长期而言，所有文献遗产的保存都存在风险。许多机构的资源、设施和能力都不足以对文献遗产提供长期保护，部分地区的社会、政治和安全条件也不利于文件的长期保存。如果能用专业的方式来管理、储存、保护和利用这些文件，并提供可靠、安全的保存条件，这种风险就会降低。

世界记忆项目对文献遗产的短期和长期保存都非常关注，在评审时会将这些因素纳入考虑范围。对于部分保存状况较差的文献遗产而言，其内容和字符可能已遭受难以恢复的破坏，那么该遗产就很难满足名录入选条件。相反，一项文献遗产保存状况良好，但存放不善或不安全，也会面临风险。申报者须根据文献遗产性质，详细描述文献遗产所处状况，以便世界记忆项目了解当前风险和保护需求。这些对现实状况的描述和记录提供了一个基准，其持续状态和安全性将受到监控。

（四）意义声明（statement of significance）

"意义声明"并非一项单独的评审标准，而是对其他标准的总结与深化。申报者在此部分应该再次明确文献遗产的出处，以此证明遗产的真实性；总结文献遗产与首要标准和比较标准之间的符合性，强化评审专家对文献遗产的认知。此外，还应该进一步解释以下问题：

• 为什么这一文献遗产对世界记忆很重要？为什么它的丧失会使人

类遗产变得贫瘠？

● 脱离国家或地区的边界，它对生活和文化有什么影响？这种影响是积极的还是消极的？

二、评审流程

申报者将申报材料提交至世界记忆项目秘书处，并收到确认函，就正式进入《世界记忆名录》的评审流程。秘书处将从材料完整性角度对申报材料进行初步筛查，若认为提交的信息不全面，将会要求申报者补充信息。

（一）第一阶段：名录小组委员会初审

申报截止日期过后，世界记忆国际咨询委员会下属机构——名录小组委员会（Register Sub-committee，RSC）负责初步评审与彻底调查。委员会将从其认为必要的来源征求意见和评价，并将每一项申请与类似的文献遗产，包括已列入《世界记忆名录》的遗产进行比较。具体而言，申报材料将首先分别分配给名录小组委员会的委员，并由其联系鉴定专家（包括申请人提议的专家和名录小组委员会独立挑选的其他专家）来判断申报者根据选择标准所提供的依据。依据申报材料与专家意见，委员将对申报遗产进行初步判定，并向名录小组委员会提交初审报告。

文献遗产的申报材料与初审报告将于名录小组委员会会议上进行集体讨论与审议。委员会全体成员将就申报遗产是否符合标准，以及是否需要申报者提供进一步信息等达成初步意见。会后，秘书处将以书面形式向申报者正式通知名录小组委员会的意见结果，同时抄送该意见结果至有关国家的常驻代表团、教科文组织国家委员会和世界记忆项目国家委员会。申报者有机会对这一初步意见做出答复。随着名录小组委员会评估的进行，秘书处也可向申报者提请补充资料，申报者可根据提出的问题，按照规范修改或更新申请，附上额外资料或更有力的论据。获得申报者提供的补充信息及有关机构的答复后，名录小组委员会将再次召开会议，形成最终意见，并提交给世界记忆项目国际咨询委员会。

在整个评审过程中，世界记忆项目将开设一个"特殊窗口"（special window），以供任何个人或组织针对申报遗产提出公开意见或评论，包括反对意见、支持意见或任何与当前申请有关的其他信息。例如，建议者可能希望提供申报遗产的补充信息，或以申报内容不符合评审标准为由反对提名。但是，这些意见必须与评审标准和程序直接相关，否则将不会被纳入名录小组委员会的考虑范围。委员会审查并考虑收到的评论，并根据所述情况和文献遗产背景提出适当建议。接受公开意见能够使评审更加具有民主特征，同时也将意见限制于评审规则之内，避免因为某些政府、机构或专家的个人因素而影响《世界记忆名录》的评审公正性。

该阶段评审过程尽量透明，同时适当考虑需要保密的隐私问题和《世界记忆项目道德准则》要求。为此，名录小组委员会（以及国际咨询委员会）应与申报者保持一定距离，以确保评审客观性，与申报者的所有联系都通过秘书处进行。申请完成并经核实后，将公布于世界记忆网站，以体现评审的公开性。如果在评审过程中更新了申请材料，网站上的版本也必须随之更新。此外，虽然申请材料由名录小组委员会成员独立进行研究，但评估结果和建议并非独断专行的个人决议，而是全委员会共同讨论的结果。

（二）第二阶段：国际咨询委员会复审

名录小组委员会在国际咨询委员会会议召开之前，向国际咨询委员会提交其评估结果及建议，并提供支持性解释。国际咨询委员会将在其会议上对申报遗产进行复审。国际咨询委员会在一定程度上参考名录小组委员会的意见，也可能重新考虑每项提名。评审结束后，国际咨询委员会会将推荐入选名录的文献遗产名单提交给教科文组织总干事。

对于任何一项申报遗产，名录小组委员会或国际咨询委员会通常会提出以下建议之一，并提供理由：

- 入选：已满足评审标准，所需技术信息完整。
- 临时入选：已达到评审标准，但部分技术细节不完整。申报者应在指定日期前补充提交缺失信息。
- 参阅并重新提交：指定遗产可能符合评审标准，但提供的信息不足以充分证明。申报者须提交一份更完整的申请，供下一周期审议。
- 拒绝：申报遗产没有达到入选《世界记忆名录》的评审标准。

拒绝申请不一定是对文献遗产的重要性或文献遗产本身的否认。例如，名录小组委员会或国际咨询委员会可能认为，遗产更适合国家或地区名录；或可能认为，遗产最好作为联合申请的一部分，而不是单独申请；或者申报者未能提出令人信服的理由。申报失败仍可重新提交，如果提名内容不变，最多可申报3次。

（三）第三阶段：总干事做出最终决议

国际咨询委员会参考名录小组委员会初审结果，向教科文组织总干事提供入选《世界记忆名录》的文献遗产推荐名单。国际咨询委员会没有决定权，是否入选需要总干事做出最终决议。总干事可发起或促进对话，同时考虑国际咨询委员会提供的专业意见和任何其他有关资料，并就提名申请做出最后决定。

经历漫长的三重评审程序，《世界记忆名录》最新一批入选名单最终出炉。总干事将会使用新闻发布的形式宣布新入选名录的文献遗产名单。秘书处也会以信件的形式通知每一位入选申报者。新入选的文献遗产将被发布在世界记忆项目的网站上。入选遗产的申报者将获得教科文组织官方颁布的证书，其保管单位也将有权使用个性化的教科文组织世界记忆项目标志。

第三节 《世界记忆名录》申报要求与流程

除了解评审规则之外，对于有意"申遗"的机构和个人而言，更重要的是熟悉具体的申报要求，从而做到在申报过程中依照申请程序、遵循申请规范，避免盲目申报，为申报成功打下坚实的规则基础。

一、申请规范

申请规范主要明确申报《世界记忆名录》的基础规则，如申报方式、申报时间、申报遗产的类型限制，以及填写申报表等材料的具体要求。

（一）基本规则

《世界记忆名录》每两年评审一次，偶数年度提交申请，奇数年度公布评审结果。截至 2017 年（2019 年暂停评审），名录已评审 11 次。出于实际原因，在每两年的评审周期内，每个国家限制申报两项文献遗产。如果超过两项，世界记忆项目国际咨询委员会将要求申报方所属的世界记忆项目国家委员会或教科文组织国家委员会做出选择，并解释选择原因。若文献遗产分散在不同保管者手中，不同国家的两个或两个以上申报者可提交联合申报。联合申报独立于"每国两项"的要求之外，其数量及参与申报者的数量不受限制。

《世界记忆名录》不限制申报遗产的所有权，文献遗产可以是公有的，也可以是私有的。任何人或组织都可以申报《世界记忆名录》，但如果申报者不是文献遗产保管者，须征求其书面同意。若保管者拒绝同意，申报者需要解释原因。在实际操作中，大多数申报来自图书馆、档案馆或博物馆等机构，其从馆藏中选择适合的文献遗产进行申报。这些机构也能够为秘书处及名录小组委员会提供评审所需信息。但也有一些申请来自个人、公共组织、国际组织等。例如，红十字国际委员会（International Committee of the Red Cross，ICRC）申报的"国际战俘局 1914—1923 年的档案"（2007 年入选），录音收藏协会（Association for Recorded Sound Collections，ARSC）申报的"爱德华—莱昂·斯科特·德马丁维尔 1853 年至 1860 年的录音档案"（2015 年入选），等等。①

申报者应通过世界记忆项目国家委员会或教科文组织国家委员会进行申报。若世界记忆项目国家委员会或教科文组织国家委员会支持该项提名，其认可将会在评审过程中受到考虑。此外，鉴于准备申报材料具有一定难度，尤其对于初次申报而言，申报者可以申请提供技术咨询。向世界记忆项目国家/地区委员会或世界记忆项目秘书处寻求帮助后，申报者将与一位经验丰富的专家建立联系，从而了解申报需要什么样的信息，以及如何填写申报表。在此过程中，专家必须遵循《世界记忆项目道德准则》要求，如不能代替申报者填写申报表或告诉申报者成功的概率等。

（二）申报限制

世界记忆项目对申报《世界记忆名录》的文献遗产类型有一些具体限制。

（1）参与申报的书目、档案馆藏或文件集合必须是有限的，有明确的开始和结束日期，并且必须闭合。如果文献遗产处于变化状态，就无法对

---

① 目前，非国家主体申报入选《世界记忆名录》的文献遗产共 7 项。除文中所提到的 2 项外，还包括：联合国日内瓦办事处（the United Nations Office at Geneva）申报的"国际联盟时期（1919—1946）的档案"（2009 年入选），联合国难民救济和工程处（the United Nations Relief and Works Agency for Palestine Refugees）申报的"联合国巴勒斯坦难民救济和工程处的照片与影视档案"（2009 年入选），国际寻人服务局国际委员会（International Commission for the International Tracing Service，ITS）申报的"国际寻人服务局 1933—1945 年的档案"（2013 年入选），联合国教科文组织档案馆申报的"国际知识产权合作研究所的档案（1925—1946）"（2017 年入选）和世界卫生组织（World Health Organization，WHO）申报的"根除天花病的档案"（2017 年入选）。

其进行评价，教科文组织也无法给它授权世界记忆的标志，因为其性质有可能在不知情的情况下发生变化。因此，所提名文献必须是有限且定义准确的。《世界记忆名录》不接受含糊不清或不限成员名额的申请。典型的例子是一项由箱号和位置号标识的封闭档案全宗，一个固定大小和内容的数据库，或一个库存集合。

（2）虽然世界记忆欢迎提名一个收藏、一个全宗，或一组收藏和全宗，但申报一个档案馆、图书馆或博物馆的全部馆藏是不能接受的，除非其馆藏具有重要性、一致性和连贯性。另外，这类申请也不符合封闭和有限的原则，因为机构的馆藏还在不断变化。

（3）当代政治领袖与政党的文章不能入选《世界记忆名录》，但可以入选国家或地区名录。世界记忆项目作为中立的文献遗产保护项目，不能持有任何党派偏见。然而，即使不带偏见的客观决断，也有可能与其所处的政治环境产生冲突。如果一个国家或地区委员会决定评审此类资料，则一定要仔细权衡它的影响程度：这个人或组织对历史的影响有多大，是正面的还是负面的？例如：发动或结束了战争，影响社会或政治制度，创立了伟大的见解或原则。对于某些已经离世的政治人物而言，若其影响力已超出国家或地区范围，相关文献遗产就需要根据世界名录的标准来评判。

（4）国家宪法和类似文献通常只适合参加世界记忆国家名录的评选，不适合国际或地区名录，因为它们的影响一般仅局限于本国。有广泛地域影响的文献例外，如被其他国家宪法视为范例的文献，或开创了国际公认原则的宪法文献。

（5）纯粹的艺术、文学和音乐作品不会入选《世界记忆名录》。然而，反映某艺术家、作家等的重要作品创作起源，或描写创作状态，表现艺术家生平和社会背景的文献（如初稿、清稿，关于某杰出作品的创作过程的信件，艺术家、作曲家或作家批注过的私人藏书，接受访问的胶卷和磁带等）可以入选。它们的价值体现在其美学质量和对文化与历史的影响上。例如，可以申报一组信件来说明文艺复兴时期的两位画家之间的关系，但是不能申报他们的绘画作品。

（三）申报表要求

填写《世界记忆名录》申报表时，应注意以下要求。

1. 简洁

申报表应该全面，但不要超过必要范围，因为文献遗产是以质量而非数量来接受评判。申请表的页数没有强制性要求，但通常最多 15 页 A4 纸即可。

2. 客观

每一项文献遗产都有其优点。提名应以事实为依据，用公正客观的语言书写。使用冠冕堂皇或无法证明的观点，以及贬损、宣导或争论性的语言将适得其反，会使评审更加困难。增加解释也没有帮助，例如，与其他历史事件进行比较。这些提名申请会被否决或退回修改。

3. 合法

在世界记忆网站上公布提名申请或将文献遗产选入《世界记忆名录》，不会产生明显的法律或财务后果。它不会影响材料的所有权、保管或使用，也不对所有者、保管者或政府施加任何约束或义务。同样，它也不对教科文组织强加任何资源保护、管理或获取材料的义务。然而，它确实代表了遗产管理人对其保护和可获取性的承诺。

图片、表格、图形或数字文件如有需要可以添加为附录，这对评审人员很有帮助。秘书处一旦接受申报材料，即被视为申报者授权教科文组织在世界记忆网站上公布申报表及其图像。除非另有声明，否则文献遗产一旦入选，还应被视为申报者授予教科文组织为宣传目的出版和使用其图像权利。为了实用起见，数字文件应保持在一个合理的大小范围之内。

二、申报流程

《世界记忆名录》申报流程主要包括"准备—提交—核实"三个阶段。首先由申报者选择合适的文献遗产，填写申报表，完成申报的前期准备，随后在截止日前提交至世界记忆项目秘书处，并由秘书处对申报材料进行初步核实。

（一）前期准备

申报者应在熟悉《世界记忆名录》评审标准的基础上，依据标准选择适合的文献遗产。确认文献遗产的真实性与完整性后，应着重考虑其是否具有世界意义。同时还要了解已入选名录的遗产有哪些类型和主题，明确是否有同类型遗产已入选，为申报提供参考。如果有条件可以咨询世界记忆项目国家委员会，向专业人员征询经验与建议。

明确申报遗产后，即可准备着手填写《世界记忆名录》申报表。申报表共有 11 部分，需要填写的内容主要包括申报遗产的基础信息与价值证明。核心部分为入选标准与有助于评审的背景信息。第一部分为遗产名称，要求简短直接，限制在 10 个词以内。第二部分为摘要，需要简短介绍申报遗产与申报理由。可以最后填写，明确提出的所有核心要点。第三和第四部分为申报者联系方式与授权声明。第五部分为法律信息，需要详细说明保护文献遗产的法律责任和行政责任，以及文献遗产的版权状况；还应描述如何访问及获取文献遗产，若法律或文化限制获取，需要描述限制的种类，并说明已经实现数字化还是正在规划中。世界记忆项目鼓励申报者在可行的情况下公开其文献遗产，虽然这不是入选的先决条件，但"可获取"是世界记忆项目的一个目标，公开文献遗产显然有助于评审进程。第六部分为文献遗产的识别与描述，需要填写确切的遗产名称与机构，提交遗产的目录或登记细节，列举三位专家作为推荐人以及文献遗产被引用的参考文献条目。最为重要的是要明确文献遗产的历史或出处，以满足"真实性"这一准入标准。第七部分即为申报表核心内容，需要填写申报遗产符合标准的证据与说明。第八部分为与文献遗产所有者、保管者、研究学者等相关各方的协商情况。第九和第十部分为申报者的文献遗产风险评估和保存与获取管理计划。这两部分为"补充信息"，不作为评选标准，旨在为评审专家提供更多信息参考。第十一部分为补充内容，主要填写其他支持申报的各类信息，如支持者的意见、入选后的宣传计划、关于该文献的报道及文献对于教育和研究工作的意义等。

（二）提交与核实

世界记忆项目秘书处在截止日期前至少 4 个月，在世界记忆网站上发出申请通知，说明截止日期和申请必须达到的正式标准。符合规定格式的申请可由任何个人或组织以电子或纸质形式提交给秘书处。

秘书处记录每一项提名申请，并在核实申报内容时审查其法律、技术和其他相关方面要求，然后通知申报者初步审查的结果。如果申报缺乏必要的信息，秘书处将立即向申报者提出要求。在所有信息处理完成之前，秘书处不会采取下一步行动。如果申报被接受进行评审，秘书处将通知申报者，并抄送有关国家的常驻代表团、世界记忆项目地区委员会、教科文组织国家委员会和世界记忆项目国家委员会。此外，秘书处会将申报表上传到世界记忆网站。之后，秘书处将申请提交给名录小组委员会进行评审。提名申请立即公开征求意见（反对意见、支持意见或与评审标准有关的其他资料），申报进入后续的评审流程。

三、后续管理

除申报与评审外,《世界记忆名录》的管理流程还包括对现存名录的补充与更新,对名录入选遗产状况的监测与报告,以及对不符合要求的文献遗产进行移除。得到评审结果并不是结束,名录在补充、监测与清除中不断完善,始终处于一个动态优化的过程。

（一）名录的补充与更新

若文献遗产存在多个副本或不同版本（例如,以不同版本或多种语言发行的书籍和电影）,则该提名申请将被视为适用于作品本身,而不是所援引的某个特定副本。如果随后出现更古老或更完整的副本,可在现存《世界记忆名录》版本的基础上增加文件副本。同样的机制也适用于证明不完整的文献遗产,例如,文献遗产分布在多个机构中,其中一部分申遗成功后才确定遗产的其他部分。此外,随着《世界记忆名录》的逐渐扩张,可能存在更新现有名录内容的情况,但不能更改文献遗产的字符或属性。

更新程序可由保管者、国际咨询委员会、国际咨询委员会主席团或秘书处发起。具体工作将分配给名录小组委员会,可能涉及：

● 审查现有申请,并建立适合特定案例的真实性、唯一性、完整性和稀有性标准。

● 明确拟议更新样本、保管者和相关管理计划。

● 准备在现有名录中添加的更新样本案例。

● 审查当前入选文献遗产是否仍符合选择标准,由秘书处与相关保管者联系,寻求他们同意在名录中添加更新样本。

（二）名录的移除

文件遗产一旦入选,将永久保留于《世界记忆名录》,除非因周期性审查需要重新评估。此外,如果出现新的资料,需要对文献遗产进行重新评估,若证明其不符合遗产所依据的标准,该文献遗产也有可能从《世界记忆名录》中删除。

审查程序可由任何个人或组织（包括国际咨询委员会）以书面形式向秘书处提出,秘书处将提交国际咨询委员会进行调查和报告。如果国际咨询委员会认为审查内容属实,秘书处将与原申报者联系。名录小组委员会将进行评估,并向国际咨询委员会提出移除、保留或其他纠正措施的建议。秘书处将把结果通知所有有关各方，并确保对《世界记忆名录》做出必要的调整。

(三) 名录的监测

根据《关于保存和获取包括数字遗产在内的文献遗产的建议书》规定，需要对入选文献遗产的状况进行系统监测：

- 评估入选文献遗产对一个国家或组织内文献遗产保护的影响。
- 评估入选文献遗产的状况以及为保存这些文献遗产而采取的措施。
- 建立一个框架，以便在文献遗产状况恶化或面临其他风险时寻求保存建议。
- 促进世界记忆网络的合作和经验分享，并保持项目可信度。

在秘书处提出要求时，所有保管入选文献遗产的机构和个人都应按照要求，以不超过6年的周期提交关于遗产状况的报告。报告将酌情提交给名录小组委员会或保护小组委员会，后者将对如何采取后续行动提出建议。未能及时提交报告可能导致国际咨询委员会提议将文献遗产从《世界记忆名录》中删除，并将建议提交给教科文组织总干事。

国际咨询委员会负责制定监测程序的标准和方法，必要时可由秘书处指定的专家进行机构专访。尽管有6年的周期，如果秘书处收到任何来源的信息，表明文献遗产已严重退化或其完整性受到损害，名录小组委员会或保护小组委员会将负责调查。如果信息得到证实，秘书处将酌情将结果报告转交申报者或保管机构征求意见。名录小组委员会或保护小组委员会将对意见进行评估，并向国际咨询委员会提出移除、纠正措施或保留的建议。如果国际咨询委员会支持移除建议，将通知所有各方。

第四节　《世界记忆名录》入选遗产概况

经过20年来11次评选，目前已有429项文献遗产入选《世界记忆名录》。① 本节将从地域分布与申报形式两个角度，对入选《世界记忆名录》的文献遗产进行数据分析，并以数据的形式来阐述当前入选遗产的基本情

---

① 注：该章节中用于计算的入选文献遗产未包括3项补充文献，故总数为429项。

况。同时依据数据,挖掘其特征,预测名录未来的发展趋向。

一、地域分布

世界记忆项目将全球划分为 5 个地区:非洲地区、阿拉伯地区、亚洲与太平洋地区(以下简称"亚太地区")、欧洲与北美地区(以下简称"欧美地区")以及拉丁美洲及加勒比地区(以下简称"拉美及加勒比地区")。国际组织等非国家申报主体无法按照地域分类,统一列为"其他"。各地区入选文献遗产数量年度分布如表 5-1 和图 5-1 所示。依据表 5-1 进行分析,可得出如下结论。

表 5-1 各地区入选文献遗产数量年度分布统计表

单位:项

地区	时间											总计
	1997年	1999年	2001年	2003年	2005年	2007年	2009年	2011年	2013年	2015年	2017年	
阿拉伯地区	1	0	0	1	3	1	0	2	1	0	4	13
非洲地区	6	0	0	2	1	3	1	2	1	4	3	23
拉美及加勒比地区	7	1	0	6	4	5	11	8	8	7	12	69
欧美地区	16	5	14	10	18	19	15	29	30	30	44	230
亚太地区	8	3	7	6	3	9	7	17	18	11	20	109
其他	0	0	0	0	0	1	2	0	1	1	2	7
总计	38	9	21	25	29	38	36	58	59	53	85	451

注:(1)地区合作申报的项目按地区重复计算,故各地区入选数量之和大于实际总数。
(2)截至 2019 年,"其他"项中包括红十字国际委员会、联合国难民救济和工程处、联合国日内瓦办事处、国际寻人服务局国际委员会、美国录音收藏协会、联合国教科文组织、联合国世界卫生组织。

第五章 《世界记忆名录》的申报与建设

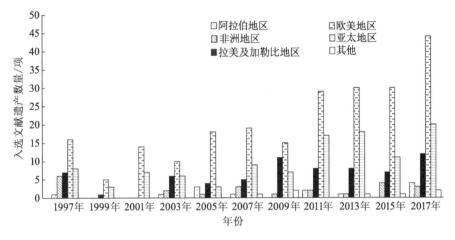

图 5-1　各地区入选文献遗产数量年度分布图

（一）曲折发展，总体呈增长趋势

1997 年《世界记忆名录》初创时期，各地区均有参与，入选文献遗产来源较为丰富。1999 年，入选文献遗产数量急剧下降，非洲地区和阿拉伯地区未有文献遗产入选，《世界记忆名录》评选工作遇冷。2001 年，虽然入选文献遗产总数略有提升，但仅有欧美地区和亚太地区的文献遗产入选，地域分布极不均衡。

随着 2002 年第二版《保护文献遗产的总方针》推出，《世界记忆名录》的评审标准和申报流程得到了规范，名录评选过程更加公开、透明。自 2003 年起，五大区域均参与评选，除阿拉伯地区 2009 年和 2015 年未有文献遗产入选外，其余地区历次评选均有遗产入选。入选文献遗产总数稳步提升，基本呈现逐年增长态势。2007 年起，一些国际组织、机构也作为申报主体参与评选，丰富了《世界记忆名录》的文献来源。

总体而言，《世界记忆名录》创建初期曾短暂遭遇挫折，入选文献遗产总量少，部分地区参与度不高。但自 2003 年以后，随着世界记忆项目的知名度逐渐打开，世界各国的文献遗产保护意识逐步加强，《世界记忆名录》基本保持稳定发展、持续增长态势。其中，2011 年和 2017 年两次评选的入选遗产数量均有大幅提升。

（二）以欧美地区为主导，发展不均衡

虽然《世界记忆名录》总体呈现稳步增长式发展，但各地区入选文献遗产数量差距大，地域发展不均衡。通过分析各地区入选文献遗产的数量占比（图 5-2）与年度占比（图 5-3）变化情况，可以明显发现欧美地区入选文献遗产总数大幅领先，占据《世界记忆名录》的半壁江山，且每一届评选的入选数量占比均超过其他地区，除 1997 年、2003 年、2009 年外，其他年度入选遗产占比均超过 50%。这与该地区经济发达、文化繁荣、科技先进及地区各国文献遗产保护起步早、意识强等因素密不可分。

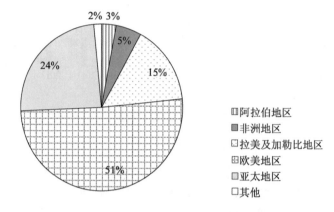

图 5-2 各地区入选文献遗产数量占比图

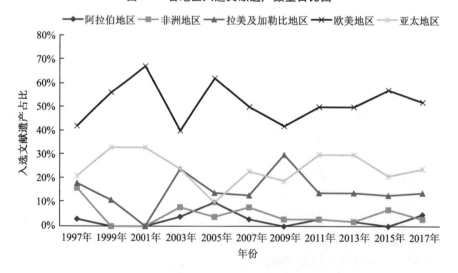

图 5-3 各地区入选文献遗产年度占比折线图

亚太地区和拉美及加勒比地区位于第二梯队，入选文献遗产总数占比分别为 24% 和 15%。从两地区发展趋势上来看，亚太地区仅在 2005 年和

2009年被拉美及加勒比地区超越，且总数占比超过30%的年份有4个，而拉美及加勒比地区仅1个。同时，拉美及加勒比地区在前期波动较大，2001年甚至未有文献遗产入选，亚太地区则连续性更好、参与度更高。相比而言，亚太地区由于历史悠久、地域广阔、档案文化资源丰富等因素位列第二，拉美及加勒比地区因经济发展相对落后、保护资金不足等原因位列第三。两地区均与欧美地区差距较大。

非洲地区和阿拉伯地区位于末端，入选遗产总数量占比仅为5%和3%。非洲地区入选数量占比在1997年达到顶峰，之后大幅下降，增长缓慢；阿拉伯地区由于语言文化的特殊性、宗教习俗的差异性、政治局势的不稳定性等因素，入选《世界记忆名录》的文献遗产数量极少，且多次出现零入选的情况，在5大地区中占比相对最低。总体而言，《世界记忆名录》遗产入选情况具有较大的地域差异。不同地区入选数量差距大，且差距有逐渐扩大的趋势。欧美地区"一家独大"、非洲地区与阿拉伯地区鲜有文献入选的现象日益固化，两极分化严重，地区之间发展极不平衡。

（三）各地区参与度提升，保护意识增强

每一届《世界记忆名录》的评选中，均有新增国家参与其中，且在2003年至2011年之间，各地区新增国家数量较多，新增数量不低于10个。欧美地区作为入选《世界记忆名录》文献遗产数量最多的地区，每届评选中仍然均有新增国家，新增国家数量最高峰在2005年。拉美及加勒比地区虽然在入选文献遗产的数量上不及亚太地区，但国家（地区）参与入选率较高，新增国家数量在2009年达到最大值9个。非洲地区和阿拉伯地区也有国家（地区）陆续成功入选。详见图5-4。

因此，虽然受历史、地理、国情等因素的影响，各地区参与国家文献遗产保护与发展的情况迥异，但经过世界记忆项目的推广与宣传、各地区国家的合作与交流，越来越多的国家参与到《世界记忆名录》的评选工作中，各地区国家参与入选率不断提升，民众的文献遗产保护与利用意识不断增强。

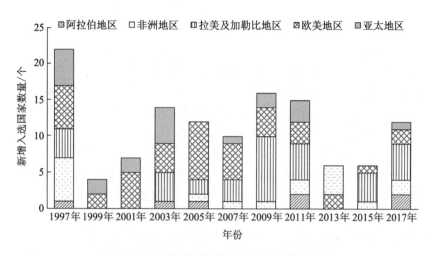

图 5-4　各地区年度新增入选国家数量统计图

（四）遗产大国集中于少数地区，两极分化严重

虽然各地区国家参与入选率有所提升，但文献遗产大国仍然集中于欧美地区和亚太地区，地区间的合作与交流有待加强。在入选《世界记忆名录》文献遗产数量排名前 30 位的国家中，欧美地区的德国以 23 项文献遗产的入选数量位列全球第 1，且排名前 30 的国家中有 19 个位于欧美地区，占比高达 63%。亚太地区在前 30 名中占据 7 席，占比 23%。该地区排名最前的国家是韩国，以 16 项文献遗产的入选数量与荷兰并列第 4。拉美及加勒比地区共有 4 国进入前 30 名，占比 13%，其中排名最优的墨西哥以 13 项文献遗产的入选数量与中国和法国并列第 8。非洲地区和阿拉伯地区则没有国家排名进入前 30 位。详见表 5-2。

表 5-2　入选文献遗产数量排名前 30 国家明细表

排名	国家	入选数量/项	所属地区
1	德国	23	欧美地区
1	英国	23	欧美地区
3	波兰	17	欧美地区
4	荷兰	16	欧美地区
4	韩国	16	亚太地区
6	奥地利	15	欧美地区

续表

排名	国家	入选数量/项	所属地区
7	俄罗斯	14	欧美地区
8	中国	13	亚太地区
8	法国	13	欧美地区
8	墨西哥	13	拉美及加勒比地区
11	西班牙	11	欧美地区
11	美国	11	欧美地区
13	巴西	10	拉美及加勒比地区
13	伊朗	10	亚太地区
13	葡萄牙	10	欧美地区
16	印度	9	亚太地区
17	捷克	8	欧美地区
17	丹麦	8	欧美地区
17	印度尼西亚	8	亚太地区
17	意大利	8	欧美地区
21	加拿大	7	欧美地区
21	匈牙利	7	欧美地区
21	日本	7	亚太地区
21	瑞典	7	欧美地区
21	土耳其	7	欧美地区
26	澳大利亚	6	亚太地区
26	巴巴多斯	6	拉美及加勒比地区
26	以色列	6	欧美地区
26	挪威	6	欧美地区
26	特立尼达和多巴哥	6	拉美及加勒比地区

进一步对各地区国家入选文献遗产数量阶段分布开展对比分析，可以发现在入选文献遗产数量不少于10项的15个国家中，欧美地区占据10个，占比为67%。同时，在入选文献遗产数量为1项的42个国家中，欧美仅有7个，占比仅为17%。可见欧美地区的国家大多已有多项文献遗产入选《世界记忆名录》，文献遗产大国比率高。相较而言，其他地区文献遗产大国较少，文献遗产分布较为分散。详见图5-5。

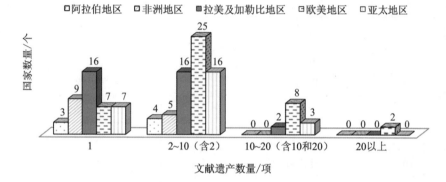

图5-5 入选文献遗产的国家数量分布图

综上，欧美地区无论是在国家参与度、文献遗产入选数还是在文献遗产大国数量上均处于领先地位。经过20年的发展，欧美地区48个国家中有42个国家积极参与《世界记忆名录》评选，文献遗产入选率高，文献遗产保护意识强、利用率高。因此，欧美地区应总结和分享文献遗产保护经验，积极帮助其他地区开展文献遗产的保护与研究工作，有条件还应为非洲、阿拉伯等欠发达地区提供文献遗产基础设施、资金、技术、人才等方面的援助。

亚太地区虽然平均入选文献遗产数量较高，但国家参与度较低，特别是环太平洋区域的一些国家及地区参与较少。因此，亚太地区应该加强对文献遗产保护的宣传与推广，努力提升地区参与度。

与亚太地区相比，拉美及加勒比地区参与度较高，但各国入选的文献遗产数量较少，文献遗产分布较为分散，文献遗产大国不多。这也与当地的经济文化发展水平有较大关联。因此，拉美及加勒比地区要积极挖掘本地区的文献遗产资源，积极与欧美地区和亚太地区开展合作交流。

阿拉伯地区和非洲地区无文献遗产大国，《世界记忆名录》国家参与度也较低，需要世界记忆项目联合其他地区一同提供技术和资金上的支持。该地区也可以积极利用世界记忆项目地区委员会在当地的影响力,加大对文献遗产的宣传与推广,提升各国文献遗产保护意识,努力让更多国家关注文献遗产保护,投身世界记忆项目。

二、申报形式

申报形式主要包括独立申报和联合申报两种。其中,联合申报适用于文献遗产保存于不同国家的多个保管机构的情况,且不受每年两项的申报名额限制。联合申报是世界记忆项目较为提倡的一种申报形式,有利于促进文献遗产层面的国际合作与交流,并通过共同"申遗"这一纽带增进不同国家与民族之间的文化认同。在申报形式层面,《世界记忆名录》呈现出如下特点与趋向。

(一)以单独申报为主,联合申报逐年增加

据统计,在入选《世界记忆名录》的 429 项文献遗产中,有 381 项为单独申报,占比为 89%;有 48 项为两个及以上国家或地区联合申报,占比为 11%(表 5-3)。可见入选文献遗产以单个国家或地区单独申报的形式为主。随着经济全球化进程加快,国家间的联系日渐紧密,不同国家之间联合开展文献遗产保护与利用的情况也不断增多。从 2003 年起,两个及以上国家之间开展联合申报的比重逐年增加(图 5-6)。至 2017 年,联合申报的文献遗产占总入选文献遗产的比重近 20%。联合申报既提高了申报的成功率,又推动了国际间的合作交流。

表 5-3 不同申报方式入选文献遗产数量年度统计表

单位:项

申报方式	年份										总计
	1997年	1999年	2001年	2003年	2005年	2007年	2009年	2011年	2013年	2015年	2017年
单独	38	9	21	22	26	34	31	45	49	41	65	381
联合	0	0	0	1	3	4	4	6	7	8	15	48
总计	38	9	21	23	29	38	35	51	56	49	80	429

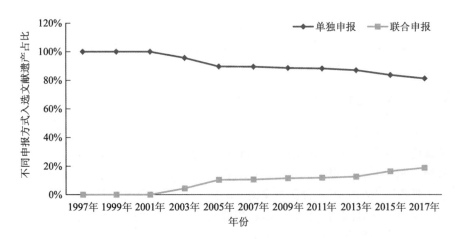

图 5-6　不同申报方式入选文献遗产占比年度分布折线图

(二) 不同地区申报方式存在差异

由于历史文化、地理分布等因素，不同地区在申报形式的选择中存在较大差异。欧美地区经济发达、文化相近、国家间合作交流频繁，联合申报的数量最多，共 40 项。拉美及加勒比地区和亚太地区联合申报的数量分别为 14 项和 12 项，远低于欧美地区。非洲地区国家间合作交流较少，联合申报数量仅有 4 项。阿拉伯地区更是从未采用联合申报这一形式，13 项入选遗产均为单独申报。详见图 5-7。

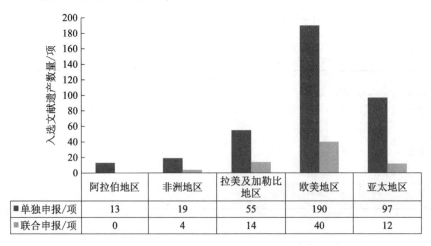

图 5-7　各地区不同申报方式入选文献遗产数量分布图

进一步分析五大地区单独和联合两种申报形式占该地区入选文献遗产总数的比重（表5-4），可以发现尽管欧美地区入选文献遗产中联合申报的数量最多，但相对于230项入选遗产的总数量，联合申报这一形式占比不算太高，仅为17%，与联合申报文献遗产数量为4项的非洲地区占比相同。

表5-4 各地区不同申报方式占比统计表

地区	单独申报占比	联合申报占比
阿拉伯地区	100%	0%
非洲地区	83%	17%
拉美及加勒比地区	80%	20%
欧美地区	83%	17%
亚太地区	89%	11%

拉美及加勒比地区入选的文献遗产中，采用联合申报形式的数量不多，但占比最高，为20%。亚太地区联合申报的数量比拉美及加勒比地区略少，但占比仅为11%。阿拉伯地区无联合申报项目，占比为0%。由此可见，拉美及加勒比地区虽然入选的文献遗产数量不多，但联合申报比例高，地区各国之间、与其他地区之间合作与交流频繁。其他地区，尤其是阿拉伯地区和亚太地区，需要大力推进不同国家与地区间的文献遗产项目合作，积极开展保护交流，以打破地区间的合作壁垒，建立长期互通互助的合作机制。

（三）联合申报的影响要素

其一，文献遗产小国更偏重联合申报方式。据统计，在125个有文献遗产入选《世界记忆名录》的国家（或地区）中，有69个国家（或地区）采用过联合申报的方式，占比超过50%。文献遗产入选数量多的国家通常更倾向于单独申报，而入选数量较少的国家往往联合申报的比重很高。图5-8为联合申报不同比重范围内各地区国家分布数量统计图。

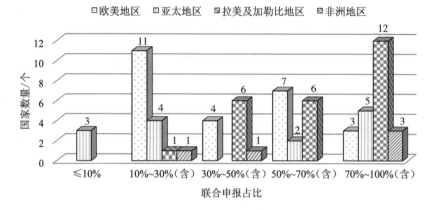

图 5-8 联合申报不同比重范围内各地区国家分布数量统计图

联合申报比重小于等于 10% 的 3 个国家伊朗、中国、韩国均属于亚太地区，且均为文献遗产大国，说明亚太地区文献遗产大国更倾向于单独申报的方式，地区各国间的合作申报较少。联合申报比重大于 10% 小于等于 30% 的国家共有 17 个，其中 11 个均属于欧美地区，除格鲁吉亚和比利时外，其他 9 个均为入选文献遗产数量世界排名前 30 的国家。这一比例范围还包括拉美及加勒比地区和非洲地区入选遗产数量最多的墨西哥和南非。这说明文献遗产大国申报时以单独申报为主，联合申报为辅，申报的形式更加多元。联合申报比重大于 70% 小于等于 100% 的国家中，有 23 个国家有且只有 1 项文献遗产入选《世界记忆名录》，其中超过半数为拉美及加勒比地区的国家。这说明文献遗产小国申报方式单一，通过与文献遗产大国联合申报是其提升入选率、增加文献遗产入选数量的重要方式。

其二，联合申报受历史、地理等多种因素影响。在 48 项联合申报的文献遗产中，有 28 项为某一地区内部国家的联合申报。其中有 21 项为欧美地区内国家联合申报，占比 75%，这与欧美地区紧密的地理分布、相似的历史文化背景息息相关。在 20 项跨地区国家联合申报的文献遗产中，有 6 种不同的地域组合类型，其中 5 种均有欧美地区参与其中，且这些遗产内容不少都与欧洲工业革命时期的资本积累有关。档案是历史的载体，透过"荷兰东印度公司档案""荷兰西印度公司档案""米德尔堡商业公司档案""英属加勒比地区殖民地奴隶注册登记名册档案"等文献遗产，我们仿佛能看到，15 世纪地理大发现时代欧洲的船队航行至亚非拉各洲的土地上。世界各地慢慢联系在一起，不同的文化碰撞交融，也产生了许多承载不同国家共同记忆的文献遗产，为今天各国联合申报《世界记忆名录》提供了素材。

（四）联合申报存在不同类型

基于文献遗产申报书可得，由于申报时间早晚有别、文献遗产保存状态各异、参与国家国情不同，多个国家进行联合申报的过程中，存在三种不同的类型：主从形式联合申报、以保管机构为主导的联合申报、以专业性机构（个人）为主导的联合申报。由于官网未提供"三国联盟战争的摄影史料档案"的申报书，因此仅对其他47项文献遗产进行分析。

其一，主从形式联合申报，即申报书中明确提及在申报的过程中以某个（些）国家或机构为主导，其他联合申报的国家或机构提供辅助支持的申报方式。根据申报书，将采用主从形式联合申报的文献遗产具体信息一一罗列，得到表5-5，并从时间、保管机构和申报机构等方面对此进行分析。

表5-5 主从形式联合申报文献遗产具体信息

序号	文献遗产	入选时间	主申报国家或机构	副申报国家或机构	备注
1	荷兰东印度公司档案	2003年	荷兰国家档案馆		
2	科尔文纳图书馆藏书	2005年	匈牙利	比利时、法国、德国、奥地利、意大利	
3	瓦尔德瑟米勒绘制的世界地图	2005年	世界记忆项目德国国家委员会	美国华盛顿国会图书馆	文献2003年前归德国所有，2003年后归还美国，由华盛顿国会图书馆保管
4	16世纪初地图：匈牙利地图	2007年	匈牙利国立塞切尼图书馆	克罗地亚国家大学图书馆、奥地利国家图书馆	
5	拉济维乌家族档案与涅斯维日图书馆收藏	2009年	白俄罗斯	波兰、俄罗斯、芬兰、立陶宛、乌克兰	

续表

序号	文献遗产	入选时间	主申报国家或机构	副申报国家或机构	备注
6	《共产党宣言》(1848)手稿和《资本论·第一卷(1867)》的马克思自注本	2013年	联合国教科文组织德国委员会	荷兰阿姆斯特丹国际社会历史研究所(IISH)	保管机构为荷兰阿姆斯特丹国际社会历史研究所(IISH)
7	西印度群岛委员会档案	2015年	英国西印度群岛委员会	英国、安圭拉、蒙特塞拉特岛、安提瓜和巴布达、牙买加	
8	法国人雷诺的动画电影作品	2015年	法国国家电影和动画中心、捷克国家技术博物馆	法国国立工艺学院、法国国家工业产权局、法国电影图书馆与博物馆	
9	埃斯塔克利地理著作手抄本	2015年	世界记忆项目伊朗国家委员会		保管机构为伊朗国家博物馆和德国哥达学术图书馆
10	萨阿贡修士著《新西班牙诸物志》	2015年	墨西哥国家人类学及历史研究所(INAH)		保管机构为意大利劳伦齐阿纳图书馆、西班牙马德里皇家图书馆、西班牙皇家历史学院
11	1756年缅甸国王雍籍牙致英国国王乔治二世的金箔信函	2015年	德国戈特弗里德·威廉·莱布尼茨图书馆	大英图书馆、缅甸文化部	保管机构为德国戈特弗里德·威廉·莱布尼茨图书馆
12	伊万·亚历山大皇帝的福音书	2017年	保加利亚圣·西里尔与圣·美多迪乌斯国家图书馆	大英图书馆	文献归大英图书馆所有

续表

序号	文献遗产	入选时间	主申报国家或机构	副申报国家或机构	备注
13	福迪奥的著作《宗教信仰与身体健康关系人类的利益》的副本	2017年	马里	尼日利亚	马里的保护与利用伊斯兰文化手稿的非政府组织为文献遗产保管机构提供技术和资金支持
14	安东尼奥·卡洛斯·戈梅斯作曲集	2017年	意大利斯卡拉歌剧院博物馆、巴西皇家博物馆	巴西国家档案馆、里约热内卢联邦大学音乐学院、巴西国家图书馆基金会、巴西历史地理研究所、巴西科学、文学和艺术中心卡洛斯·戈梅斯博物馆、巴西国家历史博物馆、巴西帕拉联邦大学博物馆	
15	阿莱塔·雅各布斯的论文集	2017年	荷兰性别平等及妇女历史研究所阿特里亚(Atria)机构	荷兰格罗宁根大学、美国史密斯学院索菲亚·史密斯收藏机构	保管机构为荷兰性别平等及妇女历史研究所阿特里亚机构
16	《卢布林联盟法案》档案	2017年	波兰中央历史档案馆		保管机构为波兰中央历史档案馆

根据表5-5，采用主从形式联合申报的文献遗产共有16项，集中于2015年和2017年。这说明随着世界记忆项目的发展，《世界记忆名录》的申报更加细化；联合申报过程中，各国的分工更加明确。例如，2003年入选的"荷兰东印度公司档案"和2011年入选的"荷兰西印度公司档案"，两项文献遗产均由多个国家的相关机构进行保管。但在早期申报时，荷兰作为欧美地区文献遗产大国，起步早，申报经验丰富，所以"荷兰东印度公司档案"由荷兰国家档案馆主导完成申报工作。到了2011年，在

申报"荷兰西印度公司的档案"时，所有的保管机构均参与进来，共同完成了"申遗"工作。这不仅使该项文献遗产内容更加丰富完备，也提升了各国的申报参与度。

除了申报时间要素外，出现主从形式联合申报的原因还有文献遗产主要集中在某一（些）机构进行保管、某一（些）机构专门研究该项文献遗产、某一（些）机构提供技术或经济支持、某一（些）机构申报经验丰富等。分工细化、各据所长是主从形式申报最主要的特征。

其二，以保管机构为主导的联合申报，即申报机构和保管机构一致，且各机构在申报的过程中地位平等的申报方式。申报机构和保管机构一致的文献遗产共有 20 项，其中以保管机构为主导的联合申报的文献遗产共有 15 项，占比为 75%。保管机构作为文献遗产第一手资料的保护和研究单位，对于文献遗产的申报最具发言权，以保管机构为主导的联合申报可以更直观全面地展现文献遗产的整体风貌。

其三，以专业性机构（个人）为主导的联合申报，即申报流程的实施者不一定为文献遗产的保管机构，而是专门研究该项文献的机构或个人，或是专门为了申报文献遗产而成立的机构或组织的申报方式。采用该种方式联合申报的文献遗产共有 16 项。将 16 项文献遗产的申报机构一一罗列，可以发现以专业性机构（个人）为主导的联合申报方式有三个显著的特点：以专家为代表的个人申报、以行政管理部门为代表的政府申报、以委员会为代表的专业机构申报（表 5-6）。

表 5-6　三种不同特点联合申报具体信息

特点	数量/项	占比	代表文献遗产
以专家为代表的个人申报	6	38%	阿瑟·伯纳德·迪肯的遗著
以行政管理部门为代表的政府申报	5	31%	比亚托斯《启示录评注》的副本
以委员会为代表的专业机构申报	2	13%	17 世纪至 19 世纪朝鲜赴日信使档案

据统计，以专家为代表的个人申报数量较多，体现了世界记忆项目倡导"专家导向"理念。例如，"巴巴多斯非洲之歌"是由巴巴多斯和英国联合申报，于 2017 年入选《世界记忆名录》的文献遗产。该文献遗产由英国格洛斯特郡档案馆保管。为了完善申报信息、深入挖掘文献遗产原产地的文化和背景，英国格洛斯特郡档案馆联络专门研究东加勒比民间音乐的巴巴多斯音乐家 Roger P. Gibbs，共同参与申报工作，极大地丰富了文

献遗产的内容。

在以行政管理部门为代表的政府申报中，有 4 项为西班牙国家教育、文化与体育部和（或）葡萄牙文化部参与申报。两国临近大西洋，地缘相邻、历史相近、人文相亲。从 2007 年两国文化部联合申报《托尔德西利亚斯条约》文本，到 2017 年由两国文化部牵头联合申报圣地亚哥—德孔波斯特拉大教堂珍藏的《加里斯都抄本》以及其他与圣地亚哥有关的中世纪副本，西葡两国间的联合申报形成范式，即由政府行政管理部门牵头，汇集本国各个保管机构的相关信息，集中开展申报工作，方便申报信息的整理和汇总。同时，行政管理部门作为职权部门，可以对文献遗产保管机构形成监督，更好地促进文献遗产的保护与利用。

以委员会为代表的专业机构申报主要是为了提高申报的成功率，成立专门的委员会及相关机构，或专门由教科文组织世界记忆项目国家委员会负责申报。例如，"17 世纪至 19 世纪朝鲜赴日信使档案"由日韩两国于 2017 年联合申报入选。日本和韩国众多博物馆、图书馆、科研院所、学校等均保存着与该主题相关的档案文献。如果不成立专业性申报机构，以联络并指导各保管机构，申报工作的沟通与交流将会变得极为繁琐复杂，从而大大影响申报进程。因此，成立专业性机构对于申报工作的顺利开展具有重大意义。保管和申报两线并行，各司其职，大大提升了文献遗产保护与宣传的专业性和集中性。

由于历史、文化、地理等原因，很多档案文献不是被集中保护在一国领土范围之内。为了申联起这些散落的档案珍宝，全面勾勒文献遗产的历史全貌，提升档案文献申遗的成功率，联合申报逐渐走入各国视野。自 2003 年由南非、印度、印度尼西亚、斯里兰卡、荷兰五国联合申报的"荷兰东印度公司档案"成功入选《世界记忆名录》之后，联合申报文献遗产的数量随着时间的推移而不断增多。与文献遗产大国相比，申报经验相对不足、申报资金有限、保管技术相对落后的拉美及加勒比地区和非洲地区的小国更倾向于采用联合申报的形式。

根据联合申报的不同特点，我们将联合申报的类型划分为主从形式联合申报、以保管机构为主导的联合申报、以专业性机构（个人）为主导的联合申报。三种不同类型的联合申报形式体现出各国评选经验不断积累，分工更为细化。部分国家甚至成立专门的申报机构或部门，形成良好的申报合力。在联合申报的过程中，国家间的交流合作不断增多，很多文献遗产的数字化工程在多方的共同努力下已经起步，如由伊朗和德国联合申报的"埃斯塔克利地理著作手抄本",包括伊朗国家博物馆保存的波斯文手抄本和德国埃尔富特大学所属的哥达学术图书馆保存的阿拉伯文手抄本。通过双方的交流合作,两份手抄本均已制作数字副本,研究者可以十分便捷地获得手抄本的具体信息,从而进行深入研究。

第六章

世界记忆项目参与情况的国别研究

经过近30年的发展，世界记忆项目得到越来越多国家的关注，现已逐渐发展成为全球最具影响力的文献遗产项目。各国通过世界记忆项目地区委员会和已建立的80余个国家委员会积极参与项目建设，推介本国文献遗产申报《世界记忆名录》。

本章以联合国教科文组织《基本文件》中"本组织旨在实施地区性活动的地区划分"为准，按照欧美地区、亚太地区、拉美及加勒比地区、非洲地区、阿拉伯地区对世界记忆项目进行地区发展研究，并选取各地区具有代表性的国家作为研究案例，以梳理世界记忆项目在不同地区发展的历史、现状，并探求其发展特征与趋势。

第六章 世界记忆项目参与情况的国别研究

第一节 欧美地区

在联合国教科文组织的地区划分中,欧美地区主要包括欧洲的46个国家和地区、墨西哥以北的美洲的2个国家①,以及欧亚交界处的部分亚洲国家②。欧美地区国家众多,民族林立,多数国家历史悠久,拥有极为丰富的文化遗产。同时,该地区经济发达,各国均高度重视文化建设,积极参与和举行各项文化遗产保护活动。欧美地区现已成为参与和推进世界记忆项目的主力军。

一、欧美地区世界记忆项目的总体进展

联合国教科文组织总部设在法国巴黎,而世界记忆项目多依托联合国教科文组织开展工作,因而欧美地区国家多借助地缘优势参与世界记忆项目,并未如亚太地区一样设立地区委员会进行统一管理。尽管未设立地区委员会,但是欧美地区国家均积极参与世界记忆项目,取得了丰硕的成果。

在国家委员会建设方面,欧美地区共有27个国家和地区建立了国家委员会,分别是奥地利、白俄罗斯、比利时、保加利亚、加拿大、塞浦路斯、捷克、丹麦、爱沙尼亚、芬兰、法国、德国、希腊、匈牙利、以色列、拉脱维亚、立陶宛、荷兰、挪威、波兰、俄罗斯、塞尔维亚、斯洛伐克、瑞典、土耳其、英国,约占该地区国家总数的54%。在五大地区中,欧美地区国家委员会的建设率较高,仅次于拉美及加勒比地区。

在《世界记忆名录》申报方面,欧美地区是拥有《世界记忆名录》文献遗产最多的地区,现有274项文献遗产③,约占入选文献遗产总数的52%(图6-1)。这274项文献遗产来自欧美地区的42个国家和地区,占入选国家和地区总数的33.60%④,位列各地区首位(图6-2)。

---

① 美国已经退出联合国教科文组织,但在研究时将其计入。
② 即亚美尼亚、土耳其、阿塞拜疆、格鲁吉亚、塞浦路斯。
③ 按国家计数,联合申报项目重复计算。
④ 132个入选的国家、地区、国际组织中,包括7个国际组织、125个国家和地区。

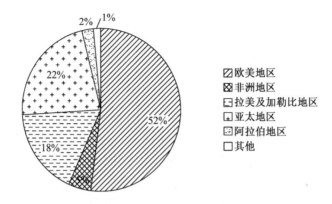

图 6-1　各地区入选《世界记忆名录》数量占比图

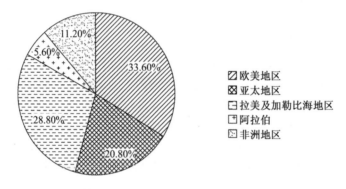

图 6-2　各地区入选《世界记忆名录》国家数量占比图

根据欧美地区各国入选《世界记忆名录》项目数量统计（表 6-1），在 42 个国家和地区中，英国、德国分别有 23 项文献遗产入选《世界记忆名录》，位居该地区首位，同时也是全球入选数量最多的国家。同时，德国、英国、波兰、荷兰、奥地利、俄罗斯、法国均位于全球入选数量前十位。

表 6-1　欧美地区各国入选《世界记忆名录》文献遗产数量统计表

国家	数量	国家	数量	国家	数量
德国	23	荷兰	16	法国	13
英国	23	奥地利	15	西班牙	11
波兰	17	俄罗斯	14	美国	11

续表

国家	数量	国家	数量	国家	数量
葡萄牙	10	格鲁吉亚	5	白俄罗斯	2
捷克	8	瑞士	5	波斯尼亚和黑塞哥维那	2
丹麦	8	乌克兰	4	冰岛	2
意大利	8	亚美尼亚	3	爱尔兰	2
加拿大	7	保加利亚	3	阿尔巴尼亚	1
匈牙利	7	芬兰	3	克罗地亚	1
瑞典	7	拉脱维亚	3	爱沙尼亚	1
土耳其	7	立陶宛	3	希腊	1
以色列	6	塞尔维亚	3	卢森堡	1
挪威	6	斯洛伐克	3	马耳他	1
比利时	5	阿塞拜疆	2	斯洛文尼亚	1

由此可见，欧美地区多数国家在积极推进世界记忆项目，并在项目中占据重要地位。国际咨询委员会成员迈克尔·希尼（Michael Heaney）曾指出："尽管意识到欧洲霸权主义的威胁性，《世界记忆名录》中仍有近一半的遗产来自欧洲……大多数提名都由委员会成员根据本国文化利益自主进行，对于未进入委员会的其他国家文献遗产的保护很被动。"① 而在欧美地区国家内部，世界记忆项目正逐渐成为文化竞争的焦点，德国联合国教科文组织全国委员会成员弗洛拉（N. Flora）提道："《世界记忆名录》有时被视为全国选美大赛，而不是我们超越了纯粹国家层面的共同遗产。我们需要更多的人来捍卫我们共同的传统和价值观。"②

二、欧美地区国家世界记忆项目的参与情况

欧美地区世界记忆项目的发展离不开欧盟及其成员国的支持。欧盟是

---

① Heaney M. The UNESCO Memory of the World Programme [J]. Alexandria the Journal of National & International Library & Information Issues, 2016, 26(1): 46-55.

② Deutsche UNESCO-Kommission.Kultur- und Naturerbe in Europa: Es geht darum, wer wir sein wollen [EB/OL]. [2020-04-10]. https://www.unesco.de/kultur-und-natur/europaeisches-kulturerbejahr/kultur-und-naturerbe-europa-es-geht-darum-wer-wir.

联合国教科文组织的战略伙伴之一,不少成员国承担了联合国教科文组织的会费,对该组织有着较大的影响力。同时,欧盟高度重视欧洲文化建设,始终致力于推进欧洲文化遗产的保护和文化产业的发展。[①]

近年来,欧盟不断出台文化政策推进欧洲文化遗产的保护。例如,2018年5月,欧盟委员会通过《欧洲文化新议程》(The New European Agenda for Culture),从三个层面提出欧洲文化建设的要求:社会层面,利用文化和文化多样性的力量增强社会凝聚力和福祉;经济层面,以教育创新和就业增长为基础支持文化发展;外交层面,增强国际文化交流,并将文化遗产保护纳入联盟安全和国防政策之中。在2018年6月举行的"欧洲文化遗产峰会"中,欧盟委员会专家建议从文化遗产保护、资源开发利用、公众参与、资金投入、政策研究等方面推进欧洲文化遗产保护[②]。目前,欧盟与联合国教科文组织开展了多项文化遗产保护项目的合作,如"保护叙利亚文化遗产""欧盟/联合国教科文组织专家基金计划"等,通过合作项目进一步推进欧洲文化建设。在欧美地区,英国、德国是全球入选《世界记忆名录》文献遗产数量最多的国家,美国(第11位)入选数量较多,因而选取以上3个国家作为研究对象。

(一)英国

英国历史悠久,从灿烂的罗马文化到文艺复兴,从工业革命到现代文明,英国在飞速发展的同时,也保留了大量不同历史时期的文化遗产。为保护国内的文献遗产,英国采取了多种措施,包括建立行之有效的法律保护体系和多方位的文化遗产保护体系、鼓励文化机构和公众参与等,为文化遗产保护构筑起一道牢固的防线。

1. 建立行之有效的法律保护体系

早在1882年,英国就颁布了第一部具有标志性意义的文化遗产保护法案——《古迹保护法》,开启文化遗产法律法规保护体系的建设。其后,英国出台了《城乡规划法》(1932年),加入了《保护世界文化和自然遗产公约》(1984年)和《欧盟保护少数民族语言宪章》(2001年),等等,

---

① Cultural Relations Platform. New European Agenda for Culture 2018[EB/OL].[2021-01-16]. https://www.cultureinexternalrelations.eu/2018/06/01/new-european-agenda-for-culture.

② Deutsche UNESCO-Kommission.Kultur- und Naturerbe in Europa:Es geht darum, wer wir sein wollen[EB/OL].[2021-01-16].https://www.unesco.de/kultur-und-natur/europaeisches-kulturerbejahr/kultur-und-naturerbe-europa-es-geht-darum-wer-wir.

推行国家文化遗产的保护。21世纪以后，英国从简单的"记录保护"转向"保护利用并存"。2010年，英国颁布《规划政策指南》，从顶层设计角度重塑了城乡规划体系，该指南成为国家层面关于历史环境保护的一部重要法规。

2. 建立多方位覆盖的文化遗产保护管理组织体系

在中央政府，英国成立数字文化传媒体育部（Department for Digital, Culture, Media & Sport），负责全国的文化遗产保护工作，这是英国文化遗产保护的最高权力机构。针对地区文化遗产的保护，英国数字文化传媒体育部的《2017年遗产宣言》规定，英国政府负责英格兰地区的文化遗产保护，而苏格兰、威尔士、北爱尔兰地区的文化遗产保护由当地政府分别负责，同时与英国政府保持紧密联系①。例如，在英格兰地区，英国设有英格兰历史建筑与古迹管理委员会，旨在调查、保护和改善英格兰的历史文化遗存所处的环境，促进公众参与文化遗产保护。

3. 鼓励文化机构和公众参与

英国重大的文化遗产保护项目一般由政府负责，此外，英国成立了"国家遗产纪念基金"（National Heritage Memorial Fund），为遗址、文物、手稿等类型的珍贵文化遗产提供资金支持。该基金通过国家彩票遗产基金（The National Lottery Heritage Fund）进行运转，现已为1 200多个文化遗产的保护提供了支持，包括亨利八世军舰、查尔斯·狄更斯的办公桌、简·奥斯丁手稿等。同时，英国各类民间文化艺术团体、文化事业机构也积极参与文化遗产保护工作。例如，国家档案馆、大英博物馆等文化机构曾开展多项文化遗产保护项目；艺术品收藏咨询委员会、威尔士语合作委员会、苏格兰威士忌协会等机构向政府部门提供专业咨询建议；等等。

在良好的文化环境下，英国于2008年成立世界记忆项目国家委员会，在联合国教科文组织英国全国委员会②的框架下开展工作。联合国教科文组织英国全国委员会是一个非营利性的独立组织，在英国政府的支持下展

---

① Department for Digital, Culture, Media and Sport. Heritage Statement 2017[EB/OL].[2021-01-16]. https://assets.publishing.service.gov.uk/government/uploads/system/uploads/attachment_data/file/664657/Heritage_Statement_2017__final_-_web_version_.pdf.

② UK National Commission for UNESCO. The Role of the UK National Commission for UNESCO [EB/OL]. [2021-01-16]. https://unesco.org.uk/the-role-of-the-uk-national-commission-for-unesco/.

开工作,其职责包括为英国申报《世界遗产名录》、创意城市(Creative Cities)、《世界记忆名录》等提供支持。

4. 积极推进《世界记忆名录》申报工作

迄今为止,英国有 23 项文献遗产入选《世界记忆名录》(表 6-2),是全球入选数量最多的国家之一。在入选时间上,英国从 2005 年开始才有文献遗产入选,在国家委员会成立以后世界记忆项目相关工作迅速推进,2017 年入选数量达到 8 项;在申报方式上,英国与其他国家联合申报的项目较多,共 15 项文献遗产系联合申报;在入选主题上,英国文献遗产涉及历史、政治、法律、宗教、社会、文学、音乐等多种内容,其中涉及著名人物的档案文献较多,包括格特鲁德·贝尔(Gertrude Bell)①、沙皇伊凡·亚历山大(Tsar Ivan Alexander)②、威廉·莎士比亚(William Shakespeare)③、艾萨克·牛顿(Isaac Newton)④ 等。

表 6-2　英国入选《世界记忆名录》文献遗产统计表

时间	英文名	中文名	国家	数量
2005 年	The Appeal of 18 June 1940	戴高乐 1940 年 6 月 18 日发表的《告法国人民书》的手稿、录音和海报	法国、英国	2
	The Battle of the Somme	纪录影片《索姆河战役》	英国	
2007 年	Hereford Mappa Mundi	赫里福德地图	英国	1
2009 年	Magna Carta, issued in 1215	《大宪章》(1215 年)	英国	2
	Registry of Slaves of the British Caribbean 1817-1834	英属加勒比地区殖民地奴隶注册登记名册档案(1817—1834)	巴哈马、伯利兹、多米尼加、牙买加、圣基茨、特立尼达和多巴哥、英国	

---

① 格特鲁德·贝尔(1868—1926),英国旅行家,驻阿拉伯半岛行政官员,作家;曾在中东地区广泛游历,是英国中东问题头号专家之一,曾协助英国成立伊拉克王国,代表作品有《旅行日记》《哈菲兹诗选》《沙漠和耕地》,晚年在巴格达创立考古博物馆。

② 伊凡·亚历山大(保加利亚语:ИванАлександър),保加利亚第二帝国君主(沙皇),1331 年至 1371 年在位。

③ 威廉·莎士比亚(1564 年 4 月 23 日—1616 年 4 月 23 日),英国文艺复兴时期剧作家、诗人。

④ 艾萨克·牛顿(1643 年 1 月 4 日—1727 年 3 月 31 日),爵士,英国皇家学会会长,英国著名的物理学家,百科全书式的"全才",著有《自然哲学的数学原理》《光学》。

第六章　世界记忆项目参与情况的国别研究

续表

时间	英文名	中文名	国家	数量
2011 年	Dutch West India Company（Westindische Compagnie）Archives	荷兰西印度公司档案	荷兰、巴西、加纳、圭亚那、荷属安的列斯群岛、苏里南、英国、美国	3
	Historic Ethnographic Recordings（1898–1951）at the British Library	大英图书馆的历史民族志记录（1898–1951）	英国	
	Silver Men：West Indian Labourersat the Panama Canal	开凿巴拿马运河的西印度群岛劳工档案	巴巴多斯、牙买加、巴拿马、圣卢西亚、英国、美国	
2013 年	Arthur Bernard Deacon（1903–1927）collection MS 90–98	阿瑟·伯纳德·迪肯遗著	瓦纳努图、英国	3
	Manuscript Collection of Shota Rustaveli's Poem "Knight in the Panther's Skin"	中世纪叙事长诗《虎皮武士》的手稿副本	格鲁吉亚、英国	
	Membership Application Certificates（Candidates Circulars）	土木工程师学会入会申请书档案全宗	英国	
2015 年	Autograph First World War Diary of Field Marshal Sir Douglas Haig，1914–1919	英国陆军元帅道格拉斯·黑格爵士 1914—1919 年的日记手稿	英国	3
	The Churchill Papers	丘吉尔档案	英国	
	The Golden Letter of the Burmese King Alaungphaya to King George II of Great Britain	缅甸国王雍籍牙致英国国王乔治二世的金箔信函	德国、英国、缅甸	

续表

时间	英文名	中文名	国家	数量
2016年①	The West India Committee collection	西印度委员会收藏	安提瓜和巴布达、牙买加、英国、安圭拉、蒙特塞拉特	1
2017年	An African Song or Chant from Barbados	巴巴多斯非洲之歌	巴巴多斯、英国	8
	The Gertrude Bell Archive	格特鲁德·贝尔档案	英国	
	Gospels of Tsar Ivan Alexander	沙皇伊凡·亚历山大福音书	保加利亚、英国	
	The Orwell Papers	乔治·奥威尔论文集	英国	
	Panji Tales Manuscripts	班基故事手稿	柬埔寨、印度尼西亚、荷兰、马来西亚、英国	
	Philosophical Nachlass of Ludwig Wittgenstein	路德维希·维特根斯坦的哲学遗著	奥地利、加拿大、荷兰、英国	
	The "Shakespeare Documents", a documentary trail of the life of William Shakespeare	莎士比亚文献：威廉·莎士比亚生平记录	英国、美国	
	The Scientific and Mathematical Papers of Sir Isaac Newton	艾萨克·牛顿爵士的科学和数学论文（附加项目）	以色列、英国	

5. 加强国家记忆项目建设

为保存国内珍贵的文献遗产，英国建立了《英国世界记忆名录》（The UK Memory of the World Register），以收录具有国家意义和地区意义的文献遗产。2005年，英国将第一批文献遗产收入名录。迄今为止，英

---

① 根据联合国教科文组织官网，该文献遗产入选时间为2016年，但《世界记忆名录》均在奇数年公布入选提名，该入选时间2016年可能并不准确。

国已有 74 项文献遗产入选《英国世界记忆名录》[①]。同时，英国将文献遗产分为六大类，即"公民与权利"（Citizens and Rights）、"战争与和平"（War and Peace）、"电影与图片"（Film and Photography）、"殖民历史"（Colonial History）、"工业、改革与科学"（Industry, Innovation and Science）、"文学史"（Literary Past）、"国家、宗教和权力"（State, Religion and Power），按类别在联合国教科文组织英国全国委员会官网的一个专题网页中展示。在《英国世界记忆名录》中，"国家、宗教和权力"这一类的文献遗产最为丰富，具有代表性的包括"英国妇女选举权运动文献遗产（1865—1928）""末日审判书"等。

（二）德国

德国虽然统一时间较为短暂，但其发展历史漫长，历经古罗马文化、基督教文化和骑士文化的洗礼与熏陶，加之中世纪相互独立的王权政治形式，共同铸就了德国丰富、多样的文献遗产。为加强德国文化遗产的保护，德国政府与各类文化机构相互配合，不断挖掘境内文化遗产的特质和内涵，推进文化遗产的发展和传承。

德国实行联邦制，其联邦政府下辖的 16 个州拥有各自的立法机构和法律政策。德国联邦政府于 1998 年成立文化和媒体委员会（Federal Government Commissioner for Culture and the Media），其后建立联邦文化基金（Federal Cultural Foundation）等，该委员会负责管理德国文化事务，进行国家文化遗产的保护。各州政府常设教育和文化事务部门，主管各州内部的文化遗产保护事务。同时，根据宪法，德国民间宗教组织拥有管理其文化遗产的自主权并为政府的文化遗产保护提供了很大的支持[②]。在法律政策方面，德国颁布了《保护文化遗产以防流失法》（1955 年）、《在武装冲突中保护文化遗产的法规》（1967 年）、《文化遗产归还法》（1998 年）、《关于实施联合国教科文组织 1970 年 11 月 14 日发布的有关禁止和防止文化遗产的违法进口、出口和转让之措施的法规》（2007 年），此外，联合国教科文组织德国全国委员会发布了《关于保护文化遗产以防偷盗和

[①] UK National Commission for UNESCO.Memory of the World-UNESCO in UK[EB/OL].[2021-01-16].https://unesco.org.uk/portfolio/memory-of-the-world/.

[②] 齐昊晨.德国建筑遗产的保护与展示方法研究[D].西安：西安建筑科技大学，2015.

违法出口的决议》（2003年），以推进全国文化遗产保护①。

在良好的政策环境下，德国世界记忆项目建设取得了不菲的成绩。在机构建设方面，德国于1999年建立世界记忆项目国家委员会，成员主要由各州艺术馆、博物馆、档案馆的成员组成，主要负责组织、评审德国申报《世界记忆名录》的文献遗产，提高世界记忆项目在德国民众间的知名度和影响力。

在《世界记忆名录》申报上，迄今为止，德国共计23项文献遗产入选（表6-3），与英国并列世界第一。从入选时间来看，德国2001年、2013年、2015年入选文献遗产较多，均有4项入选。在申报方式上，德国独立申报的项目较多，仅6项为联合申报，可见德国非常注重本国文献遗产的建设。在入选主题上，德国文献遗产涵盖政治经济、民族主义、文学艺术、科技发展等各方面的内容，其中文学艺术类文献遗产较多，包括"路德维希·凡·贝多芬：第九交响曲""歌德与席勒档案中歌德文学遗产""世界音乐传统的早期圆筒录音（1893—1952）""尼伯龙根之歌"等。而近年来，德国较多申报有关政治历史方面的文献，如"卡尔·马克思手稿"收集了对19世纪社会运动产生巨大影响的马克思和恩格斯合作的《共产党宣言》和《资本论》的手稿；"法兰克福奥斯威辛集中营审判"涵盖1963年至1965年法兰克福·奥斯维辛集中营历时183天的审判文件，引发了世界对种族、政治屠杀的关注和批判。

表6-3 德国入选《世界记忆名录》文献遗产统计表

时间	英文名	中文名	国家	数量
1999年	Early cylinder recordings of the world's musical traditions (1893–1952) in the Berlin Phonogramm-Archiv	柏林音响档案馆馆藏世界音乐蜡筒录音（1893–1952）	德国	1
2001年	42-line Gutenberg Bible, printed on vellum, and its contemporary documentary background	羊皮纸版本的《古腾堡圣经》	德国	4
	METROPOLIS-Sicherungsstück Nr. 1: Negative of the restored and reconstructed version 2001	电影《大都会》2001年修复版	德国	

---

① 瑞斯，王霄冰. 德国文化遗产保护的政策、理念与法规[J]. 文化遗产，2013（03）：15-22,57，157.

续表

时间	英文名	中文名	国家	数量
2001年	Ludwig van Beethoven: Symphony no 9, d minor, op. 125	路德维希·凡·贝多芬《d小调第九交响曲》（作品第152号）乐谱	德国	4
	The literary estate of Goethe in the Goethe and Schiller Archives	歌德和席勒档案馆歌德文学作品手稿	德国	
2003年	Illuminated manuscripts from the Ottonian period produced in the monastery of Reichenau (Lake Constance)	赖谢瑙修道院在奥托王朝时期制作的泥金装饰手抄本	德国	1
2005年	Kinder-undHausmärchen (Contes pour les enfants et les parents)	《儿童和家庭的故事集》原版及其手稿	德国	3
	The Bibliotheca Corviniana Collection	科尔文纳图书馆的藏书	奥地利、比利时、法国、德国、匈牙利、意大利	
	Universalis cosmographia secundum Ptholomaei traditionemet Americi Vespucii aliorumque Lustrationes	瓦尔德瑟米勒绘制的世界地图	美国、德国	
2007年	Letters from and to Gottfried Wilhelm Leibniz within the collection of manuscript papers of Gottfried Wilhelm Leibniz	戈特弗里德·威廉·莱布尼茨的信札	德国	1
2009年	Song of the Nibelungs, a heroic poem from mediaeval Europe	欧洲中世纪英雄史诗《尼伯龙根之歌》	德国	1
2011年	Benz Patent of 1886	奔驰1886年专利	德国	2
	Construction and Fall of the Berlin Wall and the Two-Plus-Four-Treaty of 1990	推倒柏林墙——东西德统一的档案（《最终解决德国问题的条约》）	德国	
2013年	Lorsch Pharmacopoeia (The Bamberg State Library, Msc. Med. 1)	《洛尔施药典》	德国	

续表

时间	英文名	中文名	国家	数量
2013年	Manifest der Kommunistischen Partei, draft manuscript page and Das Kapital. Erster Band, Karl Marx's personal annotated copy	《共产党宣言》(1848)手稿和《资本论·第一卷(1867)》的马克思自注本	荷兰、德国	4
	Nebra Sky Disc	内布拉星象盘	德国	
	The "Golden Bull" —All seven originals and the "King Wenceslaus' luxury manuscript copy" of the Österreichische Nationalbibliothek	查理四世《金玺诏书》七件手写本和《金玺诏书》文氏豪华型手写本	奥地利、德国	
2015年	Al-Masaalik Wa Al-Mamaalik	地理著作《Al-Masaalik Wa Al-Mamaalik》	伊朗、德国	4
	Autograph of h-Moll-Messe (Mass in B minor) by Johann Sebastian Bach	巴赫亲笔签名的b小调弥撒曲乐谱手稿	德国	
	Documents representing the beginning and the early development of the Reformation initiated by Martin Luther	马丁·路德宗教改革初期与早期的代表性文献	德国	
	The Golden Letter of the Burmese King Alaungphaya to King George II of Great Britain	缅甸国王雍籍牙致英国国王乔治二世的金箔信函	德国、英国、缅甸	
2017年	Frankfurt Auschwitz Trial	法兰克福奥斯维辛审判	德国	2
	ConstitutioAntoniniana	安东尼努斯敕令	德国	

除了《世界记忆名录》申报外，德国国内文献遗产保护也在不断发展，并形成了全覆盖的文献保护体系，同时积极推进民众参与相关保护活动。

1. 形成全覆盖的文献保护体系

德国政府高度重视文献遗产的保护。其文化部部长曾在2019年7月的阿罗尔森档案馆永久展览"纸质纪念馆——阿罗尔森档案馆的历史"开幕式上指出，"直面大屠杀是我们看待自己的一部分，这是毋庸置疑的，我们必须把这一信息传达给每个居住在德国以及想入籍德国的人"。① 在联邦政府，德国设立德国联合国教科文组织全国委员会、联邦文化基金，以及教会、文化及教育志愿服务中心联合会，推进文献遗产的保护；在各州政府，除教育和文化事务部外，还设立各自的文化基金、地方性保护协会等，组织文献遗产保护活动。同时，德国各类民间团体、文化机构也在进行相关活动。通过联邦政府—州政府—民间团体这样一个全方面覆盖的文化遗产保护体系，德国上下通力合作，为国家文献遗产保护提供支持，共同维护德国文化遗产的民族特色。

2. 注重不同文化遗产资源的整合

德国世界文化遗产协会将不同类型的文化遗产结合起来，如物质文化遗产和非物质文化遗产，形成了独具特色的文化遗产保护区域。例如，德国为纪念童话大师格林兄弟 200 周年诞辰而于 1975 年规划而成的最古老的度假线路之一——"童话之路"，南起格林兄弟的故乡哈瑙，北达不莱梅，长达 600 千米，经过格林兄弟的居住地和经典作品的发生地，囊括 40 多个市镇和 8 个自然公园。该线路整合了以格林童话为代表的非物质文化遗产和物质文化遗产，包括 2005 年入选《世界记忆名录》的《儿童与家庭童话集》，成为文化遗产整合的成功范例。②

3. 积极推进民众参与文献遗产保护活动

德国各界非常重视培养民众的文化遗产保护意识。德国在绝大多数中小学开设文学、绘画、剧目等文化类必修课，各州还实施与音乐、艺术、建筑、博物馆、戏剧和影视相关的中小学文化教育促进项目，从小培养公民的文化意识，加强中小学生对文化遗产保护相关知识的了解。通过从小的培养教育，德国文化遗产得到了较好的维护。③

（三）美国

美国是一个年轻的国家，其历史相较于其他欧美国家甚是短暂，却是世界公认的重视历史文化遗产保护的国家，并已成为文化遗产保护体系最

---

① Deutsche UNESCO-Kommission. Neue Dauerausstellung in den Arolsen Archives [EB/OL]. [2021-01-16]. https://www.unesco.de/kultur-und-natur/weltdokumentenerbe/neue-dauerausstellung-den-arolsen-archives.

② 高关中. 格林兄弟与童话之路 [J]. 金融博览, 2016 (06): 26-27.

③ 张莹. 小议德国文化遗产保护的理念与策略 [J]. 文化学刊, 2019 (11): 70-72.

为完善的国家之一。美国较早建立文化遗产保护机构,即在 1966 年,美国便成立了历史遗产保护咨询委员会,专门为美国历史文化遗产管理和资源开发利用提供咨询建议,直接向美国总统和国会负责。在各州,州政府建立历史遗产保护办公室,根据联邦政府要求,制定本州文化遗产保护预算及遗产保护方案,督促文化遗产保护工作的实施。地方市县也设有负责文化遗产保护的历史街区委员会,安排专人负责相关文化遗产保护工作[①]。

截至 2017 年年底,美国共有 11 项文献入选《世界记忆名录》(表 6-4),位居世界第 11 位,是入选数量较多的国家之一。在时间上,美国自 2005 年开始有文献遗产入选《世界记忆名录》,其后每一轮评审均有文献遗产入选,在 2011 年和 2013 年这两轮评审中入选数量较多,达到 3 项。在主题上,美国文献遗产内容涉及范围较广,包括殖民记忆、文学艺术、民俗等方面,例如,"摩西和弗朗西斯·阿施收藏"以打造"声音的百科全书"为目标,收录了世界各地的作家、诗人、文献工作者、人种学家、乡村音乐家的作品。

表 6-4 美国入选《世界记忆名录》文献遗产统计表

时间	英文名	中文名	国家	数量
2005 年	Universalis cosmographia secundum Ptholomaei traditionemet Americi Vespuciialiorumque Lustrationes	瓦尔德瑟米勒绘制的世界地图	美国、德国	1
2007 年	The Wizard of Oz (Victor Fleming 1939), produced by Metro-Goldwyn-Mayer	童话电影《绿野仙踪》	美国	1
2009 年	John Marshall Ju/'hoan Bushman Film and Video Collection, 1950–2000	约翰·马歇尔·朱的布须曼人影像集(1950—2000)	美国	1
2011 年	Dutch West India Company (Westindische Compagnie) Archives	荷兰西印度公司档案	荷兰、巴西、加纳、圭亚那、荷属安的列斯群岛、苏里南、英国、美国	3

---

① 王星光. 美国如何保护历史文化遗产 [N]. 学习时报, 2016-02-25 (002).

续表

时间	英文名	中文名	国家	数量
2011年	Landsat Program records: Multispectral Scanner (MSS) sensors	陆地卫星遥感影像数据	美国	3
	Silver Men: West Indian Labourers at the Panama Canal	开凿巴拿马运河的西印度群岛劳工档案	巴巴多斯、牙买加、巴拿马、圣卢西亚、英国、美国	
2013年	Permanent Collection of the Eleanor Roosevelt Papers Project	埃莉诺·罗斯福的档案	美国	1
2015年	Moses and Frances Asch Collection. Center for Folklife and Cultural Heritage, Smithsonian Institution	摩西阿希的收藏	美国	1
2017年	Aletta H. Jacobs Papers	阿莱塔·雅各布斯论文集	荷兰、美国	3
	The "Shakespeare Documents", a documentary trail of the life of William Shakespeare	莎士比亚生平的记录——莎士比亚的文档	英国、美国	
	The Villa Ocampo Documentation Center	奥坎波别墅文献中心藏书和个人档案	美国、阿根廷	

美国在 20 世纪 90 年代就已启动"美国记忆"(American Memory)项目,该项目现已成为世界各国记忆项目建设的重要参考案例。该项目由美国国会图书馆发起,起步于 1990 年到 1994 年的试验项目"国家记忆"(Nation's memory),其试点对象为美国 44 所学校和图书馆,探索以只读光盘(CD-ROM)为载体的数字资源传播效果。随着 1994 年万维网的普及,国会图书馆将前期 1 300 万美元的捐款以及后期 4 500 万美元的私人捐助用于馆藏数字化。从 1996 年开始,国会图书馆将公共图书馆、博物馆、历史学会和档案馆等文化机构纳入其中,开始对美国文献遗产进行大批量的数字化工作。截至目前,"美国记忆"项目已建设 100 多个主题收藏,涵盖手稿、书籍、照片、海报、地图、录音、电影、乐谱等载体,总计 900 多万件记录。在官方网站(http://memory.loc.gov/ammem/about/about.html)上,"美国记忆"项目为用户提供相关资源的检索入口,用户可以

浏览、利用数据库中的文化资源。

除了国家级的记忆项目外，美国很多州也建立了本地区的记忆项目，包括"佛罗里达记忆"（Florida Memory）、"沃巴什谷视觉与声音"（Wabash Valley Visions and Voices）、"缅因记忆网"（Maine Memory Network）等。例如，"佛罗里达记忆"项目由佛罗里达档案馆与国家图书馆共同开展，其建设成果"佛罗里达记忆"网站拥有超过30万条的数字记录可供浏览，这些数字记录依据主题的不同被划分为15个类别，包括反映历史的"佛罗里达历史日""佛罗里达历史"等，反映民俗的"佛罗里达民间生活收藏""佛罗里达宽边歌与民谣""彼时与现在的佛罗里达地图"等。①"缅因记忆网"项目由缅因州历史学会与缅因州州立博物馆、缅因州州立档案馆、缅因州人文历史会、缅因州历史保护委员会等机构联合实施，目前已建成涵盖270多个组织机构和拥有4.5万多件藏品的数据库，包含信件、期刊、手稿等纸质档案，照片、绘画、地图、广告牌、建筑和机械图纸等图像资料，服装、工具、家居用品、考古文物等实体，以及音频、视频等各种类型的档案资料。②同时，该项目也极为重视公众参与，专门开设"我的缅因记忆""神秘角"等栏目，吸引公众互动，并允许个人创建属于自己的免费账户、个人相册，甚至可以创建个人展览。③

此外，美国不少区市建立了自己的记忆项目。例如，在纽约市皇后区，皇后区图书馆和纽约市立大学皇后学院共同创办"皇后区记忆项目"（Queens Memory Project），收集皇后区居民的故事、图片等生活档案，而这些档案可在档案馆中永久保存，并在画廊中展示。截至2017年，该项目已经举办了130多场活动，收集到来自23个国家和地区的皇后区居民的300多份口述档案和50多份家庭档案。皇后区记忆项目使不同背景、不同职业的居民能够记录个人历史，保留更为完整的皇后区记忆。④

美国国家记忆项目以记录当地历史文化和民众日常生活为主，记录城市面貌与景观为辅，统一采用建设数字资源库的方式实施。这种相对统一

---

① 李洪洋. 中美档案记忆项目比较研究［J］. 浙江档案，2019（11）：38-39.
② Bromage S. The Maine Memory Network：Re-Imaging the Dynamics and Potential of Local History［J］. *Maine Policy Review*，2015，24（1）：138.
③ Maine Historical Society. Maine's Statewide Digital Museum, Archive, and Educational Resources［EB/OL］.［2021-01-16］. https：//www.mainememory.net/aboutus/.
④ Queens Memory Informational Brochure［EB/OL］.［2021-01-16］. http：//queensmemory.org/blogs/technical.

的形式使美国各级记忆项目形成了一个层次分明的有机整体,为资源交流共享奠定了基础。

三、欧美地区世界记忆项目发展的特征

欧美地区各国经济较为发达,文化事业起步早、发展程度高,在世界记忆项目建设上已取得了不菲成绩,呈现出政策环境良好、参与机构多样、国际合作密切、保护体系健全等特点。

(一)构建良好的法律政策环境

欧美地区各国在国家战略层面就极为注重文献遗产保护和国家记忆构建。多数国家已经建立较为健全的法律政策体系,为世界记忆项目的开展提供良好的外部环境。以欧盟为例,欧盟将文化发展纳入教育、社会、区域发展和对外关系政策之中,例如,2017年欧盟在《罗马宣言》(The Rome Declaration)中提出要"为公民参与文化、社会发展及经济增长创造新机会……建立一个保护文化遗产、促进文化多样性的联盟"。[①] 2018年6月,"欧洲文化遗产峰会"在德国柏林举行,来自各国的欧盟委员会专家共同探讨《欧洲文化新议程》等行动计划,并针对文化遗产保护提出六点建议:(1)应全面考虑包括非物质遗产在内的欧洲文化遗产,并将其与自然遗产联系起来;(2)应加强文化和艺术的参与和利用,以应对日益加剧的排他主义和民族主义倾向;(3)增强欧洲表达,应在欧洲范围内更加突出欧洲自然与文化遗产的地位;(4)促进公民参与;(5)增加资金投入;(6)将文化纳入可持续发展政策。[②]

而非欧盟国家,例如英国,早在19世纪80年代初就颁布了第一部具有标志性意义的文化遗产保护法案——《古迹保护法》,开启了文化遗产保护之路。此后,英国出台了《城乡规划法》(1932年),加入了《保护世界文化和自然遗产公约》(1984年)和《欧盟保护少数民族语言宪章》(2001年)等,制定了《规划政策指南》,推进文化遗产保护法律政策的完善。

---

① Council of the EU.The Rome Declaration[EB/OL].[2021-01-16].https://www.consilium.europa.eu/en/press/press-releases/2017/03/25/rome-declaration/pdf.

② Deutsche UNESCO-Kommission.Kultur- und Naturerbe in Europa:Es geht darum,wer wir sein wollen[EB/OL].[2021-01-16].https://www.unesco.de/kultur-und-natur/europaeisches-kulturerbejahr/kultur-und-naturerbe-europa-es-geht-darum-wer-wir.

良好的法律政策环境为欧美地区国家开展文献遗产保护工作、推进世界记忆项目的实施奠定了良好的基础。

(二) 积极推进档案保护国际合作

重视推进各国之间文献遗产保护合作，是欧美地区世界记忆项目建设的另一重要特点。在《世界记忆名录》申报上，欧美地区共有230项文献遗产入选《世界记忆名录》①，是五个地区中入选数量最多的地区。同时，欧美地区是联合申报项目最多的地区，共有40项文献遗产为欧美地区国家或与其他地区国家联合申报，占该地区入选总量17.39%，占联合申报总量（48项）的83.33%，足见欧美地区在文献遗产保护上的合作之密切。

在文献遗产保护上，欧美地区国家常协助其他地区国家开展文献遗产保护项目。例如，20世纪90年代，"萨纳手稿"（The Sana's manuscripts）项目在美国盖蒂研究所（Getty Institute）资助下，由德国与也门合作，建立手稿之家（a House of Manuscripts），修复了12 000多张羊皮纸碎片②。在拉美及加勒比地区实施的伊比利亚美洲记忆项目、拉美及加勒比地区摄影集项目，在阿拉伯地区实施的"地中海记忆"项目，均有欧美地区国家参与。

通过推动不同国家之间共享文献遗产的保护活动，各国不断增进交流、共享经验，进行优势互补，进而推进国家记忆项目建设。

(三) 注重文献遗产的全方位保护

欧美地区国家经济发达，文化遗产保护起步早，发展速度快，形成了文献遗产的全方位保护体系。

其一，文献遗产保护涉及多种内容。从欧美地区入选《世界记忆名录》的文献遗产类型来看，其主题涵盖政治、经济、历史、文化、军事、宗教等多种内容。例如，以基督教为主题的文献共23项，与交通相关的有6项，医药的有8项，地理的有13项。以航空为主题的文献，有2011年葡萄牙入选的"1922年首次飞越南大西洋的档案"（First flight across the South Atlantic Ocean in 1922）、美国入选的"陆地卫星的遥感影像数

---

① 联合申报项目按1项计算，故为230项；按国家计算，则为274项。
② International Advisory Committee.Final Report of the 3rd Meeting of the International Advisory Committee[EB/OL].[2021-01-16].http://unesdoc.unesco.org/images/0010/001097/109753e.pdf.

据"（Landsat Program records；Multispectral Scanner（MSS）sensors）等等。

其二，文化遗产类型多种多样。在载体上，欧美地区入选《世界记忆名录》的文献遗产不仅有大量的纸质文献，更有音频、视频、照片档案等，如2001年德国入选的电影《大都会》（*Metropolis*）、2005年乌克兰入选的"犹太民俗音乐"（Collection of Jewish Musical Folklore）、2007年美国入选的电影《绿野仙踪》（*The Wizard of Oz*）、2009年加拿大入选的动画电影《邻居》（*Neighbors*）等。

其三，文献遗产保护项目体系较为健全。欧美地区文献遗产保护历史较长，不少国家建立了较为健全的文献遗产保护体系。例如，英国记忆名录分为国际和国家两个层级；美国建立"国际—国家—地区"的记忆项目体系，在国家层面有"美国记忆"项目，州级项目有"缅因州记忆网"等，区市级项目有"皇后区记忆项目"等，每一级都根据自身定位、地区特色开展记忆项目建设，促进了整个国家文献遗产保护工作的推进。

第二节　亚太地区

亚太地区地域辽阔，北至蒙古，南至新西兰，西至土耳其和乌兹别克斯坦，东至基里巴斯等太平洋岛国和库克群岛。亚太地区国家众多，其政治形态、语言文化具有多样性，经济发展水平差异较大。亚太地区历史悠久，是古印度、中国等古文明的发源地，在漫长的发展过程中保存了极为丰富的文献遗产资源。在世界记忆项目的引导下，亚太地区各国积极采取措施保护文献遗产。

一、亚太地区世界记忆项目的总体进展

1997年年底，世界记忆项目亚太地区第一次专家会议在中国厦门召开，会议在重申世界记忆项目的意义和使命的同时，讨论了亚太地区文献遗产保护的问题与需求，与会专家一致提议尽快成立世界记忆项目亚太地区委员会。1998年，世界记忆项目亚太地区委员会第一次会议在中国北京召开，来自澳大利亚、中国、印度、日本、韩国、马来西亚、巴基斯

坦、菲律宾8个国家的17名代表出席，标志着亚太地区委员会的正式成立。① 经过20多年的发展，在亚太地区委员会的协调下，世界记忆项目在亚太地区不断发展壮大。

（一）组织机构

亚太地区委员会成立以后，便不断完善其组织机构建设。目前，亚太地区委员会由大会（General Meeting）、主席团（MOWCAP Bureau）和小组委员会（Subcommittees）组成。② 大会一般每两年召开一次，主要负责规划世界记忆项目在亚太地区的发展，审定主席团的工作，选举主席团成员。截至2020年12月，亚太地区委员会共召开8次大会（表6-5）。

表6-5 亚太地区委员会历次大会时间、地点

会议	时间	地点	会议	时间	地点
第1届	1998年11月	中国北京	第5届	2012年5月	泰国曼谷
第2届	2005年11月	菲律宾马尼拉	第6届	2014年5月	中国广州
第3届	2008年2月	澳大利亚堪培拉	第7届	2016年5月	越南顺化
第4届	2010年3月	中国澳门	第8届	2018年5月	韩国光州

亚太地区委员会主席团由一名主席、一名或多名副主席（根据需要）和一名秘书长组成；联合国教科文组织地区顾问（UNESCO Regional Advisor）是主席团的当然成员；如有需要，主席团可增设职位并聘任特别顾问。主席团成员任期为4年，一般每年召开一次会议，主要负责规划、组织、实施、监督常规大会制定的地区工作方案。现任主席团成员在2018年亚太地区委员会第8届大会选举产生，共5人：主席为金贵培（Kim Kwibae，韩国），副主席为满芳贺（Mitsuru Haga，日本）、戴安·马可斯蒂尔（Dianne Macaskill，新西兰）、武氏明香（Vu Thi Minh Huong，越南），秘书长为安德鲁·亨德森（Andrew Henderson，澳大利亚），地区顾问为伊藤美子（Misako Ito，日本）。③

---

① 沈丽华."世界记忆工程"在亚太地区［J］.中国档案，1999（4）：44-45.

② MOWCAP.Organization Structure［EB/OL］.［2021-01-16］.http：//www.mowcapunesco.org/about/organization-structure/.

③ MOWCAP.Organization Structure［EB/OL］.［2021-01-16］.http：//www.mowcapunesco.org/about/organization-structure/.

亚太地区委员会现设 2 个小组委员会：编辑小组委员会（Editorial Subcommittee）、名录小组委员会（Register Subcommittee）。名录小组委员会负责监督和评审《世界记忆亚太地区名录》，解释文献遗产的选择标准，为地区内国家委员会提供指导。目前，名录小组委员会共有 4 名成员：主席为海伦·贾维斯（Helen Jarvis，柬埔寨），成员为阿拉·阿斯利蒂诺娃（Alla Aslitdinova，塔吉克斯坦）、徐敬浩（Kyung-ho Suh，韩国）、王红敏（中国）。此外，亚太地区委员会还设有秘书处，主要负责管理和保存亚太地区委员会的所有资产。秘书处的人员并不固定，可视需要而定，并可由东道主提供。①

与此同时，在亚太地区委员会推动下，国家委员会的建设不断推进。目前，亚太地区共有 21 个国家建立了国家委员会，分别是澳大利亚、柬埔寨、中国、斐济、印度尼西亚、伊朗、日本、哈萨克斯坦、吉尔吉斯斯坦、马来西亚、蒙古、新西兰、菲律宾、韩国、斯里兰卡、塔吉克斯坦、泰国、东帝汶、图瓦卢、乌兹别克斯坦、越南。其中，朝鲜、缅甸、萨摩亚、瓦努阿图 4 个国家则正在筹备国家委员会的建设工作②。经过几十年的发展，亚太地区世界记忆项目的管理体系在持续地进行调整完善，在亚太地区的覆盖面也在不断扩大。

（二）规章制度

在《保护文献遗产的总方针》的总体框架下，亚太地区委员会根据亚太地区世界记忆项目工作的实际情况，制定了《世界记忆项目亚太地区委员会总方针》（MOWCAP Guidelines）、《世界记忆项目亚太地区委员会章程》（Asia/Pacific Regional Committee for the Memory of the World Program Statutes）、《议事规定》（Rules of Procedure）。

1.《世界记忆项目亚太地区委员会总方针》

《世界记忆项目亚太地区委员会总方针》总体与《保护文献遗产的总方针》（2002 年）第 4 章的内容（The registers of the Memory of the World）基本一致，主要对《世界记忆亚太地区名录》评审工作进行了规范，包括文献遗产的遴选标准、评审程序等。同时，该文件结合亚太地区的文献遗

---

① MOWCAP.Rules of Procedure[EB/OL].[2021-01-16]. http://www.mowcapunesco.org/about/procedure/.

② National Committees[EB/OL].[2021-01-16]. http://www.mowcapunesco.org/core-activities/national-committees/.

产保护情况，要求所有入选《世界记忆名录》的文献遗产自动进入《世界记忆亚太地区名录》。目前，亚太地区委员会计划在世界记忆项目全面审查工作结束后，启动对《世界记忆项目亚太地区委员会总方针》的审查工作，以与《保护文献遗产的总方针》保持一致。①

2.《世界记忆项目亚太地区委员会章程》

《世界记忆项目亚太地区委员会章程》于 2005 年 11 月经亚太地区委员会第二次大会审议通过。该章程对亚太地区委员会的目标、职能等做出详细规定。根据章程，亚太地区委员会是国际咨询委员会的分支机构，旨在推进、监督区域内世界记忆项目的运作，鼓励地区内的文献遗产申报《世界记忆名录》，为国家委员会开展工作提供支持，以促进亚太地区内世界记忆项目的推广，提升区域内人们的文献遗产保护意识。②

3.《议事规定》

亚太地区委员会的主席团和名录小组委员会分别有《议事规定》。《议事规定：主席团》（Rules of Procedure-Bureau）于 2005 年在菲律宾马尼拉举行的亚太地区委员会第二次大会中通过，包括成员资格、职能、任期、表决权、法定人数、主席和副主席职能、附属机构、秘书处、预算和财务、临时空缺、工作语言、修订等条款，对主席团的相关事务进行了详尽的规定。《议事规定：名录小组委员会》（Rules of Procedure-Register Subcommittee）由成员资格、职能、任期、日程、主席职能、表决权、报告等条款组成，由名录小组委员会制定。

以上规章制度的制定和出台，有效地保证了亚太地区委员会的正常运作，使得世界记忆项目能够在亚太地区有序推进。

（三）记忆名录

记忆名录是世界记忆项目的重要成果。推进国际、地区、国家级的记忆名录建设，对于分级保护文献遗产、提高全世界人民的文献遗产保护意识具有重要作用。在亚太地区委员会的带领下，各国积极开展遗产申报工作，不断丰富各级记忆名录的内容。

1.《世界记忆名录》

截至 2017 年 12 月，亚太地区共有 26 个国家的 116 项文献遗产入选

---

① MOWCAP.Guidelines[EB/OL].[2021-01-16].http://www.mowcapunesco.org/about/guidelines/.

② MOWCAP.Status[EB/OL].[2021-01-16].http://www.mowcapunesco.org/about/statutes/.

《世界记忆名录》，约占总数的 22%，仅次于欧美地区。其中，韩国有 16 项入选，位居亚太地区首位、世界第 4 位；中国有 13 项入选，位居世界第 8 位（表 6-6）。

表 6-6　亚太地区各国入选《世界记忆名录》文献遗产数量统计表

国家	数量/项	国家	数量/项	国家	数量/项
韩国	16	蒙古	4	斯里兰卡	2
中国	13	缅甸	4	孟加拉国	1
伊朗	10	菲律宾	4	朝鲜	1
印度	9	哈萨克斯坦	3	斐济	1
印度尼西亚	8	新西兰	3	巴基斯坦	1
日本	7	乌兹别克斯坦	3	塔吉克斯坦	1
澳大利亚	6	越南	3	东帝汶	1
马来西亚	5	柬埔寨	2	瓦努阿图	1
泰国	5	尼泊尔	2		

2.《世界记忆亚太地区名录》

亚太地区委员会于 2008 年建立地区级记忆名录——《世界记忆亚太地区名录》，主要收录在亚太地区具有影响力的文献遗产。该名录由亚太地区委员会审核评定，以偶数年为单位每两年进行一次评审，与《世界记忆名录》的评审工作交替进行。同时，亚太地区所有入选《世界记忆名录》的文献遗产将自动列入《世界记忆亚太地区名录》。截至 2018 年年底，《世界记忆亚太地区名录》共收录来自中国、越南、伊朗等 25 个国家的 56 项文献遗产（表 6-7）。入选数量最多的为中国，有 12 项文献遗产入选。

表 6-7　各国入选《世界记忆亚太地区名录》文献遗产数量统计表

国家	数量	国家	数量	国家	数量
中国	12	斐济	2	朝鲜	1
越南	6	新西兰	2	马来西亚	1
伊朗	5	库克群岛	1	泰国	1
韩国	3	萨摩亚	1	新加坡	1
澳大利亚	3	老挝	1	图瓦卢	1
缅甸	3	马尔代夫	1	所罗门群岛	1
蒙古	3	印度尼西亚	1	巴布亚新几内亚	1
柬埔寨	2	日本	1	总计	57①
菲律宾	2	乌兹别克斯坦	1		

3. 国家记忆名录

在国家记忆名录建设上，亚太地区中澳大利亚、新西兰、中国等已经设立了本国的记忆名录。例如，澳大利亚于 2001 年启动《澳大利亚世界记忆名录》（Australian Memory of the World Register）的评审工作，截至 2019 年 12 月共评选出 69 项文献遗产入选《澳大利亚世界记忆名录》。新西兰联合国教科文组织全国委员会于 2010 年正式启动"新西兰世界记忆项目"（The New Zealand Memory of the World Programme），同时建立《世界记忆新西兰名录》（The Memory of the World New Zealand Register），目前已有 35 项文献遗产入选该名录②。中国国家档案局于 2000 年启动"中国档案文献遗产工程"，制定实施《中国档案文献遗产工程总计划》，现已评选出 4 批《中国档案文献遗产名录》，分别为 49 项、35 项、30 项和 29 项，共计 143 项文献遗产。

（四）学术研究

亚太地区委员会通过召开学术会议、发起资助项目、建设学术中心等一系列行动，推动亚太地区世界记忆项目学术研究逐渐发展。

亚太地区国家曾多次举办与世界记忆相关的学术会议，如 2019 年 8

---

① 澳大利亚和巴布亚新几内亚有 1 项联合申报，此表中按国家重复计算。
② MoW National Committee of New Zealand. About Us[EB/OL].[2021-01-16]. http://www.unescomow.org.nz/about-us/about-us.

月在中国苏州举办的"发展中的世界记忆"国际学术研讨会,9月的世界记忆意识提升国家研讨会(越南),10月的防灾研讨会(澳大利亚阿德莱德),11月的世界记忆项目第二次区域间会议(韩国),等等,对世界记忆项目的发展、文献遗产的保护进行探讨。

同时,以进行世界记忆项目推广、教育培训、学术研究为主要任务的学术研究机构——世界记忆项目学术中心,有70%以上设在亚太地区,即中国澳门、北京、福建、苏州和韩国安东。此外,联合国教科文组织首个文献遗产领域的二类机构——国际文献遗产中心也落户在韩国清州。①

另外,亚太地区还开展了一些与世界记忆项目相关的保存项目,包括亚太地区委员会在线档案馆(MOWCAP Archive)、亚太地区委员会-亚洲文化中心资助项目(MOWCAP-Asia Culture Center Grants Programme,以下简称"MOWCAP-ACC资助项目")等。亚太地区委员会在线档案馆为庆祝亚太地区委员会成立20周年而建立,主要用于展示亚太地区入选《世界记忆名录》和《世界记忆亚太地区名录》的文献遗产。② MOWCAP-ACC资助项目以保护和普及亚太地区的文献遗产、提高文献遗产保护意识为宗旨,通过资助各个组织机构的相关活动,如文献遗产展览、数字化项目、书籍出版、培训项目等,最大限度地保护亚太地区的文献遗产。该项目由韩国光州的亚太地区委员会秘书处(MOWCAP Office)、亚洲文化中心(Asia Culture Center)管理。目前,MOWCAP-ACC资助项目已对13个国家的28个项目进行了资助,总计资助金额达100 500美元。

二、亚太地区国家的世界记忆项目参与情况

亚太地区拥有悠久的历史和丰富的文化遗产,除中国外,亚太地区的其他国家也积极参与世界记忆项目。其中,韩国是亚太地区拥有《世界记忆名录》文献遗产最多的国家,日本为进一步提高其话语权积极活动,澳大利亚在国际咨询委员会中高度活跃,是亚太地区世界记忆项目参与度较高的国家;同时,三国高度重视本国文献遗产的保护,是该地区世界记忆项目发展较好的国家。因此,本节选取韩国、日本、澳大利亚为研究对

---

① 中国档案资讯网. 韩国拟建联合国教科文组织文献遗产中心[EB/OL]. [2021-01-16]. http://www.zgdazxw.com.cn/news/2018-01/31/content_220027.htm.

② MOWCAP. About the MOWCAP Archive[EB/OL]. [2021-01-16]. https://mowcaparchives.org/.

象,解析亚太地区国家的世界记忆项目参与情况。

(一) 韩国

韩国在"文化立国"战略的指导下,积极参与世界记忆项目的各项活动,包括推进名录申报、参与国际咨询委员会的工作等。

1. 大力推进名录申报工作

自《世界记忆名录》建立以后,韩国便积极推进文献遗产的申报工作。截至2019年12月,韩国已有16项文献遗产入选《世界记忆名录》(表6-8)。除了1998—1999年、2002—2003年、2004—2005年三轮申报中未有文献遗产入选名录外,在已进行的11轮申报中,韩国在8轮申报中有文献遗产入选《世界记忆名录》,其中7轮申报中每轮都有2项单独提名的文献遗产成功入选,可见其申报成功率之高。这也从侧面反映出韩国对《世界记忆名录》申报的高度重视,以及其准备工作之充分。

表6-8 韩国入选《世界记忆名录》文献遗产统计表

时间	项目	时间	项目
1997年	《训民正音手稿》	2011年	《日省录》
	《朝鲜王朝实录》		1980年"5·18"起义反对全斗焕军政府的人权运动档案
2001年	白云和尚抄录《佛祖直指心体要节》(下卷)	2013年	李舜臣《乱中日记》
			"新村运动"资料
	朝鲜王朝实录——《承政院日记》	2015年	KBS"寻找离散家庭"专题直播档案
			儒教雕版印刷木刻板
2007年	《仪轨》(朝鲜王室的礼节书)	2017年	国债报偿运动档案
	高丽《大藏经》及诸经版		朝鲜通信使相关资料
2009年	《东医宝鉴》		朝鲜王朝玉玺和授权书

2. 积极融入国际咨询委员会

韩国不断推选国内专家参与世界记忆项目的主导机构——国际咨询委员会的工作,自1999年国际咨询委员会第4次会议开始(除2003年第6次国际咨询委员会会议外),韩国累计派遣专家学者近30人次听取或参与会议,参加者涵盖韩国各类文化机构的专家,如韩国联合国教科文组织全国委员会、档案馆、博物馆等组织机构的成员。首尔大学中文系教授徐敬浩

(Kyung-ho Suh) 更是在 2005—2011 年期间,数次以国际咨询委员会成员身份参与世界记忆项目的运转,进行《世界记忆名录》评审和表决等工作。

通过积极推进《世界记忆名录》的申报工作、加入国际咨询委员会的管理工作,韩国在世界记忆项目中保持高度活跃,并凭借设立"直指奖"、建立国际文献遗产中心等行动,不断加强国内档案工作与世界记忆项目的参与和互动,其世界记忆项目建设特色显著。

(1) 以世界记忆项目为基点,加深韩国公众对本国文献遗产的认同与传承。

韩国以《世界记忆名录》为平台,积极加强国民对韩国历史文化的认同和理解:① 推进文献遗产的教育宣传,历史文献遗产如《朝鲜王朝实录》《承政院日记》等,均是学者研究国家历史发展、编纂教材的重要依据。韩国以申遗为契机,通过申报前后的媒体报道宣传加深了国民对韩国历史文化的了解,申遗的成功也极大激发了韩国民众的文化自信。② 打造城市文化名片,如韩国清州在"白云和尚抄录《佛祖直指心体要节》(下卷)"申遗成功之后,将每年 9 月 4 日定为"直指日"①,并举办系列庆典活动。例如,2018 年"直指韩国国际庆典"活动 3 个星期累计吸引 41 万人参与②,极大地提高了国民的参与感和获得感,促进了国民的文化认同。③ 制作文化衍生产品,如韩国在"1980 年'5·18'起义反对全斗焕军政府的人权运动档案""'新村运动'资料"申遗后,分别制作《1980 年 5 月,蓝眼睛的目击者》等影视产品,出版《韩国新村运动——20 世纪 70 年代韩国农村现代化之路》等书籍,让韩国人民重温韩国政府为促进国家社会发展所做出的牺牲和努力,以增强国民的民族归属感和民族凝聚力。

(2) 以"直指奖"为平台,扩大韩国文献遗产的世界影响力。

为纪念世界上保存下来的最古老的金属活字本——由韩国兴德寺于 1377 年印刷而成的佛教经典文献"白云和尚抄录《佛祖直指心体要节》(下卷)",联合国教科文组织于 2004 年 4 月设立"直指"世界记忆奖 (the UNESCO/Jikji Memory of the World Prize),旨在奖励对文献遗产保护

---

① 韩联社. 教科文助理总干事:"直指"可成为记忆遗产的国际平台[EB/OL]. [2021-01-16]. https://cn.yna.co.kr/view/ACK20160901001100881? section=search.
② 韩联社. 2018 清州直指节闭幕[EB/OL]. [2021-01-16]. https://cn.yna.co.kr/view/ACK20181022002500881? section=search.

做出重大贡献的个人和组织。同时，为商讨"直指"奖的相关事宜，韩国便每三、四年与联合国教科文组织联合举办与世界记忆项目相关的会议，为韩国与联合国教科文组织共同推进世界记忆项目提供更多的合作可能。此外，韩国政府善于利用"直指"奖向世界宣传韩国文化。例如，在"2018 年清州直指韩国国际庆典"举办之际，世界印刷博物馆协会（IAPM）在韩国清州成立，而清州也借此契机成为印刷文化和文献遗产活动的中心；韩国还举办了"开城满月台发掘遗物特别展"等活动，向世界宣传高丽是世界上最早发明金属活字的国家。通过一系列行动，韩国在增进世界人民对文献遗产的理解、保护文化多样性、加强国际交流合作的同时，也极大地增强了韩国人民的文化自信和民族自豪感，提升了韩国文化的世界影响力。

（3）以国际文献遗产中心为媒介，巩固在国际文献遗产保护工作中的重要地位。

2017 年，第 39 届教科文组织大会决定于韩国清州设立国际文献遗产中心（图 6-3）。国际文献遗产中心是教科文组织首个文献遗产领域的二类机构，由韩国国家记录院和清州市共同建设。其中，国家记录院主要提供财政支持，清州市负责地面建筑的施工等。① 该中心总投资 164 亿韩元（约 9 000 万元人民币），总面积为 4 329 平方米，预计 2022 年年底建成。② 韩国国家记录院院长李素妍（이소연）指出，"国际文献遗产中心的设立能有效提高韩国在档案领域中的国际地位"，增强其在世界记忆项目中的实质影响力。③ 2018 年 6 月，韩国成立世界记忆项目学术中心（Korean Memory of the World Knowledge Center，KMoW KC），进行世界记忆项目推广、教育培训和研究开发工作④。同时，亚太地区委员会秘书处（MOWCAP Office）也设在韩国光州的亚洲文化中心，并由韩国承担全部建设费用，为亚太地区委员会秘书长的工作提供支持（包括人员）。通过

---

① 유네스코국제기록유산센터」, 대한민국으로유치성공[EB/OL].［2021-01-05］.http:∥www.archives.go.kr/next/common/downloadBoardFile.do? board_seq=95168&board_file_seq=1.

② 청주시, 유네스코국제기록유산센터 2022 년준공[EB/OL].［2021-01-05］.https:∥www.yna.co.kr/view/AKR20210114108100064? section=search.

③ 이소연 원장, "국제기록유산센터 20 년건립목표최선노력[EB/OL].［2020-03-21］.http:∥theme.archives.go.kr/next/pages/new_newsletter/2017/html/vol_92/sub03.html#newsbreak1.

④ 苏州中国丝绸档案馆. 让苏州"守望"世界的记忆——世界记忆学术中心落户苏州 [J]. 江苏丝绸，2018 (6)：14-15.

相关学术机构的建设，韩国进一步巩固了其在未来世界记忆项目运行中的核心地位，为持续在世界记忆项目中发挥作用奠定了扎实的基础。

图 6-3　国际文献遗产中心（ICDH）鸟瞰图①

（4）以国际咨询委员会为载体，逐步扩大在世界记忆项目中的话语权。

首先，韩国曾多次委派专家参与世界记忆项目的主导机构——国际咨询委员会的工作。其次，韩国积极举办与世界记忆项目相关的会议和活动，例如，韩国曾两次举办国际咨询委员会会议，与加拿大、荷兰等合作筹办《温哥华宣言》后续会议——荷兰海牙会议，促进"加强信息全球化与可持续发展平台项目"（PERSIST Project）的诞生；承办 2019 年 11 月召开的世界记忆项目第二次区域间会议，以推进《关于保存和获取包括数字遗产在内的文献遗产的建议书》的进一步落实，弥合全球、区域、国家和组织等层级在数字遗产保护方面的发展差距。② 此外，韩国还多次举办学术研讨会、培训班、展览等，如 2010 年韩国曾邀请国际咨询委员会成员参加由韩国联合国教科文组织全国委员会和国家档案馆联合举办的国际档案文化展，时任国际咨询委员会主席罗斯林·拉塞尔（Roslyn Russell）女士称赞了这一想法。通过以上行动，韩国不断加强在世界记忆项目中的"可视度"，促进世界记忆项目教育研究的发展，进一步提高韩

---

① 청주시, 유네스코국제기록유산센터 2022 년준공[EB/OL].[2021-01-05]. https://www.yna.co.kr/view/AKR20210114108100064?section=search.

② 中国档案资讯网. 融入世界发展贡献中国力量[EB/OL].[2021-01-16]. http://www.zg-dazxw.com.cn/news/2020-01/07/content_300580.htm.

国在《世界记忆名录》评审中的话语权。

（二）日本

日本高度重视文化建设，早在1979年，时任首相大平正芳（Masayoshi Ohira）便提出"文化立国"的口号，1996年7月，文化厅正式出台《21世纪文化立国方案》，以扩大国际文化交往；① 2004年，日本外务省专设"广报文化交流部"作为文化外交的执行部门，并于2005年发布《创造文化交流的和平国家日本》，其中将"传播、吸收、共生"作为日本文化外交的三大理念。② 在文化政策的引导下，日本较为积极地推进世界记忆项目建设。

1. 积极派遣人员参与国际咨询委员会

日本多次派遣专家参加国际咨询委员会会议。早在1993年国际咨询委员会召开第一次会议时，日本国立国会图书馆期刊部部长安江孝信（Akio Yasue）即以成员身份参与到世界记忆项目最初的建设工作之中。随后，日本于2001年、2009年分别由图书情报大学教授松木泰美子（Tamiko Matsumur）和西方艺术国家博物馆馆长、东京大学人文社会系教授青柳万三（Mansanori Aoyagi）作为国际咨询委员会成员参会；2003年由日本联合国教科文组织全国委员会主席松木泰美子作为观察员听会，熟悉世界记忆项目的相关事务。通过间断性地派遣国内专家参与世界记忆项目的工作，日本一直对世界记忆项目保持有较高的熟悉度。此外，2010年日本启动《世界记忆名录》申报工作后，日本曾多次派高官参会。例如，2013年第11次国际咨询委员会会议中，日本曾委派日本联合国教科文组织全国委员会成员中马艾（Ai Chuman）、文化厅官员地主友彦（TomohikoJinushi）听会；在2015年第12次会议中，日本除了派专家听会外，还曾委派外务省文化事务总干事新美君（Jun Shinmi）、外务省多边文化合作司杉山博规（Hiroki Sugiyama）、防卫省防卫研究所军事史研究中心高级研究员岩谷将（Nobu Iwatani）、日本常驻联合国教科文组织代表团参赞尾原透（Toru Kajiwara）等多位高官作为观察员听取会议。

---

① 叶淑兰. 日本文化软实力：生成与借鉴［J］. 社会科学，2015（2）：12-22.
② 张雅妮. 平成时代日本文化海外输出战略的特点及其启示［J］. 日本研究，2020（1）：20-34.

2. 推进《世界记忆名录》申报工作

2010年3月2日，日本联合国教科文组织全国委员会正式宣布启动世界记忆项目的申请筹备工作。此后，世界记忆项目开始引起日本政府的重视。日本开启常规的文献遗产申报工作，同时政府给予了大力支持。截至2017年年底，日本共有7项文献遗产入选《世界记忆名录》（表6-9）。除了2011年首次申报时仅推荐1项文献遗产外，此后日本每轮申报均有2项申报成功。其中，"庆长遣欧使节资料"为日本与西班牙联合申报，"朝鲜通信使相关资料"为日本、韩国民间团体共同申报。虽则日本的遗产申报工作起步较晚，但申报准备工作充分、申报成功率高。日本多件文献遗产入选《世界记忆名录》，有效地提高了日本传统文化的国际知名度。

表6-9 日本入选《世界记忆名录》文献遗产统计表

时间	名称	数量
2011年	山本作兵卫画作集	1
2013年	庆长遣欧使节资料	2
	Midokanpakuki：藤原道长的亲笔日记	
2015年	《东寺百合文书》	2
	生还回舞鹤——1945—1956西伯利亚被拘日本人的归国记录	
2017年	古代石碑群"上野三碑"	2
	朝鲜通信使相关资料	

通过梳理日本世界记忆项目建设的基本情况，可以发现日本的世界记忆项目建设具有明显的阶段性：

在2010年以前，虽然日本有多位专家参与国际咨询委员会会议，参与世界记忆项目的工作，但在这18年的时间里日本并未进行《世界记忆名录》申报，可见世界记忆项目一直未能引起日本国内的足够重视。在这段时间，日本参与世界记忆项目的相关工作以国内专家自发为主，仅在专业领域引起了一定的关注，但并未得到政府层面的重视，日本对《世界记忆名录》的申报工作表现得较为消极，国内文化机构和民间团体均未推荐过任何一项文献遗产。

在2010年3月2日，日本联合国教科文组织全国委员会正式宣布启动《世界记忆名录》的申请筹备工作。此后，日本基本每轮申报都有文献遗产入选《世界记忆名录》。同时，日本也开始关注其他国家的申报情况。尤其在2015年10月10日联合国教科文组织公布中国《南京大屠杀档案》成功入选《世界记忆名录》后，日本政府反应激烈，并采取一系列行动，企图通过政治手段影响该国际文献遗产项目的评审。日本文部科学大臣下村博文的后任者驰浩在与时任联合国教科文组织总干事伊琳娜·博科娃会谈时提出要改善世界记忆项目评审制度，推进评审过程透明化，并暗示日本将停止缴纳会费和其他特定项目的专项资金。① 日本外相岸田文雄也曾表示，"日本已敦促联合国教科文组织改进遗产项目审查程序，并决定拒绝向其缴纳今年的会费"。② 整体而言，2010年以后，日本逐渐提高对世界记忆项目的重视，并多次以政府力量介入世界记忆项目的相关工作，甚至试图影响《世界记忆名录》的评审结果。

（三）澳大利亚

澳大利亚是一个典型的移民国家，有近半数的人口来自海外，这也使得澳大利亚文化具有鲜明的多元性特征。在这样的背景下，澳大利亚政府高度重视文化遗产的保护和利用，实行有效的文化保护政策，这也极大地推进了世界记忆项目在澳大利亚的开展。

1. 建立专门机构进行针对性保护

澳大利亚联邦设立澳大利亚遗产委员会，在州级政府由国土规划部门进行文化遗产保护工作；同时两级议会均制定专项法律，例如《土著居民托雷斯海峡岛民遗产保护法》对文化遗产进行严格规范的保护；政府也专门拨款用于档案馆、博物馆等文化设施建设和历史建筑维护。在文献遗产保护方面，澳大利亚国家档案馆是开展文献遗产保护活动的重要机构，曾组织开展多项文献遗产保护项目；同时在及时与世界记忆项目对接方面，澳大利亚于2000年成立澳大利亚世界记忆项目国家委员会（Australian Memory of the World Committee），负责澳大利亚世界记忆项目的相关工作，并积极与档案馆等文化机构开展保护合作。该委员会现有成员6名，主席为罗斯林·拉塞尔（Roslyn Russell）。

---

① 笠原十九司，芦鹏. 日本政府否定南京大屠杀的居心暴露于世——关于《南京大屠杀档案》入选世界记忆遗产名录的问题［J］. 日本侵华史研究，2017（1）：126-133，139.

② 国防部. 日本拒缴会费彰显其不愿正视历史［EB/OL］.［2021-01-16］. http://www.mod.gov.cn/jmsd/2016-10/21/content_4750495.htm.

2. 推进国际—地区—国家记忆名录建设

截至 2020 年，澳大利亚分别有 6 项和 3 项文献入选《世界记忆名录》和《世界记忆亚太地区名录》（表 6-10），在数量上均位于亚太地区前 10 位。在国家级记忆名录建设上，澳大利亚世界记忆项目（Australian Memory of the World Program）于 2000 年 12 月正式启动，由澳大利亚联合国教科文组织全国委员会主持，在亚太地区委员会的框架下开展工作，大力支持和开展文献遗产保护工作。澳大利亚世界记忆项目于 2001 年开始《澳大利亚世界记忆名录》（Australian Memory of the World Register）的评审工作，截至 2019 年 12 月已进行 10 轮评审，共有 69 项文献入选《澳大利亚世界记忆名录》。

表 6-10 澳大利亚入选《世界记忆名录》和《世界记忆亚太地区名录》文献遗产统计表

时间	《世界记忆名录》	时间	《世界记忆亚太地区名录》
2001 年	库克船长航海日志（1768—1771）	2008 年	澳大利亚联邦宪法文件
	马博案的档案		
2007 年	影片《凯利帮传奇》	2012 年	弗朗西斯·埃德加·威廉姆斯摄影集（1922—1943）
	18—19 世纪英国移囚澳洲档案		
2009 年	昆士兰工党 1892 年宣言的手稿	2014 年	昆士兰南海岛民契约劳工档案（1863—1908）
2017 年	悉尼港景观照片的大型玻璃底片		
总计	6 项	总计	3 项

总体而言，澳大利亚世界记忆项目具有以下特点。

（1）开展多样化的文献遗产项目。

为记录澳大利亚的移民历史，澳大利亚国家档案馆开展"目的地：澳大利亚——分享我们的战后移民故事"项目，设立"目的地：澳大利亚"专题网站，展示 1946 年至 1999 年间的 2.2 万多张与移民相关的照片。在 2012 年初日本政府移交部分澳大利亚战俘档案后，澳大利亚档案馆开启"蒙得维的亚马鲁：船上战俘和扣押平民名单"（Montevideo Maru：List of Prisoners of Wars and Civilian Internees on Board）项目，依靠公众力量识别名单内容，扩充有关记录。为弥补 20 世纪时政府强制执行的收养政策所带来的伤害①，澳大利亚国家档案馆于 2014 年启动"强制收养历史"项目，鼓励公众参与分享相关的经历、故事或研究。② 通过实施一系列文献遗产项目，澳大利亚积极吸引公众参与文献遗产的保护工作，不断提高公众档案保护意识。

（2）高度重视国家记忆的保存。

澳大利亚世界记忆项目以"想象一个没有记忆的世界"（Imagine a world without memories）为口号，高度重视澳大利亚历史文化的保存。2015 年，澳大利亚世界记忆项目国家委员会在其出版的《澳大利亚世界记忆名录——联合国教科文组织世界记忆项目》（*The Australian Register-UNESCO Memory of the World Program*）中便提出澳大利亚世界记忆项目的总目标是"促进文献的保存与获取，向未来传递世界记忆"，③ 即通过项目的实施，澳大利亚从全国各地区收录土著文化、民俗、政治等方面的珍贵文献，促进澳大利亚历史文化记忆的保存，并将其传递到未来。2018 年 12 月，在澳大利亚世界记忆项目的支持下，澳大利亚在堪培拉举行首脑会议，通过《堪培拉宣言》（Canberra Declaration：Towards a Representative National Estate of Documentary Heritage），以改进文献遗产的保存环境，推进全民参与澳大利亚记忆的构建。④

（3）持续参与世界记忆项目建设。

澳大利亚专家瑞·艾德蒙森（Ray Edmondson）、罗斯林·拉塞尔（Roslyn Russell）、大卫·弗里克（David Fricker）均多次以成员身份参与国际咨询委员会会议。例如，瑞·艾德蒙森作为国际咨询委员会成员参与世界记忆项目的相关工作，包括《世界记忆名录》评审标准的制定与修订、《保护文献遗产的总方针》的修订；作为亚太地区委员会成员、主席推进世界记忆项目在亚太地区的实施；作为名录小组委员会的成员参与

---

① 20 世纪时，澳大利亚将未婚先育视为耻辱行为，政府在发现未婚怀孕者后，要求未婚妈妈放弃孩子以供收养。

② 陈建. 澳大利亚国家档案馆档案众包项目实践探析［J］. 档案学通讯，2019（6）：72-78.

③ UNESCO Australian Memory of the World Committee. What is the UNESCO Memory of the World Programme?［EB/OL］.［2021-01-16］. https://www.amw.org.au/sites/default/files/memory_of_the_world/introduction/what-unesco-memory-world-programme.html.

④ UNESCO Australian Memory of the World Committee. Canberra Declaration：Towards a Representative National Estate of Documentary Heritage［EB/OL］.［2021-01-16］. https://www.amw.org.au/news/articles/canberra-declaration-towards-representative-national-estate-documentary-heritage.

《世界记忆名录》的评审,根据《关于保存和获取包括数字遗产在内的文献遗产的建议书》修订《保护文献遗产的总方针》等。罗斯林·拉塞尔曾作为名录小组委员会成员进行评审工作,从 2009 年至 2012 年担任国际咨询委员会主席主持世界记忆项目的工作,包括推进世界记忆项目学术研究、加强对《世界记忆名录》文献遗产监管等。大卫·弗里克则更关注数字遗产的保护,并探索将 PERSIST 项目纳入世界记忆项目的框架之下。

在国家法规政策的保驾护航之下,澳大利亚文献遗产保护取得了长足的发展,并吸引公众广泛参与,这不仅促进了澳大利亚记忆遗产的保存,更有效地提高了整个民族的档案保护意识。

三、亚太地区世界记忆项目发展的特征和趋势

(一) 配合世界记忆项目全面审查,做好地区调整工作

为应对数字文献的快速增长、促进《关于保存和获取包括数字遗产在内的文献遗产的建议书》的应用,2015 年联合国教科文组织启动以国际咨询委员会为主导的世界记忆项目审查工作,主要对《保护文献遗产的总方针》等规范性文件进行审查和调整。其后,联合国教科文组织成立不限成员名额工作组(Open-Ended Working Group,OEWG),开启对世界记忆项目的全面审查工作。审查工作开始以后,亚太地区委员会一直全力支持并积极配合。

在以国际咨询委员会为主导的审查阶段,亚太地区委员会在 2016 年召开的第 7 次常规大会中对《保护文献遗产的总方针》等文件组织专项讨论,提出以下修改要点:世界记忆项目是坚持专家主导,还是将政府纳入其中;国际咨询委员会与地区委员会的关系;项目持续发展所要求的资源增长问题;等等。①

在全面审查阶段,亚太地区委员会于 2018 年召开第 8 次常规大会,与会专家呼吁成员国主动参与项目的审查工作;主席团提出成立工作组负责项目审查,包括持续关注并全面审查工作的进展、与亚太地区委员会成员国进行对话与磋商、于 2019 年 3 月前向主席团提交中期报告、报告可

---

① MOWCAP.The Seventh MOWCAP General Meeting(18-20 May 2016,Hue,Vietnam)[EB/OL].[2021-01-16].http://www.mowcapunesco.org/wp-content/uploads/Minutes-General-Meeting-7.pdf.

执行的保护方针等①。2019年，在第18次亚太地区委员会主席团会议中，主席团决定地区世界记忆项目的审查工作配合全面审查工作进行，并在全面审查工作结束后启动对亚太地区委员会相关文件的修订工作②。

（二）持续推进国家委员会建设，不断完善世界记忆项目的三级管理体系

世界记忆项目鼓励各国在可行的情况下建立国家委员会，以为本国文献遗产申报《世界记忆名录》提供支持，加强世界记忆项目的宣传推广，提高公众的文献遗产保护意识。亚太地区委员会一贯高度重视国家委员会的建设，在历次常规大会中均高度关注区域内国家委员会的建设情况。在2018年，亚太地区委员会第8次会议中专门讨论了加强国家委员会建设的相关问题；会议最后，新任亚太地区委员会主席金贵培便鼓励亚太地区国家建立国家委员会，并为其提供建立国家委员会职权范围（Terms of Reference）的模板——澳大利亚。截至2020年12月，亚太地区共有15个国家和地区已建立国家委员会或其等同机构，占国家总数的31.25%，位居五大地区第3位。此外，孟加拉国、不丹、萨摩亚等正在筹备建设国家委员会。

虽然亚太地区委员会高度重视国家委员会的建设，积极推进区域内国家和地区开展名录申报工作，但是亚太地区仍有多数的国家未设立国家委员会或无履行相关职能的机构。在名录申报上，亚太地区仅26个国家有文献遗产入选《世界记忆名录》，25个国家有文献遗产入选《世界记忆亚太地区名录》，世界记忆项目在亚太地区的覆盖面并不够广。而且，在已参与世界记忆项目的国家中，仅中国、澳大利亚、韩国、日本等少数国家对世界记忆项目相关的会议、培训等活动的参与度较高，保持着较高的热情，多数国家对此并不积极。

亚太地区文献遗产资源丰富，加强国家委员会建设，不断完善世界记忆项目"国际—区域—国家"三级管理体系，提高世界记忆项目的影响力

---

① MOWCAP.The Eighth MOWCAP General Meeting（29 May-1 June 2018，Gwangju，Republic of Korea）[EB/OL].［2021-01-16］.http://www.mowcapunesco.org/wp-content/uploads/MOWCAP-8th-General-Meeting-Minutes_14052019-.pdf.

② MOWCAP.The Eighteenth MOWCAP Bureau Meeting 16-17 May 2019，Gwangju，Republic of Korea[EB/OL].［2021-01-16］.http://www.mowcapunesco.org/wp-content/uploads/Minutes-MOWCAP-BUREAU-MEETING-18-final_.pdf.

和覆盖率,将是未来很长一段时间内亚太地区委员会的工作重点。

（三）不断促进文献遗产保护,加快落实建议书内容

2015年,第38届联合国教科文组织大会通过《关于保存和获取包括数字遗产在内的文献遗产的建议书》,从文献遗产鉴定、保存、获取、政策措施和国际合作五个方面对文献遗产保存和利用提供切实可行的建议。为促进该建议书的落实,亚太地区各国相继开展了一系列行动（表6-11）。

表6-11 亚太地区实施《关于保存和获取包括数字遗产在内的文献遗产的建议书》方案

时间	参与者	方案
2017年5月	东盟国家、教科文组织	联合国教科文组织与东盟国家实施文献遗产建议书的行动方案（UNESCO-ASEAN Member States Action Plan for the UNESCO Recommendation on Documentary Heritage）
2017年8月	伊朗、巴基斯坦、土耳其等中亚、西亚7国	中、西亚实施联合国教科文组织建议书的地区合作计划（Regional Cooperation Plan for the Implementation of the UNESCO Recommendation on Documentary Heritage in Western and Central Asia）
2017年9月	澳大利亚、斐济、新西兰等太平洋地区国家	太平洋行动方案（The Pacific Action Plan）
2019年11月	亚太地区委员会	太平洋地区国家档案馆执行联合国教科文组织建议书的途径（草案）（Pathway for Pacific National Archives to Progress the Implementation of UNESCO Recommendation）

此外,亚太地区委员会和亚洲文化中心联合发布资助项目,审核通过的机构最高可获得5 000美元的资助,以促进区域内文献遗产的保存管理与获取利用。2019年,为推进《关于保存和获取包括数字遗产在内的文献遗产的建议书》的进一步落实,弥合全球、区域、国家和组织等层级在数字遗产保护方面的发展差距,世界记忆项目第二次区域间会议召开。通过以上一系列行动,《关于保存和获取包括数字遗产在内的文献遗产的建议书》在亚太地区得以逐步执行。然而这只是阶段性成果。

《关于保存和获取包括数字遗产在内的文献遗产的建议书》是未来很长一段时间内世界记忆项目工作的重点。要实现《关于保存和获取包括数

字遗产在内的文献遗产的建议书》在亚太地区的贯彻落实,仍旧需要亚太地区委员会长期的居中调解和磋商对话,需要各国国家委员会积极配合并付诸行动。

(四)积极推进世界记忆项目宣传,促进文献遗产保护意识的提升

不断提高区域内人们的文献遗产保护意识,加强交流合作与宣传推广是地区委员会的主要职责之一。为此,亚太地区委员会建立专门网站(http://www.mowcapunesco.org/),公开发布世界记忆项目概况及地区发展情况,并以各种形式发布项目成果,包括制作文献遗产的电子复印件以及通过网络、出版物、书籍、CD、DVD等形式尽可能广泛平等地给公众提供文献遗产信息①。目前,亚太地区委员会已出版了一些与世界记忆项目相关的书籍、宣传册——《世界记忆项目在亚太地区》(Memory of the World: Asia-Pacific Programme)、《世界记忆:亚太地区的文献遗产》(Memory of the World: Documentary Heritage in Asia and the Pacific),以推广亚太地区的珍贵文献遗产。此外,亚太地区委员会还设立了专门的网络展览区——世界记忆亚太地区委员会档案馆(https://mowcaparchives.org/),用以向公众展示进入《世界记忆名录》和《世界记忆亚太地区名录》的文献遗产。

随着信息技术的快速发展、社交媒体的广泛应用,亚太地区委员会建立了专门的交流项目,以推进世界记忆项目的宣传推广。除了网站建设外,亚太地区委员会开通Facebook、YouTube、Instagram等社交平台的账号,发布视频、图片等内容;但因目前关注量不高,未能起到预期的宣传效果。亚太地区委员会应充分利用当前快速发展的社交媒体如Facebook、YouTube等,采用短视频、动画片、影视剧等多种形式,进行世界记忆项目宣传,提升其在亚太地区人民中的知名度和影响力,促进区域内文献遗产保护的创新发展。

---

① 周耀林,王倩倩. 亚太地区世界记忆工程的现状与推进[J]. 档案与建设,2012(1):26-29.

第三节 拉美及加勒比地区

拉丁美洲及加勒比地区国家众多，各个国家拥有不同的历史和殖民体系，独立时间各不相同，人口构成复杂多样；使用语言丰富多元，包括荷兰语、英语、西班牙语、法语、葡萄牙语等。同时，该地区历史悠久，文化丰富多彩，至今仍对世界有着重要的影响。促进拉美及加勒比地区文献遗产的保护，对于保护世界文化多样性、促进区域文化交流合作具有重要意义。

如今，该地区在经济发展的同时，部分国家、地区出现了政局不稳的现象，这对该地区丰富的文献遗产资源的保护非常不利。在政府无暇顾及文献遗产事业的时候，借助国际上的努力和支持——世界记忆项目，便成为确保人类文献遗产的保护与公众利用的最好选择。

一、拉美及加勒比地区世界记忆项目的总体进展

在 20 世纪 90 年代初期，教科文组织便开始关注该地区文献遗产的保护工作，在委内瑞拉加拉加斯开展以保护 19 世纪报纸为主的拉丁美洲早期报刊保护试点项目。其后，随着世界记忆项目拉丁美洲及加勒比地区委员会（Memory of the World Programme Committee for Latin America and the Caribbean，MOWLAC，以下简称"拉美及加勒比地区委员会"）的成立，拉美及加勒比地区世界记忆项目由此进入全面发展时期。

（一）组织机构

2000 年 6 月，拉美及加勒比地区委员会在墨西哥建立，巴西、智利、厄瓜多尔、牙买加、墨西哥、尼加拉瓜、秘鲁、特立尼达和多巴哥是其创始成员国。拉美及加勒比地区委员会由 9 名成员组成，其成员必须来自不同国家；同时委员会的每个成员不仅仅代表他自己的国家，还有责任努力促使尚未建立国家级委员会的国家建立相应的组织[①]。委员会下设执行局，由 1 名主席、2 名副主席和 1 名报告员组成，以保证拉美及加勒比地区委

---

① 周耀林. 拉美及加勒比海地区世界记忆工程的进展与推进［C］//2012 年全国档案工作者年会论文集（上）. 北京：中国档案学会，2012：310-321.

员会两次会议休会期间世界记忆项目的运作。

与此同时，拉美及加勒比地区国家委员会的建设也在不断推进。在1996年世界记忆项目第一次国际大会召开以后，拉美及加勒比地区哥伦比亚、古巴等国家纷纷建立国家委员会。截至2020年12月，拉美及加勒比地区已建立24个国家委员会，占据该地区国家总数的72.73%，国家委员会建设率较高。此外，拉美及加勒比地区委员会和国家委员会均设有秘书处，主要负责该委员会日常事务的处理，包括管理相应的记忆名录、协助筹办会议、维护和更新网站等。

（二）规章制度

拉美及加勒比地区委员会制定了《地区委员会条例》（Regional Committee Regulations），于2000年9月的拉美及加勒比地区委员会第二次会议审议通过，2006年第七次会议修订。该条例对委员会的性质、职能、构成、会议和一般事务进行了规定。该条例未规定的事务由执行局决定。

（三）记忆名录

拉美及加勒比地区委员会高度重视记忆名录的建设，鼓励本地区国家申报《世界记忆名录》和《世界记忆拉丁美洲及加勒比地区名录》，并建立本国的记忆名录。

1.《世界记忆名录》

目前拉美及加勒比地区共有93项文献遗产入选《世界记忆名录》，占总数的18%，其历年入选情况见图6-4。拉美及加勒比地区历年入选数量波动较大，除了2001年无文献遗产入选《世界记忆名录》外，其余各轮评审均有项目入选。在1997年最初评审时，该地区共有7项文献遗产入选，随后因无统一的地区机构进行引导，入选数量骤降；2003年以后，随着拉美及加勒比地区委员会建设的完善，入选项目数量整体呈曲线上升状态。在申报国家方面，墨西哥入选文献遗产最多，共13项；巴西次之，共有10项入选；巴巴多斯、特立尼达和多巴哥各有6项入选（表6-12）。

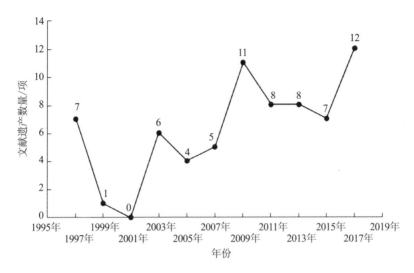

图 6-4 拉美及加勒比地区历年入选《世界记忆名录》文献遗产数量折线图①

表 6-12 拉美及加勒比地区部分国家入选《世界记忆名录》文献遗产数量统计表

国家	数量	国家	数量
墨西哥	13	秘鲁	3
巴西	10	苏里南	3
巴巴多斯	6	乌拉圭	3
特立尼达和多巴哥	6	委内瑞拉	3
玻利维亚	4	巴哈马	2
阿根廷	3	哥伦比亚	2
智利	3	哥斯达黎加	2
古巴	3	圭亚那	2
牙买加	3	荷属安地列斯全岛	2

2.《世界记忆拉丁美洲及加勒比地区名录》

该名录于 2002 年开始接受申请，在 2002 年至 2006 年期间每两年进

---

① 联合申报的文献遗产重复计算。

行一轮评审，自 2007 年起每年进行评审。截至目前，《世界记忆拉丁美洲及加勒比地区名录》共进行了 15 轮评审①，共有 186 项文献遗产入选②，其年度分布见图 6-5。以 2007 年为转折点，此前入选项目数量逐次减少，2007 年后入选项目数量整体呈现上升趋势，并在 2011 年达到最高值——因在该年度拉美及加勒比地区委员会决定将此前已入选《世界记忆名录》的文献遗产也加入地区名录之中。从收录国家来看，各国入选数量差距比较悬殊（表 6-13），入选项目数量在 3 项及以上的共 22 个国家，入选项目数量在 10 项及以上的有 6 个国家。其中，墨西哥入选项目数量最多，达到 30 项；巴西次之，共 24 项。

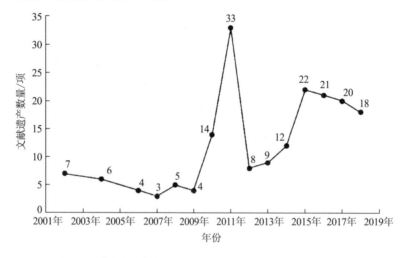

图 6-5　《世界记忆拉丁美洲及加勒比地区名录》年度分布

---

① 为推进《关于保存和获取包括数字遗产在内的文献遗产的建议书》在拉美及加勒比地区的实施，并配合世界记忆项目的全面审查工作，拉美及加勒比地区委员会决定建立国家委员会之间对话的平台，并暂停 2019 年和 2020 年名录申报评审工作。

② MOWCAP.Regional Register 2002—2018［EB/OL］.［2021-01-16］.https：//mowlac.files.wordpress.com/2019/05/lista_inscripciones_list-of-inscriptions-mowlac-2002_2018_dic18.pdf.

表 6-13　部分国家入选《世界记忆拉丁美洲及加勒比地区名录》文献遗产数量统计表

国家	数量	国家	数量
墨西哥	30	巴巴多斯	6
巴西	24	智利	5
玻利维亚	20	多米尼加	4
哥伦比亚	13	哥斯达黎加	4
阿根廷	11	圭亚那	4
秘鲁	10	巴拉圭	3
特立尼达和多巴哥	9	萨尔瓦多	3
乌拉圭	9	圣卢西亚	3
古巴	8	苏里南	3
牙买加	8	危地马拉	3
厄瓜多尔	7	委内瑞拉	3

3. 国家记忆名录

在拉美及加勒比地区，部分国家已建立其国家级记忆名录，包括巴西、墨西哥、古巴等。例如，2007 年巴西建立《世界记忆巴西国家名录》（Registro Nacional do Brasil do Programa Memória do Mundo da Unesco），每年进行一次评审，且入选名录的文献数量最多为 10 项。截至 2018 年年底①，共有 111 项文献入选该名录。因巴西的文献机构集中在里约热内卢，巴西国家级记忆名录中该地区文献占了大多数。

二、拉美及加勒比地区国家世界记忆项目的参与情况

在拉美及加勒比地区，巴西、墨西哥在入选《世界记忆名录》文献遗产的数量上位居该地区前 2 位，同时积极参与拉美及加勒比地区委员会的工作，在国内积极推进文献遗产保护，是该地区世界记忆项目参与度、活跃度较高的国家。因此，本书选取巴西、墨西哥作为该地区代表性国家，分析拉美及加勒比地区世界记忆项目的国家参与情况。

---

① 2019 年、2020 年暂停评审。

(一) 墨西哥

墨西哥位于北美洲，是美洲大陆印第安人古文化中心之一，曾孕育出闻名世界的奥尔梅克文化、托尔特克文化、特奥蒂瓦坎文化、萨波特克文化、玛雅文化和阿兹特克文化。在16世纪20年代，墨西哥沦为殖民地，直至19世纪才取得反殖民斗争的胜利，建立独立国家。漫长的发展历史为墨西哥留下了丰富的文化遗产。

墨西哥政府高度重视文化遗产的立法保护。在19世纪迪亚斯总统时期，墨西哥就开始了现代意义上的文化立法，将殖民时代留下来的历史文化遗产纳入文化遗产保护范畴。随后，在1914年、1930年、1934年、1970年墨西哥相继出台多部法案，构建了墨西哥文化遗产保护的法律基础。① 在国家法律的保驾护航之下，墨西哥世界记忆项目迅速发展。

1. 组织机构建设不断完善

在国际层面，墨西哥文献遗产保护领域专家积极参与国际咨询委员会的建设，曾有3位专家作为国际咨询委员会成员参与世界记忆项目工作。在地区委员会建设中，墨西哥是拉美及加勒比地区委员会的创始成员国之一，其委员会9位成员中始终由墨西哥占据一席。在国家委员会方面，墨西哥于1996年成立世界记忆项目国家委员会，以加强国内文献遗产保护和世界记忆项目的建设、宣传和推广。

2. 积极申报和建设各级名录

截至目前，墨西哥共有13项文献遗产入选《世界记忆名录》（表6-14），位居世界第8位、拉美及加勒比地区首位。从入选时间上看，墨西哥仅1999年无文献遗产入选《世界记忆名录》，其后历次评审均有文献遗产入选，可见其成功率较高。在申报方式上，墨西哥多独立申报文献遗产，仅2项为联合申报项目：一项为与意大利、西班牙2个欧美国家联合申报的文献遗产，一项为与玻利维亚、哥伦比亚、秘鲁3个南美国家联合申报项目。在入选主题上，墨西哥多申报与法律相关的文献遗产，例如"瓦哈卡山谷法律""墨西哥法典汇编""权利诞生司法档案：墨西哥权利保护法令对1948年《世界人权宣言》的贡献"等。

---

① 焦波. 看墨西哥如何妥善保护并利用文物古建[N]. 中国文化报，2015-06-08（003）.

表 6-14 墨西哥入选《世界记忆名录》文献遗产统计表

时间	外文名	中文名	国家	数量
1997 年	Codex Techaloyan de Cuajimalpaz	库吉马尔帕兹技术古抄本	墨西哥	3
	Codices from the Oaxaca Valley	瓦哈卡山谷法律	墨西哥	
	Collection of Mexican Codices	墨西哥法典汇编	墨西哥	
2003 年	Los olvidados	电影《被遗忘的人们》	墨西哥	1
2005 年	Biblioteca Palafoxiana	帕拉福斯安纳图书馆藏书	墨西哥	1
2007 年	American Colonial Music: a sample of its documentary richness	美洲殖民地时期的音乐代表作	玻利维亚、哥伦比亚、墨西哥、秘鲁	2
	Colección de Lenguas Indígenas	土著语言集	墨西哥	
2009 年	Collection of the Center of Documenta-tion and Investigation of the Ashkenazi Community in Mexico (16th to 20th Century)	阿什肯纳兹犹太人社区文献和研究中心档案（16—20世纪）	墨西哥	1
2011 年	Sixteenth to eighteenth century pictographs from the "Maps, drawings and illustrations" of the National Archives of Mexico	墨西哥国家档案馆馆藏的16—18世纪地图、绘图和插画上的象形图	墨西哥	1
2013 年	Old fonds of the historical archive at Colegio de Vizcaínas: women's education and support in the history of the world	"何塞·玛利亚·巴萨戈伊蒂·诺列加"档案：世界历史中的女性教育与支持	墨西哥	1
2015 年	Judicial files concerning the birth of a right: the effective remedy as a contribution of the Mexican writ of amparo to the Universal Declaration of Human Rights (UDHR) of 1948	权利诞生司法档案：墨西哥权利保护法令对1948年《世界人权宣言》的贡献	墨西哥	2
	The work of Fray Bernardino de Sahagún (1499-1590)	萨哈贡作品集（1499—1590）	墨西哥、意大利、西班牙	

续表

时间	外文名	中文名	国家	数量
2017年	The Archives of negatives, publications and documents of Manuel Álvarez Bravo	曼努埃尔·阿尔瓦雷斯·布拉沃摄影作品档案	墨西哥	1

墨西哥自 2002 年开始进行《世界记忆拉丁美洲及加勒比地区名录》申报工作，截至 2020 年 12 月，共有 30 项文献遗产入选，是入选数量最多的国家。墨西哥历年入选数量分布见图 6-6。由图 6-6 可知，墨西哥入选数量波动较大，除 2008 年、2009 年 2 轮评审无文献遗产入选之外，有 5 论评审中仅 1 项入选，2015 年入选数量最多，有 5 项文献遗产入选该名录。

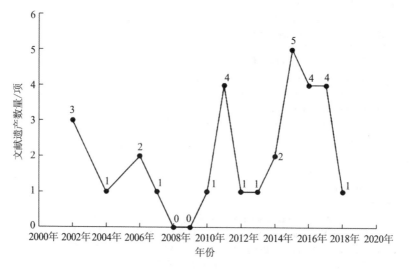

图 6-6　墨西哥历年入选《世界记忆拉丁美洲及加勒比地区名录》文献遗产数量折线图

墨西哥国家记忆名录于 2005 年开始第一轮评审，迄今为止已进行十余轮评审，共有 64 项文献遗产入选，极大地丰富了墨西哥的文化遗产资源。

总体而言，墨西哥世界记忆项目建设具有以下特点。其一，积极参与国际层面的事务。在国际咨询委员会中，墨西哥专家多次以成员身份参与世界记忆项目工作；在拉美及加勒比地区委员会中，墨西哥是创始成员国之一，并与巴西始终占据委员会的两个席位，同时积极参与地区委员会的

第六章 世界记忆项目参与情况的国别研究

各项事务。① 其二，积极推进记忆名录申报工作。在《世界记忆名录》《世界记忆拉丁美洲及加勒比地区名录》建设上，墨西哥入选文献遗产数量均位于拉美及加勒比地区首位，尤其在《世界记忆名录》申报上，除了2001年无文献遗产入选外，其余年度均有文献遗产成功入选。但其也存在网站信息更新滞后的问题。在其世界记忆项目国家委员会网站首页（图6-7）中最新的信息是"新认识"（Nuevosreconocimientos）部分，更新于2019年3月3日。而进入"新闻"（NOTICIAS）页面（图6-8），仅两条2014年的新闻。可见墨西哥对网站的维护与更新并不及时。

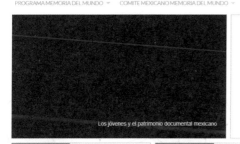

图 6-7　墨西哥国家委员会网站首页

---

① 维托尔·丰塞卡. 走进世界记忆项目拉丁美洲和加勒比地区委员会[EB/OL]. [2021-01-16]. http://www.zgdazxw.com.cn/news/2019-03/19/content_272296.htm.

图 6-8　墨西哥国家委员会网站新闻页

（二）巴西

巴西与墨西哥都曾孕育灿烂的印第安文化，都曾经历漫长的殖民历史和反殖民斗争，均在 19 世纪 20 年代取得独立，都曾经历几十年的独裁统治。在世界记忆项目建设上，巴西和墨西哥也有着很大相似性。巴西较为重视文献遗产保护，积极参加国际、地区的各项世界记忆活动，并积极在国内开展相关活动。

1. 积极参与国际、地区世界记忆项目建设

在国际层面，巴西曾 4 次派出文献遗产保护领域的专家作为国际咨询委员会成员参与世界记忆项目建设。在地区委员会中，巴西是拉美及加勒

比地区委员会的创始成员国之一，并始终占据一个成员席位。在国家层面，巴西于 2004 年成立国家委员会，隶属于巴西文化部，共 19 名成员。国家委员会成员由巴西文化部提名，组成较为灵活，巴西国家档案馆、外交部、国家档案委员会、巴西博物馆研究所、国家图书馆、国家艺术与历史遗产研究所、文化部等部门均派出正式代表，同时巴西各个专业机构，例如声像档案馆、教会档案馆、军事档案馆、市政档案馆、私人档案馆及研究学会等也有代表。目前，巴西国家委员会的成员主要来自东南地区，地区分布相对不平衡，而巴西国家委员会也在努力确保巴西的每一个大区至少有一个代表①。

2. 积极推进国际、地区、国家名录建设

在《世界记忆名录》申报上，截至 2017 年，巴西共有 10 项文献遗产入选（表 6-15）。由表 6-15 可知，巴西世界记忆项目工作出现了明显的断层，在 2003 年入选 1 项文献遗产后，直到 2011 年才再次有文献遗产入选。在入选主题上，巴西多人物档案入选，例如"佩德罗二世皇帝出访档案""教育家保罗·弗莱雷的文献档案""安东尼奥·卡洛斯·戈梅斯作曲集"等，同时也有涉及政治、战争、人权方面的档案文献。在《世界记忆拉丁美洲及加勒比地区名录》申报上，巴西共有 24 项文献遗产入选，位居拉美及加勒比地区第二位。在巴西国家委员会成立以后，巴西才开始申报《世界记忆拉丁美洲及加勒比地区名录》；在申报时间上呈现间断（图 6-9），在 2013 年至 2017 年间仅单数年申报。在国家记忆名录上，巴西于 2007 年建立《世界记忆巴西国家名录》（Registro Nacional do Brasil do Programa Memória do Mundo da Unesco），每年进行一次评审，且每年入选名录的文献数量最多为 10 项。《世界记忆巴西国家名录》从 2007 年开始接受评审，2019 年、2020 年暂停评审，截至目前共进行了 12 轮评审，共计收录 111 项文献遗产。

---

① 维托尔·丰塞卡. 走进世界记忆项目拉丁美洲和加勒比地区委员会[EB/OL]. [2021-01-16]. http://www.zgdazxw.com.cn/news/2019-03/19/content_272296.htm.

表 6-15　巴西入选《世界记忆名录》文献遗产统计表

时间	外文名	中文名	国家	数量
2003 年	A Coleção do Imperador: Fotografia Brasileira e Estrangeira do Século XIX	佩德罗二世皇帝 19 世纪照片集	巴西	1
2011 年	Arquivo da Companhia das Índias Ocidentais	荷兰西印度公司档案	荷兰、巴西、加纳、圭亚那、荷属安的列斯群岛、苏里南、英国、美国	2
	Fundo da Rede de Informações e Contra-informação	巴西前军政府的情报及反情报网档案全宗（1964—1985）	巴西	
2013 年	Acervo Arquitetônico Oscar Niemeyer	奥斯卡·尼迈耶建筑档案	巴西	2
	Documentos Relativos às Viagens do Imperador D. Pedro II pelo Brasil e pelo Mundo	佩德罗二世皇帝出访档案	巴西	
2015 年	Fundo Comitê de Defesa dos Direitos Humanos para os Países do Cone Sul（CLAMOR）	南锥体国家捍卫人权委员会档案	巴西、乌拉圭	2
	Guerra da Tríplice Aliança: represen tações iconog ráficas e cartográficas	三国联盟战争的摄影史料档案	巴西、乌拉圭	
2017 年	Antônio Carlos Gomes: compositor de dois mundos	安东尼奥·卡洛斯·戈梅斯作曲集	巴西、意大利	3
	Arquivo Pessoal de Nise da Silveira	尼斯·达·西尔维拉档案	巴西	
	Coleção Educador Paulo Freire	教育家保罗·弗莱雷的文献档案	巴西	

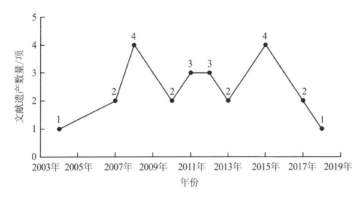

图 6-9　巴西历年入选《世界记忆拉丁美洲及加勒比地区名录》文献遗产数量折线图

经过几十年发展，巴西世界记忆项目建设取得了一定的成绩，其项目建设也呈现如下特点。

（1）地区发展不平衡。如前文所述，巴西国家委员会大部分成员来自东南地区，而西部、北部地区成员较少；而因巴西的文献遗产机构多集中在里约热内卢，《世界记忆巴西名录》中的大部分文献遗产也来自这一地区。

（2）参与机构较为单一。从巴西国家委员会的组成来看，档案领域的专家和工作人员占据主导地位，而图书、博物等相关机构工作人员较少。

（3）重视对名录的监管。巴西国家委员会每 2 年会对入选各级名录的文献遗产展开调查，检查其保存状态，并在网站上公布结果。

三、拉美及加勒比地区世界记忆项目发展的特征和趋势

经过近 30 年的发展，世界记忆项目在拉美及加勒比地区已经生根发芽、茁壮成长，但受到目前拉美地区整体社会文化经济发展的限制，通过世纪记忆项目带动整个地区文献遗产保护工作水平的建设仍需要很长的时间。

（一）以地区委员会为纽带，带动各国参与世界记忆项目

由于拉美及加勒比地区委员会的成员来自不同国家，且被要求关注其他国家的世界记忆项目建设，拉美及加勒比地区各个国家在世界记忆项目中的活跃度较高。

其一，国家委员会建设率最高。拉美及加勒比地区委员会要求其成员在推进本国文献遗产保护工作开展的同时，还须关注其负责国家的情况，

帮助尚未建立国家委员会的国家推进世界记忆项目的实施。在地区内部各个国家的相互帮助下，拉美及加勒比地区现共有 24 个国家委员会，占国家总数的 72.73%，在 5 个地区中国家委员会覆盖率最高。拉美及加勒比地区委员会通过这样"一带多"的建设形式，不仅有效地加快了该地区国家委员会的建设，推进了地区内部各国之间的合作，还能扩大世界记忆项目的传播，促进文献遗产保护的发展。

其二，推进各国世界记忆项目发展。拉美及加勒比地区委员会极为关注国家委员会工作的开展，基本上在每年会议上多有听取国家委员会工作报告的议程，并为国家委员会的工作提供指导。此外，拉美及加勒比地区委员会还多次举办培训班以提升国家委员会的能力，例如 2016 年 5 月举行"世界记忆地区培训班：保护和推进中美洲文献遗产"（Memory of the World regional training workshop on preservingand promoting Central American documentary heritage）。

（二）推进文献遗产民主获取，鼓励青少年参与文献遗产保护

促进文献遗产的民主获取、提高全世界的文献遗产保护意识是世界记忆项目的目标。而青少年是国家的未来，也是世界的未来。吸引更多的年轻人关注文献遗产，参与世界记忆项目，对于延续社会记忆具有重要的意义。

为吸引更多人关注文献遗产保护，拉美及加勒比地区委员会从 2013 年开始便在讨论如何在青少年群体中推广世界记忆项目。拉美及加勒比地区委员会时任主席塞尔吉奥·洛佩兹·鲁埃拉斯（Sergio Lopez Ruelas）指出，"让青少年参与世界记忆项目极为重要，并需要为之付出努力；如果年轻人重视文献历史，他们将愿意保护他们的文献遗产"。[①]

为此，拉美及加勒比地区委员会在其 2014 年至 2015 年的工作报告中提出要实施"世界记忆项目开放数据库项目"（Open Access Repository of Memory of the World Program），以确保数字时代文献遗产的开放获取。该地区的墨西哥国家委员会启动"青年与墨西哥文献遗产：世界记忆项目的传播"（Youth and the Mexican Documentary Heritage: Dissemination of the Memory of the World Programme）项目，以在高中学生、大学生中推广世界记忆项目，并使其意识到了解、重视、保护、传播乡镇、州、国家的文献

---

① MOWLAC. Minutes of the 16 th Meeting of MOWLAC [EB/OL]. [2021-01-16]. https://mowlac.files.wordpress.com/2012/12/quito-2015-minutes-of-the-16th-meeting-of-mowlac_unesco.pdf.

遗产的重要性。①

（三）推进网络信息化建设，拓展世界记忆项目宣传渠道

联合国教科文组织鼓励各地区以各种形式，如制作档案文献的复印件和仿真件、出版书籍、刻录光盘、录制音视频等，向公众开展世界记忆项目及其成果的宣传活动，从而尽可能广泛、平等地向公众传递档案信息。

拉美及加勒比地区委员会一直较为重视网络宣传。在网站建设方面，拉美及加勒比地区委员会旧版网站（https://mowlac.wordpress.com，2019年及以前使用）存在很多问题：网站结构不够明晰（图6-10），其分区菜单栏设在网页右侧靠下方的位置（需要下拉页面才可见），顶部菜单栏仅"联系我们"（Contacto / Contact us）一项，且未设置二级菜单和检索入口，网站总体排版布局较为混乱，不利于用户快速查找所需信息。为改进网站建设，拉美及加勒比地区委员会于2014年启动对网站的常见问答（Frequently Asked Questions，FAQ），以推进该网站的改善。目前，拉美及加勒比地区委员会新版网站（http://mowlac.org/en/home/）已经上线（图6-11）。新网站以西班牙语和英语为主要语言，结构层次更为清晰，但目前该网站仍存在部分链接失效、未为记忆名录专设网页进行展示等问题，亟须改善。除了拉美及加勒比地区委员会的网站外，该地区仅巴西、智利、墨西哥三个国家建立了专门的世界记忆项目网站，多数国家未建立专门网站。

在宣传渠道方面，拉美及加勒比地区委员会不仅利用网站进行世界记忆项目的宣传推广，还开设了Twitter、YouTube等社交媒体的账号，并上传了一些相关内容，但因人力资源限制，总体宣传效果并不明显。

总体而言，拉美及加勒比地区委员会一方面需要优化网站建设。具体而言，要鼓励各国建立世界记忆项目网站，形成以地区委员会网站为中心的世界记忆互联网络；同时，要改进地区委员会的建设，及时为网站资源补充有效链接；可增设多语言查询入口，便于快速查找相关信息等。另一方面要拓展宣传渠道和手段。在名录申报期间可通过报纸、电视、广播等途径全方面地散布世界记忆项目的相关信息；在日常宣传时，除了Twitter、YouTube之外，可借助借助于Facebook等国际媒体平台和Sonico、

---

① International Advisory Committee.Final Report of the 12th meeting of the International Advisory Committee[EB/OL].[2021-01-16].http://unesdoc.unesco.org/images/0026/002651/265143E.pdf.

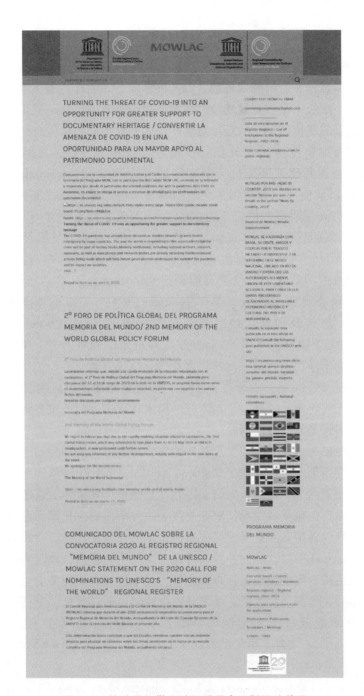

图 6-10 拉美及加勒比地区委员会旧版网站首页

图 6-11　拉美及加勒比地区委员会新版网站首页

Orkut、Badoo、Hi5、Taringa！等本土流行的媒体平台进行信息推送。

（四）开展文献遗产保护项目，加强国际交流合作

拉美及加勒比地区的国家拥有不同的历史、不同的殖民体系，各国独立的时间不同，在人口和地区差异方面也丰富多元。在语言方面，拉丁及加勒比地区可以划分为两大文化区——拉丁语区和英语区，西班牙语、葡萄牙语、英语、法语、荷兰语等均是不少国家的官方语言，同时有1 700多种印第安语方言。面对如此复杂的情况，拉美及加勒比地区委员会大力推进区域合作。

在项目实施上，拉美及加勒比地区早期在联合国教科文组织的支持下完成伊比利亚美洲记忆项目、拉美及加勒比地区摄影集项目等，吸引地区内众多国家参与。

在机构建设上，基于语言、人口构成的复杂性及其独特的历史进程，拉美及加勒比地区每一届成员均来自不同的国家。各成员不仅需要关注本国文献遗产保护工作的开展，还须汇报子地区其余国家的工作情况，并协助推进世界记忆项目的实施。如此做法，不仅能推进区域内各个国家之间世界记忆项目的合作交流，还能增进区域的良性竞争，加快推进各国建立国家委员会或形成等同职权机构，不断完善区域文献遗产保护体系的建设。

在《世界记忆名录》申报上，拉美及加勒比地区国家较为注重合作。在现有入选文献遗产中，该地区共有14项文献遗产为国家联合申报，约

占联合申报总量的 29.17%，仅次于欧美地区。

拉美及加勒比地区委员会应以世界记忆项目为纽带，加强与其他地区委员会的合作，推进区域内国家之间的合作，缓解区域文献遗产保护发展不平衡问题。通过多种形式的合作项目，拉美及加勒比地区不仅能够降低珍贵文献的保存成本、节约管理成本，还能吸收先进技术经验，不断提高文献遗产保护水平。

第四节　非洲地区

非洲地区大部位于热带地区，基本都有被殖民的历史。由此，非洲文化具有独特性、开创性、多元性、历史性等特征，在构建人类文明完整版图、丰富世界文化多样性方面可发挥巨大作用。特别是，在当今世界文化趋同、文化霸权主义盛行的大背景下，非洲文化对丰富世界文化多样性显得尤为珍贵，因此受到国际上越来越多的关注。

一、非洲地区世界记忆项目的总体进展

非洲地区国家受战乱、经济发展等因素的影响，世界记忆项目在非洲地区实施难度颇大，整体推进缓慢。在现阶段，非洲地区世界记忆项目的活动主要是地区委员会和国家委员会建设、《世界记忆名录》申报、地区级记忆项目实施。

（一）组织机构

在地区委员会建设上，直到 2007 年 6 月国际咨询委员会在南非比勒陀利亚第 8 次会议通过《茨瓦内宣言》，才促成非洲地区委员会（Memory of the World Regional Committee for Africa，ARCMOW）的设立。2008 年 1 月，非洲地区委员会首次会议在南非共和国举行，标志着非洲地区委员会正式启动工作。非洲地区委员会主要职责为：第一，推进非洲地区世界记忆项目的宣传工作；第二，鼓励在非洲地区各国建立国家委员会；第三，推动非洲各个国家委员会之间的合作交流；第四，推广和协助世界记忆项目在非洲的工作；第五，建立《非洲地区世界记忆名录》办公室并确定入选名录的相关标准；第六，支持非洲参与"直指奖"评选及《世界记忆

名录》的申报工作。在国家委员会建设方面，目前非洲地区仅有 16 个国家成立了国家委员会，占国家总数的 29.3%，是国家委员会建设率最低的地区。

（二）记忆名录

目前非洲地区共有 24 项文献遗产入选《世界记忆名录》，占总数的 5%，仅比阿拉伯地区多 11 项，位居五大地区第四位。这 24 项文献遗产来自非洲地区的 14 个国家，约占申报国家总数（125）的 11.2%（第四位），占该地区国家总数的 25.93%（第五位），各国参与度较低。

从历年入选数量来看（图 6-12），非洲地区 1997 年有 6 项文献遗产入选，是入选数量最多的一年。这也是因为 1997 年世界记忆项目开启首轮《世界记忆名录》评审工作，收录数量较之后面 4 轮评审要多。此后，非洲地区的申报工作可谓陷入停滞状态，在 1999 年、2001 年两轮评审中无任何文献遗产入选，且后期 10 轮评审入选数量最多未超过 5 项。甚至在 2007 年非洲地区委员会成立以后，非洲地区的名录申报工作并未取得有效进展。从各国入选数量来看，南非有 5 项文献遗产入选《世界记忆名录》，是非洲地区入选文献遗产数量最多的国家；马里、塞内加尔次之，各有 3 项入选。这 3 个国家入选数量占据非洲地区总量的 45.8%，可见各国发展的不平衡。

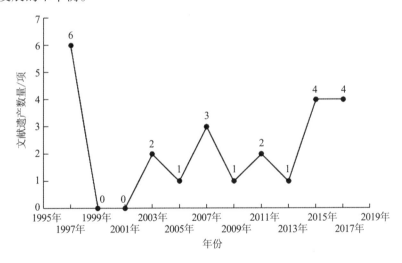

图 6-12　非洲地区历年入选《世界记忆名录》文献遗产数量折线图

从入选主题来看，非洲地区多数入选文献遗产主题呈现出多元性、综合性等特征，集中反映某一时期社会的整体面貌（图6-13）。由图6-13可知，非洲地区入选文献遗产多反映非洲地区的殖民统治、贩奴与废奴等内容，例如，"荷兰东印度公司档案"（南非）、"贝宁殖民地档案"（贝宁）展现了非洲地区国家的殖民历史和反殖民斗争；还有一类是档案馆、图书馆馆藏的档案文献，例如，"桑给巴尔国家档案馆收藏的阿拉伯语手稿和藏书"（坦桑尼亚）等。同时，非洲地区入选文献遗产也涉及文学与艺术、医学、宗教、教育等方面，可见文献主题多样。

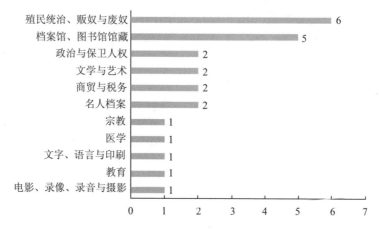

图6-13　非洲地区入选《世界记忆名录》文献遗产主题分布图

二、非洲地区国家世界记忆项目的参与情况

（一）南非

南非民族构成复杂，且深受殖民历史的影响，文化呈现出鲜明的多元化特征。为保存南非记忆、保护多元文化，南非通过立法、机构监管、国民教育、对外合作等措施，全面保障世界记忆项目在南非的发展。

南非积极参与世界记忆项目的各项活动。南非于2007年举办国际咨询委员会第八次会议，通过《茨瓦内宣言》，由此诞生了非洲地区委员会；2008年1月举办非洲地区委员会会议，制定地区委员会的发展目标。南非已建立世界记忆项目国家委员会，进行项目管理和名录申报。目前，南非已有5项文献遗产入选《世界记忆名录》（表6-16），是非洲地区入选数量最多的国家。

表 6-16　南非入选《世界记忆名录》文献遗产统计表

时间	外文名	中文名	国家	数量
1997 年	The Bleek Collection	布须曼人部落手稿	南非	1
2003 年	Archives of the Dutch East India Company	荷兰东印度公司档案	南非、印度、印度尼西亚、斯里兰卡、荷兰	1
2007 年	Liberation Struggle Living Archive Collection	南非自由斗争档案集	南非	2
	Criminal Court Case No. 253/1963 (State Versus N Mandela and Others)	1963 年"利沃尼亚审判"的卷宗	南非	
2013 年	Archives of the CODESA (Convention for a Democratic South Africa) 1991–1992 and Archives of the Multi-Party Negotiating Process 1993	1991—1992 年南非民主协商会议（CODESA）的档案和 1993 年多党谈判进程（MPNP）的档案	南非	1

总体而言，南非世界记忆项目建设呈现以下特点。

1. 多方位立法保护

在宪法中，南非设置专门条款保障民族语言、文化、宗教的自由，包括生活方式、政治取向、宗教信仰和文化归属。同时，在早期，南非通过《艺术、文化和遗产白皮书》（White Paper on Arts, Culture and Heritage, 1996）、《南非国家档案和文献服务法案》（National Archives and Record Service of South Africa Act, 1996）、《国家电影音像基金法案》（National Film and Video Foundation Act 73, 1997）、《国家遗产资源法案》（National Heritage Resources Act 25, 1999）、《世界遗产公约法案》（World Heritage Convention Act, 1999）等①，为南非发展文化事业、进行文化遗产保护工作创造了良好的条件。而随着 1999 年南非首批遗产入选《世界遗产名录》，南非议会通过《国家遗产资源法案》，规定除了公共文件之外的书籍、文件、照片、电影、音像资料均属于遗产范围，应予以妥

---

① 李模. 南非世界文化遗产的保护和管理［J］. 西亚非洲, 2009（1）: 76-78.

善处理和保存①。

2. 设立专门的文献遗产机构

在南非，文化艺术部是保护和发展南非艺术、文化和遗产的专门行政机构，下设国家遗产委员会（National Heritage Council）、国家艺术委员会（National Arts Council of South Africa）、国家电影和录像基金会（National Film and Video Foundation）、泛南非语言委员会（The Pan South African Language Board）等组织机构开展文化遗产的专项保护；在网站进行南非音乐、舞蹈、岩画、电影、手工艺等类型文化遗产的历史与发展情况的介绍，并于2012年启动基于Drupal（免费开源内容管理系统）的"南非国家遗产系统"（South African Heritage Resources Information System，SAHRIS），协调管理、宣传推广南非文化遗产，以不断提高社会民主和凝聚力。同时，南非已建立世界记忆项目国家委员会，专门负责世界记忆项目的管理和《世界记忆名录》的申报，并建立与民间文化社团的联系，形成密切的伙伴关系②。

3. 开展多样的合作项目

为保护南非的文献遗产，南非组织开展了多个文献遗产保护项目，包括非洲岩画艺术数字档案项目（The African Rock Art Digital Archive）、纳尔逊·曼德拉记忆项目（Nelson Mandela Memory Programme）、五百年档案项目（The Five Hundred Year Archive）、南非文化观察站（South African Cultural Observatory）和南非数字创新项目等。例如，非洲岩画艺术数字档案项目已建立世界最大的岩石艺术数字档案馆，收录30多个机构的27万多张数字图像。纳尔逊·曼德拉记忆项目主要收录"南非国父"、诺贝尔和平奖获得者纳尔逊·罗利赫拉赫拉·曼德拉（Nelson Rolihlahla Mandela）的生活、工作档案，反映南非的反种族歧视斗争。五百年档案项目收集、记录南部非洲的历史文化，并提供在线的数据服务。通过一系列项目的实施，南非搭建网上资源平台，来满足公众对资源的需求、激发人们对南非的研究兴趣，推进南非多元文化的保护和发展。

---

① Department of Arts and Culture. Department of Sport, Artsart and cCulture[EB/OL]. [2021-01-16]. http://www.dac.gov.za/acts.

② 金清苗. 南非多元文化教育的发展及其启示[J]. 中国民族育，2007（9）：41-43.

(二) 塞内加尔

塞内加尔人口密集,有 20 多个民族,主要使用法语与民族语言。南非有 250 多个合法政党,形成了多元政治文化与其活跃的文化传播产业,推进多元文化的保护和传播①。塞内加尔文化部门更是基于非洲文化复兴的理念,强调多元文化价值实现。

塞内加尔是非洲地区世界记忆项目参与度和活跃度较高的国家,除了积极参与世界记忆项目相关活动外,还在国内采取多项措施保护文献遗产。

1. 积极参与举办世界记忆项目相关活动

塞内加尔现已有 3 项文献遗产入选《世界记忆名录》(表 6-17),分别是"威廉·庞蒂学校学生毕业论文集""法属西非的老明信片藏品"和"法属西非的档案(1895—1959)",位居非洲地区国家入选数量的第 2 位,均为单独申报项目。同时,在非洲地区委员会首次会议以后,塞内加尔率先建立世界记忆项目国家委员会,并积极协助其他非洲法语国家开展世界记忆项目建设(表 6-18),推进非洲法语地区国家世界记忆项目的全面发展。

表 6-17 塞内加尔入选《世界记忆名录》文献遗产统计表

时间	外文名	中文名	数量
1997 年	Fonds of the "Afrique occidentale française" (AOF)	法属西非的档案(1895—1959)	1
2015 年	Collection of old postcards from French West Africa	法属西非的老明信片藏品	2
	William Ponty School Collection of Papers	威廉·庞蒂学校学生毕业论文集	

---

① 中华人民共和国驻塞内加尔共和国大使馆. 塞内加尔概况[EB/OL]. [2021-01-16]. http://sn.chineseembassy.org/chn/ljsnje/snjegk/.

表 6-18　塞内加尔国家委员会主要活动

时间	地点	活动	主要参与者
2011 年 1 月	塞内加尔达喀尔	塞内加尔国家委员会成立	塞内加尔联合国教科文组织全国委员会、文献与研究中心、达喀尔大学、国家图书馆与档案馆
2011 年 4 月	塞内加尔达喀尔	举办以"西非文献遗产的保护：挑战和机遇"为主题的研讨会，提出西非国家世界记忆项目建设的两步走计划：多方筹措资金帮助其他国家建立国家委员会和进行文献遗产保护培训	塞内加尔、布基纳法索、马里、冈比亚、几内亚、尼日尔、多哥、科特迪瓦（成员来自各国的国家档案馆和教科文组织国家委员会）
2014 年 6 月	马里巴马科	对马里国家委员会成员进行文献遗产保护的专业培训	马里国家图书馆与文献局、世界记忆马里国家委员会、塞内加尔和马里的教科文组织国家委员会
2014 年 9 月	塞内加尔达喀尔	举办"危险中的文献遗产：冲突地带应采取何种保护策略？"研讨会	贝宁、布基纳法索、中非共和国、科特迪瓦、法国、冈比亚、马里、尼日尔、塞内加尔、多哥
2015 年 11 月	马里巴马科	开展档案目录标引、填写《世界记忆名录》申请材料、建立国家记忆名录的培训	世界记忆马里国家委员会、塞内加尔和马里的教科文组织国家委员会

2. 多种措施保护文献遗产

在立法保护方面，《塞内加尔宪法》（Constitution du Sénégal，2016）第一部分第一条强调尊重全国民族、语言、宗教等文化多样性；同时政府发布多条法令，加强艺术作品和多元民族文化遗产保护，确保文化内容输出质量，广泛传播国家文化的历史与传统①。在机构设置方面，早在 1970 年，塞内加尔便成立文化遗产委员会（Direction du Patrimoine Culturel），

---

① Gouvernement République du Sénégal. Constitution du Sénégal [EB/OL]. [2021-01-16]. https://www.sec.gouv.sn/lois-et-reglements/constitution-du-sénégal.

负责国家文化遗产的收集、保护与管理；其后，设立研究与规划部、艺术委员会、书籍与文学委员会，以及12个地区文化中心等机构，促进国内文化遗产的保护；塞内加尔国家档案馆、国家图书馆作为国家公共文化机构，发挥其文化与记忆功能，整理、保存国家重要历史阶段的档案全宗和珍贵历史书籍手稿。

在文化教育方面，塞内加尔达喀尔大学成立了"多元文化中心"（Le Centre multiculturel），培养具备管理能力的文化遗产专业人才，其授课内容包括非洲传统乐器演奏、舞蹈、艺术史等历史文化课程和信息与通信技术课程；塞内加尔国家档案馆自1982年起，面向以中学生为主的大多数国民开展教育服务，通过档案馆导览、开放日活动、教学工作坊、青年史学工作者竞赛、教学档案汇编及检索指南、宣传册、专题系列纪录片、各类档案展览等形式，推广文献遗产的知识和应用[①]。

此外，塞内加尔文化遗产委员会在国内开展多个文献遗产保护项目：历史遗址和古迹的库存项目（进行中）、文化档案数字化项目（进行中）、遗产修复计划。这些项目通过修复、利用文化遗产和资源数字化，有效地推进了国内文献遗产的保护和社会文化遗产保护意识的提高。

三、非洲地区记忆项目发展的特点和趋势

（一）注重多元文化保护

非洲地区横跨南北、海陆兼备，不同地区自然生态环境、政治经济状况与社会组织结构存在着很大的差异，加之历史上受到殖民和种族隔离的影响，各个地区、部族相互分割封闭，导致非洲文化具有明显的部族性与多样性。世界记忆项目建设有助于各国加强对本民族文化中边缘、支流文化的重视，建立起本民族文化的基因库，保护本国文化的多样性。

从《世界记忆名录》的入选文献遗产来看，非洲地区的名录申报虽以殖民历史为主，相对忽视具有原始性、独特性的民族文化，但非洲地区各国已在开拓多元化的主题。例如，南非的"布须曼人部落手稿"展现了南非古老民族布须曼人（Bushman）的语言和习俗，马里和尼日利亚的"与宗教、身体相关的人类利益书籍档案"关注医学伦理问题；马里的"忽视信徒异见之弊诗歌集"主张实现宗教信徒之间的和谐，在保持宗教社会和

---

① 帕帕·摩玛·迪奥普青少年学生接触文献遗产的途径[EB/OL].[2021-01-16].http://www.zgdazxw.com.cn/news/2019-04/19/content_276509.htm.

谐稳定方面具有重要的参考作用。这些文献遗产从多个角度展现了非洲地区的历史文化，让世界人民对非洲地区有了更为立体的了解。

从文献遗产保护项目来看，非洲地区各国注重收集历史、文学、政治等各个方面的档案。例如，非洲岩画艺术数字档案项目通过岩画的采集和数字化，展现非洲大陆 6 000 多年的历史文化，对于非洲地区的研究和重建具有重大意义；冈比亚国家文化艺术中心所开展的口述档案项目从各地征集历史、文化、家谱、民俗、音乐等方面的内容，以音视频的形式予以记录，加强民族记忆的保存，丰富了非洲地区的民族文化多样性。

此外，南非比勒陀利亚大学在其 2019 年 10 月主办的"记忆研究协会①非洲分会成立大会"（Africa Chapter of the Memory Studies Association Inaugural Conference）中，鼓励人类学、地理学、健康学、心理学等领域的专家学者就非洲记忆的建设展开研究，以避免单纯从"伤痛与快乐的二元对立角度"来对待非洲记忆，推进非洲地区文化的多元化建设。②

（二）积极进行国际合作

非洲地区因其本身经济发展水平、政治稳定性等影响，各个国家和地区较为重视集中资源发展文化事业，开展了多种形式的国际合作。

1. 与国际组织合作

非洲地区文化遗产极为丰富、独特，但因客观条件的限制，多数不能给予良好的保护，因而备受国际组织，尤其是联合国教科文组织的关注。例如，《联合国教科文组织 2014—2021 中期战略》③ 将非洲文教事业的发展作为优先事项，并制订专门管理计划，启动非洲世界文化遗产基金，为非洲濒危文化遗产保护提供支持。国际档案理事会专门制订"非洲方案"，从 2012 年起将非洲作为专业计划工作的优先领域，全力支持非洲档案保

---

① 记忆研究协会于 2017 年 6 月 26 日在荷兰合法注册，由各国博物馆、纪念机构、档案、艺术和其他领域从事记忆研究的专业学者组成，目标是通过跨学科的年度国际会议和强大的互联网影响力成为记忆研究领域最重要的论坛。

② 王玉珏，谢玉雪. 非洲记忆工程建设的现状、趋势与价值 [J]. 档案学研究，2020（6）：142-148.

③ UNESCO. UNESCO 2014-2021 中期战略 Medium-Term Strategy (document 37 C/4) [EB/OL]. [2021-01-16]. http://www.unesco.org/new/en/bureau-of-strategic-planning/resources/medium-term-strategy-c4/.

护的发展，满足非洲档案管理员和记录管理者的需求①。此外，随着"泛非主义"和非洲一体化进程的推进，非洲联盟、东非共同体、西非经济共同体等区域性合作组织为非洲世界记忆项目的建设予以经济、社会、政治支持②。

2. 与欧美国家合作

非洲地区的国家和地区多借助发达国家的技术、资金等资源，开展本国记忆项目的建设。例如，塞拉利昂国家铁路博物馆的档案中包含英国建造机车、货车的资料，在其发展中获得了英国国家铁路博物馆和国家图书馆濒危档案计划（EAP）的资金、技术与专业人员支持，极大地改善了原始档案的保存环境，推进了数字资源的建设和共享。其他国家因其殖民历史的影响，或多或少地存有与欧美国家相关的档案资料，因此在进行相关文献遗产保护时，皆可借助其文化机构的资源进行发展。

3. 区域内的国际合作

非洲地区各国在历史文化方面具有很大的相似性，例如在独立前经历过漫长的反殖民斗争、大量文化传统以口述形式表现等，因而非洲地区的文化事业常以国家合作形式展开。例如，"西非明信片"项目由西非经济共同体的 16 个国家共同参与，将各国在同一历史、地理主题下的珍贵明信片数字化并通过网络展示，通过文化互补来完善非洲的社会记忆版图。

4. 公共文化机构之间的合作

档案馆、博物馆、艺术馆等文化机构是文献遗产资源建设的主体，也是推进世界记忆项目建设的重要机构。非洲地区入选《世界记忆名录》的文献遗产多数由档案馆或图书馆提名，例如南非的"布须曼人部落手稿"、毛里求斯的"契约劳工档案"等。此外，非洲地区的各类文献遗产保护项目也多受到此类机构的支持，例如"利比里亚之旅记忆项目"由乔治梅森大学历史和新媒体中心、印第安纳大学利比里亚收藏馆、威斯康星大学共同支持。

---

① International Council on Archives. Africa Programme of ICA[EB/OL]. [2021-01-16]. https://www.ica.org/en/projects-programmes.

② 刘鸿武，杨惠. 非洲一体化历史进程之百年审视及其理论辨析[J]. 西亚非洲，2015（2）：73-94.

(三) 立足本国发展的关切问题

非洲地区大部分国家仍面临经济发展不足的问题，将文化发展与政治、经济、外交联系起来，挖掘文化遗产中的附加值，不仅能对本国多元性文化给予关注和支持，还能促进国家总体实力的进步和发展，一定程度上解决多元文化发展与经济增速之间的矛盾。非洲地区各国通过开展文化建设、推进文化遗产的保护为其人口膨胀、资源短缺等社会问题的解决提供了可行方案。为充分发挥文化遗产的经济驱动作用，各国将保护活动提上日程。

非洲地区多个国家将文化遗产保护、世界记忆项目建设与本国政治、经济、外交融合起来，在推动国家全方面可持续发展的同时推进文化繁荣和文化多样性。例如，南非文化艺术部以"通过保存、保护和发展南非的艺术、文化和遗产，以促进就业和经济发展，发展社会民主并提高凝聚力"[1]为宗旨，建设南非文化观察站，提高南非文化活动的经济附加值。塞内加尔文化部利用世界遗产——戈雷岛的文化特色建设非洲殖民纪念碑与纪念馆，将文化与旅游融合，推进地区经济的发展；同时积极发展图书出版、传统手工艺品、艺术品古董、电影、文化数字化等文化产业，实现文化与经济的相互促进。

同时，文献遗产所携带的文化基因与当地主流社会文化的结合，已经逐渐成为非洲地区世界记忆项目发展的趋势，并为其社会稳定做出了巨大的贡献。例如，纳米比亚的文献遗产"亨德里克·维特布伊的书信与日记"（Letter Journals of Hendrik Witbooi）中，民族英雄维特布伊首先提出"泛非主义"的概念，在1884年至1894年试图建立一个统一战线来对抗德国的殖民统治，与当下非洲地区的泛非主义和非洲一体化框架相呼应；毛里求斯的"契约工移民"项目、马里与尼日利亚的"与宗教、身体相关的人类利益书籍档案"等项目，体现了对人权、生命和信仰的关注与尊重。

---

[1] 王玉珏，谢玉雪. 非洲记忆工程建设的现状、趋势与价值［J］. 档案学研究，2020（6）：142-148.

第五节　阿拉伯地区

阿拉伯地区是五个地区中面积最小的地区，主要包括位于非洲的埃及、阿尔及利亚、利比亚、摩洛哥、突尼斯、苏丹、吉布提、索马里、科摩罗、毛塔尼亚等 10 国，以及位于亚洲的伊拉克、约旦、科威特、黎巴嫩、阿曼、巴勒斯坦、卡塔尔、沙特阿拉伯、阿联酋、也门、叙利亚、巴林等 12 国。阿拉伯地区历史悠久，孕育了灿烂的古埃及文明、伊斯兰教文化等，形成了丰富的文献遗产。

一、阿拉伯地区世界记忆项目的总体进展

阿拉伯地区并未像亚太地区、非洲地区、拉美及加勒比地区一样建立地区级世界记忆项目管理机构，但该地区国家在世界记忆项目中的作用不容忽视。

在《世界记忆名录》建设上，阿拉伯地区共有 13 项文献遗产入选，其历年入选数量见图 6-14。由图 6-14 可知，阿拉伯地区总体入选数量较少，其中 1999 年、2001 年、2009 年无文献遗产入选，2017 年有 4 项入选，是入选数量最多的一年。从申报国家来看（表 6-19），埃及数量最多，共有 4 项文献遗产入选。从入选主题来看，阿拉伯地区入选文献涉及交通、建筑、战争、宗教、文学、医学等多个领域，主题构成较为多元。

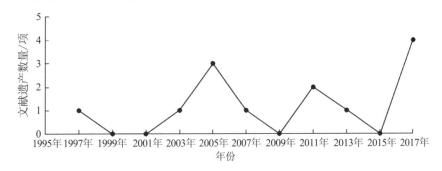

图 6-14　阿拉伯地区历年入选《世界记忆名录》文献遗产数量折线图

表 6-19　阿拉伯地区各国入选《世界记忆名录》文献遗产统计表

国家	数量	时间	英文名	中文名
埃及	4	1997年	Memory of the Suez Canal	开凿苏伊士运河的档案
		2005年	Deeds of Sultans and Princes	10—16世纪苏丹与王子们的长卷
		2007年	Persian Illustrated and Illuminated Ma-nuscripts	中世纪的波斯手抄本插图——泥金装饰的波斯细密画
		2013年	The National Library of Egypt's Collection of Mamluk Qur'an Manuscripts	马穆鲁克王朝时期《古兰经》手稿
黎巴嫩	2	2005年	The Phoenician Alphabet	腓尼基字母
		2005年	Commemorative stela of Nahr el-Kalb, Mount Lebanon	犬河河谷的碑刻
摩洛哥	2	2011年	Kitab al-ibar, wa diwan al-mobtadae wa al-khabar	《伊本·赫勒敦历史》手稿
		2017年	Manuscript of al-Zahrāwīsur	宰赫拉威医学著作手稿
突尼斯	2	2011年	Privateering and the international relations of the Regency of Tunis in the 18th and 19th centuries	18—19世纪海上私掠活动的档案
		2017年	The Abolition of Slavery in Tunisia 1841–1846	1841—1846年突尼斯废除奴隶制档案
阿尔及利亚	1	2017年	Al-Mustamlah Min Kitab Al-Takmila	名人传记词典手抄本
阿曼	1	2017年	Maden Al Asrar Fi Elm Al Behar Manuscript	Made Al Asrar Fi Elm Al Behar 手稿
沙特阿拉伯	1	2003年	Earliest Islamic (Kufic) inscription	最早的伊斯兰教库法体铭文
总计	13	—		

在文献遗产保护项目实施上，也门、埃及等国家积极配合世界记忆项目实施试点项目"萨纳手稿"（The Sana's Manuscripts）项目，以推进萨纳大清真寺羊皮纸、纸质文献的保护；实施试点项目"达尔库图布珍藏"

（Treasures of Dar Al-Kutub）项目。其后，阿拉伯国家启动"古阿拉伯数字手稿研究与咨询"（Research and Consultation of Digitized Ancient Arabic Manuscripts）项目，推进文献遗产的学术研究工作①。

二、阿拉伯地区国家世界记忆项目的参与情况——埃及

埃及拥有近 7 000 年的文明史，历经法老文化、希腊文化、罗马文化和伊斯兰文化的融会贯通，留下了丰富的文化遗产。

在世界记忆项目建设上，埃及已建立国家委员会，负责世界记忆项目的实施。同时，埃及也是阿拉伯地区进行《世界记忆名录》申报较为积极的国家，从 1997 年至今共有 4 项文献遗产入选，为该地区入选数量最多的国家。总体上，埃及世界记忆项目建设具有以下特点。

（1）良好的法律政策环境为世界记忆项目保驾护航。早在 1835 年 8 月 10 日，埃及下令筹划遗产保护措施，于 1880 年 5 月颁布决议禁止文物走私，随后又禁止了非官方授权的遗址开采活动；到 1912 年，埃及颁布第 14 号决议，专门保护伊斯兰和阿拉伯文化遗产。2010 年，埃及颁布《遗产保护法》，对文化、艺术、科技、文学、宗教等遗产进行保护。②

（2）多个文化遗产机构助力文献遗产保护。埃及文化部负责监管国内的遗产工作，为文化遗产保护提供支持。在文化部的主导下，埃及建立民俗文化遗产档案数据库，以对民俗文化遗产档案进行登记和分类管理，促进埃及文化遗产的规范管理。同时，国家图书出版社、亚历山大图书馆等机构积极配合，推进文化遗产的保护。尤其是亚历山大图书馆，联合国内外多个图书馆，成立"文化和自然遗产文献中心""手稿中心""国际信息科学学院"等学术研究中心，为文献遗产储备力量。

（3）积极推进文献遗产保护项目的实施。从参与世界记忆项目至今，埃及已经实施了多个文献遗产保护项目。例如，数字纸莎草项目，该项目由埃及文化与自然遗产档案中心和国家图书出版社公共事务部合作实施，旨在保护现存的 3 739 张纸莎草契约。这也是迄今为止发现的数量最多、规模最大的纸莎草契约，用阿拉伯语、希腊语和科普特语写成，是了解埃

---

① International Advisory Committee. Final Report of the 7th meeting of the International Advisory Committee[EB/OL].[2021-01-16].http://unesdoc.unesco.org/images/0014/001427/142730e.pdf.

② 赵悦清.文化软实力视阈下的埃及非物质文化遗产保护研究［D］.上海：上海外国语大学，2018.

及 8—16 世纪社会经济生活的重要资料。数字纸莎草项目主要对纸莎草进行数字化处理，已于 2008 年 8 月全部完成。数字手稿项目，由国家图书出版社与相关机构合作实施，旨在建立一个拥有 21 169 页、包含国家图书出版社所有珍稀手稿在内的数据库。数字地图项目，由埃及文化与自然遗产档案中心同国家图书出版社联合实施，旨在将埃及纸质地图转化为数字形式，并用阿拉伯语和英语标注，从而更好地为学者服务。①

三、阿拉伯地区世界记忆项目的特点与趋势

（一）以共同历史为基础推进国际合作交流

阿拉伯地区历史悠久，拥有丰富的文化遗产，尤其部分国家拥有共同的历史、共同的宗教文化，有合作保护的文化基础。且该地区毗邻欧洲，可借此加强与欧美地区国家的文化交流与合作，以推进本地区的文献遗产保护。

其一，加强与欧洲国家的文化合作。例如，"地中海记忆"，由欧盟、法国国家视听研究中心、阿尔及利亚电视台、摩洛哥电视台、埃及广播电视联盟、埃及亚历山大图书馆等共同参与，以延续地中海的文化记忆，增强地中海国家对共同历史的认识，保护地中海文化遗产。阿拉伯地区的国家可凭借地缘优势，加强与英国、法国、意大利等国家的合作，吸收、引进先进技术和设备等，促进本地区文献遗产的保护。

其二，促进地区内部的文化合作。阿拉伯地区国家有着共同的历史文化基础，可以此为基础推进共同记忆的构建。目前，阿拉伯地区各国已于 2007 年 7 月启动"阿拉伯世界记忆"（The Memory of the Arab World）项目，在阿拉伯地区开展多种活动，推进阿拉伯遗产的存档建设②。该项目旨在建立最大的数据库，以唤起年轻一代的文化共鸣，构建阿拉伯世界人民的集体记忆。③ 2018 年 12 月，"阿拉伯世界记忆"项目的第一部出版物《阿拉伯记忆》（The Memory of Arabs）创刊号由埃及亚历山大图书馆出版，

---

① 赵悦清. 文化软实力视阈下的埃及非物质文化遗产保护研究［D］. 上海：上海外国语大学，2018.

② 刘剑英. 巴林国举办第五届"阿拉伯世界记忆"项目会议［J］. 晋图学刊，2010（5）：80-80.

③ Bibliotheca Alexandina.Memory of the Arab World［EB/OL］.［2021-01-16］. https://www.bibalex.org/en/Project/Details? DocumentID=1313&Keywords=.

《阿拉伯记忆》刊载涉及各类文献遗产的文章，包括一些由阿拉伯的世界著名作家和科研人员撰写的文章，还会发布一些专刊以更好地介绍阿拉伯人的历史及其丰富多样的遗产。①

（二）推进战争地区文献遗产保护

阿拉伯地区因其重要的战略地理位置，武装冲突频发，例如在近十年内爆发且仍在持续的叙利亚内战、伊拉克内战。混乱的政局、频繁的火力冲突、外逃的难民对阿拉伯国家的稳定产生了重要影响，也严重阻碍了阿拉伯地区部分国家的文化遗产保护工作。

一方面，推进文化遗产重建。以伊拉克为例。伊拉克历史悠久，文化遗产资源丰富，是包括亚述帝国和巴比伦在内的美索不达米亚文明所在地，被认为是西方文明的摇篮，也是伊斯兰教的一个主要中心。而在近年来，伊拉克文化遗产屡遭破坏，例如"伊拉克和黎凡特伊斯兰国"在占领伊拉克第二大城市摩苏尔后颁布"法令"，其中包括命令摧毁什叶派墓地、神殿及其他文明古迹。武装冲突造成的损坏、挖掘文化遗址、非法贩运文物等致使伊拉克文化遗产遭到毁灭性打击。② 2003年，国际咨询委员会启动"伊拉克文化遗产重建"（Restoration of the Iraqi Cultural Heritage）议题，为伊拉克图书馆、档案馆重建提供解决方案③。

另一方面，推进文献遗产的安全保存。国际咨询委员会成员尤西·诺尔泰瓦（Jussi Nuorteva）指出"安全港"（Safe Havens）是在社会动荡、战争时期，通过数字化方式，或是为文献保存提供临时、安全的保存场所，以推进文献遗产保护的方法。例如，瑞士和平组织、芬兰国家档案馆对黎巴嫩战争时期的档案文献进行了数字化，并已启动叙利亚文献的数字化工作，为两国的文献遗产建立了"安全港"。

（三）加强在世界记忆项目中的代表性

在世界记忆项目近30年的发展史上，阿拉伯地区始终缺乏代表性。2015年10月，联合国教科文组织总干事派出其代表拉德·伊科夫（Boyan

---

① 赵启玥.埃及亚历山大图书馆出版《阿拉伯记忆》杂志创刊号［J］.晋图学刊，2019（1）：80-80.

② 王晓真.国内冲突使伊拉克文化遗产岌岌可危［EB/OL］.［2021-01-16］.http：//www.cssn.cn/bk/bkpd_qklm/bkpd_bkwz/201408/t20140808_1284726.shtml.

③ Intrrnational Advisory Committee.Final Report of the 6th Meeting of the International Advisory Committee［EB/OL］.［2021-01-16］.http：//unesdoc.unesco.org/images/0023/002340/234017e.pdf.

Radoykov）指出，阿拉伯地区在《世界记忆名录》中代表性不足，需要采取措施改进这一情况。① 增强阿拉伯地区在《世界记忆名录》的代表性，是阿拉伯地区各个国家应该努力的方向。

其一，大力推进《世界记忆名录》的申报。阿拉伯地区目前仅有 13 项文献遗产入选《世界记忆名录》，均为各国单独申报的项目，是入选数量最少的地区。同时，阿拉伯地区仅 7 个国家有文献遗产入选，有三分之二的国家进行申遗工作，总体参与度不足。因此，该地区国家应积极推进文献遗产的申报工作，尤其可基于共同文化进行文献遗产的联合申报，推进本地区文献遗产保护。

其二，加强文献遗产保护能力建设。2014 年 12 月，联合国教科文组织与联合国教科文组织阿曼全国委员会联合举办阿拉伯地区第一届培训班，有 12 个阿拉伯国家参会，以推进该地区文献遗产保护工作的开展。② 2015 年 4 月，联合国教科文组织与联合国教科文组织黎巴嫩全国委员会联合举办第二届培训班，该培训班主要面向法语区的阿拉伯国家，旨在推进该地区特殊文献遗产的保护和利用，促进其积极申报《世界记忆名录》。

---

① Intrrnational Advisory Committee.Final Report of the 12th Meeting of the International Advisory Committee[EB/OL].[2021-01-16].http://unesdoc.unesco.org/images/0026/002651/265143E.pdf.
② Intrrnational Advisory Committee.Final Report of the 12th Meeting of the International Advisory Committee[EB/OL].[2021-01-16].http://unesdoc.unesco.org/images/0026/002651/265143E.pdf.

第七章

世界记忆项目与中国档案事业

在世界记忆项目的影响下，我国于1996年成立了世界记忆项目中国国家委员会。随后，在理论研究领域，开始有学者围绕世界记忆项目进行学术研究并以此为主题产出学术成果，世界记忆项目逐渐成为我国档案学研究的热点和方向之一；在实践领域，文献遗产保护工作的重要性不断提升，国家及地方档案文献遗产名录逐步形成，对我国国家档案事业和地方档案事业起到了推动作用。

第一节　世界记忆项目与中国档案文献遗产

世界记忆项目开展以来，中国一直积极参与《世界记忆名录》的申报工作，推送具有世界意义和中国特色的档案文献遗产进入《世界记忆名录》和《世界记忆亚太地区名录》。在世界记忆项目的影响下，中国档案文献遗产工程起步并发展，《中国档案文献遗产名录》建立并不断丰富。

一、中国档案文献遗产与"申遗"

中国档案文献遗产数量丰富、种类多样，具有极高的文化价值，不仅是中华民族的文化瑰宝，更是亚太地区乃至全世界的共同财富。推送中国档案文献遗产申遗一方面提升了中国档案文献遗产的知名度，弘扬了中国文化；另一方面也丰富了各级档案文献遗产名录的内容，提升了各级档案文献遗产名录的质量。中国档案文献遗产的遗产名录覆盖了"国际—区域—国家—地方"各个层面，在国际与区域层面上，积极推送中国档案文献遗产申报《世界记忆名录》和《世界记忆亚太地区名录》；在国家和地方层面上，开展《中国档案文献遗产名录》和地方档案文献遗产名录的申报工作。

（一）国际层面：《世界记忆名录》

《世界记忆名录》评选并收录具有世界意义的文献遗产，是实现"濒危档案文献遗产保护"的具体方式。1997年，《世界记忆名录》收录了第一批文献遗产，此后每两年评选一次，截至2020年已收录世界范围内的429项文献遗产。《世界记忆名录》的评选遵循真实性和完整性、历史意义、形式与风格、社区群体或精神意义、独特性或罕见性、保存状况等方面的标准。

1997年，传统音乐音响档案入选《世界记忆名录》，成为中国档案文献遗产申报《世界记忆名录》的开端。作为中国首个入选《世界记忆名录》的文献遗产，其所藏机构中国艺术研究院音乐研究所对申遗工作十分重视，从准备到最终入选的全过程，音乐研究所的工作人员对文献资料进行了全面详尽的搜集与整理，在此过程中联合国教科文组织也给予了资金支持和技术指导。① 此后，陆续有机构以单独或联合申报的形式推送馆藏珍贵档案文献遗产申报《世界记忆名录》，从机构类型来看，推送中国档案文献遗产申遗的单位主要是档案馆、图书馆、博物馆以及科研机构。

目前，中国共有 13 项文献遗产入选《世界记忆名录》。从年代来看，入选文献遗产既包含甲骨文、《黄帝内经》等中国传统古代档案文献，也包括《南京大屠杀档案》等反映近现代中国社会重大事件的档案文献。从载体形式来看，除了纸张、胶片、光盘等常见载体外，还有甲骨档案、丝绸档案等具有中国特色的档案载体。从内容来看，入选文献遗产内容丰富，涉及艺术、政治、医学等多个领域，同时，我国也关注元代西藏官方档案和东巴古籍文献等少数民族档案文献。

（二）区域层面：《世界记忆亚太地区名录》

《世界记忆亚太地区名录》是 2008 年由世界记忆项目亚太地区委员会建立的地区级文献遗产名录，其所收录的文献遗产均由世界记忆项目亚太地区委员会审核评定，每两年评选一次。《世界记忆亚太地区名录》的申请可以由任何个人或组织进行提交，包括政府和非政府机构。世界记忆项目亚太地区委员会更倾向于申报工作由世界记忆项目国家委员会开展，优先考虑世界记忆项目国家委员会提名的文献遗产。

2010 年，我国《黄帝内经》《本草纲目》以及"天主教澳门教区档案文献"入选《世界记忆亚太地区名录》。截至 2018 年，中国已经有 12 项文献遗产入选《世界记忆亚太地区名录》，其中有 6 项文献遗产同时入选《世界记忆名录》和《世界记忆亚太地区名录》。② 入选《世界记忆亚太地区名录》的档案文献内容涉及宗教、政治、科学、艺术等多方面；形成时间横跨古代到近现代，其中形成于古代和近代的档案文献占绝大多数；载体类型多样，以纸质档案为主；申报机构包括档案机构、图书馆、博物馆以及科研机构，其中档案机构占主要地位。

（三）国家层面：《中国档案文献遗产名录》

创建国家名录是世界记忆项目国家委员会的首要职责，被收录进国家

---

① 邵晓洁. 手捧"中国音乐文化之火"传承中华传统文化之光——写在中国传统音乐录音档案入选首批《世界记忆名录》22 周年［J］. 中国音乐学，2019（1）：114-120.

② 同时入选《世界记忆名录》和《世界记忆亚太地区名录》的 6 项中国档案文献遗产分别是：《黄帝内经》《本草纲目》"侨批档案——海外华侨银信""元代西藏官方档案""近现代苏州丝绸样本档案""清代澳门地方衙门档案"。

名录的档案文献遗产可以获得更多的关注和更有效的保护，国家名录可以更好地倡导世界记忆项目理念和实现世界记忆项目的目标。2000 年，中国积极响应教科文组织和世界记忆项目的号召，建立了《中国档案文献遗产名录》，成为世界上最早建立世界记忆项目国家名录的国家。① 2000 年，中国档案文献遗产工程正式启动，在中国档案文献遗产工程领导小组和国家咨询委员会的领导下，《中国档案文献遗产名录》的申报、审批、批准、入选、公布等工作逐渐步入正轨。② 《中国档案文献遗产名录》的评选标准包括主题内容、时间、地区、民族与人物、形式与风格、系统性、稀有性七个方面，符合其中一项即有可能入选，符合标准越多或典型性越强，则入选可能性越大。③ 在评选程序上，首先由各单位确立申报项目，然后按要求填写《〈中国档案文献遗产名录〉申报项目简介》及其他申报材料，并于规定日期内报送国家档案局；报送国家档案局后，中国档案文献遗产工程领导小组办公室对项目进行初步筛选，再由国家咨询委员会审定，最后由领导小组批准公布。④ 2002 年，48 项档案文献被收录进入首批《中国档案文献遗产名录》。2003 年，35 项档案文献被收录进入第二批《中国档案文献遗产名录》。2010 年，30 项档案文献入选第三批《中国档案文献遗产名录》。2015 年，29 项档案文献入选第四批《中国档案文献遗产名录》。目前，共有 142 项档案文献遗产入选《中国档案文献遗产名录》。这 142 项档案文献遗产地域分布广泛、载体形式多样。

（四）地方层面：地方档案文献遗产名录

2002 年，浙江省颁布《浙江档案文献遗产工程实施办法》，规定了"浙江档案文献遗产"的申报办法、评选办法以及"浙江档案文献遗产"的管理、保护和利用要求，成为首个颁布文献遗产评选办法的省份。随后，《江苏省珍贵档案文献评选办法》《云南省珍贵档案文献评选办法（暂行）》《福建省珍贵档案文献评选办法（试行）》等关于地方档案文献遗产管理的办法相继出台。目前，共有 11 个省级行政区颁布了档案文献遗产

---

① 中华人民共和国国家档案局.《中国档案文献遗产名录》——第一部世界记忆国家名录［EB/OL］.（2011-12-31）［2020-12-31］https://www.saac.gov.cn/daj/lhgjk/201808/6e185037dc1d49599ad7594cd29e7f6e.shtml.

② 刘敏. 国家级档案文献遗产保护现状与对策研究［D］. 沈阳：辽宁大学，2017.

③ 赵海林."世界记忆工程"与"中国档案文献遗产工程"［J］. 档案，2001（6）：1.

④ 闵桃. 中国档案文献遗产工程研究［D］. 上海：上海师范大学，2020.

的评选办法。各地区按照文献遗产评选办法的规定,评选出符合要求的文献遗产并收录进地方档案文献遗产名录。地方档案文献遗产名录是对地方档案文献遗产资源的整合,集中呈现了地方档案文献遗产资源的数量和质量,反映了该地区的政治、经济、文化等社会生活风貌。2003 年,浙江省评选出 15 项文献遗产入选首批《浙江省档案文献遗产名录》,内容涉及政治、工业、音乐、文学等多个主题,是国内首个省级档案文献遗产名录。此后,福建、上海、四川等地的地方档案文献遗产名录相继出台。建立遗产名录的主要作用在于提升遗产保护意识和为遗产保护获取支持。首先,建立地方档案文献遗产名录需要对地方档案文献遗产进行收集、整理、评选等工作,这些工作在一定程度上可以促进地方档案文献遗产保护,提升地方档案文献遗产保护工作的水平;其次,地方档案文献遗产名录作为地方档案文献遗产资源的最直观展现,为留存地方记忆提供了具象化载体;最后,地方档案文献遗产名录为公民了解和认知地方档案文献遗产资源、感受地方文化魅力提供了渠道,提升了公民的保护意识和文化归属感。

二、世界记忆项目与中国档案文献遗产的保护

"申遗"前期需要对档案文献遗产进行收集、整理、保护等一系列工作,这些工作客观上促进了档案文献遗产保护。档案文献遗产"申遗"成功后,会吸引官方和民间的更多关注与投入,为档案文献遗产保护工作带来更多的支持。因此,在"申遗"工作的推动下,我国档案文献遗产保护工作得以更好地开展,档案文献遗产保护意识不断提升,保护体系逐渐形成,保护成果大量涌现。

(一)档案文献遗产保护意识不断提升

各地档案部门为了申遗,开始主动、有意识地对馆藏进行整理和保护,各组织、机构的文献遗产情况也逐渐清晰,为后续的文献遗产保护和管理工作打下了良好的基础。例如,在做申遗准备的过程中,苏州市工商档案管理中心组织全体人员花了 3 个月的时间,对馆藏的丝绸档案进行清点,从而挑选出了一批珍贵的档案文献。与苏州丝绸档案一同入选《世界记忆亚太地区名录》的"孔府档案",也有过被当作若干堆废旧文书的经历。各省市在评选过程中,还从民间发现了大量私人收藏的珍贵档案文献。① 甲骨文由中国社会科学院、中国国家图书馆、故宫博物院等11家单位联合申报《世界记忆名录》，以11家单位珍藏的约93 000片甲骨文为申报主体。申遗准备期间，各单位对收藏的甲骨文资料进行整理，相关机构还组织召开了"甲骨文整理与研究学术研讨会"，探讨国内甲骨文资料的全面整理与系统研究。除了保护、整理文献遗产外，官方行政机构、档案保管组织机构以及媒体还开始关注传播和推广，提升档案文献遗产的知名度和影响力，吸引公众关注度。例如，"侨批档案——海外华侨银信""南京大屠杀档案"申遗成功后均在国内外举办多次展览，苏州丝绸档案申遗成功后当地档案部门还编写了相关宣传册。这些活动为国内外普通公众了解我国档案文献遗产的内容和价值提供了机会。

（二）档案文献遗产保护体系逐渐形成

受世界记忆项目"国际—区域—国家"三级管理体制的影响，我国在文献遗产保护的政策制定和名录建设层面上一方面沿袭、借鉴了世界记忆项目的政策和名录建设经验，另一方面根据我国国情和实践经验发展出了具有本国特色的文献遗产保护政策和文献遗产名录，基本形成了"国际—区域—国家—地方"的文献遗产保护体系。在政策制定方面，我国颁布了《中国档案文献遗产工程总计划》《"中国档案文献遗产工程"入选标准细则》以及地方档案文献遗产评选办法，形成更加系统化、专业化的管理体系，规范国家和地方档案文献遗产的管理工作。在名录建设方面，我国除了在国际和地区层面上积极申报《世界记忆名录》和《世界记忆亚太地区名录》外，在国内层面上还建立了国家级的《中国档案文献遗产名录》和地方级的档案文献遗产名录②，更好地促进中国档案文献遗产和地方档案文献遗产的保护和利用。

（三）档案文献遗产保护成果大量涌现

在世界记忆项目外部推动以及我国自主探索的共同努力下，我国档案文献遗产保护的理论和实践层面均取得了丰硕的成果。理论研究成果主要包括学术专著、论文、科研项目等，学术专著包括《档案文献遗产保护》《档案文献遗产保护的理论与实践》《中国档案文献遗产研究》等20余部。

---

① 陈鑫，吴芳，卜鉴民. 世界记忆工程对中国地方档案事业发展影响研究 [J]. 中国档案研究，2017（1）：169-186.

② 陈鑫，吴芳，卜鉴民. 世界记忆工程对中国档案事业发展影响 [J]. 档案与建设，2017（10）：16-19.

在中国知网上以"档案文献遗产保护"或者"文献遗产保护"为主题词进行检索，检索结果超过 300 篇相关文献，内容涉及档案文献遗产保护、管理与利用等多个方面。此外，还出现了以世界记忆项目为主题的科研项目。与世界记忆项目有关的国家社科基金项目首次在 2012 年立项，该项目是由华东师范大学王元鹿主持的国家社科基金重点项目"'世界记忆遗产'东巴文字研究体系数字化国际共享平台建设研究"。截至 2020 年年底，共有 4 个与世界记忆项目有关的科研项目获得国家社科基金项目立项，其中 1 个已经结项，另外 3 个处于在研状态。实践研究成果主要包括保护技术开发应用，例如，世界记忆项目苏州学术中心与苏州大学纳米与软物质研究院合作开发了"丝绸样本档案纳米技术保护研究应用"项目，研制出新型纳米无机抗菌保护剂，有效解决了丝绸样本档案面临的难题并荣获国家档案局优秀科技成果三等奖。自中国档案文献遗产工程启动以来，我国档案文献的延缓性保护和再生性保护均有明显进步。在延缓性保护方面，通过建立特藏库、改善库房环境、抢救修复档案等方式延长档案寿命；在再生性保护方面，通过缩微技术、数字化技术以及档案整理编纂来实现档案资源利用与共享①。

三、中国档案文献遗产的传播

申报、入选《世界记忆名录》，有助于提升中国档案文献遗产在国际、国内的影响力和知名度，加深国内外对于中国档案文献遗产的了解。例如，侨批档案申遗成功后，福建省档案馆第一时间通过省政府新闻发布会宣传侨批档案入选《世界记忆名录》这一重大事件，向公众介绍世界记忆项目；福建省档案馆以侨批档案入选《世界记忆名录》为契机，加大对散存于民间的珍贵侨批档案的征集力度，同时开展全省各收藏单位和个人侨批档案普查与资源整合工作，编纂出版了《百年跨国两地书——福建侨批档案图志》《中国侨批与世界记忆遗产》《福建侨批档案目录》，以及《福建侨批档案文献汇编》，与此同时，福建省档案馆还开发了侨批档案文化产品、宣传片等。② "南京大屠杀档案"申遗成功后，加拿大安大略省议会

---

① 刘敏. 国家级档案文献遗产保护现状与对策研究 [D]. 沈阳：辽宁大学，2017.
② 卜鉴民. 发展中的世界记忆 [M]. 苏州：苏州大学出版社. 2020：90-91.

投票决定将每年的 12 月 13 日设立为"南京大屠杀遇难者纪念日"。① 2017 年南京大屠杀 80 周年,荷兰广东华商总会在海牙议会国际新闻中心举办南京大屠杀死难者国家公祭日悼念活动,莫斯科华侨社团举行南京大屠杀死难同胞悼念活动,澳大利亚江苏总会会馆举办了"血写的历史——日本军国主义在亚太地区罪行图片展",海外总计 208 个华侨华人社团同步在世界各地举行悼念活动。② 苏州丝绸档案入选《世界记忆名录》后不仅《人民日报》《中国档案报》等主流媒体进行了宣传报道,苏州市《城市商报》《姑苏晚报》《苏州日报》等地方媒体也积极报道苏州丝绸档案收集整理利用的流程、拜访丝绸元老纪实等事件,扩大了苏州丝绸档案的宣传广度和深度。③

中国档案文献遗产申遗成功后,相关部门通过多种形式的活动进行文化传播,促进国与国之间的文化交流,实现文明交流互鉴。例如,侨批档案申遗成功后,福建省档案馆开发侨批文化产品,在海内外持续宣传侨批档案的历史文化价值及其世界意义。福建侨批档案展被中国国家档案局和印尼国家档案局列入中国与印尼档案文化交流项目,参加了中国国家档案局和印尼国家档案馆在雅加达、北京举办的"中印尼社会文化关系"合作交流项目,并作为"中国·福建周"经贸文化交流项目在美国、日本、新西兰等国展出。通过展示侨批文化,讲述侨批故事,福建省档案馆进一步密切了国与国之间的人文交流,促进了民心的互联互通。④ 中国第一历史档案馆、福建省档案馆以及苏州市档案馆共同举办"锦瑟万里,虹贯东西——'丝绸之路'历史档案文献展",展品包括反映丝路沿线国家政治交往、贸易往来以及文化科技交流的档案。这些展品一方面展现了古代中国与丝绸之路沿线国家的交流互动,也拉近了我国和丝绸之路沿线国家的距离,更好地促进了文化交流、文明互鉴以及丝绸之路建设。⑤

---

① 吴云. 安大略省首次正式举行南京大屠杀纪念日活动[EB/OL].(2017-12-14)[2021-01-03].http://world.people.com.cn/n1/2017/1214/c1002-29707275.html.
② 中国新闻网. 南京大屠杀 80 周年:海内外多地举行悼念活动[EB/OL].(2017-12-13)[2021-01-05].http://www.xinhuanet.com/politics/2017-12/13/c_1122106112.htm.
③ 卜鉴民. 世界记忆项目在中国 [M]. 苏州:苏州大学出版社. 2019:69.
④ 卜鉴民. 发展中的世界记忆 [M]. 苏州:苏州大学出版社. 2020:90-92.
⑤ 王金龙. 锦瑟万里,虹贯东西——"丝绸之路"历史档案文献展举办[EB/OL].(2018-11-16)[2021-01-22].http://www.lsdag.com/nets/lsdag/page/article/Article_1034_1.shtml.

第二节　世界记忆项目与中国档案事业

文献遗产是世界记忆项目的重要保护对象，档案部门是世界记忆项目的重要参与者，世界记忆项目的开展自然对中国档案事业的发展产生了影响。世界记忆项目主要从两个方面为中国档案事业的发展助力：一方面推动了国内记忆项目的成功开展；另一方面促进了中国档案事业的国际合作与交流。

一、推动国内记忆项目的成功开展

在世界记忆项目的理念、方针、政策的影响下，中国国内也启动了包括国家记忆项目、城市记忆工程以及乡村记忆工程在内的各种记忆项目。这些记忆项目的成功开展促进了国内文献遗产和文化遗产保护工作，推动了集体记忆的构建、留存和传承，提升了公众对于中国文献遗产和中国历史文化的关注度。

（一）中国记忆项目

受世界记忆项目的影响，出于保存本国文献遗产、留存集体记忆、促进公众利用获取以及提升保护意识等目的，美国、荷兰、新加坡等国陆续开展了国家记忆项目。中国国家图书馆从2011年开始构建中国记忆项目，并于2012年正式开始实施。中国记忆项目是整理中国现当代重大事件、重要人物专题文献，采集口述史料、影像史料等新类型文献，收集手稿、信件、照片和实物等信息承载物，形成多载体、多种类的专题文献资源集合，并通过在馆借阅、在线浏览、多媒体展览、专题讲座等形式向公众提供服务的文献资源建设与服务项目。①

中国记忆项目以专题形式开展文献资源建设，以建立中国记忆项目资源收藏体系和服务推广体系为目标。截至2018年4月，中国记忆项目已建设"东北抗日联军""传统年画""大漆髹饰""蚕丝织绣""我们的文字""当代重要学者""我们的英雄"等20多个专题，收集到逾1800小

---

① 中国记忆项目实验网站. 项目简介[EB/OL]. [2020-01-05] http://www.nlc.cn/cmptest/int/.

时的口述史料、影像文献和大量历史照片、手稿、非正式出版物等文献资源。① 目前,中国记忆项目实验网站已经上线了"我们的文字""蚕丝织绣""中国当代音乐家""大漆髹饰""中国年画""东北抗日联军"6个专题,提供相关的视频、音频、图片等在线资源。中国记忆项目以专题文献资源为素材编写"中国记忆丛书",出版了《我们的文字》《大漆中的记忆》《丝绸中的记忆》等普及性读物和学术专著。此外,该项目还通过展览、讲座、媒体报道等方式进行推广宣传。总体来看,中国记忆项目的文献资源推广呈现出以专题为单位集约化推广和以需求为指导精细化推广的特点,通过多种形式的活动来满足不同层次受众的需求,更好地满足公众文化需求。②

（二）城市记忆工程

"城市记忆"是城市形成、变迁和发展中形成的具有重要保存价值的历史记录。"城市记忆"这一概念的提出一方面与我国城市化建设与改造有关,另一方面也受到"世界记忆项目"和"中国档案文献遗产工程"的影响。21世纪以来,城市化的推进使得大量的历史古迹、建筑等珍贵的文化遗产遭到破坏,物质实体的破坏、消失会降低公众对于城市的认同感和归属感,不利于公众记忆的构建。"世界记忆项目"和"中国档案文献遗产工程"在中国的推进和实施,唤起了社会对珍贵档案文献的关注和重视,并把对档案文献的保护提高到延续一个国家、一个城市、一个地区"记忆"的层面上来认识。21世纪初,不少城市相继开展了以保护城市文化遗产,特别是城市档案文献为目的的"城市记忆工程",使这种认识进而在实践层面上得以体现。③

2002年,青岛率先在国内开始实施"城市记忆工程",青岛市档案馆在征集青岛历史音像、图片档案资料的基础上,运用摄像、照相等技术手段,对21世纪初青岛城市面貌进行抢救性拍摄记录,留存青岛的城市记忆。④ 随后,武汉、广州、上海等城市的档案部门也相继启动了"城市记

---

① 孙乐琪. 国家图书馆"中国记忆"项目:把文化和历史记录并传承下去[EB/OL]. (2018-04-19)[2021-01-05]https://www.takefoto.cn/viewnews-1451505.html.
② 韩尉. 中国记忆项目文献资源推广的探索与实践[J]. 国家图书馆学刊,2015,24(1):28-31.
③ 郭红解,邹伟农. 城市记忆与档案[M]. 上海:学林出版社,2011:3-7.
④ 杨来青. 青岛市档案馆"城市记忆工程"的实践与思考[J]. 上海档案,2008(1):15.

忆工程",以文字、图像、声音等形式记录城市基本面貌,保存城市记忆。除了档案部门外,还有一些图书馆、个人、其他团体或组织参与到"城市记忆工程"的创建中来。

"城市记忆工程"的开展具有重要的实践意义。首先,切实保护了城市内部珍贵的文化遗产。"城市记忆工程"的开展为城市文化遗产保护带来了更多关注和支持,使得一些珍贵的文化遗产免遭损毁和破坏。其次,促进了城市历史文化资源的整合、开发和利用。"城市记忆工程"的主导部门收集大量历史文化资源,将这些资源进行系统整理后,挖掘其中的经济、政治、文化等价值并进行传播和推广,实现资源的有效利用。最后,留存集体记忆,构建公众记忆,提升了公众对于城市的认同感和归属感。"城市记忆工程"从物质层面留存、复原了城市的基本面貌,给予公众直观的视听感受,进而从精神层面强化了公众对于城市的文化认知和文化认同,加深了公众的认同感和归属感。

(三) 乡村记忆工程

受城市化和"城市记忆工程"的影响,为构建乡土记忆,保护、开发和传承乡土文化,"乡村记忆工程"应运而生。目前开展"乡村记忆工程"的地区还比较少,浙江省、山东省、山西省和福建省是"乡村记忆工程"建设的代表性地区。

2012年,浙江省档案局启动了"乡村记忆工程",是国内最早启动"乡村记忆工程"的地区。浙江省"乡村记忆工程"以构建浙江记忆名录、共建浙江记忆保护网络和搭建浙江记忆利用平台为目标,通过创建浙江省"乡村记忆示范基地"、开展方言语音建档工作、举办主题展览等方式推动浙江省"乡村记忆工程"的开展。山东省"乡村记忆工程"通过公布"乡村记忆"文化遗产名单、设立民俗生态博物馆和乡村(社区)博物馆、举办专题展览和讲座等方式来实现对文化遗产的整体性和真实性保护。山西省"乡村文化记忆工程"对现存文化遗产形成完整、准确的文字记录和影像资料,成立"非遗"体验馆,开辟网络专栏,实现乡镇文化发展记录和历史文化资料数据库建设。福建省"乡村记忆档案示范项目"以当地党委和政府为主导,省、市、县三级档案部门着力打造全省57个"乡村记忆档案"示范村,推动和规范乡村记忆档案收集、整理、编研、展览、开发及保护工作。①

乡村记忆工程的开展与实施挽救和保护了档案文献、历史建筑、方言乡音等,在物质层面保护了一批珍贵的文化遗产,为文化传承留存了基本的物质实体;在精神层面维护了共同的精神家园,丰富了公众的精神生活,满足了公众的精神需求。

二、促进中国档案事业的国际合作与交流

世界记忆项目在文献遗产领域促进了中国档案事业的国际合作与交流。我国一方面通过与其他国家联合申报《世界记忆名录》加强了档案事业合作;另一方面通过举办会议、展览等方式深化了与其他国家档案工作的联系。同时,我国还借助入选《世界记忆名录》的文献遗产提升了我国影响力。

(一)联合申报《世界记忆名录》

世界记忆项目加强了中国和其他国家的档案工作合作。中国开始尝试与其他国家或组织联合申报《世界记忆名录》,构建"共同记忆"并增加申遗成功的可能性。例如,清代澳门地方衙门档案是当年在葡萄牙租居澳门的特殊情况下,留存下来的清葡双方的公务往来文书,其中包括许多珍贵的第一手资料。原件藏于葡萄牙东坡塔档案馆,澳门存影印本。清代澳门地方衙门档案由澳门档案馆和葡萄牙东波塔档案馆联合申报并于2017年成功入选《世界记忆名录》。我国一贯重视对于日军侵华期间档案的收集、整理、保护和申遗工作,用档案资料来揭露日军罪行,警示人们铭记历史。2014年,我国提交《南京大屠杀档案》和《"慰安妇"——日军性奴隶档案》申报《世界记忆名录》,最终《南京大屠杀档案》入选而《"慰安妇"——日军性奴隶档案》则遗憾落选。随后我国开始考虑联合申报,2016年,我国联合韩国和其他国家、地区的民间组织再次申报《"慰安妇"——日军性奴隶档案》,以增加入选可能性。②

(二)通过世界记忆项目加强与国外档案工作联系

中国围绕世界记忆项目和文献遗产保护举办了一系列的国际会议、展

---

① 徐拥军,王露露,洪泽文. 我国城乡记忆工程建设研究[J]. 山西档案,2017(4):18-26.
② 孙梦文. 中韩等就"慰安妇"资料联合申遗,日方声称全力阻止[EB/OL]. (2016-06-09)[2020-12-31]. https://www.thepaper.cn/newsDetail_forward_1481239.

览等活动，深化了中国和其他国家档案工作的交流，加强了中国和其他国家档案工作的联系。例如，2019年，世界记忆项目苏州学术中心举办"发展中的世界记忆"国际学术研讨会，邀请世界记忆项目国际咨询委员会的委员和国内外档案文献领域的著名专家学者，为各国专家学者提供了交流合作的平台；2015年，中国和波兰共同举办"世界记忆—波兰记忆—华沙记忆"展览，展示入选《世界记忆名录》的波兰档案文献遗产，一方面促使中国人民了解波兰珍贵档案文献保存现状，感受波兰历史与文化，另一方面也以此为契机加强中波两国在档案文献遗产领域的合作与交流①；从2013年侨批档案申遗成功以来，福建省档案馆先后在全世界几十个城市举办侨批展览，这些展览受到了当地媒体和华人华侨的好评，并得到了华侨们的宝贵意见以及慷慨捐赠。除此之外，国家档案局、福建省档案馆还和印尼国家档案馆共同举办"中印尼社会关系档案展"，展览不仅包括印尼国家档案馆收藏的印尼华侨档案，还有福建省档案馆提供的华侨往来书信和汇款凭证。②福建省档案馆对于侨批档案的宣传推广，一方面对外展示了我国文献遗产的内涵和价值，另一方面也实现了和其他国家在文献遗产领域的良性互动和交流。

这些活动一方面展示了中国在世界记忆项目和文献遗产保护领域的成果和经验，展现了中国文献遗产的文化内涵，为中国档案工作提供了舞台，也为其他国家了解中国档案工作提供了渠道；另一方面同样展示了国外珍贵文献遗产的价值和文献遗产治理的成功经验，拓宽了中国档案工作者的视野，为中国学习国外优秀经验提供了机会。

（三）借助入选《世界记忆名录》的档案文献遗产提升我国影响力

档案文献遗产是一种文化资源，我们可以将其作为载体进行开发利用，进一步弘扬中华文化，提升中华文化和中华民族的国际影响力。例如，福建侨批文化中心将侨批文化作为对外交流的载体，发扬、传承侨批文化，促进文化交流。2017年9月，中国侨联将福建侨批文化研究中心确认为第五批"中国华侨国际文化交流基地"，福建省侨联主席陈式海在揭

---

① 中华人民共和国国家档案局."世界记忆——波兰记忆——华沙记忆"展览在京展出杨冬权参观展览并讲话[EB/OL].（2015-05-05）[2021-01-22].https://www.saac.gov.cn/daj/yaow/201505/4d7b93c40c9945ada8d73be581fb2bfa.shtml.

② 邓达宏.福建侨批遗韵的弘扬与发展析略[J].中共福建省委党校学报，2018（8）：114-120.

牌仪式上表示，希望福建侨批文化研究中心以此为契机，立足重点侨乡对外交流优势，充分把握"一带一路"发展机遇，将"福侨"文化传承好、发扬好、运用好，打响"百年跨国两地书"品牌，搭建对外交流的载体，服务广大海外侨胞和归侨侨眷，为建设文化强省、讲好福建故事、谱写新时代福建发展新篇章做出贡献。[①] 世界记忆项目苏州学术中心利用馆藏的丝绸档案在斯洛伐克、法国、德国、捷克、芬兰、丹麦等国举办了丝绸档案文化展览，以此宣传苏州丝绸档案文化，深化公众对于中国丝绸文化的认知，并进一步弘扬丝路精神，助力"一带一路"发展。2017年，世界记忆项目苏州学术中心组织承办了"中俄档案合作分委会第一次会议暨'大数据时代和档案工作'中俄档案工作研讨会"，会议期间配套举办了"中俄'丝路'历史档案展"，展览汇集了来自中俄两国档案馆的140项历史档案珍品，展现了两国在外交、贸易、文化等方面近300年的交往历史，充分发挥了档案文献遗产在弘扬丝路精神、助推"一带一路"倡议上的积极作用。

第三节　世界记忆项目与地方档案工作

自1995年世界记忆项目进入中国，迄今已有20余年。这20余年，也是中国地方档案事业高速发展的阶段。世界记忆项目在中国的推广与传播，为中国地方档案事业发展提供了机遇，也注入了活力。

一、加大地方档案工作宣传力度，文献遗产影响力不断增强

自世界记忆项目实施以来，各地方档案部门对文献遗产的态度有所改变，不再一味地"重藏轻用"，而是积极地对文献遗产及其保护进行宣传。尤其是在档案文献入选世界记忆名录体系后，当地以及全国的报刊、网站、电视台等各类媒体上的传播对宣传地方档案工作起到了积极的推动作用。

仍以苏州市工商档案管理中心的丝绸档案为例。2015—2016年申遗期

---

① 福建侨联网. 福建侨批文化研究中心"中国华侨国际文化交流基地"揭牌[EB/OL]. (2017-12-01)[2020-12-31]. http://fjsql.fqworld.org/qlyw/2789.jhtml.

间,苏州市工商档案管理中心与《档案与建设》杂志社合作,在期刊上开辟了"档案中的丝绸文化"和"近现代苏州丝绸样本档案"专栏,图文并茂地展示和宣传苏州丝绸档案。2016年5月苏州丝绸档案入选亚太地区名录后,国内各大报纸、期刊、网站等更进行了全方位的宣传报道。这为社会公众认识档案、了解苏州丝绸档案提供了素材和途径,同时也为进一步宣传档案工作、发展苏州档案事业创造了诸多契机。

在保存好档案文献遗产的前提下,地方档案部门还通过各类展览展示来宣传档案文献遗产。2004年10月,国家档案局在北京举办了以中国档案文献遗产为主要内容的"走进记忆之门——中国档案珍品展",并在全国巡展,受到各地公众的热烈欢迎。以此为契机,地方档案部门将当地珍贵档案文献进行整理,推出具有地方特色的档案珍品展,比如"北京档案珍藏展""辽宁档案珍品展""苏州丝绸工艺珍品展"等。为吸引公众参观档案馆馆藏珍档展览,各地档案部门还设计了精美的宣传册,免费发放给来参观的公众,比如《中国的世界记忆遗产》《苏州市民族工业档案史料展》《百年丝路:近现代中国苏州丝绸档案》等宣传册,这为档案部门进一步深入宣传档案和档案工作提供了便利。

为了配合申遗,福建省档案馆和泉州市档案馆分别在泰国曼谷、新加坡举办了"百年跨国两地书——侨批档案展""家书抵万金——新加坡侨批文化展",还在泰国、新加坡、闽南侨乡等地举办了侨批档案巡回展;广东省在北京举办了"海邦剩馥——中国侨批档案展",并在东南亚国家巡展。这些展览向公众宣传推介侨批档案的遗产价值和世界意义,引起了社会各界的强烈反响,取得了良好的宣传效果和社会效应。

二、促进不同地区、不同部门、不同行业间的跨界合作

独行快,众行远。世界发展到今天,各领域多元合作发展已成为不可避免的趋势。在这一全球化的浪潮中,档案部门是故步自封、墨守成规,还是拓展思维、跨界合作,可以说决定了档案部门未来能否在时代发展中赢得行业发展的主动权。而世界记忆项目作为国际合作的最典型产物,在中国地方档案部门开展跨界合作过程中发挥了积极的引导和推动作用。

(一)联合申报

从中国已入选《世界记忆名录》和《世界记忆亚太地区名录》的19项文献遗产(《本草纲目》《黄帝内经》"侨批档案——海外华侨银信"

"元代西藏官方档案""汉文文书""近现代中国苏州丝绸档案"这6项文献遗产同时入选两个目录,不再重复计入)中可以看到,5项是由两家及以上机构联合申报的,占总量的26.3%。(表7-1)

表7-1 世界级和地区级中国文献遗产及其相关机构情况统计表

序号	文献遗产	申报机构	保管机构	申报方式	保管方式	总数/项
1	清代内阁秘本档中有关17世纪在华西洋传教士活动的档案	中国第一历史档案馆		档案机构单独		6
2	清代科举大金榜	中国第一历史档案馆				
3	元代西藏官方档案	西藏自治区档案馆				
4	近现代中国苏州丝绸档案/近现代苏州丝绸样本档案	苏州市工商档案管理中心				
5	赤道南北两总星图	中国第一历史档案馆				
6	南侨机工档案	云南省档案馆				
7	传统音乐音响档案	中国艺术研究院音乐研究所		非档案机构单独		6
8	清代样式雷图档	中国国家图书馆				
9	《黄帝内经》	中国国家图书馆				
10	《本草纲目》明万历二十一年(1593年版)金陵(现南京)胡承龙刻本	中国中医科学院中医药信息研究所(中国中医科学院图书馆)				
11	孔子世家明清文书档案	孔子博物馆				
12	《四部医典》(金汁手写版和16—18世纪木刻版)	西藏自治区藏医院				
13	侨批档案——海外华侨银信	福建省档案局(馆)、广东省档案局(馆)		档案机构联合		2
14	"汉文文书"档案汇集[清代澳门地方衙门档案(1693—1886)]	澳门档案馆、葡萄牙东波塔档案馆				

续表

序号	文献遗产	申报机构	保管机构	申报方式	保管方式	总数/项
15	甲骨文	清华大学图书馆、南京博物院、中国社会科学院考古研究所、中国社会科学院历史研究所、山东博物馆、故宫博物院、上海博物馆、天津博物馆、旅顺博物馆、中国国家图书馆、北京大学图书馆		非档案机构联合		1
16	纳西族东巴古籍文献	云南省档案局、云南省丽江地区行政公署	丽江市东巴文化研究院、云南省档案馆等	档案机构与非档案机构联合		2
17	南京大屠杀档案	中国中央档案馆、中国第二历史档案馆、辽宁省档案馆、吉林省档案馆、上海市档案馆、南京市档案馆、侵华日军南京大屠杀遇难同胞纪念馆				
18	澳门功德林档案文献	澳门文献信息学会	澳门功德林寺院	档案机构单独	非档案机构单独	1
19	天主教澳门教区档案文献（16—19世纪）	澳门文献信息学会	澳门教区主教公署、澳门圣若瑟修院	档案机构单独	档案机构与非档案机构联合	1

其中，由广东、福建两省联合申报的"侨批档案——海外华侨银信"更是先后入选《世界记忆亚太地区名录》和《世界记忆名录》两个名录。其实早在2009年，广东侨批就曾参评《世界记忆名录》，但未能入选。失败的一个重要原因，就是没有整合闽粤两省的力量，缺乏代表性。总结了以往经验，在国家档案局的支持下，福建、广东两省决定联合申报，经过不懈努力，终于在2013年达成夙愿。

而《南京大屠杀档案》也是联合申报的典型案例。其申遗工作的准备从2008年就开始了，最早是侵华日军南京大屠杀遇难同胞纪念馆一家，之后又加入了中国第二历史档案馆、南京市档案馆，三家联合于 2009 年 4 月以 5 组南京大屠杀档案申报《世界记忆名录》，然而最终失之交臂。2014 年，由国家档案局牵头，除以上三家外，又增加了中央档案馆、辽宁省档案馆、吉林省档案馆、上海市档案馆，申报档案也由原来的 5 组增加到了 11 组，正式向联合国教科文组织提出申报。2015 年 10 月，《南京大屠杀档案》申遗成功。[①]

（二）合作保护

我国有着丰富的文献遗产资源，但这些资源并不都保存在档案馆，图书馆有古籍孤本，博物馆有纸质载体文物，民间团体和个人手中也收藏有许多珍贵的档案珍品。

这一点从中国已入选名录体系的文献遗产也可看出。在《世界记忆名录》和《世界记忆亚太地区名录》中，由档案部门保管的有 8 项，非档案机构保管的有 8 项，还有 3 项是由档案部门与非档案机构联合保管（表 7-1）。

不过在《中国档案文献遗产名录》的 142 项文献遗产中，由档案部门保管的文献遗产占总数的 81%；由图书馆、博物馆、文学馆、研究所等非档案机构保管的占 15%，由档案部门与非档案机构联合保管的占总数的 4%。可见在国家级文献遗产保护方面，无论是参与的机构数量，还是所拥有的文献遗产量，档案部门都占据了绝对优势。

而从入选文献本身来看，载体多样，除了常见的纸质外，还有简牍、金石、丝绸、声像等不同载体形式；文字多种，有汉文、满文、蒙文、东巴文等多种文字形式；内容宽泛，涉及军事、政治、经济、宗教、民俗等多个领域。

（三）跨界开发

档案文献遗产是人类的珍宝，藏在深闺、秘不示人是一种保护，通过开发利用让更多的人认可其价值，让静态的档案"活"起来则是另一种保护。通过多种方式促进文献遗产资源的开发是实现世界记忆项目"用最合适的技术保护全世界过去、现在和未来的文献遗产"目标的手段之一，这一理念也影响着我国地方档案部门。

[①] 陈平. 南京大屠杀档案申报《世界记忆遗产名录》始末 [J]. 公共外交季刊, 2015 (4): 91-95, 128.

2014年11月10日，出席APEC会议欢迎晚宴的各国领导人及其配偶身穿的名为"新中装"的现代中式礼服惊艳亮相。"新中装"采用的极具东方韵味的宋锦面料，正源自苏州市工商档案管理中心馆藏丝绸档案中的宋锦样本。苏州市工商档案管理中心与丝绸企业开展合作，以馆藏的宋锦样本档案为蓝本，通过对机器设备的技术革新，研发出10余种宋锦新花型和新图案，让古老的宋锦技艺走出了档案库房，在世人面前焕发新的生机和活力，并最终走上了APEC这一国际舞台，赢得了世界人民的赞赏，也由此引发了新一轮的宋锦热和丝绸文化热。之后，苏州市工商档案管理中心主动出击，陆续与19家丝绸企业合作，建立了"苏州传统丝绸样本档案传承与恢复基地"，对宋锦、漳缎、纱罗等传统丝绸品种及其工艺进行恢复、传承和发展，开发出了纱罗宫扇、宫灯、宋锦、纱罗书签，新宋锦箱包、服饰等不同织物属性的产品和衍生产品。①

三、扩大申报城市知名度和影响力，为地方档案事业发展赢得强大助力

文化是城市的灵魂，更是城市核心竞争力的重要内容，经济大发展与文化大繁荣两者之间有着密不可分的关系。随着世界记忆项目在中国的传播和推广，越来越多的人开始了解这一与自然遗产、文化遗产、非物质文化遗产同等重要的文献遗产。获准列入《世界记忆名录》，代表该文献遗产所具有的价值和意义获得了国际认可，每一项列入名录的文献遗产及其申报单位都会在联合国教科文组织的官网上公布。开展申遗工作，能够充分挖掘城市文化的底蕴特质，唤起市民对城市历史文化的认同感和共鸣，有利于提升城市形象，扩大城市的国际知名度和影响力，也为城市开展对外交流、培育文化旅游新业态等提供了机会。

鉴于世界记忆项目为城市发展带来的有利影响，各地方政府通常都会对申遗工作给予高度关注。而政府领导的重视和支持，政府部门的主导和推动，也为地方档案事业发展提供了强大助力。例如，侨批档案的申遗工作，得到了福建、广东两省领导的高度重视。广东省将"记忆遗产保护与开发"纳入本省的"政府工作报告"之中，并成立了由省政府秘书长担任组长的申遗领导小组。福建省政协会议上连续两年提出支持侨批档案申

---

① 彭聚营，陈鑫，卜鉴民. 宋锦样本档案开发工艺走上APEC舞台［J］. 中国档案，2015（1）：34.

遗的提案，并形成了以政府为主导、民间力量为辅助的申遗队伍。

由于文献遗产数量巨大、损毁严重、载体特殊、抢救与保护成本高等因素，资金问题一直是阻碍文献遗产抢救和保护进程的重要因素之一。而借助申遗工作，苏州市工商档案管理中心获得了政府财政前所未有的支持，为苏州丝绸档案的抢救和保护提供了持续的财力支持。伴随其申遗的脚步，苏州丝绸档案在国内和国际的影响力不断加大，苏州市政府对该档案的重视和支持力度也在不断增强。苏州市财政自2015年起连续三年拨款合计1 000万元，专门用于丝绸档案的征集、编研、鉴定等，又针对丝绸档案展览及相关会议宣传等拨款425万元，针对申遗工作专项拨款近80万元，截至2017年累计拨款超过1 500万元。如此大力度的财政支持，对地方档案部门来说实属罕见，世界记忆项目在提高地方政府对档案工作的重视方面的影响力可见一斑。

四、推动地方档案人才的培养，提升广大基层工作者的责任感和荣誉感

回首世界记忆项目进入中国的这些年，在文化自觉的视野下，档案部门逐渐从档案的接收者、保管者，转变为历史的书写者、文明的传承者和文化的展示者，成为社会主义先进文化的建设者。而亲身经历这些变化的档案工作者，在与有荣焉的同时，更是地方档案事业发展的直接受益者。

13项文献遗产入选《世界记忆名录》，12项文献遗产入选《世界记忆亚太地区名录》，142项文献遗产入选《中国档案文献遗产名录》，这些数字见证了一代又一代基层档案工作者的成长、壮大。世界记忆项目的国际理念，国际研讨会不同国籍、不同行业间专家们观点的碰撞，科研项目、编研成果对档案资源的保护和挖掘，档案部门与其他行业机构间频繁的交流互动……对每一位参与文献遗产申遗的地方档案工作者来说，申遗的过程，就是重新认识馆藏档案资源的过程，他们开始自觉地珍惜档案、保护档案，进而利用档案；申遗的过程，就是重新开启视野的过程，他们开始自觉地放眼世界，融入国际交流互动；申遗的过程，更是重新发现自我的过程，他们开始更深刻地感受到作为档案人所应担负起的，对社会、对国家、对人类的责任！

习近平同志说："中华民族伟大复兴需要以中华文化发展繁荣为条件。"而文献遗产，正是我们光辉灿烂的中华文化的重要载体。世界记忆项目为当代文献遗产保护提供了一种新的制度和机制，在进入中国后，开启了中国文献遗产保护的新时代,更推动了中国地方档案事业的发展。我们有理由相信,在世界记忆项目的影响下,会有越来越多的人投入到文献遗产保护的行动中来,中国地方档案事业也必将迎来更灿烂的明天。

第四节 世界记忆项目与中国档案学研究

世界记忆项目不仅为实践领域文献遗产的保护、管理和开发注入了活力,也为档案学学术研究提供了新思路。目前,学术界业已形成多维度研究业态:以科研项目为基础,推动世界记忆项目的系统研究;以学术论文与期刊论文写作为支柱,促进世界记忆项目细化研究;以宣介性书籍出版为途径,助力世界记忆项目相关项目的传播和推广。对于世界记忆项目的学术研究在系统把握和具体探讨中渐趋系统化。

一、以科研项目为基础,推动世界记忆项目系统研究

以课题组的形式开展科研项目,能够将课题的理论研究、对策研究深深植根于实践的沃土,避免本应紧密贴合现实的重大问题研究流为无根游谈。以科研项目的形式开展研究,能够系统掌握某一主题(如世界记忆项目)的发展现状,形成对其较为全面、透彻的认识和思考,对世界记忆项目在实践中的推进具有先导性作用。而项目申请数量的增加也反映出世界记忆项目逐渐进入学术研究视域,作为学术研究新热点受到学术界的关注。笔者通过"CNKI科研项目申报信息库"检索"世界记忆",得到5项相关项目(表7-2)。

表 7-2 "世界记忆项目"相关科研项目

项目名称	项目编号	项目类别	立项时间	项目承办单位	项目状态
"中国档案文献遗产工程"与"世界记忆工程"比较研究	2003-R-19	国家档案局科技项目	2010-03-01	国家档案局档案馆室业务指导司	已结项
"世界记忆遗产"东巴文字研究体系数字化国际共享平台建设研究	12AZD119	国家社会科学基金重点项目	2012-12-01	华东师范大学	已结项

续表

项目名称	项目编号	项目类别	立项时间	项目承办单位	项目状态
"世界记忆遗产"东巴经典传承体系数字化国际共享平台建设研究	12&ZD234	国家社会科学基金项目重大项目	2012-12-01	北京信息科技大学	在研
世界记忆遗产——东巴古籍文献整合性保护研究	13CTQ049	国家社会科学基金青年项目	2013-06-10	云南大学	在研
世界记忆项目建设体系与中国策略研究	20CTQ036	国家社会科学基金青年项目	2020-01-01	武汉大学	在研

由于 CNKI 科研项目申报信息库所查到的项目有限，许多省部级资助的项目，乃至高校自主研究项目未被统计到。但从检索到的现有科研项目或可窥见有关世界记忆项目的研究概况。从研究主体来看，对于世界记忆项目的研究以档案部门和高校档案学专业为主力；从研究内容来看，基本涵盖对世界记忆项目的总体研究（如"世界记忆项目建设体系与中国策略研究"）和对某一入选文献遗产的针对性研究（如"世界记忆遗产——东巴古籍文献整合性保护研究"）；从立项时间来看，首个有关"世界记忆工程"的项目在 2010 年 3 月立项，相比于世界记忆工程的发起时间，起步较晚，而近十年来，直到 2020 年，仍陆续有相关项目立项，也说明世界记忆工程仍是学术研究热点。

然而，现有研究仍然有其局限性，如表 7-2 所示，对于文献遗产这一跨社会学、档案学乃至民俗学的课题，目前的研究主要由档案界承担，缺少多学科视野下的文献遗产研究；仅关注到部分入选《世界记忆名录》的档案文献遗产（如东巴古籍），且研究存在一定的重复性（如东巴古籍数字化国际共享平台），研究内容不平衡；此外，对于世界记忆项目这样一个大的课题来讲，仍存在一定的研究空白，如有关世界记忆项目的内在运作机制、国家记忆的国际认同、文献遗产的跨文化传播等问题尚待进一步研究。

二、学位论文与期刊论文齐驱，对项目开展细化研究

笔者于 2020 年 12 月 1 日在中国知网数据库以"世界记忆"为检索词

进行主题检索，检索到有效文献共 201 条，其中包括期刊论文 136 篇，硕博论文 19 篇，会议文章 8 篇，报纸文章 38 篇。

其中期刊论文的内容可以分为以下 4 类。

（1）世界记忆项目的引介性文章。1992 年世界记忆项目发起后，国内档案界对世界记忆项目的目标、管理结构以及如何申报《世界记忆名录》，"世界记忆项目"与"中国档案文献遗产工程"的关系；世界记忆项目亚太地区委员会的领导机构、宗旨和职责范围等内容进行了详细的阐述。

（2）报道相关档案文献遗产项目进展的新闻通讯类文章。截止到 2021 年 1 月 1 日，中国入选《世界记忆名录》的文献遗产共有 13 项，各地方机构和学者对入选文献遗产进行介绍和报道。这类文章主要集中在特定文献遗产入选《世界记忆名录》的时间刊发，属于新闻通讯类文章。

（3）针对入选档案文献申遗后的保护、宣介的研究类文章。这类文章关注后申遗时代档案文献遗产的保护和宣传中存在的现实问题，如相关法律法规和工作制度不健全、保障经费紧张以及如何利用大众传播和社交媒体促进相关文献遗产的宣传和推广等问题。

（4）基于世界记忆项目探讨文献遗产保护、政策制定相关工作的学术研究文章。世界记忆项目的开展促进了中国档案文献遗产保护。受世界记忆项目的启发，学术界和实践部门开始关注档案文献遗产评选和文献遗产保护的内生性问题，如档案文献保管主体、社会公众、档案文献评审主管部门等主体之间的信息不对称对"中国档案文献遗产工程"发挥效果的阻碍。[1]

此外，一些硕博士亦选择以"世界记忆"作为毕业论文主题，对世界记忆项目的推进和入选世界记忆名录的档案文献遗产进行研究（表 7-3）。例如，刘晓璐从外在形式和内容构成两个方面对比中国和韩国入选《世界记忆名录》的档案文献遗产，进而得出韩国世界记忆项目的特点以及对我国的启示。[2] 乐苑研究了苏州丝绸档案在申遗过程中的整理情况，为其他文献遗产的申遗提供了借鉴。[3] 硕博士以其为毕业论文选题也反映出世界

---

[1] 滕连昌，刘旭光. 信息不对称视角下的"中国档案文献遗产工程"生态系统研究 [J]. 档案，2017（4）：53-57.

[2] 刘晓璐. 中韩入选世界记忆工程档案文献遗产对比研究 [D]. 郑州：郑州大学，2017.

[3] 乐苑. 近现代苏州丝绸档案整理研究 [D]. 沈阳：辽宁大学，2019.

记忆项目的学术前沿性和深刻的现实意义及影响力。

表7-3 "世界记忆项目"相关硕博论文

序号	题名	相关内容	作者	时间	学位授予单位	学位
1	明朝与它国科技文献交流研究	《本草纲目》	李响	2012年	辽宁大学	硕士
2	民国时期梅州华侨家族跨域生活研究——以粤东梅县张家围张楚贤家族侨批为中心	侨批档案	钟敏丽	2017年	南昌大学	硕士
3	东巴经典古籍数字资源库构建与共享技术研究	纳西族东巴古籍文献原稿	王玉娇	2017年	北京信息科技大学	硕士
4	中韩入选世界记忆工程档案文献遗产对比研究	中韩世界记忆档案文献遗产	刘晓璐	2017年	郑州大学	硕士
5	河北省档案文献遗产申报与管理研究	地方档案文献	王寺凡	2017年	山东大学	硕士
6	国家级档案文献遗产保护现状与对策研究	国家级档案文献遗产	刘敏	2017年	辽宁大学	硕士
7	论档案与国家软权力	侨批档案	孟月	2018年	湖北大学	硕士
8	中国古典建筑的守望者——清代"样式雷"世家教育研究	样式雷图档	王金羽	2018年	天津大学	硕士
9	我国档案文献申遗管理研究	世界记忆工程申报工作	李红霞	2018年	福建师范大学	硕士
10	南京大屠杀纪念性报道中的集体记忆建构——以《新华日报》和《扬子晚报》（2014—2017）为例	南京大屠杀档案	刘珂	2018年	重庆大学	硕士
11	国家记忆与南京大屠杀叙事——南京大屠杀题材纪录片叙事研究	南京大屠杀档案	季静	2019年	南京艺术学院	博士
12	苏州丝绸档案开发利用研究	苏州丝绸档案	马迪	2019年	云南大学	硕士
13	近现代苏州丝绸档案整理研究	苏州丝绸档案	乐苑	2019年	辽宁大学	硕士

续表

序号	题名	相关内容	作者	时间	学位授予单位	学位
14	中国档案文献遗产工程研究	中国档案文献遗产工程	闵桃	2020年	上海师范大学	硕士
15	《本草纲目》在欧洲的流传研究	《本草纲目》	付璐	2020年	中国中医科学院	博士

值得注意的是,有关世界记忆项目的研究自2016年起数量激增,成为新的学术研究热点,并有相当数量的硕博士论文以其为主题,但现阶段有关世界记忆项目的研究主体主要是图情档界学者和实践工作者,且研究内容局限在南京大屠杀档案、苏州丝绸档案、侨批档案、样式雷图档等几个较为著名的入选档案文献上,对其他入选档案文献遗产和未入选档案文献遗产着笔较少。

三、出版宣介性书籍,助力世界记忆项目推广和传播

自1992年联合国教科文组织发起世界记忆项目以来,为推动世界记忆项目在我国的开展,国内业已围绕"世界记忆项目"以及入选《世界记忆名录》的中国档案文献等出版了不少书籍,特别是2015年以来,相关书籍如雨后春笋,大量涌现(表7-4)。

表7-4 "世界记忆项目"相关论著[①]

作者	论著	出版社	出版时间
郭大烈、杨一红	《纳西族母语和东巴文化传承读本》	昆明:云南大学出版社	2006年10月
联合国教育、科学及文化组织(编著),金琦、万洁(译)	《世界的记忆》	合肥:安徽科学技术出版社	2015年1月

---

① 注:资料来源于"世界记忆项目苏州学术中心"官网,http://221.224.13.56:81/gsdaglzx/worldMemory/project/73.

续表

作者	论著	出版社	出版时间
中国第一历史档案馆、中国海外汉学研究中心（合编），安双成（编译）	《清初西洋传教士满文档案译本》	郑州：大象出版社	2015年2月
黄尧、黄蕙	《南侨机工——南洋华侨机工回国抗战纪实》	昆明：云南人民出版社	2015年7月
黄清海	《菲华黄开物侨批：世界记忆财富》	福州：福建人民出版社	2016年2月
胡莹	《档案学视野下的东巴古籍文献遗产保护研究》	北京：中国社会科学出版社	2016年5月
李柏达	《世界记忆遗产：台山银信档案及研究》	广州：暨南大学出版社	2017年5月
卜鉴民	《近现代中国苏州丝绸档案》	苏州：苏州大学出版社	2017年9月
何蓓洁、王其亨	《清代样式雷世家及其建筑图档研究史》	北京：中国建筑工业出版社	2017年12月
国家档案局	《世界记忆名录——南京大屠杀档案》（全20册）	南京：南京出版社	2017年12月
张一鸿	《世界记忆名录（1997—2015）》	北京：世界知识出版社	2018年1月
卜鉴民	《世界记忆工程与地方档案事业发展研究》	北京：人民出版社	2018年10月
卜鉴民	《世界记忆项目在中国》	苏州：苏州大学出版社	2019年7月
赵颖、程骥、苏锦、陈鑫	《中国的世界记忆》	苏州：苏州大学出版社	2019年8月
张美生	《侨批档案图鉴》	广州：中山大学出版社	2020年5月

续表

作者	论著	出版社	出版时间
卜鉴民	《发展中的世界记忆》	苏州：苏州大学出版社	2020年10月

具体来说，2018年1月张一鸿主编的《世界记忆名录（1997—2015）》，全方位、多角度地梳理和解读了1997年至2015年间100余个国家和地区及5个国际组织符合世界意义入选标准并已经联合国遴选确认入选《世界记忆名录》的共计347项珍贵的文献档案。2019年，苏州市工商档案管理中心工作人员赵颖等编著的《中国的世界记忆》，以轻松有趣的对话、鲜活生动的插图、大开脑洞的奇幻空间、风格各异的珍档风采，用探险故事的形式，为公众，特别是青少年提供了一种直接、生动、容易接受的方式去了解世界记忆项目和《世界记忆名录》中的中国文献遗产。在2018年至2020年间，由苏州市档案馆副馆长卜鉴民主编的《世界记忆工程与地方档案事业发展研究》《世界记忆项目在中国》《发展中的世界记忆》系列图书，通过收录相关学术会议发言、学术论文等，分专题介绍了世界记忆项目的发展现状、世界记忆项目学术中心在一些国家和地区的设立和运行情况、世界记忆项目的宣传推广、文献遗产中的丝绸类档案的发展保护，以及世界记忆项目与青少年文献遗产教育等，有助于人们了解世界记忆项目相关的学术研究前沿问题，推动地方、中国乃至世界记忆项目的发展。此外，由国家档案局编著的《世界记忆名录——南京大屠杀档案》，共20册，包含了日记、影像、照片、法庭文本、呈文等相关档案的影印件，附有中、英、日三种语言的摘要，较为全面地介绍了2015年列入《世界记忆名录》的"南京大屠杀档案"。2020年广东省档案馆的张美生编著的《侨批档案图鉴》作为国内外第一本侨批图鉴，根据干支纪年、批寄货币、印章、戳记、广告、地名、批封形制、水客手记、纸质颜色、批局名称等相关历史信息对批信进行综合鉴别评级，可为侨批档案的征集、整理、鉴定、估价等工作提供重要借鉴。①

颇值一提的是，现有的有关世界记忆项目的书籍主要以项目介绍、宣传、相关文献编纂整合为主，在提升公众对世界记忆项目的初步认识上发

---

① 福州档案信息网.《侨批档案图鉴》新书首发[EB/OL].(2020-07-01)[2020-12-03].http://daj.fuzhou.gov.cn/zz/daxw/yjdt/202007/t20200701_3346294.htm

挥了重要作用，有助于系统认识世界记忆项目以及入选《世界记忆名录》的中国档案。然而，目前尚缺乏对世界记忆项目相关政策制度、评选标准等深层机理的研究，对于入选档案文献价值的深层研究亦是尚待填补的空白。

第五节　中国对世界记忆项目的贡献

中华民族历史悠久、底蕴深厚，自古以来形成、积累了数量繁多的档案文献遗产，我国一直关注文献遗产的珍贵价值，重视文献遗产的保护工作，世界记忆项目的出现无疑为中国文献遗产保护工作的发展提供了更高的平台和更好的机遇。作为世界文献遗产大国和联合国教科文组织的重要成员国，中国一直积极参与世界记忆项目的各项活动，向世界展示中国珍贵档案文献遗产，传播中国文化，在世界记忆项目建设中发挥着独特的中国价值和作用。自世界记忆项目创建伊始，中国就积极参与其中，逐步经历了浅层参与——积极推送中国档案文献遗产"申遗"、深度介入——全方位参与世界记忆项目建设、助推发展——创建世界记忆项目学术中心、寻求引领——探索世界记忆项目正确发展方向四个阶段。

一、积极推送中国档案文献遗产"申遗"

1996年，国家档案局牵头组织成立了世界记忆项目中国委员会，这是我国参与世界记忆项目的开端和标志。1997年，"传统音乐音响档案"入选《世界记忆名录》，成为中国档案文献遗产申报《世界记忆名录》的开端。此后，我国不断推动中国档案文献遗产积极申报《世界记忆名录》《世界记忆亚太地区名录》《中国档案文献遗产名录》以及地方档案文献遗产名录。

在国际层面上，我国一直积极推送申报《世界记忆名录》，目前已经有13项中国档案文献遗产入选《世界记忆名录》，在数量上居于德国、英国、波兰、荷兰、韩国、奥地利、俄罗斯之后，位列第8，在亚太地区所有国家中位列第2，仅次于韩国。

在地区层面上，目前已经有12项中国档案文献遗产入选《世界记忆亚太地区名录》。截至2018年年底，《世界记忆亚太地区名录》共收录了亚太地区 25 个国家的 56 项文献遗产项目，中国档案文献遗产占比超过 20%，这不仅表明中国档案文献遗产极大地丰富了《世界记忆亚太地区名录》，也说明中国档案文献遗产是亚太地区文献遗产中的重要组成部分。

在国家层面上，中国档案文献遗产工程以及《中国档案文献遗产名录》建设正在如火如荼地开展，目前已经有 142 项档案文献遗产入选《中国档案文献遗产名录》，可以更好地实现对中国档案文献遗产的收集、整理、抢救和保护。

在地方层面上，多个省级行政区制定了地方文献遗产评选办法，为地方档案文献遗产保护提供了政策依据，规范了地方档案文献遗产保护工作；创建了地方文献遗产名录，将地方档案文献遗产纳入官方和民间视线范围内。

二、全方位参与世界记忆项目建设

2001 年在韩国举行的世界记忆项目国际咨询委员会第 5 次会议以及 2003 年在波兰举办的第 6 次会议中，中国香港特别行政区政府档案处处长朱福强（Simon CHU）当选国际咨询委员会专家，中国香港特别行政区档案处助理蔡长青（音译）（Cheung-Ching CHOY）成为观察员。2011 年国家档案局局长李明华等以观察员身份出席第 10 次会议。2014 年，李明华局长当选世界记忆项目亚太地区委员会主席。此后，李明华局长以世界记忆项目亚太地区委员会主席的身份参加世界记忆项目相关会议及治理工作。近些年来，国家档案局一直积极推荐工作人员到世界记忆项目秘书处工作，向世界记忆项目国际咨询委员会推荐专家，向世界记忆项目"直指奖"推荐候选人。①

与此同时，我国还积极通过世界记忆项目建立与相关国家档案工作的联系。2016 年，中国联合韩国及相关国家、地区的民间组织申报"'慰安妇'——日军性奴隶档案"。② 2017 年，中国和葡萄牙两国联合申报的"清代澳门地方衙门档案（1693—1886）"成功入选《世界记忆名录》。中国与其他国家共同申报一方面展示了与相关国家的"共同记忆"；另一

---

① 李文栋，刘双成. 积极参与国际事务深化对外合作交流——党的十八大以来档案外事工作稳中有进 [N]. 中国档案报，2017-09-18（1）.

② 孙梦文. 中韩等就"慰安妇"资料联合申遗，日方声称全力阻止 [EB/OL]. (2016-06-09)[2020-12-31]. https://www.thepaper.cn/newsDetail_forward_1481239.

方面亦是对我国"构建人类命运共同体"理念的实践。

此外，我国也积极通过教科文组织层面，对入选《世界记忆名录》的档案文献遗产进行宣传与推介，扩大我国档案文献遗产在全球的影响力。2017年，教科文组织巴黎总部举行了"联合国教科文组织世界记忆项目25周年展览"，以图片形式展现了50项入选《世界记忆名录》的世界各国珍贵文献遗产，我国的《本草纲目》和"清代样式雷图档"位列其中。①

三、创建世界记忆项目学术中心

2012年，世界记忆项目"教育与研究工作组"（Working Group on Education and Research）与其成员和秘书处讨论了建立与世界记忆项目有关的档案研究中心的必要性和可能性。最初的想法是将教科文组织总部巴黎的档案馆和图书馆作为存放世界记忆项目相关资料的中心。后来，为适应数字时代的发展，这一想法转变为设立世界记忆项目学术中心网络。2014年，这一概念扩展为建立一个世界记忆项目学术中心的全球网络。随后，世界记忆项目前高级官员乔伊·斯普林格（Joie Springer）提出并确认"世界记忆项目学术中心"（Memory of the World Knowledge Center）的名称。②

中国积极响应世界记忆项目建立学术中心的号召。2016年11月21日，世界上首个世界记忆项目学术中心——"澳门世界记忆学术中心"成立，其后世界记忆项目北京学术中心、世界记忆项目福建学术中心、世界记忆项目苏州学术中心相继建立。自成立以来，各大学术中心在学术交流、宣传教育、人才培养等方面发挥着积极的作用。在学术交流方面，各学术中心单独或者联合举办学术会议，邀请国内外专家学者参会，共同探讨世界记忆项目发展与文献遗产保护工作；在宣传教育方面，除了传统的展览、出版书籍等方式外，苏州学术中心还开展了世界记忆项目进校园活动，将世界记忆项目和文献遗产保护与青少年教育相结合；在专业人才培养方面，北京学术中心以中国人民大学信息资源管理学院为依托，开展

---

① 柴培.联合国教科文组织世界记忆项目25周年展览在巴黎开幕［J］.中国档案，2017（10）：10.

② Lothar Jordan.SCEaR Newsletter 2018［EB/OL］.［2020-09-23］.https://en.unesco.org/sites/default/files/scearnewsletter2018.pdf.

"数字记忆"厚重人才成长支持计划，培养文献遗产保护领域的专业化、国际化人才。

中国世界记忆项目学术中心立足国内、着眼全球，通过会议、展览等方式吸纳来自国内外的专家学者参与到世界记忆项目的建设中来，吸引国内外普通公众对于世界记忆项目和《世界记忆名录》的关注。各学术中心不仅为世界记忆项目和文献遗产保护领域的学术研究、交流提供平台，还起到了宣传推广作用，扩大了世界记忆项目在中国的知名度和关注度。

四、探索世界记忆项目正确发展方向

2015年，世界记忆项目国际咨询委员会开始了对世界记忆项目的全面审查，通过提高透明度和知名度、加强对话和资源筹集来探索进一步强化世界记忆项目的办法，《保护文献遗产的总方针》《国际咨询委员会章程》等世界记忆项目组织机构相关文件均被列入审查范围。目前，世界记忆项目仍然处于全面审查阶段，原本应于2019年开展的新一轮《世界记忆名录》评审被无限期暂停。为此，世界记忆项目的专家引导全球档案工作者通过深入挖掘，充分展示档案文献在尊重历史文化、传承人类记忆等方面的遗产价值，努力让世界记忆项目以及《世界记忆名录》的评选早日回到正常轨道。2019年，我国积极参与教科文组织世界记忆项目的规则修订，推动实施《关于保存和获取包括数字遗产在内的文献遗产的建议书》①，并向教科文组织秘书处提交了《关于保存和获取包括数字遗产在内的文献遗产的建议书》执行情况的报告，报告中提到我国的世界记忆项目学术中心和论坛建设情况、增加记忆机构预算、为文献遗产的抢救和保护以及数字化设立专项资金、修订《中华人民共和国档案法》以强调数字时代文献遗产的保护和使用。②

与此同时，我国各地档案馆、图书馆积极参与世界记忆项目，国家档案局将"推动更多档案文献遗产入选《世界记忆名录》"列入2020年重点工作计划。中国档案工作者也在积极与世界档案工作者一同思考，引领世界记忆项目朝着更加合理、有效的方向发展。

---

① 李明华. 在全国档案工作暨表彰先进会议上的讲话［N］. 中国档案报，2020-01-16（001）.

② 联合国教育、科学及文化组织. 实施2015年《关于保存和获取数字遗产在内的文献遗产的建议书》情况的综合报告［EB/OL］. （2019-09-03）［2020-02-22］https://unesdoc.unesco.org/ark:/48223/pf0000370303_chi.

附 录

附录1 世界记忆项目大事记

年份	事件	内容或意义
1992年	6月22日，世界记忆项目第一次专家会议在巴黎召开。	标志世界记忆项目正式成立。会议确立了以文献遗产的保存和修复为基本任务；建立世界记忆项目国际咨询委员会（International Advisory Committee，IAC）；提出基本指导方针；将文献遗产的保护和获取定为项目的两个重要目标。
1993年	9月12日至14日，世界记忆项目国际咨询委员会第一次会议在波兰普乌图斯克召开。	成立世界记忆项目国际咨询委员会作为项目常设机构；制订了工作计划，确定了联合国教科文组织的作用是提高政府、国际组织和基金会对文献遗产的敏感度，构建合作伙伴关系；成立了技术和宣传小组委员会；联合国教科文组织与国际图书馆协会联合会（International Federation of Library Associations and Institutions，IFLA，简称"国际图联"）开始为世界记忆项目编写总方针；国际图联与IAC列出了遭受损害且无法复原的图书馆和档案馆馆藏；11个试点项目启动。
	世界记忆项目国际咨询委员会召开中东欧地区文献遗产保护磋商会议。	探索该地区濒危文献遗产保护、世界记忆项目实施等问题。
1994年	12月12日至14日，世界记忆项目亚太地区专家会议在马来西亚吉隆坡召开，中国参加。	探讨恶劣环境下文献遗产的保护问题，倡议各国立即行动起来，建立相应的管理机制，接收并保护各类文献遗产。
1995年	3月，世界记忆项目国际咨询委员会在匈牙利首都布达佩斯召开地区会议。	由奥地利、克罗地亚、捷克、匈牙利、罗马尼亚、斯洛伐克参与，倡导建立一个移动数字设备，实现六国之间历史文献资源的共享，以审查数字化技术在文献遗产保护领域的实际应用情况，并对可能产生的法律问题作出评估。

续表

年份	事件	内容或意义
1995 年	5 月 3 日至 5 日，世界记忆项目国际咨询委员会第二次会议在法国巴黎召开。	会议通过并批准出版了第一版《保护文献遗产的总方针》(Memory of the World: General Guidelines to Safeguard Documentary Heritage)，确立了《世界记忆名录》(Memory of the World Register)，提出了国家、地区和国际委员会的三层结构设想，"世界记忆"的理念至此完全成形。
	7 月 5 日，中国拉萨举行了西藏档案国际研讨会暨"世界记忆工程"新闻发布会。	会议明确了藏族档案的重要文献遗产价值，促进对文献遗产保护的关注。
1996 年	6 月 3 日至 5 日，第一届世界记忆项目国际会议在挪威奥斯陆举办。	大会宣布世界记忆项目框架已确立，号召所有国家设立自己的世界记忆项目国家委员会。
	世界记忆项目中国国家委员会成立。	致力于开展世界记忆项目的实施、推广、研究、交流、宣传和展示等活动。
1997 年	9 月 29 日至 10 月 1 日，世界记忆项目国际咨询委员会第三次会议在乌兹别克斯坦共和国塔什干召开。	中国的"传统音乐音响档案"入选《世界记忆名录》。
	年底，中国与马来西亚国家档案馆一起在中国厦门召开了世界记忆项目亚太地区第一次专家会议。	会议重申了世界记忆项目的意义和使命，讨论了亚太地区在保存文献遗产方面存在着的问题和需求，探讨了解决这些问题的途径和方法。与会代表一致提议尽快成立世界记忆项目亚太地区委员会，在亚太地区加强对世界记忆项目的宣传，促进档案部门与图书部门的合作，为亚太地区开展活动提供指导与咨询。
1998 年	11 月 7 日至 20 日，世界记忆项目亚太地区委员会第一次会议在中国北京召开。	世界记忆项目亚太地区委员会 (Memory of the World Regional Committee for Asia/Pacific MOWCAP) 成立。
1999 年	6 月 10 日至 12 日，世界记忆项目国际咨询委员会第四次会议在奥地利维也纳召开。	中国的"清代内阁秘本档中有关 17 世纪在华西洋传教士活动的档案"入选《世界记忆名录》。
2000 年	第二届世界记忆项目国际会议在墨西哥曼萨尼略召开。	拉丁美洲及加勒比地区委员会 (Memory of the World Programme Comittee for Latin America and the Caribbean, MOWLAC) 成立。

续表

年份	事件	内容或意义
2000 年	中国档案文献遗产工程启动。	《中国档案文献遗产工程入选标准细则》列入国家标准的制定计划。《中国档案文献遗产名录》的申报、审批、批准、入选、公布等工作逐渐步入正轨。
2001 年	2 月，国家档案局组织成立了中国档案文献遗产工程领导小组。	由时任国家档案局局长、中央档案馆馆长毛福民担任组长，四位副局长担任副组长。
	5 月，国家档案局在北京召开了"世界记忆工程"暨"中国档案文献遗产工程"申报工作座谈会。	与会代表听取了世界记忆项目和中国档案文献遗产的有关情况，研究部署了首批中国档案文献遗产的申报工作。
	6 月 27 日至 29 日，世界记忆项目国际咨询委员会第五次会议在韩国清州召开。	会议审查了世界记忆项目的进展，并就将提名《世界记忆名录》的文献遗产向总干事提出建议。
	11 月，中国档案文献遗产工程国家咨询委员会正式成立。	由季羡林先生任名誉主任，主要成员包括知名的文献、档案、古籍、史学界专家。委员会旨在评估各地申报的档案文献，提高入选《中国档案文献遗产名录》的文献遗产的权威性。
2002 年	3 月 8 日，中国国家档案局组织召开了中国档案文献遗产工程国家咨询委员会评审会。	政府和国家档案局共同制订计划与措施，以确定、保护、管理和利用入选《中国档案文献遗产名录》的档案文献遗产，49 项档案文献遗产入选第一批《中国档案文献遗产名录》。
2003 年	8 月 28 日至 30 日，世界记忆项目国际咨询委员会第六次会议在波兰格但斯克召开。	中国的"纳西族东巴古籍文献"入选《世界记忆名录》。
	10 月 10 日，中国国家档案局在北京召开了中国档案文献遗产工程国家咨询委员会评审会。	35 项档案文献遗产入选第二批《中国档案文献遗产名录》。
2004 年	4 月，韩国与联合国教科文组织联合设立"联合国教科文组织'直指'世界记忆奖"（UNESCO/Jikji Memory of the World）。	由韩国每两年出资 3 万美元，用以奖励为保护和获取文献遗产做出重大贡献的个人或机构。

续表

年份	事件	内容或意义
2005年	6月13日至16日，联合国教科文组织主办、中国国家档案局承办的世界记忆项目国际咨询委员会第七次会议在云南丽江召开。	中国的"清代大金榜"入选《世界记忆名录》。
	11月，世界记忆项目亚太地区委员会第二次会议在菲律宾马尼拉召开。	会议选举产生了新的MOWCAP组织成员。
2007年	6月11日至15日，世界记忆项目国际咨询委员会第八次会议、世界记忆名录专家委员会会议在南非比勒陀利亚召开。	中国的"清代样式雷图档"入选《世界记忆名录》。
2008年	1月，第一届世界记忆项目非洲地区委员会会议在南非举行。	非洲地区委员会（Memory of the World Regional Committee for Africa，ARCMOW）正式启动工作。
	2月，世界记忆项目亚太地区委员会第三次会议在澳大利亚堪培拉召开。	亚太地区委员会建立了《世界记忆亚太地区名录》，每两年评审一次。
2009年	7月29日至31日，世界记忆项目国际咨询委员会第九次会议在巴巴多斯召开。	会议审查了世界记忆小组委员会和区域委员会的工作报告，确定了世界记忆项目的徽标设计。
2010年	2月22日，中国档案文献遗产工程国家咨询委员会召开评审会。	30项档案文献遗产入选第三批《中国档案文献遗产名录》。
	3月8日至9日，世界记忆亚太地区委员会第四次会议在中国澳门召开。	中国的"天主教澳门教区档案文献"《黄帝内经》《本草纲目》入选《世界记忆亚太地区名录》。
2011年	5月23日至25日，世界记忆项目国际咨询委员会第十次会议在英国曼彻斯特召开。	中国的《黄帝内经》《本草纲目》入选《世界记忆名录》。

续表

年份	事件	内容或意义
2012 年	5 月，世界记忆项目亚太地区委员会第五次会议在泰国曼谷召开。	中国的"元代西藏官方档案""侨批档案"入选《世界记忆亚太地区名录》。
	9 月，联合国教科文组织在温哥华召开了"数字时代的世界记忆项目：数字化与保存"大会。	会议探讨了影响数字文献遗产保护的主要问题，制定了改善数字资产保护的策略，发布了《温哥华宣言》。
2013 年	6 月 18 日至 21 日，世界记忆项目国际咨询委员会第十一次会议在韩国光州召开。	中国的"元代西藏官方档案""侨批档案"入选《世界记忆亚太地区名录》。
2014 年	5 月 13 日至 15 日，世界记忆项目亚太地区委员会第六次全体会议在广州召开。	中国的"赤道南北两总星图"入选《世界记忆亚太地区名录》。
2015 年	3 月 24 日至 26 日，由中国国家档案局主办的联合国教科文组织世界记忆项目亚太地区工作坊在江苏苏州举行。	会议交流了区域内文献遗产保护工作经验，对如何申报名录进行案例分析，并对一些提名材料进行了点评。
	4 月，联合国教科文组织在黎巴嫩为阿拉伯法语国家召开为期三天的世界记忆培训班。	促进该地区文献遗产的保护与获取，并鼓励各国积极向《世界记忆名录》提交申请。
	10 月 4 日至 6 日，世界记忆项目国际咨询委员会第十二次会议在阿联酋阿布扎比召开。	中国的"南京大屠杀档案"入选《世界记忆名录》。
	11 月，联合国教科文组织出台《关于保存和获取包括数字遗产在内的文献遗产的建议书》（The Recommendation Concerning the Preservation of, and Access to, Documentary Heritage including in Digital Form）。	该建议书系统呈现了世界记忆项目 20 多年来的工作精髓，是教科文组织多部文献遗产保护政策法规型文件的集大成者。

续表

年份	事件	内容或意义
2015年	4月,中国档案文献遗产工程国家咨询委员会在北京召开评审会。	29项档案文献遗产入选第四批《中国档案文献遗产名录》。
2016年	5月,世界记忆项目亚太地区委员会第七次会议在越南顺化召开。	中国的"清代澳门地方衙门档案""近现代苏州丝绸样本档案""孔子世家明清文书档案""澳门功德林档案"入选《世界记忆亚太地区名录》。
	6月14日至15日,"联合国教科文组织亚太地区档案保护研讨会"在西安召开。	会议就文献遗产保护技术和音像档案保管利用等方面问题进行探讨。
	11月21日,世界记忆项目澳门学术中心在澳门成立。	促进世界记忆在教育和研究领域工作的开展,以及澳门及其邻近地区对此议题的关注,探索澳门与世界各地的文化、自然遗产及非物质文化遗产,活化历史遗产。
	联合国教科文组织启动"世界记忆马来西亚信托基金项目"(the Memory of the World Malaysian Funds-in-Trust Project)。	该基金用于东南亚地区重要文献遗产的保护,尤其侧重东帝汶、缅甸等该地区较不发达的国家。
	11月23日,由国家档案局主办、苏州市档案局承办的世界记忆项目与档案事业发展主题研讨会在苏州召开。	会议就世界记忆项目在全球的开展及其与档案事业发展的相互促进作用展开交流,同时介绍了国内丝绸档案保护与开发利用、工业文化遗产保护等领域的情况。
2017年	7月11日,世界记忆项目北京学术中心启动仪式暨"中国与世界记忆项目"论坛在北京中国人民大学召开。	世界记忆项目北京学术中心正式成立。与会专家学者共同探讨开展世界记忆项目的经验。
	10月24日至27日,世界记忆项目国际咨询委员会第十三次会议在法国巴黎召开。	会议修订通过《保护文献遗产总方针》。中国的"清代澳门地方衙门档案""近现代中国苏州丝绸档案""甲骨文档案"入选《世界记忆名录》。
2018年	5月,世界记忆项目亚太地区委员会第八次会议在韩国光州召开。	中国的"南侨机工档案"《四部医典》入选《世界记忆亚太地区名录》。

续表

年份	事件	内容或意义
2018年	6月2日,世界记忆项目韩国学术中心在韩国国家振兴学院成立。	成为全世界第三家世界记忆项目学术中心。
	11月6日至8日,由国家档案局和国际档案理事会东亚地区分会主办、福建省档案局承办的"丝绸之路文献遗产保护和利用国际研讨会暨世界记忆项目福建学术中心成立仪式"在福州举行。世界记忆项目福建学术中心成立。	会议围绕"丝绸之路文献遗产的利用和保护""丝绸之路文献遗产项目地区合作"等主题展开讨论。
	11月10日,世界记忆项目苏州学术中心在中国苏州成立。世界记忆项目进校园实践基地落户苏州,定点在江苏省苏州第十中学校。	该实践基地将依托世界记忆项目,把保护和传承世界文化遗产融入教育之中,不断提升社会档案意识。
	12月,中国国家档案局和中国教科文组织全国委员会共同主办、中国第一历史档案馆承办的"锦瑟万里,虹贯东西——16世纪至20世纪初中外'丝绸之路'历史档案文献展"在巴黎教科文组织总部展出。	展览由9个国家的档案机构联合支持,增进了不同文明间的认同与互鉴。
	12月,第一次全球政策论坛(Global Policy Forums)在法国巴黎举办。	探讨灾难风险防控机制在文献遗产保护中的作用。
2019年	8月7日,"发展中的世界记忆"国际学术研讨会及世界记忆项目学术中心第一次工作会议在苏州召开。	近百位来自世界记忆项目、档案文献遗产领域的学者和实践人士齐聚一堂,就世界记忆文献遗产在申遗、保护、研究、利用等领域的阶段性发展,世界记忆项目在全球范围内的推广、教育和研究,以及学术中心建设等内容进行了热烈研讨。

续表

年份	事件	内容或意义
2020年	10月，联合国教科文组织发起线上会议，确立文献遗产数字保存国际政策议程。	汇集了国际专家和遗产保护从业人员，以分析数字保存方面的政策差距和解决方案等。
	10月27日，"世界音像遗产日"，联合国教科文组织以在线形式召开了"保护濒危文献遗产政策对话会：数字档案保护的政策讨论"（Documentary Heritage at Risk：Policy Gaps in Digital Preservation）。	会议讨论了当前文献遗产保护中的优先事项，并制定了数字保存的国际政策议程。
2021年	"海上丝路·双城忆—清代广州十三行之广州与澳门印迹"图片展览暨学术研讨会在澳门举办。	响应了世界记忆项目文献遗产保护与利用计划，推动海上丝绸之路申报世界遗产。

附录2 政策法规

序号	文件名称	年份
1	《历史性文物修复雅典宪章》 (The Athens Charter for the Restoration of Historic Monuments)	1931年
2	《联合国宪章》 (Charter of the United Nations)	1945年
3	《联合国教科文组织宪章》 (Constitution of the United Nations Educational, Scientific and Cultural Organization)	1945年
4	《世界人权宣言》 (Universal Declaration of Human Rights)	1948年
5	《关于发生武装冲突情况下保护文化财产的公约》(Convention for the Protection of Cultural Property in the Event of Armed Conflict,亦称《海牙公约》, Hague Convention)	1954年
6	《囚徒待遇最低限度标准规则》 (Standard Minimum Rules for the Treatment of Prisoners)	1955年
7	《国际古迹遗址保护与修复宪章》 (The Venice Charter for the Conservation and Restoration of Monuments and Sites,亦称《威尼斯宪章》, The Venice Charter)	1964年
8	《公民权利和政治权利国际公约》 (International Covenant on Civil and Political Rights)	1966年
9	《德黑兰宣言》 (Tehran Declaration)	1968年
10	《保护世界文化和自然遗产公约》 (Convention concerning the Protection of the World Cultural and Natural Heritage)	1972年
11	《实施世界遗产公约的操作指南》 (Operational Guidelines for the Implementation of the W. H. Convention)	1977年
12	《关于新闻工具有助于加强和平与国际了解、促进人权、反对种族主义、种族隔离及战争煽动的基本原则宣言》 (Declaration on Fundamental Principles concerning the Contribution of the Mass Media to Strengthening Peace and International Understanding, to the Promotion of Human Rights and to Countering Racialism, Apartheid and Incitement to War)	1978年

续表

序号	文件名称	年份
13	《保护传统文化和民俗的建议》 (Recommendation on the Safeguarding of Traditional Cultural and Folklore)	1989 年
14	《促进世界遗产名录代表性、均衡性和可信性总体战略》 ("Global Strategy" and Thematic Studies for a Representative World Heritage List)	1994 年
15	《奈良真实性文件》 (Nara Document on Authenticity)	1994 年
16	《保护文献遗产的总方针》 (Memory of the World: General Guidelines to Safeguard Documentary Heritage)	1995 年
17	《世界记忆项目国际咨询委员会章程》 (Statutes of the Memory of the World International Advisory Committee)	1996 年
18	《世界记忆项目国际咨询委员会议事规定》 (International Advisory Committee of the Memory of the World Programme: Rules of Procedure)	1997 年
19	《乡土建筑遗产保护宪章》 (Charter on the Built Vernacular Heritage)	1999 年
20	《拉美及加勒比地区地区委员会条例》 (MOWLAC Regulations)	2000 年
21	《世界文化多样性宣言》 (Universal Declaration on Cultural Diversity)	2001 年
22	《保存数字遗产宪章》 (Charter on the Preservation of Digital Heritage)	2003 年
23	《保存数字遗产方针》 (Guidelines for the Preservation of Digital Heritage)	2003 年
24	《保护非物质文化遗产公约》 (Convention for the Safeguarding of the Intangible Cultural Heritage)	2003 年
25	《保护和促进文化表现形式多样性公约》 (Convention on the Protection and Promotion of the Diversity of Cultural Expressions)	2005 年

续表

序号	文件名称	年份
26	《世界记忆亚太地区委员会章程》 (Asia/Pacific Regional Committee for the Memory of the World Program Statutes)	2005 年
27	《世界记忆亚太地区委员会议事规定—主席团》 (Rules of Procedure-MOWCAP Bureau)	2005 年
28	《世界记忆亚太地区委员会议事规定—名录小组委员会》 (Rules of Procedure-MOWCAP Register Subcommittee)	2005 年
29	《残疾人权利公约》 (Convention on the Rights of Persons with Disabilities)	2006 年
30	《共同的遗产方法：教科文组织曼谷办事处提议》 (A Common Heritage Methodology Proposed by UNESCO Bangkok Office)	2008 年
31	《世界记忆项目道德准则》 (Memory of the World Programme: Code of Ethics)	2011 年
32	《华沙宣言》 (Warsaw Declaration)	2011 年
33	《发展与促进开放获取政策准则》 (Policy Guidelines for the Development and Promotion of Open Access)	2012 年
34	《温哥华宣言》 (Vancouver Declaration)	2012 年
35	《关于保存和获取包括数字遗产在内的文献遗产的建议书》 (The Recommendation Concerning the Preservation of, and Access to, Documentary Heritage Including in Digital Form)	2015 年
36	《长期保存的数字遗产选择方针》 (Guidelines for the Selection of Digital Heritage for Long-term Preservation)	2016 年
37	《关于保存和获取包括数字遗产在内的文献遗产的建议书（2015）实施指南》 (Implementation Guidelines for the 2015 Recommendation Concerning the Preservation of, and Access to, Documentary Heritage Including in Digital Form)	2017 年
38	《联合国教科文组织与东盟国家实施文献遗产建议书的行动方案》 (UNESCO-ASEAN Member States Action Plan for the UNESCO Recommendation on Documentary Heritage)	2017 年

续表

序号	文件名称	年份
39	《中、西亚实施联合国教科文组织建议书的地区合作计划》 (Regional Cooperation Plan for the Implementation of the UNESCO Recommendation on Documentary Heritage in Western and Central Asia)	2017 年
40	《太平洋行动方案》 (The Pacific Action Plan)	2017 年
41	《欧洲文化新议程》 (The New European Agenda for Culture)	2018 年
42	《罗马宣言》 (Rome Declaration)	2018 年
43	《全面审查行动方案》 (Action Plan for the Comprehensive Review)	2018 年
44	《太平洋地区国家档案馆执行联合国教科文组织建议书的途径》 (Pathway for Pacific National Archives to Progress the Implementation of UNESCO Recommendation)	2019 年
45	《数字文献遗产获取：残疾人可获取文献遗产的编制指南》 (Accessible Digital Documentary Heritage: Guidelines for the Preparation of Documentary Heritage in Accessible Formats for Persons with Disabilities)	2020 年
46	《文献遗产数字化的基本准则》 (Fundamental Principles of Digitization of Documentary Heritage)	不明
47	《世界记忆项目亚太地区委员会总方针》 (MOWCAP Guidelines for Regional Register)	不明

* 以上仅收录文中出现过的、涉及人权或遗产保护的、地区及以上级别的法规政策。

附录3 《世界记忆名录》入选文献遗产（432项）

序号	入选文献遗产名称	主题内容	申报国家	地区	入选时间
1	德里克·沃尔科特文集 The Derek Walcott Collection	文学与艺术	特立尼达和多巴哥	拉丁美洲及加勒比地区	1997年
2	15世纪用西里尔字母印刷的斯拉夫民族语言的古籍 Slavonic Publications in Cyrillic Script of the 15th century	文字、语言与印刷	俄罗斯	欧洲及北美地区	1997年
3	《训民正音》首版孤本 The Hunmin Chongum Manuscript	文字、语言与印刷	韩国	亚太地区	1997年
4	德国人类学家和语言学家布莱克等人在南非调研布须曼人部落语言的著作手稿 The Bleek Collection	文字、语言与印刷	南非	非洲地区	1997年
5	19世纪拉丁美洲摄影收藏 Collection of Latin American Photographs of the 19th Century	电影、录像、录音与摄影	委内瑞拉	拉丁美洲及加勒比地区	1997年
6	传统音乐音响档案 Traditional Music Sound Archives	音乐	中国	亚太地区	1997年
7	《朝鲜王朝实录》The Annals of the Choson Dynasty	史籍	韩国	亚太地区	1997年
8	墨西哥手抄本 Collection of Mexican Codices	史籍	墨西哥	拉丁美洲及加勒比地区	1997年
9	开凿苏伊士运河的档案 Memory of the Suez Canal	交通、建筑工程	埃及	阿拉伯地区	1997年
10	丹麦海外贸易公司的档案 Archives of the Danish Overseas Trading Companies	商贸与税务	丹麦	欧洲及北美地区	1997年
11	《药物论》的泥金装饰手抄本 Vienna Dioscurides	医学、医药	奥地利	欧洲及北美地区	1997年
12	棕榈叶上的泰米尔医学手稿 Tarikh-E-Khandan-E-Timuriyah	医学、医药	印度	亚太地区	1997年
13	18世纪地图集 Maps of the Russian Empire and Its Collection of the 18th Century	地理与环境	俄罗斯	欧洲及北美地区	1997年

续表

序号	入选文献遗产名称	主题内容	申报国家	地区	入选时间
14	诺登舍尔德收藏的地图集 The A. E. Nordenskiöld Collection	地理与环境	芬兰	欧洲及北美地区	1997年
15	《阿尔汉格尔斯克福音书》1092年手抄本 Archangel Gospel of 1092	宗教	俄罗斯	欧洲及北美地区	1997年
16	《希特罗沃福音书》手抄本 Khitrovo Gospel	宗教	俄罗斯	欧洲及北美地区	1997年
17	贝萨吉克收集的伊斯兰手稿和图书 Basagic Collection of Islamic Manuscripts	宗教	斯洛伐克	欧洲及北美地区	1997年
18	奥斯曼定本《古兰经》Holy Koran Mushaf of Othman	宗教	乌兹别克斯坦	亚太地区	1997年
19	埃塞俄比亚国家档案馆和图书馆珍藏的12件手抄本和信函 Treasures from National Archives and Library Organizations	档案馆、图书馆馆藏	埃塞俄比亚	非洲地区	1997年
20	哥本哈根丹麦皇家图书馆手稿部收藏的安徒生手稿等六项珍贵文档 Manuscripts and Correspondence of Hans Christian Andersen	档案馆、图书馆馆藏	丹麦	欧洲及北美地区	1997年
21	布拉迪斯拉发牧师会礼堂图书馆收藏的泥金装饰手抄本 Illuminated Codices from the Library of the Bratislava Chapter House	档案馆、图书馆馆藏	斯洛伐克	欧洲及北美地区	1997年
22	"比鲁尼"东方研究所的古代文献手稿 The Collection of the Al-Biruni Institute of Oriental Studies	档案馆、图书馆馆藏	乌兹别克斯坦	亚太地区	1997年
23	马什托茨研究所收藏的古代手抄本 Mashtots Matenadaran Ancient Manuscripts Collection	档案馆、图书馆馆藏	亚美尼亚	欧洲及北美地区	1997年
24	索伦·克尔凯郭尔的手稿 The Søren Kierkegaard Archives	名人档案	丹麦	欧洲及北美地区	1997年
25	瑞典著名植物学家林奈及其学生们的藏书 The Linné Collection	名人档案	丹麦	欧洲及北美地区	1997年
26	西蒙·玻利瓦尔的文献 General Archive of the Nation-Writings of The Liberator Simón Bolívar	名人档案	委内瑞拉	拉丁美洲及加勒比地区	1997年

续表

序号	入选文献遗产名称	主题内容	申报国家	地区	入选时间
27	新西兰妇女1893年争取选举权的请愿书 The 1893 Women's Suffrage Petition	政治与保卫人权	新西兰	亚太地区	1997年
28	《维也纳会议最后议定书》文本 Final Document of the Congress of Vienna	条约	奥地利	欧洲及北美地区	1997年
29	1840年《怀唐依条约》文本 The Treaty of Waitangi	条约	新西兰	亚太地区	1997年
30	国家图书馆收藏的18世纪以来的报纸 Newspaper Collections	报纸与海报	俄罗斯	欧洲及北美地区	1997年
31	19世纪末至20世纪初俄罗斯的海报 Russian Posters of the End of the 19th and Early 20th Centuries	报纸与海报	俄罗斯	欧洲及北美地区	1997年
32	拉普拉塔总督辖区的档案 Documentary Heritage of the Viceroyalty of the Río de la Plata	殖民统治、贩奴与废奴	阿根廷	拉丁美洲及加勒比地区	1997年
33	贝宁殖民地档案 Colonial Archives	殖民统治、贩奴与废奴	贝宁	非洲地区	1997年
34	法国殖民统治时期的档案 Records of the French Occupation of Mauritius	殖民统治、贩奴与废奴	毛里求斯	非洲地区	1997年
35	《夸希马尔帕特齐勒炎手抄本》 Codex Techaloyan de Cuajimalpaz	殖民统治、贩奴与废奴	墨西哥	拉丁美洲及加勒比地区	1997年
36	瓦哈卡山谷地区的手抄本 Codices from the Oaxaca Valley	殖民统治、贩奴与废奴	墨西哥	拉丁美洲及加勒比地区	1997年
37	法属西非的档案（1895—1959）Fonds of the "Afrique Occidentale Française" (AOF)	殖民统治、贩奴与废奴	塞内加尔	非洲地区	1997年
38	德属东非档案 German Records of the National Archives	殖民统治、贩奴与废奴	坦桑尼亚	非洲地区	1997年
39	他加禄语的历史文献 Philippine Paleographs (Hanunoo, Buid, Tagbanua and Pala'wan)	文字、语言与印刷	菲律宾	亚太地区	1999年
40	维也纳音响档案馆的收藏品（1899—1950）The Historical Collections (1899-1950) of the Vienna Phonogrammarchiv	电影、录像、录音与摄影	奥地利	欧洲及北美地区	1999年

续表

序号	入选文献遗产名称	主题内容	申报国家	地区	入选时间
41	肖邦乐谱与书信等手迹 The Masterpieces of Fryderyk Chopin	音乐	波兰	欧洲及北美地区	1999年
42	柏林音响档案馆收藏的1893—1952年世界音乐蜡筒录音 Early Cylinder Recordings of the World's Musical Traditions (1893-1952) in the Berlin Phonogramm-Archiv	音乐	德国	欧洲及北美地区	1999年
43	哥白尼《天体运行论》的手稿 Nicolaus Copernicus' Masterpiece "De Revolutionibus Libri Sex"	天文	波兰	欧洲及北美地区	1999年
44	清代内阁秘本档中有关17世纪在华西洋传教士活动的档案 Records of the Qing's Grand Secretariat—'Infiltration of Western Culture in China'	宗教	中国	亚太地区	1999年
45	真纳的档案 Jinnah Papers (Quaid-I-Azam)	名人档案	巴基斯坦	亚太地区	1999年
46	埃里克·威廉姆斯的文集 The Eric Williams Collection	名人档案	特立尼达和多巴哥	拉丁美洲及加勒比地区	1999年
47	伊曼纽尔·林格尔布卢姆档案 Warsaw Ghetto Archives (Emanuel Ringelblum Archives)	战争	波兰	欧洲及北美地区	1999年
48	歌德和席勒档案馆馆藏的歌德文学作品手稿 The Literary Estate of Goethe in the Goethe and Schiller Archives	文学与艺术	德国	欧洲及北美地区	2001年
49	巴隆纳收藏的拉脱维亚民歌档案 Dainu Skapis-Cabinet of Folksongs	文学与艺术	拉脱维亚	欧洲及北美地区	2001年
50	《杭·杜亚传》手抄本 Hikayat Hang Tuah	文学与艺术	马来西亚	亚太地区	2001年
51	《马来纪年》手稿 Sejarah Melayu (The Malay Annals)	文学与艺术	马来西亚	亚太地区	2001年
52	易卜生剧作《玩偶之家》手稿 Henrik Ibsen: A Doll's House	文学与艺术	挪威	欧洲及北美地区	2001年
53	普朗坦印刷厂的档案 Business Archives of the Officina Plantiniana	文字、语言与印刷	比利时	欧洲及北美地区	2001年

续表

序号	入选文献遗产名称	主题内容	申报国家	地区	入选时间
54	博阿兹柯伊古城遗址出土的赫梯文字泥板文书 The Hittite Cuneiform Tablets from Bogazköy	文字、语言与印刷	土耳其	欧洲及北美地区	2001年
55	电影《大都会》2001年修复版 METROPOLIS—Sicherungsstück Nr. 1：Negative of the Restored and Reconstructed Version 2001	电影、录像、录音与摄影	德国	欧洲及北美地区	2001年
56	俄罗斯文学研究所收藏的1889年至1955年的录音档案 The Historical Collections (1889-1955) of St. Petersburg Phonogram Archives	电影、录像、录音与摄影	俄罗斯	欧洲及北美地区	2001年
57	维也纳市图书馆收藏的舒伯特档案 The Vienna City Library Schubert Collection	音乐	奥地利	欧洲及北美地区	2001年
58	贝多芬《d小调第九交响曲》(作品第125号)乐谱手稿 Ludwig Van Beethoven: Symphony No.9, D minor, op.125	音乐	德国	欧洲及北美地区	2001年
59	蒂豪尼1926年获得"Radioscope(电视显像管)"发明专利的档案 Kalman Tihanyi's 1926 Patent Application Radioskop	技术发明	匈牙利	欧洲及北美地区	2001年
60	卑尔根城的麻风病档案 The Leprosy Archives of Bergen	医学、医药	挪威	欧洲及北美地区	2001年
61	坎迪利天文台和地震研究所的档案 Kandilli Observatory and Earthquake Research Institute Manuscripts	天文	土耳其	欧洲及北美地区	2001年
62	库克船长1768—1771年航海日志手稿 The Endeavour Journal of James Cook	航海、航空与航天	澳大利亚	亚太地区	2001年
63	羊皮纸版本的《古腾堡圣经》及其有关文档 42-line Gutenberg Bible, Printed on Vellum, and Its Contemporary Documentary Background	宗教	德国	欧洲及北美地区	2001年

续表

序号	入选文献遗产名称	主题内容	申报国家	地区	入选时间
64	白云和尚抄录《佛祖直指心体要节》（下卷）Baegun Hwasang Chorok Buljo Jikji Simche Yojeol（Vol.Ⅱ），the Second Volume of "Anthology of Great Buddhist Priests' Zen Teachings"	宗教	韩国	亚太地区	2001年
65	莱纳大公收藏的纸莎草纸文献 Papyrus Erzherzog Rainer	档案馆、图书馆馆藏	奥地利	欧洲及北美地区	2001年
66	马博案的档案 The Mabo Case Manuscripts	政治与保卫人权	澳大利亚	亚太地区	2001年
67	《承政院日记》手抄本 Seungjeongwon Ilgi, the Diaries of the Royal Secretariat	政治与保卫人权	韩国	亚太地区	2001年
68	吉打苏丹阿卜杜勒·哈米德执政时期（1882—1943）的档案 Correspondence of the Late Sultan of Kedah（1882–1943）	政治与保卫人权	马来西亚	亚太地区	2001年
69	诗人欧拜德和哈菲兹14世纪的手抄本 The Manuscript of UbaydZakoni's Kulliyat and Hafez Sherozi's Gazalliyt（XIV century）	文学与艺术	塔吉克斯坦	亚太地区	2003年
70	纳西族东巴古籍文献 Ancient Naxi Dongba Literature Manuscripts	文字、语言与印刷	中国	亚太地区	2003年
71	最早的伊斯兰教库法体铭文 Earliest Islamic（Kufic）Inscription	碑刻	沙特阿拉伯	阿拉伯地区	2003年
72	素可泰王朝国王兰甘亨的碑文 The King Ram Khamhaeng Inscription	碑刻	泰国	亚太地区	2003年
73	佩德罗二世皇帝收藏的19世纪的照片 The Emperor's Collection: Foreign and Brazilian Photography in the XIX Century	电影、录像、录音与摄影	巴西	拉丁美洲及加勒比地区	2003年
74	1989年"人民力量革命"时期的无线电广播录音带 Radio Broadcast of the Philippine People Power Revolution	电影、录像、录音与摄影	菲律宾	亚太地区	2003年
75	克莱沃博物馆《人类大家庭》摄影展的展品 Family of Man	电影、录像、录音与摄影	卢森堡	欧洲及北美地区	2003年

续表

序号	入选文献遗产名称	主题内容	申报国家	地区	入选时间
76	电影《被遗忘的人们》Los Olvidados	电影、录像、录音与摄影	墨西哥	拉丁美洲及加勒比地区	2003 年
77	卡洛斯·加德尔和奥拉西奥·洛连特 1913—1935 年的音乐档案 Original records of Carlos Gardel-Horacio Loriente Collection（1913—1935）	音乐	乌拉圭	拉丁美洲及加勒比地区	2003 年
78	尼古拉·特斯拉档案馆的收藏 Nikola Tesla's Archive	技术发明	塞尔维亚	欧洲及北美地区	2003 年
79	荷兰东印度公司档案 Archives of the Dutch East India Company	商贸与税务	南非、印度、印度尼西亚、斯里兰卡、荷兰	非洲地区、亚太地区、欧洲及北美地区	2003 年
80	伊本·西纳的手稿 The Works of Ibn Sina in the Süleymaniye Manuscript Library	医学、医药	土耳其	欧洲及北美地区	2003 年
81	国家图书馆收藏的《布劳范德汉姆地图集》初版本 The Atlas Blaeu-Van der Hem of the Austrian National Library	地理与环境	奥地利	欧洲及北美地区	2003 年
82	1573 年 1 月 28 日签署的关于宗教宽容的《华沙公约》文本 The Confederation of Warsaw of 28th of January 1573：Religious Tolerance Guaranteed	宗教	波兰	欧洲及北美地区	2003 年
83	赖谢瑙修道院在奥托王朝时期制作的泥金装饰手抄本 Illuminated Manuscripts from the Ottonian Period Produced in the Monastery of Reichenau（Lake Constance）	宗教	德国	欧洲及北美地区	2003 年
84	拉丁美洲西班牙殖民地耶稣会档案全宗 Jesuits of America	宗教	智利	拉丁美洲及加勒比地区	2003 年
85	艾哈迈德·亚萨维的著作手稿 Collection of the Manuscripts of Khoja Ahmed Yasawi	宗教	哈萨克斯坦	亚太地区	2003 年
86	艾斯哈伊姆图书馆的藏书 Library Ets Haim-Livraria Montezinos	档案馆、图书馆馆藏	荷兰	欧洲及北美地区	2003 年

续表

序号	入选文献遗产名称	主题内容	申报国家	地区	入选时间
87	桑给巴尔国家档案馆收藏的阿拉伯语手稿和藏书 Collection of Arabic Manuscripts and Books	档案馆、图书馆馆藏	坦桑尼亚	非洲地区	2003年
88	1980年8月格但斯克罢工工人提出的"二十一条要求"事件的档案 Twenty-One Demands, Gdańsk, August 1980. The Birth of the SOLIDARITY Trades Union-a Massive Social Movement	政治与保卫人权	波兰	欧洲及北美地区	2003年
89	有关《人权与公民权利宣言》的最早的四件文本（1789—1791）Original Declaration of the Rights of Man and of the Citizen (1789-1791)	政治与保卫人权	法国	欧洲及北美地区	2003年
90	人权档案 Human Rights Archive of Chile	政治与保卫人权	智利	拉丁美洲及加勒比地区	2003年
91	加勒比地区17—19世纪役使非洲奴隶的档案 Documentary Heritage of Enslaved Peoples of the Caribbean	殖民统治、贩奴与废奴	巴巴多斯	拉丁美洲及加勒比地区	2003年
92	《儿童和家庭的故事集》原版及其手稿 Kinder-und Hausmärchen (Contes pour les enfants et les parents)	文学与艺术	德国	欧洲及北美地区	2005年
93	阿斯特丽德·林格伦的档案 Astrid Lindgren Archives	文学与艺术	瑞典	欧洲及北美地区	2005年
94	C.L.R.詹姆斯文集 The C.L.R. James Collection	文学与艺术	特立尼达和多巴哥	拉丁美洲及加勒比地区	2005年
95	腓尼基字母 The Phoenician Alphabet	文字、语言与印刷	黎巴嫩	阿拉伯地区	2005年
96	犬河河谷的碑刻 Commemorative stela of Nahr el-Kalb, Mount Lebanon	碑刻	黎巴嫩	阿拉伯地区	2005年
97	卢米埃尔兄弟拍摄的电影 Lumière Films	电影、录像、录音与摄影	法国	欧洲及北美地区	2005年
98	罗尔德·阿蒙森南极点探险（1910—1912）的纪实性电影胶片 Roald Amundsen's South Pole Expedition (1910-1912)	电影、录像、录音与摄影	挪威	欧洲及北美地区	2005年

续表

序号	入选文献遗产名称	主题内容	申报国家	地区	入选时间
99	纪录影片《索姆河战役》The Battle of the Somme	电影、录像、录音与摄影	英国	欧洲及北美地区	2005 年
100	约翰内斯·勃拉姆斯的档案 Brahms Collection	音乐	奥地利	欧洲及北美地区	2005 年
101	1912—1947 年录制的犹太民俗音乐 Collection of Jewish Musical Folklore	音乐	乌克兰	欧洲及北美地区	2005 年
102	清代科举大金榜 Golden Lists of the Qing Dynasty Imperial Examination	教育	中国	亚太地区	2005 年
103	10—16 世纪苏丹与王子们的长卷 Deeds of Sultans and Princes	史籍	埃及	阿拉伯地区	2005 年
104	哥特式建筑的图纸 Collection of Gothic Architectural Drawings	交通、建筑工程	奥地利	欧洲及北美地区	2005 年
105	三部中世纪医药著作手稿 Medieval Manuscripts on Medicine and Pharmacy	医学、医药	阿塞拜疆	欧洲及北美地区	2005 年
106	瓦尔德瑟米勒绘制的世界地图 Universalis Cosmogra-phia Secundum Ptho-lomaeit Raditionem et Americi Vespuciialio Rumque Lustrationes	地理与环境	美国、德国	欧洲及北美地区	2005 年
107	佩罗·瓦兹·德卡米尼亚的信 Letter from PêroVaz de Caminha	航海、航空与航天	葡萄牙	欧洲及北美地区	2005 年
108	两部基督教培拉特古抄本 Codex Purpureus Beratinus	宗教	阿尔巴尼亚	欧洲及北美地区	2005 年
109	伊曼纽·斯威登堡的手稿、初版本和信函 Emanuel Swedenborg Collection	宗教	瑞典	欧洲及北美地区	2005 年
110	《米罗斯拉夫福音》手稿 Miroslav Gospel-Manuscript from 1180	宗教	塞尔维亚	欧洲及北美地区	2005 年
111	湿婆教文献手稿 Saiva Manuscript in Pondicherry	宗教	印度	亚太地区	2005 年
112	科尔文纳图书馆的藏书 The Bibliotheca Corviniana Collection	档案馆、图书馆馆藏	奥地利、比利时、法国、德国、匈牙利、意大利	欧洲及北美地区	2005 年

续表

序号	入选文献遗产名称	主题内容	申报国家	地区	入选时间
113	帕拉福斯安纳图书馆藏书 Biblioteca Palafoxiana	档案馆、图书馆馆藏	墨西哥	拉丁美洲及加勒比地区	2005 年
114	马拉泰斯塔·诺韦洛图书馆的藏书 The Malatesta Novello Library	档案馆、图书馆馆藏	意大利	欧洲及北美地区	2005 年
115	何塞·马蒂·佩雷斯档案 "José Martí Pérez" Fonds	名人档案	古巴	拉丁美洲及加勒比地区	2005 年
116	亨德里克·维特布伊的书信与日记 Letter Journals of Hendrik Witbooi	名人档案	纳米比亚	非洲地区	2005 年
117	戴高乐 1940 年 6 月 18 日发表的《告法国人民书》的手稿、录音和海报 The Appeal of 18 June 1940	战争	法国、英国	欧洲及北美地区	2005 年
118	国际反核运动"内华达-塞米巴拉金斯克"的影视档案 Audiovisual Documents of the International Antinuclear Movement "Nevada-Semipalatinsk"	战争	哈萨克斯坦	亚太地区	2005 年
119	"黑人和奴隶"档案 Negros Y Esclavos Archives	殖民统治、贩奴与废奴	哥伦比亚	拉丁美洲及加勒比地区	2005 年
120	实施十进位度量衡制度的文献（1790—1837）Introduction of the Decimal Metric System, 1790-1837	其他	法国	欧洲及北美地区	2005 年
121	尼日利亚诗人克里斯托弗·奥基博的作品 Christopher Okigbo Collection	文学与艺术	奥基博基金会	非洲地区	2007 年
122	贝孙忽版《王书》手抄本 "Bayasanghori Shâhnâmeh"（Prince Bayasanghor's Book of the Kings）	文学与艺术	伊朗	亚太地区	2007 年
123	《梨俱吠陀》手稿 Rigveda	文学与艺术	印度	亚太地区	2007 年
124	土著语言集 Colección de Lenguas Indigenas	文字、语言与印刷	墨西哥	拉丁美洲及加勒比地区	2007 年
125	中世纪的波斯手抄本插图——泥金装饰的波斯细密画 Persian Illustrated and Illuminated Manuscripts	绘画	埃及	阿拉伯地区	2007 年
126	影片《凯利帮传奇》的拷贝 The Story of the Kelly Gang（1906）	电影、录像、录音与摄影	澳大利亚	亚太地区	2007 年

续表

序号	入选文献遗产名称	主题内容	申报国家	地区	入选时间
127	童话电影《绿野仙踪》The Wizard of Oz (Victor Fleming 1939), Produced by Metro-Goldwyn-Mayer	电影、录像、录音与摄影	美国	欧洲及北美地区	2007 年
128	南非自由斗争档案集 Liberation Struggle Living Archive Collection	电影、录像、录音与摄影	南非	非洲地区	2007 年
129	英格玛·伯格曼的档案 Ingmar Bergman Archives	电影、录像、录音与摄影	瑞典	欧洲及北美地区	2007 年
130	国际战俘局 1914—1923 年的档案 Archives of the International Prisoners of War Agency, 1914-1923	战争	红十字国际委员会	其他	2007 年
131	音乐家何塞·马塞达收藏的民族音乐档案 José Maceda Collection	音乐	菲律宾	亚太地区	2007 年
132	美洲殖民地时期的音乐代表作 American Colonial Music: a Sample of Its Documentary Richness	音乐	哥伦比亚、玻利维亚、墨西哥、秘鲁	拉丁美洲及加勒比地区	2007 年
133	国民教育委员会（1773—1794）档案 National Education Commission Archives	教育	波兰	欧洲及北美地区	2007 年
134	魁北克神学院的收藏品 Quebec Seminary Collection	教育	加拿大	欧洲及北美地区	2007 年
135	全国扫盲运动的档案 National Literacy Crusade	教育	尼加拉瓜	拉丁美洲及加勒比地区	2007 年
136	《印加纪事》手稿 El Primer Nueva Coronica Y Buen Gobierno	史籍	丹麦	欧洲及北美地区	2007 年
137	清代样式雷图档 Qing Dynasty Yangshi Lei Archives	交通、建筑工程	中国	亚太地区	2007 年
138	1497—1857 年对通行厄勒海峡的船只征收关税的登记簿原件 Sound Toll Registers	商贸与税务	丹麦	欧洲及北美地区	2007 年
139	哈德逊湾公司 1670—1920 年的档案 Hudson's Bay Company Archival Records	商贸与税务	加拿大	欧洲及北美地区	2007 年
140	坡廷格尔地图 Tabula Peutingeriana	地理与环境	奥地利	欧洲及北美地区	2007 年

续表

序号	入选文献遗产名称	主题内容	申报国家	地区	入选时间
141	葡萄牙人地理大发现的文献集 Corpo Cronológico（Collection of Manuscripts on the Portuguese Discoveries）	地理与环境	葡萄牙	欧洲及北美地区	2007 年
142	16 世纪初的地图：匈牙利地图 Tabula Hungariae	地理与环境	匈牙利、克罗地亚	欧洲及北美地区	2007 年
143	赫里福德地图 Hereford Mappa Mundi	地理与环境	英国	欧洲及北美地区	2007 年
144	苏普拉希尔古抄本 Codex Suprasliensis-Mineia Četia, Mart（The Suprasl Codex-Menology, March）	宗教	波兰、俄罗斯、斯洛文尼亚	欧洲及北美地区	2007 年
145	捷克中世纪宗教改革的档案 Collection of Medieval Manuscripts of the CzechReformation	宗教	捷克	欧洲及北美地区	2007 年
146	《高丽大藏经》与其他佛经的雕版印刷木刻板 Printing woodblocks of the Tripitaka Koreana and Miscellaneous Buddhist scriptures	宗教	韩国	亚太地区	2007 年
147	班斯卡·什佳夫尼察国家中央矿业档案馆的档案 Mining Maps and Plans of the Main Chamber-Count Office in Banská-Štiavnica	档案馆、图书馆馆藏	斯洛伐克	欧洲及北美地区	2007 年
148	莱布尼茨的信札 Letters from and to Gottfried Wilhelm Leibniz within the Collection of Manuscript Papers of Gottfried Wilhelm Leibniz	名人档案	德国	欧洲及北美地区	2007 年
149	1963 年"利沃尼亚审判"的卷宗 Criminal Court Case No. 253/1963（State Versus N Mandela and Others）	名人档案	南非	非洲地区	2007 年
150	阿尔弗雷德·诺贝尔家族的档案 The Alfred Nobel Family Archives	名人档案	瑞典	欧洲及北美地区	2007 年
151	米兰达的档案 Colombeia: Generalissimo Francisco de Miranda's Archives	名人档案	委内瑞拉	拉丁美洲及加勒比地区	2007 年
152	1976—1983 年反对军政府实行国家恐怖主义、捍卫人权运动的档案 Human Rights Documentary Heritage 1976-1983-Archives for Truth, Justice and Memory in the Struggle against State Terrorism	政治与保卫人权	阿根廷	拉丁美洲及加勒比地区	2007 年

续表

序号	入选文献遗产名称	主题内容	申报国家	地区	入选时间
153	《托尔德西利亚斯条约》的文本 Treaty of Tordesillas	条约	西班牙、葡萄牙	欧洲及北美地区	2007年
154	1918—1945年俄罗斯、乌克兰和白俄罗斯流亡者出版的报纸和杂志 Collection of Russian, Ukrainian and Belorussian Émigré Periodicals 1918-1945	报纸与海报	捷克	欧洲及北美地区	2007年
155	18—19世纪英国移囚澳洲的历史档案 The Convict Records of Australia	殖民统治、贩奴与废奴	澳大利亚	亚太地区	2007年
156	贝叶挂毯 Bayeux Tapestry	其他	法国	欧洲及北美地区	2007年
157	朝鲜王室仪轨 Uigwe：The Royal Protocols of the Joseon Dynasty	其他	韩国	亚太地区	2007年
158	捐建拉希德丁社区的文档手稿 The Deed For Endowment：Rab' I-Rashidi (Rab I-Rashidi Endowment) 13th Century Manuscript	其他	伊朗	亚太地区	2007年
159	奥尔尼·马格努松手抄本集 The Arnamagnæan Manuscript Collection	文学与艺术	丹麦、冰岛	欧洲及北美地区	2009年
160	欧洲中世纪的英雄史诗《尼伯龙根之歌》的三件最古老的手抄本 Song of the Nibelungs, a Heroic Poem from Mediaeval Europe	文学与艺术	德国	欧洲及北美地区	2009年
161	匈牙利科学院图书馆的乔玛档案 Csoma Archive of the Library of the Hungarian Academy of Sciences	文字、语言与印刷	匈牙利	欧洲及北美地区	2009年
162	阮朝时期的木刻印刷雕版 Woodblocks of Nguyen Dynasty	文字、语言与印刷	越南	亚太地区	2009年
163	登嘉楼州出土的碑铭 Batu Bersurat Terengganu (Inscribed Stone of Terengganu)	碑刻	马来西亚	亚太地区	2009年
164	电影协会摄制的新闻纪录片原始负片 Original Negative of the Noticiero ICAIC Lationamericano	电影、录像、录音与摄影	古巴	拉丁美洲及加勒比地区	2009年

续表

序号	入选文献遗产名称	主题内容	申报国家	地区	入选时间
165	诺曼·麦克拉伦导演和制作的动画电影《邻居》Neighbours, Animated, Directed and Produced by Norman McLaren in 1952	电影、录像、录音与摄影	加拿大	欧洲及北美地区	2009年
166	华盛顿史密森尼国家历史博物馆收藏的影视资料:"约翰·马歇尔——布须曼人(1950—2000)"John Marshall Ju/'hoan Bushman Film and Video Collection, 1950-2000	电影、录像、录音与摄影	美国	欧洲及北美地区	2009年
167	联合国近东巴勒斯坦难民救济和工程处的影视文献档案馆的藏品 UNRWA Photo and Film Archives of Palestinian Refugees	电影、录像、录音与摄影	联合国难民救济及工程局	其他	2009年
168	安特卫普市"破产事务监管部门"的档案 Archives InsolventeBoedelskamerAntwerpen	商贸与税务	比利时	欧洲及北美地区	2009年
169	《东医宝鉴》:东方医学的原理与实践 Donguibogam: Principles and Practice of Eastern Medicine	医学、医药	韩国	亚太地区	2009年
170	《圣塔菲协议》文本 Santa Fe Capitulations	航海、航空与航天	西班牙	欧洲及北美地区	2009年
171	国际联盟时期(1919—1946)的档案 League of Nations Archives 1919-1946	政治与保卫人权	联合国日内瓦办事处	其他	2009年
172	奴隶的洗礼书手稿(1636—1670)Book for the Baptism of Slaves (1636-1670)	宗教	多米尼加共和国	拉丁美洲及加勒比地区	2009年
173	最早的帕皮阿门托语版的天主教《问答集》First Catechism Written in Papiamentu Language	宗教	荷属安的列斯群岛	拉丁美洲及加勒比地区	2009年
174	拉济维乌家族档案与涅斯维日图书馆收藏 Radzwills' Archives and Niasvizh (Nieśwież) Library Collection	档案馆、图书馆馆藏	白俄罗斯、芬兰、立陶宛、波兰、俄罗斯、乌克兰	欧洲及北美地区	2009年

续表

序号	入选文献遗产名称	主题内容	申报国家	地区	入选时间
175	巴黎文学研究所 1946—2000 年档案 Archives of the Literary Institute in Paris（1946‐2000）（Association Institut Littéraire 'Kultura'）	档案馆、图书馆馆藏	波兰	欧洲及北美地区	2009 年
176	克莱尔沃修道院图书馆珍藏的手稿 Library of the Cistercian Abbey of Clairvaux at the Time of Pierre de Virey（1472）	档案馆、图书馆馆藏	法国	欧洲及北美地区	2009 年
177	霍瓦王国皇家档案（1824—1897）Royal Archives（1824‐1897）	档案馆、图书馆馆藏	马达加斯加	非洲地区	2009 年
178	阿什肯纳兹犹太人社区文献和研究中心收藏的 16 世纪至 20 世纪的档案 Collection of the Center of Documentation and Investigation of the Ashkenazi Community in Mexico（16th to 20th Century）	档案馆、图书馆馆藏	墨西哥	拉丁美洲及加勒比地区	2009 年
179	巴罗的档案 Nita Barrow Collection	名人档案	巴巴多斯	拉丁美洲及加勒比地区	2009 年
180	法夸尔森的日记手稿 Farquharson's Journal	名人档案	巴哈马群岛	拉丁美洲及加勒比地区	2009 年
181	经济学家刘易斯爵士的论著手稿 Sir William Arthur Lewis Papers	名人档案	圣卢西亚	拉丁美洲及加勒比地区	2009 年
182	数学家鲍耶的论文《论绝对真实的空间科学》手稿 JánosBolyai: Appendix, Scientiamspatii Absolute Veramex-hibens. Maros-VásáRhelyini, 1832	名人档案	匈牙利	欧洲及北美地区	2009 年
183	昆士兰工党 1892 年宣言的手稿 Manifesto of the Queensland Labour Party to the People of Queensland（dated 9 September 1892）	政治与保卫人权	澳大利亚	亚太地区	2009 年
184	西印度群岛联邦档案全宗 Federal Archives Fonds	政治与保卫人权	巴巴多斯	拉丁美洲及加勒比地区	2009 年
185	恐怖时期的档案 Archives of Terror	政治与保卫人权	巴拉圭	拉丁美洲及加勒比地区	2009 年

续表

序号	入选文献遗产名称	主题内容	申报国家	地区	入选时间
186	反对特鲁希略暴政，为捍卫人权而斗争的国家档案（1930—1961）Documentary Heritage on the Resistance and Struggle for Human Rights in the Dominican Republic, 1930-1961	政治与保卫人权	多米尼加共和国	拉丁美洲及加勒比地区	2009 年
187	吐斯廉屠杀博物馆的档案 Tuol Sleng Genocide Museum Archives	政治与保卫人权	柬埔寨	亚太地区	2009 年
188	暹罗国王朱拉隆功推行改革的档案文件（1868—1910）Archival Documents of King Chulalongkorn's Transformation of Siam (1868-1910)	政治与保卫人权	泰国	亚太地区	2009 年
189	1215 年大宪章 Magna Carta, issued in 1215	政治与保卫人权	英国	欧洲及北美地区	2009 年
190	《安妮日记》原件 Diaries of Anne Frank	战争	荷兰	欧洲及北美地区	2009 年
191	记录"波罗的海之路"和平示威的文献 The Baltic Way-Human Chain Linking Three States in Their Drive for Freedom	条约	爱沙尼亚、拉脱维亚、立陶宛	欧洲及北美地区	2009 年
192	英属加勒比地区殖民地奴隶注册登记名册档案（1817—1834）Registry of Slaves of the British Caribbean 1817-1834	殖民统治、贩奴与废奴	巴哈马群岛、伯利兹、多米尼克、牙买加、圣基茨与尼维斯、特立尼达和多巴哥、英国	欧洲及北美地区、拉丁美洲及加勒比地区	2009 年
193	萨非王朝时代圣城拉扎维组织的管理档案 Administrative Documents of Astan-e Quds Razavi in the Safavid Era	其他	伊朗	亚太地区	2009 年
194	托尔斯泰私人图书馆珍藏的手稿、照片和电影胶片 Tolstoy's Personal Library and Manuscripts, Photo and Film Collection	文学与艺术	俄罗斯	欧洲及北美地区	2011 年
195	涅扎米的《五卷诗》手抄本 Collection of Nezami's Panj Ganj	文学与艺术	伊朗	亚太地区	2011 年

续表

序号	入选文献遗产名称	主题内容	申报国家	地区	入选时间
196	《加利哥的故事》手稿 La Galigo	文学与艺术	印度尼西亚、荷兰	亚太地区、欧洲及北美地区	2011年
197	墨西哥国家档案馆馆藏的16—18世纪地图、绘图和插画上的象形图 Sixteenth to Eighteenth Century Pictographs from the "Maps, Drawings and Illustrations" of the National Archives of Mexico	文字、语言与印刷	墨西哥	拉丁美洲及加勒比地区	2011年
198	曼谷卧佛寺的碑文 Epigraphic Archives of Wat Pho	碑刻	泰国	亚太地区	2011年
199	后黎朝及莫朝时期(1442—1779)的进士碑 Stone Stele Records of Royal Examinations of the Le and Mac Dynasties (1442-1779)	碑刻	越南	亚太地区	2011年
200	17—18世纪的526幅绘画 Collection of 526 Prints of University Theses from 1637-1754	绘画	捷克	欧洲及北美地区	2011年
201	山本作兵卫———一位煤矿老工人的业余绘画作品集 Sakubei Yamamoto Collection	绘画	日本	亚太地区	2011年
202	德斯梅收藏的电影胶片及有关档案 Desmet Collection	电影、录像、录音与摄影	荷兰	欧洲及北美地区	2011年
203	大英图书馆收藏的1898年至1951年的人种志录音 Historic Ethnographic Recordings (1898-1951) at the British Library	电影、录像、录音与摄影	英国	欧洲及北美地区	2011年
204	阿诺德·勋伯格的档案 Arnold Schönberg Estate	音乐	奥地利	欧洲及北美地区	2011年
205	罗氏《黄金史》1651年手稿 Lu. "AltanTobchi": Golden History Written in 1651	史籍	蒙古	亚太地区	2011年
206	《伊本·赫勒敦历史》手稿副本 Kitab Al-ibar, Wa Diwan al-mobtadae Wa Al-khabar	史籍	摩洛哥	阿拉伯地区	2011年
207	《帖木儿家族史》手稿副本 Tarikh-E-Khandan-E-Timuriyah	史籍	印度	亚太地区	2011年

续表

序号	入选文献遗产名称	主题内容	申报国家	地区	入选时间
208	德国工程师卡尔·本茨1886年的汽车发明专利 Patent DRP 37435 "Vehicle with Gas Engine Operation" Submitted by Carl Benz, 1886	技术发明	德国	欧洲及北美地区	2011年
209	开凿巴拿马运河的西印度群岛劳工档案 Silver Men: West Indian Labourers at the Panama Canal	交通、建筑工程	巴巴多斯、牙买加、巴拿马、圣卢西亚、英国、美国	欧洲及北美地区、拉丁美洲及加勒比地区	2011年
210	华沙重建工程局档案 Archive of Warsaw Reconstruction Office	交通、建筑工程	波兰	欧洲及北美地区	2011年
211	斯德哥尔摩市规划委员会档案 Stockholm City Planning Committee Archives	交通、建筑工程	瑞典	欧洲及北美地区	2011年
212	荷兰西印度公司的档案 Dutch West India Company (Westin-dische Compagnie) Archives	商贸与税务	荷兰、巴西、加纳、圭亚那、荷属安的列斯群岛、苏里南、英国、美国	欧洲及北美地区、拉丁美洲及加勒比地区、非洲地区	2011年
213	米德尔堡商业公司档案 Archive Middelburgsche Commercie Compagnie (MCC)	商贸与税务	荷兰、库拉索岛、苏里南	欧洲及北美地区、拉丁美洲及加勒比地区	2011年
214	《本草纲目》明万历二十一年（1593年版）金陵（现南京）胡承龙刻本 Ben Cao Gang Mu (Compendium of Materia Medica)	医学、医药	中国	亚太地区	2011年
215	《黄帝内经》 Huang Di Nei Jing (Yellow Emperor's Inner Canon)	医学、医药	中国	亚太地区	2011年
216	第一次布拉堪观测获得的图像及其数据 First Byurakan Survey (FBS or Markarian survey)	天文	亚美尼亚	欧洲及北美地区	2011年
217	《星占学入门解答》1143年波斯语手抄本 Al-Tafhim li Awa'ilSana'at al-Tanjim	天文	伊朗	亚太地区	2011年
218	咸海档案全宗 Aral Sea Archival Fonds	地理与环境	哈萨克斯坦	亚太地区	2011年

续表

序号	入选文献遗产名称	主题内容	申报国家	地区	入选时间
219	陆地卫星的遥感影像数据 Landsat Program Records: Multispectral Scanner (MSS) Sensors	航海、航空与航天	美国	欧洲及北美地区	2011年
220	1922年首次飞越南大西洋的档案 First Flight Across the South Atlantic Ocean in 1922	航海、航空与航天	葡萄牙	欧洲及北美地区	2011年
221	凯尔经 Book of Kells	宗教	爱尔兰	欧洲及北美地区	2011年
222	奥地利国家图书馆珍藏的1457年版美因茨《诗篇》Mainz Psalter at the Austrian National Library	宗教	奥地利	欧洲及北美地区	2011年
223	11世纪用西里尔字母抄写的《使徒行传》手稿 Enina Apostolos, Old Bulgarian Cyrillic Manuscript (Fragment) of the 11th Century	宗教	保加利亚	欧洲及北美地区	2011年
224	1255年抄写的拉丁文《圣经》MS. GKS 4 2°, vol. I-III, Biblia Latina. Commonly Called "the Hamburg Bible", or "the Bible of Bertoldus"	宗教	丹麦	欧洲及北美地区	2011年
225	《奥斯特罗米尔福音书》(1056—1057) Ostromir Gospel (1056-1057)	宗教	俄罗斯	欧洲及北美地区	2011年
226	《银圣经》残本 Codex Argenteus-the 'Silver Bible'	宗教	瑞典	欧洲及北美地区	2011年
227	卢卡主教区的档案 Lucca's Historical Diocesan Archives (ASDLU): Early Middle Ages	宗教	意大利	欧洲及北美地区	2011年
228	蒙文《丹珠尔经》Mongolian Tanjur	宗教	蒙古	亚太地区	2011年
229	对《时轮怛特罗经》进行注释的《无垢光注疏》手稿 Laghukālacakratantrarājatikā (Vimalaprabhā)	宗教	印度	亚太地区	2011年
230	比亚图斯·雷纳努斯图书馆的藏书 Beatus Rhenanus Library	档案馆、图书馆馆藏	法国	欧洲及北美地区	2011年
231	弗朗西斯一世执政时期的法律副本汇编 Bannière Register at Chatelet, Paris, During the Reign of François I (National Archives Y9, France)	档案馆、图书馆馆藏	法国	欧洲及北美地区	2011年

续表

序号	入选文献遗产名称	主题内容	申报国家	地区	入选时间
232	国家手稿中心保存的拜占庭时期的手稿 Georgian Byzantine Manuscripts	档案馆、图书馆馆藏	格鲁吉亚	欧洲及北美地区	2011年
233	曼努埃尔·路易·奎松总统的档案 Presidential Papers of Manuel L. Quezon	名人档案	菲律宾	亚太地区	2011年
234	托尔·海尔达尔的档案 Thor Heyerdahl Archives	名人档案	挪威	欧洲及北美地区	2011年
235	日内瓦与纳沙泰尔两城市保存的卢梭文献 Jean-Jacques Rousseau, Geneva and Neuchâtel Collections	名人档案	瑞士	欧洲及北美地区	2011年
236	康斯坦丁的文集 Constantine Collection	名人档案	特立尼达和多巴哥	拉丁美洲及加勒比地区	2011年
237	巴西前军政府的情报及反情报网档案全宗 Network of Information and Counter Information on the Military Regime in Brazil（1964—1985）	政治与保卫人权	巴西	拉丁美洲及加勒比地区	2011年
238	《日省录》Ilseongnok: Records of Daily Reflections	政治与保卫人权	韩国	亚太地区	2011年
239	"5·18"起义反对全斗焕军政府的人权运动档案 Human Rights Documentary Heritage 1980 Archives for the May 18th Democratic Uprising against Military Regime, in Gwangju, Republic of Korea	政治与保卫人权	韩国	亚太地区	2011年
240	18—19世纪海上私掠活动的档案 Privateering and the International Relations of the Regency of Tunis in the 18th and 19th Centuries	战争	突尼斯	阿拉伯地区	2011年
241	推倒柏林墙——东西德统一的档案（《最终解决德国问题的条约》）Construction and Fall of the Berlin Wall and the Two-Plus-Four-Treaty of 1990	条约	德国	欧洲及北美地区	2011年
242	登博斯（恩登布）档案 Arquivos dos Dembos/Ndembu Archives	殖民统治、贩奴与废奴	安哥拉、葡萄牙	非洲地区、欧洲及北美地区	2011年

续表

序号	入选文献遗产名称	主题内容	申报国家	地区	入选时间
243	拉普拉塔皇家检审法院档案全宗 Documentary Fonds of Royal Audiencia Court of La Plata（RALP）	殖民统治、贩奴与废奴	玻利维亚	拉丁美洲及加勒比地区	2011 年
244	印度契约劳工的档案 Records of the Indian Indentured Labourers	殖民统治、贩奴与废奴	斐济、圭亚那、苏里南、特立尼达和多巴哥	拉丁美洲及加勒比地区、亚太地区	2011 年
245	中世纪叙事长诗《虎皮武士》的手稿副本 Manuscript Collection of Shota Rustaveli's Poem "Knight in the Panther's Skin"	文学与艺术	格鲁吉亚、英国	欧洲及北美地区	2013 年
246	土耳其旅行家埃夫利亚·切莱比撰写的《游记》手稿与副本 Evliya Çelebi's "Book of Travels" in the Topkapi Palace Museum Library and the Süleymaniye Manuscript Library	文学与艺术	土耳其	欧洲及北美地区	2013 年
247	阿瑟·伯纳德·迪肯的遗著 Arthur Bernard Deacon（1903-1927）Collection MS 90—98	文学与艺术	瓦努阿图、英国	亚太地区、欧洲及北美地区	2013 年
248	长诗《爪哇史颂》Nāgarakṛtāgama or Description of the Country（1365 AD）	文学与艺术	印度尼西亚	亚太地区	2013 年
249	爪哇贵族、印度尼西亚民族英雄和泛伊斯兰主义者——蒂博尼哥罗自传副本 Babad Diponegoro or Autobiographical Chronicle of Prince Diponegoro（1785-1855）. A Javanese nobleman, Indonesian national hero and pan-Islamist	文学与艺术	印度尼西亚、荷兰	亚太地区、欧洲及北美地区	2013 年
250	智利通俗抒情诗集 Collections of Printed Chilean Popular Poetry: Lira Popular	文学与艺术	智利	拉丁美洲及加勒比地区	2013 年
251	影视档案:《一个国家的诞生:转折点》On the Birth of a Nation: Turning Points	电影、录像、录音与摄影	东帝汶	亚太地区	2013 年
252	L. U. C. E. 研究所的新闻影片和照片 Newsreels and Photographs of Istituto Nazionale L. U. C. E.	电影、录像、录音与摄影	意大利	欧洲及北美地区	2013 年

续表

序号	入选文献遗产名称	主题内容	申报国家	地区	入选时间
253	拉普拉塔大教堂收藏的乐谱手稿 Cathedral of La Plata Church Music Manuscript Collection	音乐	玻利维亚	拉丁美洲及加勒比地区	2013年
254	蒙特勒爵士音乐节的视听档案 The Montreux Jazz Festival Legacy	音乐	瑞士	欧洲及北美地区	2013年
255	作曲家哈恰图良的乐谱手稿及其创作的电影音乐作品选 Collection of note Manuscripts and Film Music of Composer Aram Khachaturian	音乐	亚美尼亚	欧洲及北美地区	2013年
256	鲁汶大学1425—1797年档案 The Archives of the University of Leuven (1425-1797): University Heritage of Global Significance	教育	比利时	欧洲及北美地区	2013年
257	《劳伦纪事》1377年版 The Laurentian Chronicle 1377	史籍	俄罗斯	欧洲及北美地区	2013年
258	奥斯卡·尼迈耶的建筑档案 Architectural Archive of Oscar Niemeyer	交通、建筑工程	巴西	拉丁美洲及加勒比地区	2013年
259	1818—1930年土木工程师学会入会申请书档案全宗 Membership Application Certificates (Candidates Circulars)	交通、建筑工程	英国	欧洲及北美地区	2013年
260	《洛尔施药典》Lorsch Pharmacopoeia (The Bamberg State Library, Msc. Med. 1)	医学、医药	德国	欧洲及北美地区	2013年
261	胰岛素的发现与早期研究的文献档案 The Discovery of Insulin and Its Worldwide Impact	医学、医药	加拿大	欧洲及北美地区	2013年
262	贝叶版的医学经典《妙闻集》Susrutamhita (Sahottartantra) Manuscript	医学、医药	尼泊尔	亚太地区	2013年
263	塞麦尔维斯的论著 Semmelweis' Discovery	医学、医药	匈牙利	欧洲及北美地区	2013年
264	吉尔贾尼的医学著作手稿 Dhakhīra-yi Khārazmshāhī	医学、医药	伊朗	亚太地区	2013年
265	内布拉星象盘 Nebra Sky Disc	天文	德国	欧洲及北美地区	2013年
266	索弗斯·特龙霍尔特极光研究的成果 Sophus Tromholt Collection	天文	挪威	欧洲及北美地区	2013年

续表

序号	入选文献遗产名称	主题内容	申报国家	地区	入选时间
267	瓦胡什季·巴格拉季奥尼编著的《格鲁吉亚王国概述》和《格鲁吉亚地理地图集》手稿 "Description of Georgian Kingdom" and the Geographical Atlas of Vakhushti Bagrationi	地理与环境	格鲁吉亚	欧洲及北美地区	2013 年
268	恺加王朝时期的伊朗地图 A Collection of Selected Maps of Iran in the Qajar Era（1193-1344 Lunar Calendar/1779-1926 Gregorian Calendar）	地理与环境	伊朗	亚太地区	2013 年
269	达·迦马首航印度的航海日志副本 Journal of the First Voyage of Vasco da Gama to India, 1497-1499	航海、航空与航天	葡萄牙	欧洲及北美地区	2013 年
270	国际寻人服务局 1933—1945 年的档案 Archives of the International Tracing Service	战争	国际寻人服务局国际委员会	其他	2013 年
271	蒙文九珍《甘珠尔经》Kanjur Written with 9 Precious Stones	宗教	蒙古	亚太地区	2013 年
272	固都陶佛塔的石刻 Maha Lawkamarazein or Kuthodaw Inscription Shrines	宗教	缅甸	亚太地区	2013 年
273	"N 经"手稿 Niśvāsattvasaṃhitā Manuscript	宗教	尼泊尔	亚太地区	2013 年
274	马穆鲁克王朝时期的《古兰经》手稿 The National Library of Egypt's Collection of Mamluk Qur'an Manuscripts	宗教	埃及	阿拉伯地区	2013 年
275	耆那教手稿：商底那陀的故事 Shāntinātha Charitra	宗教	印度	亚太地区	2013 年
276	通用图书（文献）索引卡片系统（索引卡片及卡片柜）Universal Bibliographic Repertory	档案馆、图书馆馆藏	比利时	欧洲及北美地区	2013 年
277	秘鲁和南美 1584—1619 年首版的 39 部书籍 Peruvian and South American First Editions（1584-1619）	档案馆、图书馆馆藏	秘鲁	拉丁美洲及加勒比地区	2013 年

续表

序号	入选文献遗产名称	主题内容	申报国家	地区	入选时间
278	位于巴黎的波兰图书馆和亚当·密茨凯维奇博物馆的19世纪藏品 Collections of the 19th century of the Polish Historical and Literary Society/Polish Library in Paris/Adam Mickiewicz Museum	档案馆、图书馆馆藏	波兰	欧洲及北美地区	2013年
279	"何塞·玛利亚·巴萨戈伊蒂·诺列加"历史档案馆的档案 Old fonds of the Historical Archive at Colegio de Vizcaínas: women's Education and Support in the History of the World	档案馆、图书馆馆藏	墨西哥	拉丁美洲及加勒比地区	2013年
280	佩德罗二世皇帝出访国内外的档案 Documents Regarding the Emperor D. Pedro II's Journeys in Brazil and Abroad	名人档案	巴西	拉丁美洲及加勒比地区	2013年
281	格瓦拉的遗作 Documentary Collection "Life and Works of Ernesto Che Guevara: from the Originals Manuscripts of Its Adolescence and Youth to the Campaign Diary in Bolivia"	名人档案	古巴、玻利维亚	拉丁美洲及加勒比地区	2013年
282	《共产党宣言》(1848)手稿和《资本论·第一卷(1867)》的马克思自注本 Manifest der Kommunistischen-Partei, Draft Manuscript Page and Das Kapital. Erster Band, Karl Marx's Personal Annotated Copy	名人档案	荷兰、德国	欧洲及北美地区	2013年
283	埃莉诺·罗斯福的档案 Permanent Collection of the Eleanor Roosevelt Papers Project	名人档案	美国	欧洲及北美地区	2013年
284	藤原道长的亲笔日记 Midokanpaku-ki: the Original Handwritten Diary of Fujiwara no Michinaga	名人档案	日本	亚太地区	2013年
285	罗斯柴尔德文集 Rothschild Miscellany	名人档案	以色列	欧洲及北美地区	2013年
286	查理四世《金玺诏书》的七件手写本和《金玺诏书》文氏豪华型手写本 The "Golden Bull"-All Seven Originals and the "King Wenceslaus' Luxury Manuscript Copy" of the Österreichische Nationalbibliothek	政治与保卫人权	奥地利、德国	欧洲及北美地区	2013年

续表

序号	入选文献遗产名称	主题内容	申报国家	地区	入选时间
287	新农村运动档案 Archives of Saemaul Undong（New Community Movement）	政治与保卫人权	韩国	亚太地区	2013 年
288	1991—1992 年南非民主协商会议（CODESA）的档案和 1993 年多党谈判进程（MPNP）的档案 Archives of the CODESA（Convention For A Democratic South Africa）1991–1992 and Archives of the Multi-Party Negotiating Process 1993	政治与保卫人权	南非	非洲地区	2013 年
289	日本庆长时期派遣赴欧洲使团的有关史料 Materials Related to the Keicho-era Mission to Europe Japan and Spain	政治与保卫人权	日本、西班牙	亚太地区、欧洲及北美地区	2013 年
290	1188 年莱昂王国议会的文献——欧洲议会制度的最古老的记录 The Decreta of León of 1188—The Oldest Documentary Manifestation of the European Parliamentary System	政治与保卫人权	西班牙	欧洲及北美地区	2013 年
291	1448 年加泰罗尼亚农奴诉讼的档案 Llibre del Sindicat Remença（1448）	政治与保卫人权	西班牙	欧洲及北美地区	2013 年
292	元代西藏官方档案 Official Records of Tibet from the Yuan Dynasty China，1304—1367	政治与保卫人权	中国	亚太地区	2013 年
293	李舜臣将军作战日记——《乱中日记》手稿 Nanjung Ilgi：War Diary of Admiral Yi Sun-sin	战争	韩国	亚太地区	2013 年
294	耶路撒冷犹太大屠杀纪念馆 1954—2004 年收集的受害者的身份证明档案 Pages of Testimony Collection，Yad Vashem Jerusalem，1954–2004	战争	以色列	欧洲及北美地区	2013 年
295	15 世纪中叶到 18 世纪后期波兰王国与奥斯曼帝国缔结的和平条约 Peace Treaties（Ahdnames）Concluded from the Mid-15th Century to Late-18th Century between the Kingdom（or Republic）of Poland and the Ottoman Empire	条约	波兰	欧洲及北美地区	2013 年

续表

序号	入选文献遗产名称	主题内容	申报国家	地区	入选时间
296	1948—1989年捷克斯洛伐克境内秘密发行的书刊等地下出版物 Libri Prohibiti: Collection of Periodicals of Czech and Slovak Samizdat in the Years 1948-1989	报纸与海报	捷克	欧洲及北美地区	2013年
297	西班牙征服者1533—1538年对秘鲁实行殖民统治时期的档案 Travelling Registry of the Conquistadors or "Becerro Book"	殖民统治、贩奴与废奴	秘鲁	拉丁美洲及加勒比地区	2013年
298	1703年人口普查档案 1703 Census of Iceland	其他	冰岛	欧洲及北美地区	2013年
299	暹罗学会理事会的16卷会议记录 "The Minute Books of the Council of the Siam Society", 100 years of Recording International Cooperation in Research and the Dissemination of Knowledge in the Arts and Sciences	其他	泰国	亚太地区	2013年
300	侨批档案——海外华侨银信 Qiaopi and Yinxin Correspondence and Remittance Documents from Overseas Chinese	其他	中国	亚太地区	2013年
301	MPI-PL语言档案馆的藏品 Selected Data Collections of the World's Language Diversity at the Language Archive	文字、语言与印刷	荷兰	欧洲及北美地区	2015年
302	新世界土著语言词汇：翻译成西班牙语的词典类语言工具书 Indigenous Language Vocabulary from the New World Translated into Spanish	文字、语言与印刷	西班牙	欧洲及北美地区	2015年
303	用四种语言文字镌刻的弥塞提石碑 Myazedi Quadrilingual Stone Inscription	碑刻	缅甸	亚太地区	2015年
304	法国人雷诺的动画电影作品 The Moving Picture Shows of Émile Reynaud	电影、录像、录音与摄影	法国、捷克	欧洲及北美地区	2015年
305	KBS电视台特别直播节目"寻找离散的家属"的档案 The Archives of the KBS Special Live Broadcast "Finding Dispersed Families"	电影、录像、录音与摄影	韩国	亚太地区	2015年

续表

序号	入选文献遗产名称	主题内容	申报国家	地区	入选时间
306	摩西阿希的收藏 Moses and Frances Asch Collection. Center for Folklife and Cultural Heritage, Smithsonian Institution	电影、录像、录音与摄影	美国	欧洲及北美地区	2015 年
307	巴赫亲笔签名的 b 小调弥撒曲乐谱手稿 Autograph of H-Moll-Messe (Mass in B minor) by Johann Sebastian Bach	音乐	德国	欧洲及北美地区	2015 年
308	威廉·庞蒂学校学生的毕业论文 William Ponty School Collection of Papers	教育	塞内加尔	非洲地区	2015 年
309	《亨利克夫书》 The Book of Henryków	史籍	波兰	欧洲及北美地区	2015 年
310	灰山遗址出土的古代亚述商人的档案 The Old Assyrian Merchant Archives of Kültepe	商贸与税务	土耳其	欧洲及北美地区	2015 年
311	巴尔巴内拉农历历书 Collection of Barbanera Almanacs	天文	意大利	欧洲及北美地区	2015 年
312	阿尔比古代世界地图 The Mappa Mundi of Albi	地理与环境	法国	欧洲及北美地区	2015 年
313	埃斯塔克利地理著作手抄本 Al Masaalik Wa Al-Mamaalik	地理与环境	伊朗、德国	亚太地区、欧洲及北美地区	2015 年
314	波兰兄弟会的档案与藏书 Files and library of the Unity of the Brethren	宗教	波兰	欧洲及北美地区	2015 年
315	马丁·路德宗教改革初期与早期的代表性文献 Documents Representing the Beginning and the Early Development of the Reformation Initiated by Martin Luther	宗教	德国	欧洲及北美地区	2015 年
316	"他者的凝视"相册 The Gaze of the Other: Documentary Heritage of the Salesian Apostolic Vicariate in the Ecuadorian Amazon 1890–1930	宗教	厄瓜多尔	拉丁美洲及加勒比地区	2015 年
317	乌得勒支圣诗集 Utrecht Psalter	基督教	荷兰	欧洲及北美地区	2015 年

续表

序号	入选文献遗产名称	主题内容	申报国家	地区	入选时间
318	比亚托斯《启示录评注》的副本 The Manuscripts of the Commentary to the Apocalypse (Beatus of Liébana) in the Iberian Tradition	宗教	葡萄牙、西班牙	欧洲及北美地区	2015年
319	阿勒颇手抄本 Aleppo Codex	宗教	以色列	欧洲及北美地区	2015年
320	《罗萨诺福音书》古抄本（残本）Codex Purpureus Rossanensis	宗教	意大利	欧洲及北美地区	2015年
321	1756年缅甸国王雍籍牙致英国国王乔治二世的金箔信函 The Golden Letter of the Burmese King Alaungphaya to King George II of Great Britain	档案馆、图书馆馆藏	德国、英国、缅甸	欧洲及北美地区、亚太地区	2015年
322	斯科尔特萨米人定居的苏奥尼屈勒村落的档案 Archive of the Skolt Sámi Village of Suonjel Suenjel	档案馆、图书馆馆藏	芬兰	欧洲及北美地区	2015年
323	格鲁吉亚国家档案馆保存的最古老的手稿 The Oldest Manuscripts Preserved at the National Archives of Georgia	档案馆、图书馆馆藏	格鲁吉亚	欧洲及北美地区	2015年
324	儒学文献典籍雕版印刷木刻板 Confucian Printing Woodblocks	档案馆、图书馆馆藏	韩国	亚太地区	2015年
325	契约劳工档案（1834—1930）The Records of Indentured Immigration	档案馆、图书馆馆藏	毛里求斯	非洲地区	2015年
326	萨阿贡修士著《新西班牙诸物志》The Work of Fray Bernardino de Sahagún (1499-1590)	档案馆、图书馆馆藏	墨西哥、意大利、西班牙	拉丁美洲及加勒比地区、欧洲及北美地区	2015年
327	东寺百合文书 Archives of Tōji Temple Contained in one-hundred Boxes	档案馆、图书馆馆藏	日本	亚太地区	2015年
328	博德默图书馆的藏书（1916—1971）Bibliotheca Bodmeriana (1916-1971)	档案馆、图书馆馆藏	瑞士	欧洲及北美地区	2015年
329	法属西非的老明信片藏品 Collection of Old Postcards from French West Africa	档案馆、图书馆馆藏	塞内加尔	非洲地区	2015年

续表

序号	入选文献遗产名称	主题内容	申报国家	地区	入选时间
330	代尔韦尼出土的莎草纸残卷：欧洲最古老的"书"The Derveni Papyrus: The Oldest 'book' of Europe	档案馆、图书馆馆藏	希腊	欧洲及北美地区	2015年
331	巴斯德的档案 Louis Pasteur's Archive	名人档案	法国	欧洲及北美地区	2015年
332	首位征服珠穆朗玛峰的登山家希拉里爵士的档案 Sir Edmund Hillary Archive	名人档案	新西兰	亚太地区	2015年
333	艾萨克·牛顿的神学论文手稿 The Papers of Sir Isaac Newton	名人档案	以色列	欧洲及北美地区	2015年
334	丘吉尔档案 The Churchill Papers	名人档案	英国	欧洲及北美地区	2015年
335	爱德华-莱昂·斯科特·德马丁维尔1853年至1860年的录音档案 Humanity's First Recordings of Its Own Voice: The Phonautograms of Édouard-Léon Scott de Martinville (c. 1853–1860)	电影、录像、录音与摄影	美国录音收藏协会	其他	2015年
336	1649年缙绅会议法典文本 The Sobornoye Ulozheniye of 1649	政治与保卫人权	俄罗斯	欧洲及北美地区	2015年
337	1869—1935年31宗司法档案文本：墨西哥对1948年世界人权宣言文本中确立"有效补救"条款的贡献 Judicial Files Concerning the Birth of a Right: the Effective Remedy as a Contribution of the Mexican Writ of Amparo to theUniversal Declaration of Human Rights (UDHR) of 1948	政治与保卫人权	墨西哥	拉丁美洲及加勒比地区	2015年
338	第一次亚非会议档案 Asian-African Conference Archives	政治与保卫人权	印度尼西亚	亚太地区	2015年
339	三国联盟战争的摄影史料档案 The War of the Triple Alliance Iconographic and Cartographic Presentations	战争	巴西、乌拉圭	拉丁美洲及加勒比地区	2015年
340	返回舞鹤港——与遣返日俘有关的文献（1945年—1956年）Return to Maizuru Port—Documents Related to the Internment and Repatriation Experiences of Japanese (1945–1956)	战争	日本	亚太地区	2015年

续表

序号	入选文献遗产名称	主题内容	申报国家	地区	入选时间
341	1914年7月28日奥匈帝国向塞尔维亚正式宣战的电报文本 Telegram of Austria-Hungary's Declaration of War on Serbia on 28th July 1914	战争	塞尔维亚	欧洲及北美地区	2015年
342	英国陆军元帅道格拉斯·黑格爵士1914—1919年的日记手稿 Autograph First World War Diary of Field Marshal Sir Douglas Haig, 1914-1919	战争	英国	欧洲及北美地区	2015年
343	南京大屠杀档案 Documents of Nanjing Massacre	战争	中国	亚太地区	2015年
344	1897年4月内汉达和卡古维案件卷宗 Nehanda and Kaguvi Mediums' Judgement Dockets (April 1897). Case between State Versus Nehanda and Kaguvi Spirit Mediums Leading to Their Execution	殖民统治、贩奴与废奴	津巴布韦	非洲地区	2015年
345	西印度群岛委员会文集 The West Indian Commission Papers	其他	巴巴多斯	拉丁美洲及加勒比地区	2015年
346	物理学家厄缶的三篇科学文献 Three Documents Related to the Two Most Outstanding Results of the Work of Roland Eötvös	其他	匈牙利	欧洲及北美地区	2015年
347	南锥体国家捍卫人权委员会 Fundo Comitê de Defesa dos Direitos Humanos para os Países do Cone Sul (CLAMOR)	政治与保卫人权	巴西、乌拉圭	拉丁美洲及加勒比地区	2015年
348	波斯诗人萨迪作品集《Kulliyyāt》Kulliyyāt-i Sa'di	文学	伊朗	亚太地区	2015年
349	1841—1846年突尼斯废除奴隶制档案 The Abolition of Slavery in Tunisia 1841-1846	政治与保卫人权	突尼斯	阿拉伯地区	2017年
350	取消军队的法律档案 Abolition of the Army in Costa Rica	法律	哥斯达黎加	拉丁美洲及加勒比地区	2017年
351	《卢布林联盟法案》档案 The Act of the Union of Lublin document	法律	波兰、立陶宛、乌克兰、白俄罗斯、拉脱维亚	欧洲及北美地区	2017年

续表

序号	入选文献遗产名称	主题内容	申报国家	地区	入选时间
352	名人传记词典手抄本 Al-Mustamlah Min Kitab Al-Takmila	文学与艺术	阿尔及利亚	阿拉伯地区	2017年
353	16—18世纪印度与波斯的图集和波斯书法范本 Album of Indian and Persian Miniatures from the 16th through the 18th Century and Specimens of Persian Calligraphy	文学与艺术	俄罗斯	欧洲及北美地区	2017年
354	阿莱塔·雅各布斯的论文集 Aletta H. Jacobs Papers	文学与艺术	荷兰、美国	欧洲及北美地区	2017年
355	巴巴多斯非洲之歌 An African Song or Chant from Barbados	音乐	巴巴多斯、英国	拉丁美洲及加勒比地区、欧洲及北美地区	2017年
356	安东尼奥·卡洛斯·戈梅斯作曲集 Antonio Carlos Gomes	音乐	意大利、巴西	欧洲及北美地区、拉丁美洲及加勒比地区	2017年
357	莱奥什·雅那切克档案 Archives of Leoš Janáček	名人档案	捷克	欧洲及北美地区	2017年
358	"海狸爸爸"经典童话系列的档案 Archives of Père Castor	文学与艺术	法国	欧洲及北美地区	2017年
359	圣地亚哥·拉蒙·卡哈尔和西班牙神经组织学派的档案 Archives of Santiago Ramón y Cajal and the Spanish Neurohistological School	医学、医药	西班牙	欧洲及北美地区	2017年
360	希瓦汗国朝廷档案 Archives of the Chancellery of Khiva Khans	历史	乌兹别克斯坦	亚太地区	2017年
361	国债偿还运动的档案 Archives of the National Debt Redemption Movement	历史	韩国	亚太地区	2017年
362	阿姆斯特丹公证处1578—1915年档案 The Archive of the Amsterdam Notaries 1578-1915	档案馆、图书馆馆藏	荷兰	欧洲及北美地区	2017年
363	曼努埃尔·阿尔瓦雷斯·布拉沃摄影作品档案 The Archives of Negatives, Publications and Documents of Manuel Álvarez Bravo	电影、录像、录音与摄影	墨西哥	拉丁美洲及加勒比地区	2017年

续表

序号	入选文献遗产名称	主题内容	申报国家	地区	入选时间
364	近现代中国苏州丝绸档案 The Archives of Suzhou Silk in Modern and Contemporary Times of China	丝绸	中国	亚太地区	2017年
365	博里尔皇帝的宗教会议纪要副本 Boril's Synodicon or Synodicon of King Boril	宗教	保加利亚	欧洲及北美地区	2017年
366	印度尼西亚婆罗浮屠古迹保护档案 Borobudur Conservation Archives	宗教	印度尼西亚	亚太地区	2017年
367	安东尼努斯赦令 Constitutio Antoniniana	政治与保卫人权	德国	欧洲及北美地区	2017年
368	古代上野国三座珍稀的石碑 Three Cherished Stelae of Ancient Kozuke	碑刻	日本	亚太地区	2017年
369	圣加伦修道院档案馆及其图书馆的文献遗产 Documentary Heritage of the Former Abbey of Saint Gall in the Abbey Archives and the Abbey Library of Saint Gall	档案馆、图书馆馆藏	瑞士	欧洲及北美地区	2017年
370	17世纪至19世纪朝鲜赴日信使档案 Documents on Joseon Tongsinsa/Chosen Tsushinshi: The History of Peace Building and Cultural Exchanges between Korea and Japan from the 17th to 19th Century	历史	日本、韩国	亚太地区	2017年
371	法兰克福审判 Frankfurt Auschwitz Trial	政治与保卫人权	德国	欧洲及北美地区	2017年
372	悉尼港景观照片的大型玻璃底片 Giant Glass Plate Negatives of Sydney Harbour	电影、录像、录音与摄影	澳大利亚	亚太地区	2017年
373	西曼卡斯档案馆保存的档案 The General Archive of Simancas	档案馆、图书馆馆藏	西班牙	欧洲及北美地区	2017年
374	印度洋海啸档案 The Indian Ocean Tsunami Archives	历史	印度尼西亚、斯里兰卡	亚太地区	2017年
375	纪录影片《法裔美洲人的声音》Mixed Traces and Memories of the Continents—The Sound of the French People of America	电影、录像、录音与摄影	加拿大	欧洲及北美地区	2017年

续表

序号	入选文献遗产名称	主题内容	申报国家	地区	入选时间
376	班基故事手稿 Panji Tales Manuscripts	文学与艺术	柬埔寨、印度尼西亚、荷兰、马来西亚、英国	亚太地区、欧洲及北美地区	2017年
377	路德维希·维特根斯坦的哲学遗著 Philosophical Nachlass of Ludwig Wittgenstein	文学与艺术	奥地利、加拿大、荷兰、英国	欧洲及北美地区	2017年
378	韩国朝鲜王室的御宝和御册 Royal Seal and Investiture Book Collection of the Joseon Dynasty	历史	韩国	亚太地区	2017年
379	皇室收藏的摄影档案 The Royal Photographic Glass Plate Negatives and Original Prints Collection	电影、录像、录音与摄影	泰国	亚太地区	2017年
380	莎士比亚生平的记录——莎士比亚的文档 The "Shakespeare Documents", a Documentary Trail of the Life of William Shakespeare	名人档案	英国、美国	欧洲及北美地区	2017年
381	联合国1982年至2015年关于土著民族各项议题的档案 Statements made by Indigenous Peoples at the United Nations 1982 to 2015	政治与保卫人权	瑞士	欧洲及北美地区	2017年
382	哈吉·奥玛尔·塔尔的著作副本 Reminder to Those Who Do Not Pay Attention to the Harms Caused by the Divergence between Believers	文学与艺术	马里	非洲地区	2017年
383	奥坎波别墅文献中心的藏书和个人档案 The Villa Ocampo Documentation Center	名人档案	阿根廷、美国	拉丁美洲及加勒比地区、欧洲及北美地区	2017年
384	国际知识产权合作研究所的档案（1925—1946）Archives of the International Institute of Intellectual Cooperation, 1925-1946	档案馆、图书馆馆藏	联合国教科文组织	其他	2017年
385	根除天花病的档案 Records of the Smallpox Eradication Programme of the World Health Organization	医学、医药	联合国世界卫生组织	其他	2017年

续表

序号	入选文献遗产名称	主题内容	申报国家	地区	入选时间
386	卡莫乔地图 Camocio Maps	地理与环境	捷克、马耳他	欧洲及北美地区	2017年
387	卡斯特贝格儿童法档案 The Castbergian Child Laws of 1915	法律	挪威	欧洲及北美地区	2017年
388	中美洲法院的档案 Central American Court of Justice	法律	哥斯达黎加	拉丁美洲及加勒比地区	2017年
389	圣地亚哥-德孔波斯特拉大教堂珍藏的《加里斯都抄本》以及其他与圣雅各有关的中世纪副本 The Codex Calixtinus of Santiago de Compostela Cathedral and other Medieval Copies of the Liber Sancti Jacobi：The Iberian Origins of the Jacobian Tradition in Europe	宗教	西班牙、葡萄牙	欧洲及北美地区	2017年
390	教育家保罗·弗莱雷的文献档案 Collection Educator Paulo Freire	名人档案	巴西	拉丁美洲及加勒比地区	2017年
391	突厥语方言词典副本 Compendium of the Turkic Dialects	文字、语言与印刷	土耳其	欧洲及北美地区	2017年
392	武术综合插图手册 Comprehensive Illustrated Manual of Martial arts	绘画	朝鲜	亚太地区	2017年
393	达格·哈马舍尔德档案 Dag Hammarskjöld Collection	名人档案	瑞典	欧洲及北美地区	2017年
394	1920年华沙战役期间波兰无线电情报机关的档案 Documents of Polish Radio Intelligence from the Period of the Battle of Warsaw in 1920	战争	波兰	欧洲及北美地区	2017年
395	切尔诺贝利核事故的档案 Documentary Heritage Related to Accident at Chernobyl	历史	乌克兰	欧洲及北美地区	2017年
396	富祖里诗集手稿的副本 The Copy of the Manuscript of Mahammad Fuzuli's "divan"	文学与艺术	阿塞拜疆	欧洲及北美地区	2017年
397	皇家历史博物馆馆藏的塞默灵铁路档案 The Documents on the Semmering Railway from the Imperial & Royal Historical Museum of Austrian Railways	交通、建筑工程	奥地利	欧洲及北美地区	2017年

续表

序号	入选文献遗产名称	主题内容	申报国家	地区	入选时间
398	古斯曼著作《佛罗里达回忆录》The Florid Recollection, a Historical Speech and Natural, Material, Military and Political Account of the Reyno of Guatemala	文学与艺术	危地马拉	拉丁美洲及加勒比地区	2017 年
399	吉尔吉特梵文佛典手写本 Gilgit Manuscrpit	宗教	印度	亚太地区	2017 年
400	伊万·亚历山大皇帝的福音书 Gospels of Tsar Ivan Alexander	宗教	保加利亚、英国	欧洲及北美地区	2017 年
401	拉赫曼 1971 年 3 月 7 日演讲的音频与视频档案 The Historic 7th March Speech of Bangabandhu Sheikh Mujibur Rahman	政治与保卫人权	孟加拉国	亚太地区	2017 年
402	埃拉库里亚的文献档案 Ignacio Ellacuría's Documentary Fond: Historical Reality and Liberation	名人档案	萨尔瓦多	拉丁美洲及加勒比地区	2017 年
403	阮朝皇家档案（1802—1945）Imperial Archives of Nguyen Dynasty (1802–1945)	历史	越南	亚太地区	2017 年
404	以色列民间故事档案 Israel Folktale Archives	文学与艺术	以色列	欧洲及北美地区	2017 年
405	爱尔兰民俗委员会收藏的 1935—1970 年的藏品 The Irish Folklore Commission Collection 1935–1970	其他	爱尔兰	欧洲及北美地区	2017 年
406	于尔根·斯特鲁普报告 Jürgen Stroop's Report	战争	波兰	欧洲及北美地区	2017 年
407	史书《雅米·塔瓦里克》Jāme' al-Tavarikh	历史	伊朗	亚太地区	2017 年
408	缅甸巴彦瑙国王的钟铭 King Bayinnaung Bell Inscription	历史	缅甸	亚太地区	2017 年
409	《治疗体内外疾病》Livre de la Guérison des Maladies Internes et Externs Affectant Le Corps	医学、医药	马里	非洲地区	2017 年
410	格特鲁德·贝尔档案 The Gertrude Bell Archive	名人档案	英国	欧洲及北美地区	2017 年

续表

序号	入选文献遗产名称	主题内容	申报国家	地区	入选时间
411	达盖尔银版法——现代视觉媒体的诞生 The Kynzvart Daguerreotype—The Birth of Modern Visual Media	电影、录像、录音与摄影	捷克	欧洲及北美地区	2017年
412	Maden Al Asrar Fi Elm Al Behar 手稿 Maden Al Asrar Fi Elm Al Behar Manuscript	航海、航空与航天	阿曼	阿拉伯地区	2017年
413	佛教文本 Maitreyay Varakarana	宗教	印度	亚太地区	2017年
414	宰赫拉威医学著作手稿 Manuscript of al-Zahrāwīsur	医学、医药	摩洛哥	阿拉伯地区	2017年
415	马歇尔·麦克卢汉的档案 Marshall McLuhan：The Archives of the Future	名人档案	加拿大	欧洲及北美地区	2017年
416	福迪奥的著作《宗教信仰与身体健康关系人类的利益》的副本 Masālih al-Insān al-Muta'alliqat bi al-Adyānwa al-Abdān, The human being interests linked to the religions and the body	宗教	马里、尼日利亚	非洲地区	2017年
417	尼斯·达·西尔维拉档案 Nise da Silveira Personal Archive	名人档案	巴西	拉丁美洲及加勒比地区	2017年
418	奥德特·梅内松-里戈的文献档案 Odette Mennesson Rigaud holdings	名人档案	海地	拉丁美洲及加勒比地区	2017年
419	清代澳门地方衙门档案（1693—1886）Official Records of Macao During the Qing Dynasty (1693-1886)	历史	葡萄牙、中国	欧洲及北美地区、亚太地区	2017年
420	甲骨文 Chinese Oracle-Bone Inscriptions	文字、语言与印刷	中国	亚太地区	2017年
421	乔治·奥威尔论文集 The Orwell Papers	名人档案	英国	欧洲及北美地区	2017年
422	葡萄牙驻法国波尔多领事馆 1039—1940年办理签证的登记簿 Register Books of Visas Granted by Portuguese Consul in Bordeaux, Aristides Sousa Mendes（1939-1940）	战争	葡萄牙	欧洲及北美地区	2017年
423	圣马丁岛废奴档案 Route/Root to Freedom：A Case Study of How Enslaved Africans Gained Their Freedom on the Dual National Island of Sint Maarten/Saint Martin	殖民统计、贩奴与废奴	圣马丁岛	拉丁美洲及加勒比地区	2017年

续表

序号	入选文献遗产名称	主题内容	申报国家	地区	入选时间
424	萨拉热窝哈加达手稿 The Sarajevo Haggadah Manuscript	文学与艺术	波斯尼亚-黑塞哥维那	欧洲及北美地区	2017 年
425	《四传福音》重写本 The Tetraevangelion-Palimpsest	宗教	格鲁吉亚	欧洲及北美地区	2017 年
426	韦斯特伯克影片 Westerbork Films	电影、录像、录音与摄影	荷兰	欧洲及北美地区	2017 年
427	皮里雷斯世界地图（1513 年）The Piri Reis World Map（1513）	地理与环境	土耳其	欧洲及北美地区	2017 年
428	加齐·哈兹维伯格图书馆收藏的手稿 Manuscript Collection of the Gazi Husrev-Beg Library	档案馆、图书馆馆藏	波斯尼亚-黑塞哥维那	欧洲及北美地区	2017 年
429	西印度委员会档案 The West India Committee Collection	殖民统治、贩奴与废奴	安提瓜和巴布达、牙买加、英国、安圭拉、蒙特塞拉特岛	欧洲及北美地区、拉丁美洲及加勒比地区	2016 年①
430	印度契约劳工的档案② Records of the Indian Indentured Labourers	殖民统治、贩奴与废奴	圣文森特和格林纳丁斯	拉丁美洲及加勒比地区	2017 年
431	纪念蒙文《丹珠尔经》的石碑③ Stone Stele Monument for Mongolian Tanjur	宗教	蒙古	亚太地区	2017 年
432	艾萨克·牛顿的科学与数学论文手稿④ The Scientific and Mathematical Papers of Sir Isaac Newton	名人档案	以色列、英国	欧洲及北美地区	2017 年

---

① 根据联合国教科文组织官网，该文献遗产入选时间为 2016 年，但《世界记忆名录》均在奇数年公布入选提名，该入选时间 2016 年可能并不准确。

② 对第 244 条 2011 年入选的"印度契约劳工的档案"的补充文献。

③ 对第 228 条 2011 年入选的"蒙文《丹珠尔经》"的补充文献。

④ 对第 333 条 2015 年入选的"艾萨克·牛顿的神学论文手稿"的补充文献。

附录4 中国入选《世界记忆名录》项目①

1. 传统音乐音响档案

"传统音乐音响档案"是中国第一个入选《世界记忆名录》的项目,也是世界上首例以音响档案的形式入选名录的项目。它包含中国 50 多个民族的传统音乐与民间音乐录音档案,长达 7000 小时,其中包括家喻户晓的民间艺人阿炳创作的传世名曲,还有 5 万张照片和 15 万卷音乐书籍和残谱。中国古代的音乐遗产通常是口耳相传的,这些录音使得中国古代音乐历经数代传承至今,是世界上现存最全面最完整的中国传统音乐档案。

入选名录时间:1997 年,《世界记忆名录》

申报及保管单位:中国艺术研究院音乐研究所

录制阿炳音乐的钢丝录音带（手绘图）

2. 清代内阁秘本档中有关 17 世纪在华西洋传教士活动的档案

"清代内阁秘本档"是抄录有关官员呈进秘本而成的档册。入选《世界记忆名录》的 24 件档案均用满文书写,系统完整地反映了 17 世纪中叶西洋传教士在华活动情况。其主要内容是"汤若望案",即康熙初年安徽歙县民人杨光先状告当时朝廷命官汤若望一案。汤若望、杨光先二人对簿公堂,各自详尽阐述了有关天文历法、宗教信仰、人文史地和礼仪民俗等方面的观点。该档案在研究中西文化交流、民族语言多样性以及清代文书档案制度方面,均具有重要意义。

入选名录时间:1999 年,《世界记忆名录》

申报及保管单位:中国第一历史档案馆

---

① 按入献遗产入选《世界记忆名录》时间排序。

清代内阁满文秘本档
（图文由中国第一历史档案馆提供）

3. 纳西族东巴古籍文献

"纳西族东巴古籍文献"是纳西族东巴教祭司用东巴文和格巴文书写的东巴教经典，俗称东巴经。形成年代无考，学界普遍认为最初形成于唐代，宋元明清至 20 世纪都有发展。东巴经是纳西先民古代社会生活的百科全书，其内容涉及宗教祭祀、历史传说、诗歌格言、天文地理、医药占卜、风俗习惯等。由于至今还有人能够识读和运用这种文字，因此在国际学术界有"世界上唯一保留完整的活着的象形文字"之誉。

入选名录时间：2003 年，《世界记忆名录》
申报单位：云南省档案局、云南省丽江地区行政公署
保管单位：丽江市东巴文化研究院、云南省档案馆等

纳西族东巴古籍文献
（图文由云南省档案馆提供）

4. 清代科举大金榜

金榜是中国古代科举最高一级考试——殿试的成绩排名榜。"清代科举大金榜"用满汉两种文字书写，满文从左向右，汉文从右向左，正中用两种文字书写着巨大的"榜"字。榜文首为皇帝制文一道，后列录取进士名单，依甲次顺序书写姓名、名次及籍贯，在年月时间及纸张粘接处盖有朱红色"皇帝之宝"印。"清代科举大金榜"长二三十米不等，宽约 0.9 米，用于张挂供大家观瞻。金榜作为中国古代科举制度的标志性档案文献，是古代中央政府通过科举考试选拔官吏和人才的见证。

入选名录时间：2005 年，《世界记忆名录》

申报及保管单位：中国第一历史档案馆

咸丰六年大金榜（图文由中国第一历史档案馆提供）

5. 清代样式雷图档

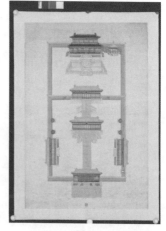

"清代样式雷图档"是指中国清代（1644—1911 年）雷氏家族绘制的建筑图样、建筑模型、工程做法及相关文献。现存样式雷图档 20 000 余件，时间涵盖 18 世纪中叶到 20 世纪初；地域覆盖北京、天津、河北、辽宁、山西等清代皇家建筑所在地；在内容上，有包括城市、宫殿、园林、坛庙、陵寝、府邸、工厂、学堂等建筑在内的各种建筑勘测、设计、施工图和装修图以及建筑模型，还有大量工程做法、随工日记、旨意档及堂司谕档等文字资料，内容十分丰富、系统。该档案不仅体现了很高的建筑学成就，而且

清代样式雷建筑图档
（图文由中国国家图书馆提供）

也为研究中国清代历史提供了珍贵文献。

入选名录时间：2007年，《世界记忆名录》

申报单位：中国国家图书馆

保管单位：中国国家图书馆、故宫博物院、中国第一历史档案馆等

6.《黄帝内经》

《黄帝内经》成书于西汉初年（公元前2世纪），是中国传世医书中撰写年代最早、理论体系完整的重要典籍。《黄帝内经》包括《素问》《灵枢》两部分。《素问》以黄帝与岐伯等上古名医问答的形式，阐述了中医对于病理、药理、诊断、治疗等各方面的见解。《灵枢》则针对脏象、经络及针刺之法，进行系统的论述。《黄帝内经》是中医学的奠基之作，系统总结了公元前2世纪以前的中医药学成就，构建了中医学的理论体系。

入选名录时间：2010年，《世界记忆亚太地区名录》；2011年，《世界记忆名录》

申报及保管单位：中国国家图书馆

7.《本草纲目》明万历二十一年（1593年版）金陵（现南京）胡承龙刻本

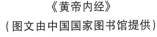

《黄帝内经》
（图文由中国国家图书馆提供）

《本草纲目》是一部集几千年天然药物使用知识和经验的百科全书式中药学经典。该书是由中国明朝的医药学家李时珍（1518—1593）历时27年写成的自然科学巨著。书中内容涉及医学、植物学、动物学、矿物学、化学等诸多领域，并且首创了科学的药物分类法。《本草纲目》代表了16世纪以前东亚地区的药物学成就和发展，是世界医药学和文化发展的里程碑。英国生物学家达尔文称该书为"中国古代的百科全书"。1593年金陵版《本草纲目》是该书的最早刻本，也是迄今为止唯一一个由李氏家族自己编纂的版本，是此后中外一切版本的祖本。

入选名录时间：2010年，《世界记忆亚太地区名录》；2011年，《世界记忆名录》

申报及保管单位：中国中医科学院中医药信息研究所（中国中医科学院图书馆）

《本草纲目》明万历二十一年（1593 年版）金陵（现南京）胡承龙刻本
（图文由中国中医科学院中医药信息研究所提供）

8. 元代西藏官方档案

入选名录的"元代西藏官方档案"共计 22 件，包括 14 世纪初中期元代皇帝颁发的八思巴字谕旨 4 件、元代帝师颁发的藏文法旨 4 件，14 世纪至 15 世纪西藏地方首领颁发的藏文铁券文书 13 件、藏文契约文书 1 件。22 件元代西藏官方档案是研究 14 世纪初元朝廷和西藏僧俗首领关系、元代中后期施政措施、宗教政策、民族关系以及八思巴字和 14 世纪及 15 世纪特有的藏文字体书写的官方档案的第一手档案文献史料，具有不可替代的历史文献价值，对于反映当时社会、政治体制、产权所有、寺院经济、蒙藏民族关系以及文书制度都具有重要的学术研究意义。

入选名录时间：2012 年，《世界记忆亚太地区名录》；2013 年，《世界记忆名录》

申报及保管单位：西藏自治区档案馆

元代西藏官方档案（图文由西藏自治区档案馆提供）

9. 侨批档案——海外华侨银信

侨批是海外华侨华人寄给国内家乡眷属的汇款和书信的合称（"批"是福建、广东等地方言对书信的称呼），又称"银信"。侨批历时近两个世纪的发展演变，在清末民国时期最为盛行，直至20世纪70年代归口中国银行管理，侨批终成历史。侨批主要来自东南亚地区和北美洲的美国、加拿大，基本反映了华侨在世界的分布。目前，中国福建、广东保存的侨批档案文献有20多万件，内容丰富、种类繁多、系统完整，包括来批封、回批封、批笺、汇票等。

入选名录时间：2012年，《世界记忆亚太地区名录》；2013年，《世界记忆名录》

申报单位：福建省档案局、广东省档案局

保管单位：福建省档案馆、广东省档案馆等

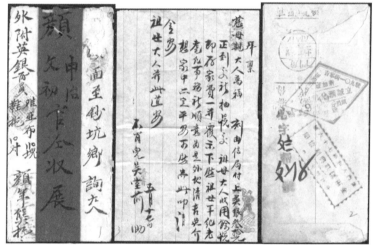

侨批档案
（图文由福建省档案馆提供）

10. 南京大屠杀档案

1937年12月13日，侵华日军攻陷当时的中国首都南京，对南京市民和放下武器的中国军人开始了长达6个星期的大屠杀，是第二次世界大战期间著名的"三大惨案"之一。南京大屠杀申遗档案内容主要分为3部分：第1部分是关于1937年至1938年，日本侵略军占领南京期间大肆杀戮中国军民和平民的档案；第2部分是关于1945年至1947年，中华民国政府军事法庭在战后对日本战犯调查和审判的档案；第3部分是关于1952年至1956年，中华人民共和国司法机构提供的文件。

入选名录时间：2015年，《世界记忆名录》

申报及保管单位：中国中央档案馆、中国第二历史档案馆、辽宁省档案馆、吉林省档案馆、上海市档案馆、南京市档案馆、侵华日军南京大屠杀遇难同胞纪念馆

谷寿夫判决书
（图文由中国第二历史档案馆提供）

11."汉文文书"档案汇集——清代澳门地方衙门档案（1693—1886）

"汉文文书"是清代的官、私中文文书，主要形成于清代乾隆初期至道光末期。其主体是澳门同知、香山知县及县丞等地方官员在行使中国对澳门管治权的过程中，与澳门议事会理事官之间文书往来所形成的地方衙门档案，由1 500多件中文文书原件、5册澳葡议事会葡文译本和4小包零散文件共3 600份档案文书组成。澳门作为中国对外贸易和交往的枢纽口岸，通过航运和其他方式联系着各个国家。这批档案如实地反映出当时的澳门在世界上具有特殊的地位和作用，是研究澳门历史以至中外关系史极为珍贵的第一手资料。

入选名录时间：2016年，《世界记忆亚太地区名录》；2017年，《世界

记忆名录》

申报单位：澳门档案馆、葡萄牙东波塔档案馆

保管单位：原件藏于葡萄牙东波塔档案馆，澳门档案馆存复印本

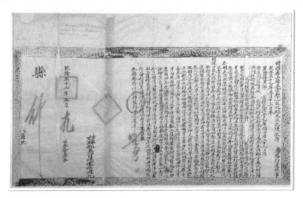

汉文文书（图文由澳门档案馆提供）

12. 近现代中国苏州丝绸档案

"近现代中国苏州丝绸档案"是19世纪到20世纪末期，苏州丝绸企业、单位在技术研发、生产管理、营销贸易、对外交流过程中直接形成的，由纸质文图和样本实物组成的，具有保存价值的原始记录，共计29 592卷。该档案体现了当时中国乃至世界丝绸产品的最高工艺水平，在记录中国丝绸工业演变及东西方商贸

近现代中国苏州丝绸档案
（图文由苏州市工商档案管理中心提供）

方面具有较大价值，对助力"一带一路"建设、助推丝绸产业振兴具有重大意义。

入选名录时间：2016年，《世界记忆亚太地区名录》；2017年，《世界记忆名录》

申报及保管单位：苏州市工商档案管理中心

13. 甲骨文

甲骨文1899年发现于河南安阳，是3 000多年前商朝后期的珍贵档案。目前，大约有15万片甲骨出土，现藏世界各地100余家机构。甲骨

文主要刻在龟甲和兽骨上，是商代后期王室的占卜记录和其他纪事性文字记录。它是中国最早的成体系的古代文献，与敦煌遗书、西域简牍、明清内府档案一起，被称为近代学术史上学术资料的四大发现，在学术史上产生了巨大且深远的影响。甲骨文的发现把中国信史推到了3 000多年前，让历史遗忘的商王朝重现在我们面前。

入选名录时间：2017年，《世界记忆名录》

申报及保管单位：清华大学图书馆、南京博物院、中国社会科学院、山东博物馆、故宫博物院、上海博物馆、天津博物馆、旅顺博物馆、中国国家图书馆、北京大学

甲骨
（图文由中国国家图书馆提供）

附录5　中国入选《世界记忆亚太地区名录》项目①

1. 天主教澳门教区档案文献（16—19世纪）

"天主教澳门教区档案文献"是16至19世纪天主教澳门教区传教士和神职人员活动所形成的档案和素材，包括用拉丁文、葡文、中文和一些其他欧洲国家文字书写的官方记录和个人通信联系、手写本、培训材料、书籍、日记等资料。这些资料见证了澳门教会在东西方文化交流中的角色，为研究东西方宗教和社会历史、政治、语言、文化和外交关系提供了证据和参考，具有不可替代的价值。

入选名录时间：2010年，《世界记忆亚太地区名录》

申报单位：澳门文献信息学会

保管地点：澳门教区主教公署、澳门圣若瑟修院

天主教澳门教区档案文献（16—19世纪）
（图文由澳门文献信息学会提供）

2.《黄帝内经》

参见附录4。

3.《本草纲目》明万历二十一年（1593年版）金陵（现南京）胡承龙刻本

参见附录4。

4. 元代西藏官方档案

参见附录4。

---

① 按文献遗产入选《世界记忆亚太地区名录》时间排序。

5. 侨批档案——海外华侨银信

参见附录4。

6.《赤道南北两总星图》

《赤道南北两总星图》绘制于明崇祯七年（1634年），是由时任大学士徐光启主持测绘，德国传教士汤若望精心设计，钦天监众多官员参与制作的高水准天文学星图。图为纸本，全图纵171.5厘米，横452厘米，分8幅纵向拼接而成，每幅宽56.5厘米。该图分为《南赤道所见星图》和《北赤道所见星图》两幅主图，主图之间及外沿绘有《赤道图》和《黄道图》等小星图14幅，还有《黄道经纬仪》等各种天文仪器图4幅，代表了当时东方星象学的最高水平，在世界天文学史上占有重要的位置，是一幅具有划时代意义的中国古代星图。

入选名录时间：2014年，《世界记忆亚太地区名录》

申报及保管单位：中国第一历史档案馆

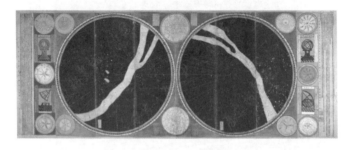

赤道南北两总星图
（图文由中国第一历史档案馆提供）

7. 孔子世家明清文书档案

"孔子世家明清文书档案"历经明、清、民国四百余年的历史，包括袭封、宗族、属员、刑讼、租税、林庙管理、祀典、宫廷、朝廷政治、财务、文书、庶务等12类，蕴藏着广泛而深厚的历史文化信息。该档案中既有衍圣公与朝廷、地方官员往来的各式公文，也有记录孔府各机构运转及孔氏家族日常生活状况的文书，是明

孔子世家明清文书档案
（图文由孔子博物馆提供）

清时期衍圣公从事政治、经济、文化、教育等活动及处理家族事务而形成的第一手资料。

入选名录时间：2016年，《世界记忆亚太地区名录》

申报及保管单位：孔子博物馆

8. 澳门功德林档案文献

功德林始建于民国初年，为佛教学院的庙宇，港澳地区首家女众佛学堂在此诞生。功德林为僧尼及文化名人营造了交流平台，留下了丰富的文献遗产。"澳门功德林档案文献"收藏了从清中期至民初的6 000多件历史文献，其中以佛教文献的经、律、论为主，兼具佛学研究、文化艺术、国学、商学、哲学等内容。其载体形式包括贝叶、线装纸本、手抄本等，还有大量名人书画作品。它们见证了澳门佛学的渊源以及澳门在近现代史的角色和地位，特别是推动了妇女社会地位的提升。

入选名录时间：2016年，《世界记忆亚太地区名录》

申报单位：澳门文献信息学会

保管地点：澳门功德林寺院

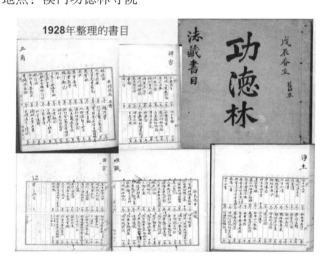

澳门功德林档案文献
（图文由澳门文献信息学会提供）

9. "汉文文书"档案汇集——清代澳门地方衙门档案（1693—1886）
参见附录3。

10. 近现代中国苏州丝绸档案

参见附录4。

11. 南侨机工档案

云南省档案馆藏南侨机工回国抗战档案形成时间为1937年至1948年，共850余卷。第二次世界大战期间，为打破日寇封锁，确保大批国际援华物资从缅甸仰光运进中国，国民政府委托南洋华侨领袖陈嘉庚先生代为在南洋各地招募华侨汽车司机和修理工，南洋各地华侨踊跃报名应征。"南侨机工档案"完整记录了机工们在中国参加国际物资运输和汽车修理工作，支援中国人民抵抗侵略的全过程，记录了南侨机工为第二次世界大战亚洲战场的胜利提供后勤保障发挥的不可替代的作用。

入选名录时间：2018年，《世界记忆亚太地区名录》

申报及保管单位：云南省档案馆

南侨机工档案
（图文由云南省档案馆提供）

12.《四部医典》（金汁手写版和16—18世纪木刻版）

《四部医典》成书于公元8世纪末，12世纪由宇妥萨玛·云丹贡布将其补充完善后最终定稿，全书分为根本部、论说部、秘诀部、后续部四大部分，共156章，记载了200多种食物的功效，911种药材，2 258种配方，1 616个病种的诊治方法。《四部医典》也是藏医教学的核心教材。1 546年之前，《四部医典》以手抄本流传于世，此后出现了多种不同的木刻版。西藏自治区藏医院珍藏有一部金汁手写和四种木刻版《四部医典》,分别是扎塘版、达旦版、甘丹平措林版和药王山版。金汁手写版《四部医典》完成于1942年,是西藏自治区藏医院的手抄本。

入选名录时间:2018年,《世界记忆亚太地区名录》

申报及保管单位:西藏自治区藏医院

四个不同版本的木刻版《四部医典》
Four xylograph versions of the Four Treatises

四个不同版本的木刻板《四部医典》
(图文由西藏自治区藏医院提供)

附录6 中国档案文献遗产名录

第一批《中国档案文献遗产名录》入选项目（49项）
2002年3月公布

序号	档案文献名称	保藏单位	申报单位	形成时间	民族	数量	相关链接
1	尹湾汉墓简牍中的西汉郡级档案文书	江苏连云港市博物馆	江苏连云港市博物馆	西汉末年	汉族	156枚	连云港市博物馆.2016-11. http://www.lygmuseum.cn/plus/list.php?tid=73
2	《宇妥·元丹贡布八大密诀》手写本	四川省甘孜藏族自治州德格藏医院	四川省档案局	8世纪	藏族	1册（356页）	
3	唐代开元年间档案	辽宁省档案馆	辽宁省档案馆	714年	汉族	6件	辽宁省档案馆.2013-09. http://www.lnsdag.org.cn/lnsdaj/wmdsc/zdhc/content/402880da40eb783a0140ece9092d1dd6.html
4	西夏文佛经《吉祥遍至口和本续》	宁夏回族自治区文物考古研究所	宁夏回族自治区档案局	12世纪下半叶	西夏	9册	
5	元代档案中有关西藏归属问题的档案	西藏自治区档案馆	西藏自治区档案馆	1304—1367年	藏族	22件	中华人民共和国国家档案局.2012-05. https://www.saac.gov.cn/daj/yaow/201205/475aa009d164451db04a51de8f4639ec.shtml
6	元代第七任帝师桑结贝给塔巴贝的封文	四川省甘孜藏族自治州档案馆	四川省甘孜藏族自治州档案馆	1309年	藏族	1件	
7	《明太祖洪武二十五年实录稿本》（部分）	辽宁省档案馆	辽宁省档案馆	1401年	汉族	98页（件）	辽宁省档案馆.2020-04. http://www.lnsdag.org.cn/lnsdaj/wmdsc/zdhc/content/ff8080816db8371001717aef850324e9.html

续表

序号	档案文献名称	保藏单位	申报单位	形成时间	民族	数量	相关链接
8	明代"金书铁券"	青海省档案馆	青海省档案馆	1458 年	汉族	1 件	中国人民共和国国家档案局.2012-01.https://www.saac.gov.cn/daj/dawxyc/201201/329448de46e84b20bf1ed36c7d069767.shtml
9	明代徽州土地产权变动和管理文书	安徽省档案馆	安徽省档案馆	1514—1643 年	汉族	8 件	中华人民共和国国家档案局.2012-01.https://www.saac.gov.cn/daj/dawxyc/201201/f367eff7272a4421bcffc645f93f300a.shtml
10	明代谏臣杨继盛遗书及后人题词	河北省容城县档案馆	河北省档案局	1555—1931 年	汉族	129 件	日照档案信息网.2011-08http://www.rzda.gov.cn/newsview.aspx?tid=9&bid=99&cid=1344
11	清代皇帝对鄂尔多斯蒙古王公的诰封	鄂尔多斯市档案馆	鄂尔多斯市档案馆	1649—1880 年	蒙古族	3 件	
12	清代玉牒	中国第一历史档案馆	中国第一历史档案馆	1661—1921 年	满族	2 600 余册	辽宁省档案馆.2013-09.http://www.lnsdag.org.cn/lnsdaj/wmdsc/zdhc/content/402880da40f0b8350140f246822e25b2.html
13	清代金榜	中国第一历史档案馆	中国第一历史档案馆	1667—1904 年	满族	约 200 件	中华人民共和国国家档案局.2011-12.https://www.saac.gov.cn/daj/lhgjk/201808/5d6abe19006d47489327b05524a38cc5.shtml
14	清代宋漠所著《剿抚澎台机宜》	北京市档案馆	北京市档案馆	1683 年	汉族	1 件	北京市档案信息网.2017-03.http://www.bjma.gov.cn/bjma/330228/330310/325593/index.html
15	清代阿拉善霍硕特旗档案	内蒙古自治区阿拉善左旗档案馆	内蒙古自治区阿拉善左旗档案馆	1685—1911 年	蒙古族	2 497 卷	

续表

序号	档案文献名称	保藏单位	申报单位	形成时间	民族	数量	相关链接
16	贵州省"水书"文献	贵州省档案馆	贵州省档案馆	清代至民国年间	水族	11卷	贵州档案方志信息网.2017-07. http://www.gzdafzxx.cn/wszt/ztzl/gzclz/201707/t20170704_53226899.html
17	《般若波罗蜜多经八千颂》档案文献	四川省甘孜藏族自治州德格印经院	四川省档案局	1703年	藏族	555块	四川档案局(馆).2016-03. http://www.scsdaj.gov.cn/scda/default/infodetail.jsp?infoId=a499d8b63789446289d0eb43fbbc78a1
18	清康熙、雍正、乾隆三朝皇帝给新疆蒙古土尔扈特部落的敕书	新疆维吾尔自治区档案馆	新疆维吾尔自治区档案馆	1712年、1729年、1771年	蒙古族	3件	新疆档案信息网.2015-09. http://www.xjaa.gov.cn/ins/info/id/17602/pid/2457
19	清代五大连池火山喷发满文档案	黑龙江省档案馆	黑龙江省档案馆	1719—1722年	满族	42件	
20	大生纱厂创办初期的档案	南通市档案馆	南通市档案馆	1893—1907年	汉族	559件,另137册	日照档案信息网.2011-08. http://www.rzda.gov.cn/newsview.aspx?tid=9&bid=99&cid=1361
21	清代获鹿县永壁村保甲册	河北省档案馆	河北省档案馆	1842年	汉族	1册	中华人民共和国国家档案局.2012-01. https://www.saac.gov.cn/daj/dawxyc/201201/913d5a2365484776a938d108897e3f09.shtml
22	清代秘密立储档案	中国第一历史档案馆	中国第一历史档案馆	1846—1850年	满族	5件	中华人民共和国国家档案局.2012-01. https://www.saac.gov.cn/daj/dawxyc/201201/caf5a3ed782547d4ab6675246e1da070.shtml
23	江南机器制造局档案	上海市档案馆	上海市档案馆	1851—1933年	汉族	90卷	
24	清代《八省运河泉源水利情形总图》	汶上县档案馆	汶上县档案馆	1863年	汉族	1件	
25	清代《清漾毛氏族谱》	浙江省江山市档案馆	浙江省江山市档案馆	1869年	汉族	66册	浙江档案网.2020-07. http://www.zjda.gov.cn/art/2020/7/2/art_1229005493_49673182.html

续表

序号	档案文献名称	保藏单位	申报单位	形成时间	民族	数量	相关链接
26	清代吉林公文邮递实寄邮件	吉林省档案馆	吉林省档案馆	1867—1912年	汉族	50件	吉林省档案信息网.2016-03.http://www.jlsda.cn/G_NR_W.jsp?urltype=news.NewsContentUrl&wbtreeid=1029&wbnewsid=1863
27	中国近代邮政起源档案	天津市档案馆	天津市档案馆	1877—1880年	汉族	25件	中华人民共和国国家档案局.2012-01.https://www.saac.gov.cn/daj/dawxyc/201201/fb35ae7266e34858bdea43bf5ad00c34.shtml
28	汉冶萍煤铁厂矿有限公司档案	湖北省档案馆	湖北省档案馆	1899—1948年	汉族	6 656卷	日照档案信息网.2011-08.http://www.rzda.gov.cn/newsview.aspx?tid=9&bid=99&cid=1362
29	中国北方地区早期商会档案	天津市档案馆	天津市档案馆	1903—1911年	汉族	13件	中华人民共和国国家档案局.2012-01.https://www.saac.gov.cn/daj/dawxyc/201201/f2f84e5261c74a93b1c4af8e4750dfe0.shtml
30	汤寿潜与保路运动档案	浙江省档案馆	浙江省档案馆	1905—1911年	汉族	22件	
31	苏州商会档案（晚清部分）	苏州市档案馆	苏州市档案馆	1905—1911年	汉族	1 279件	苏州档案网.2007-12.http://www.daj.suzhou.gov.cn/szda/infodetail/?infoid=da992ed5-1a5c-42df-bc25-fe9966a9fc5c&categoryNum=016001001
32	兰州黄河铁桥档案	甘肃省档案馆	甘肃省档案馆	1906—1911年	汉族	571件	甘肃档案信息网.2017-03.http://www.cngsda.net/tsda/3870.jhtml
33	《京张路工摄影》	北京市档案馆	北京市档案馆	1909年	汉族	178张	北京市档案信息网.2006-02.http://www.bjma.gov.cn/bjma/330228/331442/331444/310301/index.html
34	清代吉林打牲乌拉捕贡山界与江界全图	吉林省档案馆	吉林省档案馆	1909—1911年	汉族	2张	吉林市人民政府.2013-02.http://www.jlcity.gov.cn/sq/jlyx/whjl/msmf/201706/t20170626_219319.html

续表

序号	档案文献名称	保藏单位	申报单位	形成时间	民族	数量	相关链接
35	云南护国首义档案	云南省档案馆	云南省档案馆	1915—1916年	汉族	191件	云南省档案信息网. 2014-10. http://www.yn-da.yn.gov.cn/ynjy/hgydtpz/201610/t20161014_443760.html
36	孙中山题词手迹——"博爱"	中国第二历史档案馆	中国第二历史档案馆	1922年	汉族	1件	中国第二历史档案馆. http://www.shac.net.cn/gcjj/sj/
37	孙中山手稿——致日本友人犬养毅函稿	中国第二历史档案馆	中国第二历史档案馆	1923年	汉族	24页	
38	中山陵档案	南京市档案馆	南京市档案馆	1925—1949年	汉族	1904卷、618幅、138张	江苏省档案信息网. 2018-05. http://www.da-js.gov.cn/art/2018/5/8/art_76_44245.html
39	广州中山纪念堂建筑设计图纸	广州市档案馆	广州市档案馆	1927—1932年	汉族	462张	
40	民国时期的中国西部科学院档案	重庆市档案馆	重庆市档案馆	1930—1949年	汉族	71件	
41	钱塘江桥工程档案	浙江省档案馆	浙江省档案馆	1933—1937年	汉族	图纸80件、照片、底片161张	浙江档案网. http://www.zjda.gov.cn/col/col1402047/index.html
42	抗战时期华侨机工支援抗战运输档案	云南省档案馆	云南省档案馆	1937—1945年	汉族	850卷	
43	老舍著《四世同堂》手稿	中国现代文学馆	中国现代文学馆	1944—1948年	汉族	1件	
44	中印两国总理联合声明中方草案	中华人民共和国外交部档案馆	中华人民共和国外交部档案馆	1954年	汉族	1件	中华人民共和国外交部档案馆. http://dag.fmprc.gov.cn/chn/gcjp
45	周恩来总理在亚非会议全体会议上的补充发言（手稿）	中华人民共和国外交部档案馆	中华人民共和国外交部档案馆	1955年	汉族	1件	中华人民共和国外交部档案馆. http://dag.fmprc.gov.cn/chn/gcjp
46	中华人民共和国开国大典档案	中央档案馆	中央档案馆	1949年	汉族	62卷	中华人民共和国国家档案局. 2011-12. https://www.saac.gov.cn/daj/dawxyc/201112/9b2d514e876344f182c5394f779e5704.shtml

续表

序号	档案文献名称	保藏单位	申报单位	形成时间	民族	数量	相关链接
47	纳西族东巴古籍	云南省丽江市东巴文化研究院	云南省丽江地区行政公署、云南省档案局	无确考	纳西族	20 000余卷	云南省档案信息网. 2016-01. http://www.ynda.yn.gov.cn/ztsj/ssmzzt/201610/t20161013_443489.html
48	永州女书档案文献	湖南省江永县档案馆	湖南省江永县档案馆	1900—1986年	汉族	42件	中华人民共和国国家档案局. 2011-12. https://www.saac.gov.cn/daj/dawxyc/201112/d03d7b71587149d4bf0db24bfb11e4d0.shtml
49	清代内阁秘本档中有关17世纪在华西洋传教士活动的档案	中国第一历史档案馆	中国第一历史档案馆	17世纪中叶	满族	24件	

第二批《中国档案文献遗产名录》入选项目（35 项）

2003 年 10 月公布

序号	档案文献名称	保藏单位	申报单位	形成时间	民族	数量	相关链接
1	利簋	中国国家博物馆	中国国家博物馆	西周早期（约公元前1075年）	汉族	1 件	中国国家博物馆. http://www.chnmuseum.cn/portals/0/web/zt/gudai/default.html#1
2	焉耆——龟兹文文献	中国国家图书馆	中国国家图书馆	公元3—9世纪	古民族	3 页	
3	唐代"谨封"铜印档案文献	青海省档案馆	青海省档案局	公元8世纪初	汉族	1 件	
4	明代洪武皇帝颁给搠思公失监的圣旨	西藏自治区档案馆	西藏自治区档案局	1373 年	藏族	1 件	
5	大明混一图	中国第一历史档案馆	中国第一历史档案馆	1389 年	汉族	1 件	
6	《永乐大典》	中国国家图书馆	中国国家图书馆	1403—1406年	汉族	221 册	世界数字图书馆. 2018-01. https://www.wdl.org/zh/item/3019/
7	明代徽州江氏家族分家阄书	安徽省黄山市档案馆	安徽省档案局	1422年、1592年、1612年	汉族	3 件	黄山市数字档案馆. 2020-07. http://www.ahhsda.com/hsdzda-portal/collection-resources?page=GCZY
8	戚继光签批的申文	辽宁省档案馆	辽宁省档案局	1554 年	汉族	1 件	辽宁省档案馆. 2013-09. http://www.lnsdag.org.cn/lnsdaj/wmdsc/zd_hc/content/402880da40eb783a0140ed0ba6261e70.html
9	史家祖宗画像及传记、题跋	浙江省宁波市江东区档案馆	浙江省宁波市档案局	明代中期	汉族	41 件	浙江档案网. 2013-11. http://www.zjda.gov.cn/art/2013/11/12/art_1378527_12509394.html
10	彝族文献档案	云南省楚雄州档案馆	云南省档案局	约明中期至清中期	彝族	518 卷	楚雄州图书馆彝族文献数据库系统. http://yzwx.cxlib.org.cn/
11	清初世袭罔替诰命	中国第一历史档案馆	中国第一历史档案馆	1636—1779年	满族	1 件	中国第一历史档案馆. 2014-11. http://www.lsdag.com/nets/lsdag/page/article/Article_233_1.shtml?hv=

续表

序号	档案文献名称	保藏单位	申报单位	形成时间	民族	数量	相关链接
12	清代四川南部县衙门档案文献	四川省南充市档案馆	四川省档案局	1657—1911年	汉族	17 882卷	四川档案.2017-06.http://www.scsdaj.gov.cn/scda/default/infodetail.jsp?infoId=d0d37ae270674989b6577b0ea3b089bb
13	四川自贡盐业契约档案文献	四川省自贡市档案馆	四川省档案局	1732—1949年	汉族	3 000件	四川档案.2017-06.http://www.scsdaj.gov.cn/scda/default/infodetail.jsp?infoId=759d737dfb8d4142a9925048b821d94c
14	清代样式雷图档	中国国家图书馆	中国国家图书馆、中国第一历史档案馆、故宫博物院、清华大学建筑学院	清乾隆-清宣统年间	汉族	15 000余件	故宫博物院.https://www.dpm.org.cn/building/talk/250824.html
15	长芦盐务档案	河北省档案馆	河北省档案局	1777—1949年	汉族	33 849卷	中国第一历史档案馆.2018-11.http://www.lsdag.com/nets/lsdag/page/article/Article_1029_1.shtml?hv=
16	英国国王乔治三世致乾隆皇帝信	中国第一历史档案馆	中国第一历史档案馆	1792年	满族	1件	
17	林则徐、邓廷桢、怡良合奏虎门销烟完竣折	中国国家博物馆	中国国家博物馆	1839年	汉族	1件	中国国家博物馆.http://www.chnmuseum.cn/zp/zpml/201812/t20181218_25243.shtml
18	"日升昌"票号、银号档案文献	中国第二历史档案馆、中国票号博物馆	山西省平遥县档案局、中国票号博物馆、中国第二历史档案馆	1840—1900年、1909—1948年	汉族	94件	
19	图琳固英族谱	辽宁省喀喇沁左翼蒙古族自治县档案馆	辽宁省档案局	1847—1851年	蒙古族	1件	
20	江汉关档案文献	湖北省档案馆	湖北省档案局	1861—1949年	汉族	3 593卷	湖北省档案馆.2017-12.http://www.hbda.gov.cn/info/2441.jspx http://www.hbda.gov.cn/info/2440.jspx http://www.hbda.gov.cn/info/2439.jspx

续表

序号	档案文献名称	保藏单位	申报单位	形成时间	民族	数量	相关链接
21	清代末年至中华人民共和国成立前九龙关管辖地区图	广东省档案馆	广东省档案局	1891—1948年	汉族	61件	
22	昆明教案与云南七府矿权的丧失及其收回档案文献	云南省档案馆	云南省档案局	1900—1911年	汉族	170件	
23	吐鲁番维吾尔郡王额敏和卓及其后裔家谱	新疆维吾尔自治区档案馆	新疆维吾尔自治区档案局	1901年	维吾尔族	1件	新疆档案信息网.http://www.xjaa.gov.cn/ins/info/id/17610/pid/2461
24	上海总商会档案	上海市档案馆	上海市档案局	1901—1930年	汉族	97卷	
25	清代内蒙古垦务档案	内蒙古自治区档案馆	内蒙古自治区档案局	1901—1911年	蒙古族	536卷	内蒙古档案信息网.http://www.archives.nm.cn/information/nmg_dangan44/msg21952224018.html
26	大清国致荷兰国国书	中国第一历史档案馆	中国第一历史档案馆	1905年	满族	1件	
27	清代呼兰府《婚姻办法》档案文献	黑龙江省档案馆	黑龙江省档案局	1907年	汉族	3件	黑龙江档案信息网.2017-12.http://www.hljdaj.gov.cn/system/201712/106131.html
28	孙中山与南京临时政府档案史料	中国第二历史档案馆	中国第二历史档案馆	1912年	汉族	20余件	
29	清宣统皇帝溥仪退位诏书	中国国家博物馆	中国国家博物馆	1912年	汉族	4件	中国国家博物馆.http://www.chnmuseum.cn/zp/zpml/201812/t20181218_25822.shtml
30	韩国钧《朋僚函札》档案文献	江苏省档案馆	江苏省档案局	1915—1937年	汉族	3600余件	江苏档案信息网.2017-11.http://www.dajs.gov.cn/art/2017/11/22/art_74_35451.html
31	《共产党宣言》中文首译本	中国国家图书馆	中国国家图书馆、中国国家博物馆、浙江省档案局	1920年	汉族	3本	中国国家博物馆.http://www.chnmuseum.cn/zp/zpml/201812/t20181218_26463.shtml
32	百色起义档案史料	广西壮族自治区档案馆	广西壮族自治区档案局	1929—1931年	汉族	38件	

续表

序号	档案文献名称	保藏单位	申报单位	形成时间	民族	数量	相关链接
33	中国工农红军长征档案文献	中央档案馆	中央档案馆	1934—1936年	汉族	160卷	
34	冼星海《黄河大合唱》手稿	中国艺术研究院	中国艺术研究院	1939—1941年	汉族	2件	中国艺术研究院艺术与文献馆.http://lib.zgysyjy.org.cn/exhi_detail/603468.html
35	民间音乐家阿炳6首乐曲原始录音	中国艺术研究院	中国艺术研究院	1950年	汉族	2盘	

第三批《中国档案文献遗产名录》入选项目(30项)
2010年2月公布

序号	档案文献名称	保藏单位	申报单位	形成时间	民族	数量	相关链接
1	四川省凉山彝族自治州毕摩文献	四川省凉山彝族自治州美姑县档案馆	四川省凉山彝族自治州美姑县档案馆	至迟在唐宋时期就形成了文献	彝族	1 500卷	四川档案网.2017-06. http://www.scsdaj.gov.cn/scda/default/infodetail.jsp?infoId=248640178bf94483a7fe169a835f079f
2	敦煌写经	甘肃省档案馆、甘肃省敦煌市档案馆	甘肃省档案局	618—907年	藏族	14件	甘肃档案信息网.2012-11. http://www.cngsda.net/tsda/3866.jhtml
3	《新刊黄帝内经》	中国国家图书馆	中国中医科学院	公元前2世纪、1339年出版	汉族	11册	中国国家图书馆.http://read.nlc.cn/allSearch/searchDetail?searchType=1002&showType=1&indexName=data_892&fid=411999012568
4	《本草纲目》(金陵版原刻本)	中国中医科学院图书馆	中国中医科学院	1593年	汉族	25册	
5	锦屏文书	贵州省锦屏县档案馆、贵州省黎平县档案馆、贵州省天柱县档案馆、贵州省三穗县档案馆、贵州省剑河县档案馆	贵州省档案局	约1368—1949年	苗族、侗族	5万余份	贵州省民族博物馆.2014-06. http://www.gzsmzmuseum.cn/news-34.html
6	清初满文木牌	中国第一历史档案馆	中国第一历史档案馆	1636年	满族	28件	中国第一历史档案馆.2014-11. http://www.lsdag.com/nets/lsdag/page/article/Article_238_1.shtml?hv=
7	清代庄妃册文	中国第一历史档案馆	中国第一历史档案馆	1636年	满族	1件	
8	清代雍正皇帝为指派康济鼐办理藏务事给达赖喇嘛的敕谕	西藏自治区档案馆	西藏自治区档案局	1726年	满族	1件	
9	清代四川巴县档案中的民俗档案文献	四川省档案馆	四川省档案局	1752—1911年	汉族	287件	四川档案网.2017-06. http://www.scsdaj.gov.cn/scda/default/infodetail.jsp?infoId=cfefa71aca1b449ca92c99216d8f46ca

续表

序号	档案文献名称	保藏单位	申报单位	形成时间	民族	数量	相关链接
10	清代嘉庆皇帝为确立达赖灵童事给班禅活佛的敕谕	西藏自治区档案馆	西藏自治区档案局	1808年	藏族	1件	
11	侨批档案	广东省：汕头市潮汕历史文化研究中心、汕头市档案馆、江门市档案馆、梅州市档案馆，福建省：泉州市档案馆、晋江市档案馆、晋江市博物馆、泉州华侨历史博物馆	广东省档案局、福建省档案局	19世纪—20世纪	汉族	约15万封	广东省档案馆.2017-02. https://www.da.gd.gov.cn/portal_home/content/1445
12	清朝同治年间绘制的《六省黄河堤工埽坝情形总图》	山东省汶上县档案馆	山东省档案局	1863年	汉族	1件	山东档案信息网.2012-04. http://dag.shandong.gov.cn/articles/24A583A/201204/1334137262707496.shtml
13	清代黑龙江通省满汉文舆图图说（同治年间）	黑龙江省档案馆	黑龙江省档案局	1863年	汉族	7册	黑龙江档案信息网. 2007-02. http://www.hljdaj.gov.cn/system/200702/103906.html
14	清代黑龙江地方鄂伦春族满文户籍档案文献（同治、光绪年间）	黑龙江省档案馆	黑龙江省档案局	1866—1900年	鄂伦春族	11册	黑龙江档案信息网. 2017-12. http://www.hljdaj.gov.cn/system/201712/106138.html
15	李鸿章在天津筹办洋务档案文献	天津市档案馆	天津市档案局	1879—1901年	汉族	252件	天津档案方志网.2010-05. https://www.tjdag.gov.cn/zh_tjdag/gwxx/xxdt/bsxx/details/1593423368075.html
16	清末云南为禁种大烟倡种桑棉推行实业档案文献	云南省档案馆	云南省档案局	1904—民国二十年前后	汉族	50余卷	
17	延长油矿管理局"延1井"（陆上第一口油井）专题档案	陕西省档案馆、陕西延长油矿管理局档案馆	陕西省档案局	1907—1948年	汉族	115件	陕西档案信息网.2019-11. http://daj.shaanxi.gov.cn/ArticleView.aspx?id=1836

续表

序号	档案文献名称	保藏单位	申报单位	形成时间	民族	数量	相关链接
18	山西商办全省保晋矿务有限总公司档案文献	山西省阳泉市档案馆	山西省档案局	1906—1981年	汉族	3 981卷	
19	苏州市民公社档案	江苏省苏州市档案馆	江苏省档案局	1909—1928年	汉族	200余件	苏州档案网.2007-12. http://www.daj.suzhou.gov.cn/szda/infodetail/?infoid=c7357f57-4381-4b33-8a30-182e27071fa8&categoryNum=016001001
20	晚清、民国时期百种常熟地方报纸	江苏省常熟市档案馆	江苏省档案局	1910—1949年	汉族	110种 7 248张	江苏省档案信息网.2017-08. http://www.da-js.gov.cn/art/2017/8/4/art_76_17257.html
21	辛亥革命武昌起义档案文献	湖北省档案馆、辛亥革命武昌起义纪念馆	湖北省档案局、辛亥革命武昌起义纪念馆	1911—1950年	汉族	2 094件	辛亥革命武昌起义纪念馆.http://wlt.hubei.gov.cn/1911museum/
22	浙军都督府汤寿潜函稿档案	浙江省嵊州市档案馆	浙江省档案局	1911—1012年	汉族	18卷	浙江档案网.http://www.zjda.gov.cn/col/col1402045/index.html
23	民国时期筹备三峡工程专题档案	中国第二历史档案馆	中国第二历史档案馆	1919—1948年	汉族	文书档案198项，图纸25套（份），照片档案一组9帧	中华人民共和国国家档案局.2013-08. https://www.saac.gov.cn/daj/zdhc/201308/8e738131e57d446cbb80249d34a479dc.shtml
24	孙中山葬礼纪录电影原始文献	中国电影资料馆	中国电影资料馆	1925—1929年	汉族	7部	
25	八一南昌起义档案文献	中央档案馆	中央档案馆	1927年	汉族	80件	
26	南京国民政府商标局商标注册档案	中国第二历史档案馆	中国第二历史档案馆	1928—1949年	汉族	3万项，其中商标实物约6万枚	
27	湘鄂赣省工农兵银行发行的货币票券	湖南省浏阳市档案馆	湖南省档案局	1931—1933年	汉族	974张	

续表

序号	档案文献名称	保藏单位	申报单位	形成时间	民族	数量	相关链接
28	侵华日军南京大屠杀相关专题档案(五组)	中国第二历史档案馆、江苏省南京市档案馆、侵华日军南京大屠杀遇难同胞纪念馆	中国第二历史档案馆、江苏省南京市档案馆、侵华日军南京大屠杀遇难同胞纪念馆	1937—1948年	汉族	5组	侵华日军南京大屠杀遇难同胞纪念馆. http://www.19371213.com.cn/collection/archives/
29	茅盾珍档——日记、回忆录、部分小说及书信、随笔等手稿	浙江省桐乡市档案馆	浙江省档案局	1941—1981年	汉族	662件(11 283页)	浙江档案网. 2013 - 11. http://www.zjda.gov.cn/art/2013/11/11/art_1378527_12509399.html
30	浙江抗日军民救护遇险盟军档案	浙江省档案馆、浙江省遂昌县档案馆、浙江省象山县档案馆、浙江省江山市档案馆	浙江省档案局	1942—1948年	汉族	80件	浙江档案网. http://www.zjda.gov.cn/col/col1402044/index.html

第四批《中国档案文献遗产名录》入选项目（29 项）
2015 年 5 月公布

序号	档案文献名称	保藏单位	申报单位	形成时间	民族	数量	相关链接
1	甘肃秦汉简牍	甘肃简牍博物馆	甘肃省档案局	战国时期至东汉	汉族	5 万多枚	甘肃档案信息网.2019-07. http：//www. cngsda. net/gsjy/33457.jhtml
2	四川省阿坝藏族羌族自治州茂县羌族刷勒日文献	四川省茂县档案馆	四川省档案局	唐	羌族	1 件	四川日报.2015-06. https：//epaper. scdaily. cn/shtml/scrb/20150618/102472.shtml
3	宁化府益源庆历史档案	山西省太原市档案馆、太原市宁化府益源庆醋业有限公司	太原市档案馆	1817—1956 年	汉族	1 组 80 件	中国档案资讯网.2017-09. http：//www. zgdazxw. com. cn/culture/2017-09/06/content_189380.htm
4	鄂尔多斯左翼后旗台吉家谱	内蒙古自治区鄂尔多斯市档案馆	内蒙古自治区档案局	1470—1949 年	蒙古族	1 件	中国档案资讯网.2016-02. http：//www. zgdazxw. com. cn/dagb/2016-02/22/content_130100.htm
5	孔子世家明清文书档案	曲阜市文物局孔府文物档案馆	山东省档案局	1534—1911 年	汉族	6 588 卷	孔子博物馆. http：//www. kzbwg. cn/diancang/zhenpin/kfda/
6	《四部医典》（金汁手写版和 16—18 世纪木刻版）	西藏自治区藏医院藏医文献研究所	西藏自治区档案局	8 世纪—11 世纪	藏族	5 件	中国档案资讯网.2018-04. http：//www. zgdazxw. com. cn/culture/2018-04/13/content_230809.htm
7	明万历年间泸定土司藏商合约档案	四川省泸定县档案馆	四川省档案局	1617 年	藏族	1 件	四川档案网.2020-10. http：//www. scsdaj. gov. cn/scda/default/infodetail.jsp？infoId=4e6a173c6ab84020b290d61ff1201e5d
8	赤道南北两总星图	中国第一历史档案馆	中国第一历史档案馆	1634 年	汉族	1 件	中国档案资讯网.2017-04. http：//www. zgdazxw. com. cn/culture/2017-04/01/content_181460.htm
9	贵州布依族古文字档案（贵州布依文古籍）	贵州省荔波县档案馆、三都水族自治县档案馆	贵州省档案局	明清	布依族	304 册	中国档案资讯网.2020-10. http：//www. zgdazxw. com. cn/culture/2020-11/02/content_309584.htm

续表

序号	档案文献名称	保藏单位	申报单位	形成时间	民族	数量	相关链接
10	盛京内务府册档	辽宁省档案馆	辽宁省档案局	1662—1861年	满族	1 149册	辽宁省档案馆.2020-04. http://www.lnsdag.org.cn/lnsdaj/wmdsc/zd hc/content/ff8080816db8371001717af2f48024f2.html
11	首届会供仪仗彩绘长卷	西藏自治区档案馆	西藏自治区档案局	1694年	藏族	1件	西藏档案网.2017-11. http://da.xzdw.gov.cn/dawh/zdhc/201711/t20171122_151154.html
12	五当召蒙古文历史档案	内蒙古自治区包头市档案馆	内蒙古自治区档案局	1695—1948年	蒙古族	1 350件	中国档案资讯网.2014-05. http://www.zgdazxw.com.cn/work/2014-05/04/content_44804.htm
13	《尺度经·智者意悦》(稿本)	西藏自治区档案馆	西藏自治区档案局	18世纪中期	藏族	1册	
14	清代册封扎萨克世袭多罗达尔罕贝勒的册文	内蒙古自治区档案馆	内蒙古自治区档案局	1844—1890年	满族、蒙古族	1件	内蒙古档案信息网.2015-10. http://www.archives.nm.cn/information/nmg_dangan44/msg21948222818.html
15	四川自贡岩口簿档案文献	四川省自贡市档案馆	四川省自贡市档案局	1857—1956年	汉族	121件	四川档案网.2017-06. http://www.scsdaj.gov.cn/scda/default/infodetail.jsp?infoId=49bdd9e2fb1847cc8ed88fe3a46e4290
16	晚清民国龙泉司法档案	浙江省龙泉市档案馆	浙江省档案局	1858—1949年	汉族	17 411卷	浙江档案网.2015-05. http://www.zjda.gov.cn/art/2015/5/14/art_1378485_14355553.html
17	开滦煤矿档案文献	开滦(集团)有限责任公司	河北省档案局	1876年—新中国成立初期	汉族	41 752卷	
18	近现代苏州丝绸样本档案	江苏省苏州市工商档案管理中心	江苏省档案局	19世纪末—20世纪末	汉族	27 379卷 共计30余万件	中华人民共和国国家档案局.2017-11. https://www.saac.gov.cn/daj/lhgjk/201711/98b6bd37a69e401eae3ef73b486e5594.shtml
19	保定商会档案	河北省保定市档案馆	河北省档案局	1908—1949年	汉族	596卷	

续表

序号	档案文献名称	保藏单位	申报单位	形成时间	民族	数量	相关链接
20	孙中山、胡汉民、廖仲恺给戴季陶的题字	中国第二历史档案馆	中国第二历史档案馆	1913年	汉族	1件	中国档案资讯网.2020-12. http://www.zgdazxw.com.cn/culture/2020-12/15/content_310140.htm
21	近现代上海华商四大百货公司档案汇集	上海市档案馆	上海市档案局	1915—1991年	汉族	1 531卷	中国档案资讯网.2020-10. http://www.zgdazxw.com.cn/culture/2020-10/16/content_309779.htm
22	张静江有关孙中山临终病情及治疗情况记录	中国第二历史档案馆	中国第二历史档案馆	1925年	汉族	1件	中国档案资讯网.2018-05. http://www.zgdazxw.com.cn/culture/2018-05/23/content_235801.htm
23	"慰安妇"——日军性奴隶档案	中央档案馆、内蒙古自治区档案馆、辽宁省档案馆、吉林省档案馆、黑龙江省档案馆、上海市档案馆、南京市档案馆、河北省秦皇岛市档案馆、上海师范大学"慰安妇"问题研究中心	中央档案馆、内蒙古自治区档案馆、辽宁省档案馆、吉林省档案馆、黑龙江省档案馆、上海市档案馆、南京市档案馆、河北省秦皇岛市档案馆、上海师范大学"慰安妇"问题研究中心	1931—1956年	汉族	6组	中华人民共和国国家档案局. https://www.saac.gov.cn/waf/waf.html
24	卡瓦山佤族酋长印谱	云南省档案馆	云南省档案局	1936年	佤族	1件	
25	中国解放区救济总会档案	中央档案馆	中央档案馆	1939—1950年	汉族	412卷	
26	民国时期南京户籍卡档案	南京市档案馆	江苏省档案局	1946—1949年	汉族	口卡1 250 045张,户卡293 417张	江苏档案网.2015-05. http://www.dajs.gov.cn/art/2015/5/15/art_13_29630.html

续表

序号	档案文献名称	保藏单位	申报单位	形成时间	民族	数量	相关链接
27	解放战争时期临朐支前《军鞋账》	山东省临朐县档案馆	山东省档案局	解放战争时期	汉族	1件	中国档案资讯网.2018-01. http://www.zgdazxw.com.cn/culture/2018-01/02/content_216402.htm
28	中华人民共和国第一届全国人民代表大会第一次会议档案	中央档案馆	中央档案馆	1954—1959年	汉族	12件	
29	南京长江大桥建设档案	江苏省档案馆	江苏省档案局	1958—1996年	汉族	文书档案319件、照片底片档案2 900余张	江苏档案网.2018-10. http://www.dajs.gov.cn/art/2018/10/10/art_12_46242.html